Simon Auer

Die schönsten Hüttenwanderungen in den Bayerischen Alpen

Bassermann

INHALT

Die Gotzenalm im größten Almgebiet der Berchtesgadener Alpen.

Die Touren

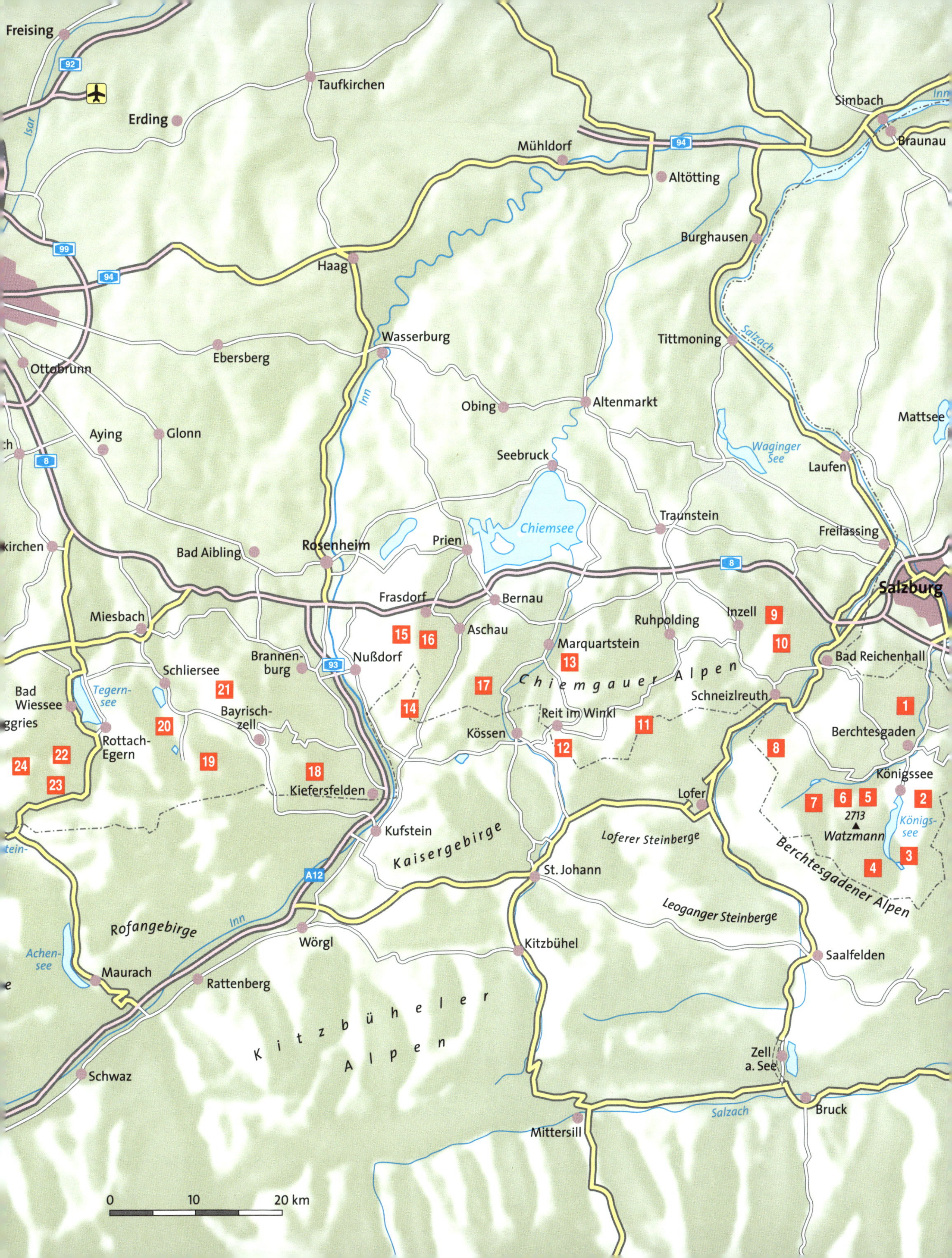

Freising
Erding
Taufkirchen
Mühldorf
Altötting
Simbach
Braunau
Burghausen
Haag
Wasserburg
Ebersberg
Ottobrunn
Tittmoning
Salzach
Obing
Altenmarkt
Aying
Glonn
Seebruck
Waginger See
Laufen
Mattsee
Chiemsee
Traunstein
Freilassing
Prien
Rosenheim
Bad Aibling
Salzburg
Frasdorf
Bernau
Inzell
Ruhpolding
Miesbach
Aschau
Marquartstein
Bad Reichenhall
Brannenburg
Nußdorf
Schliersee
Chiemgauer Alpen
Schneizlreuth
Bad Wiessee
Tegernsee
Bayrischzell
Reit im Winkl
Berchtesgaden
Rottach-Egern
Kössen
Königssee
Kiefersfelden
Lofer
2713
Watzmann
Kufstein
Kaisergebirge
Loferer Steinberge
Berchtesgadener Alpen
St. Johann
Leoganger Steinberge
Rofangebirge
Inn
Wörgl
Kitzbühel
Saalfelden
Achensee
Maurach
Rattenberg
Kitzbüheler Alpen
Schwaz
Zell a. See
Bruck
Mittersill
0
10
20 km
1
2
3
4
5
6
7
8
9
10
11
12
13
14
15
16
17
18
19
20
21
22
23
24

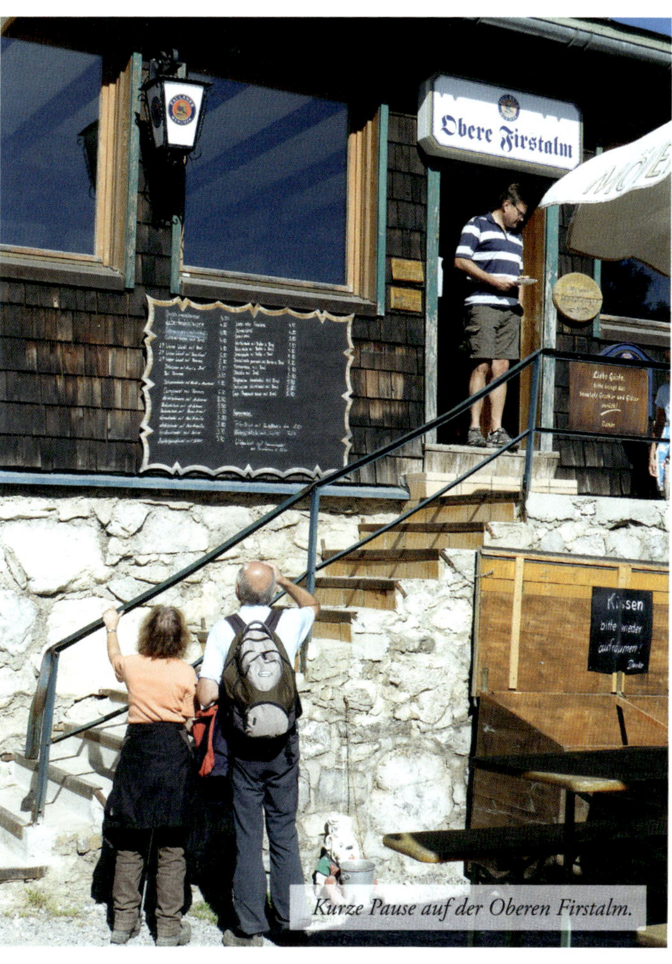

Kurze Pause auf der Oberen Firstalm.

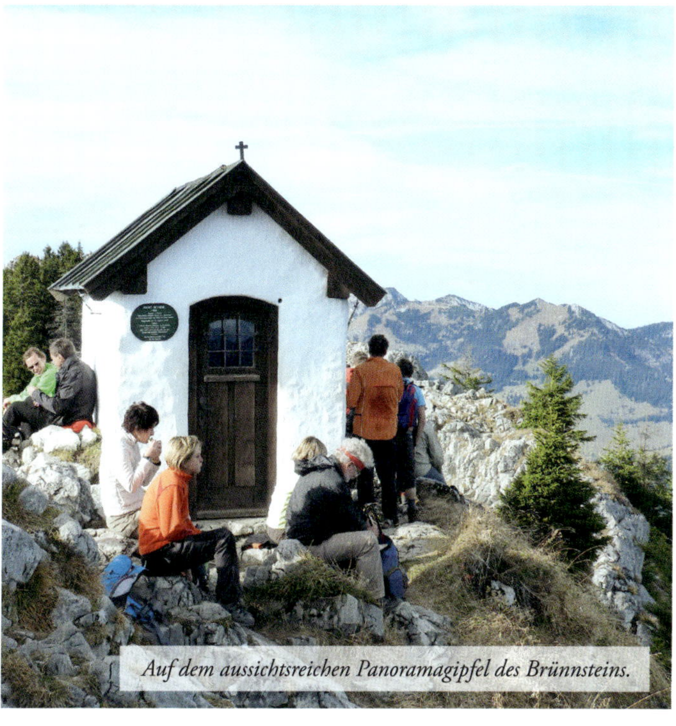
Auf dem aussichtsreichen Panoramagipfel des Brünnsteins.

INHALT

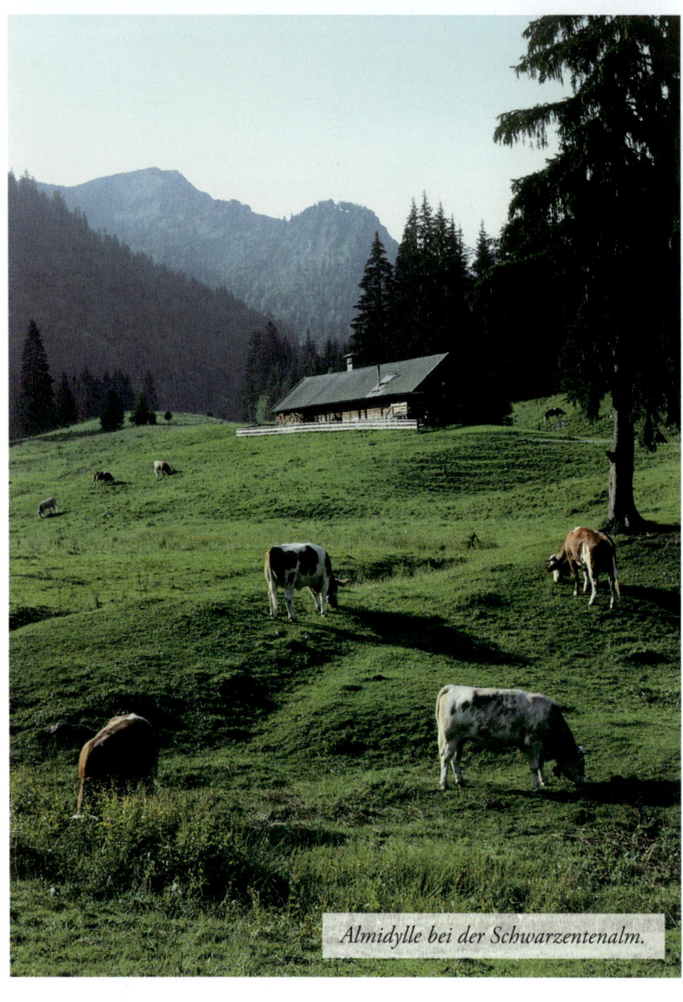
Almidylle bei der Schwarzentenalm.

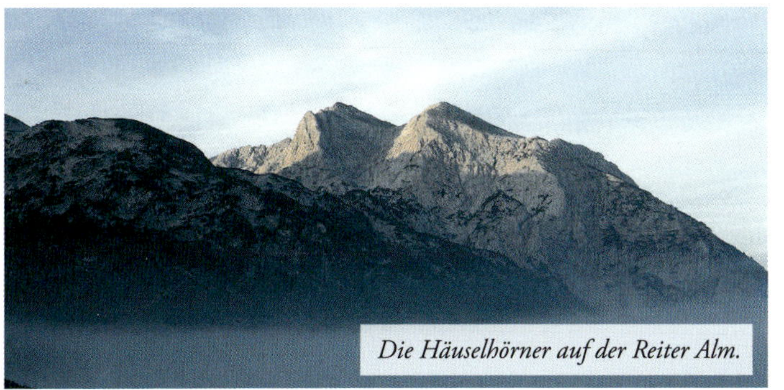

Die Häuselhörner auf der Reiter Alm.

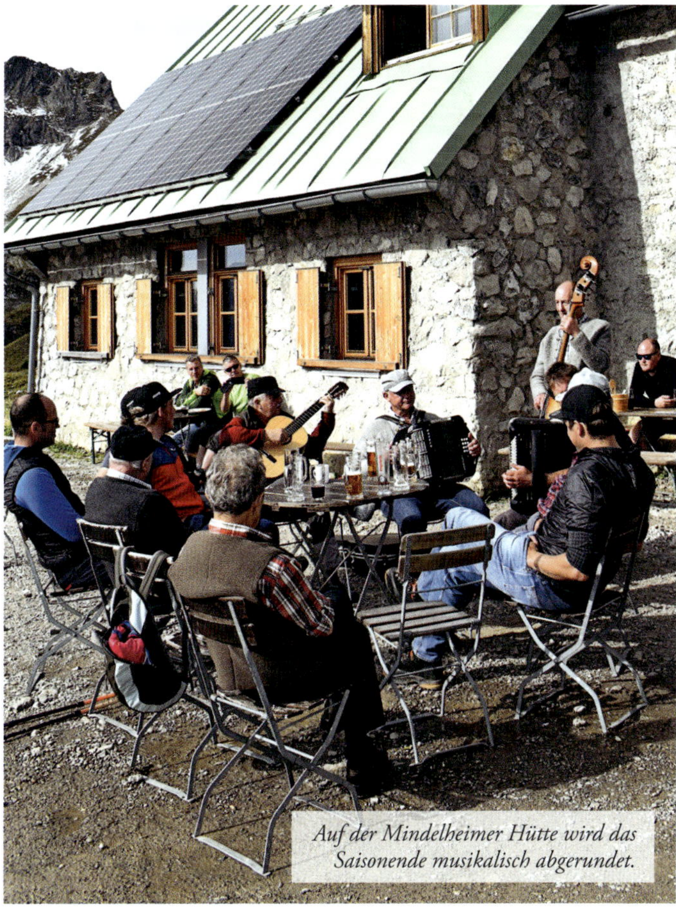

Auf der Mindelheimer Hütte wird das Saisonende musikalisch abgerundet.

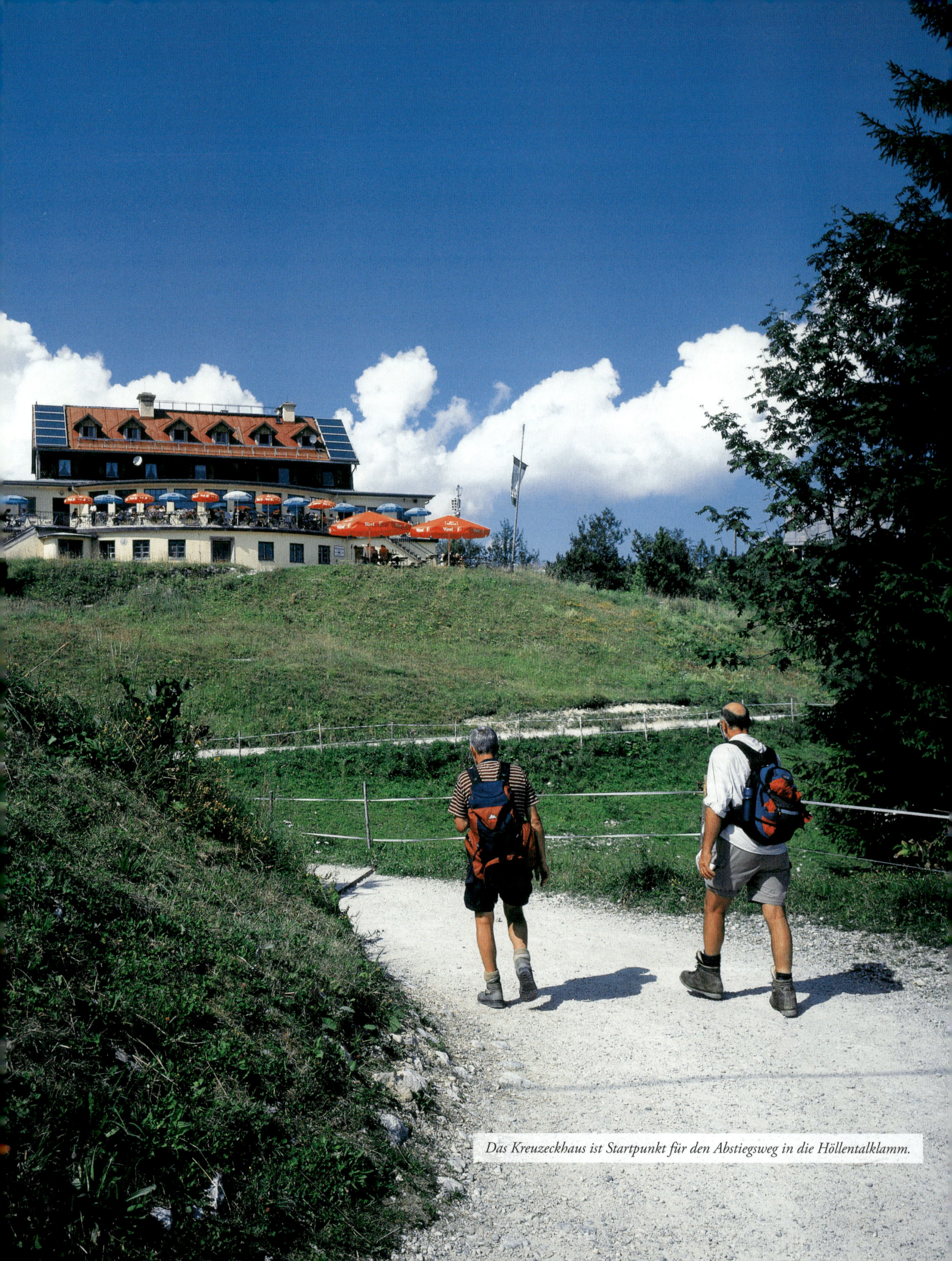

Das Kreuzeckhaus ist Startpunkt für den Abstiegsweg in die Höllentalklamm.

Vorwort

Was wären die Bayerischen Alpen ohne ihre gemütlichen Hütten. Wir würden auf unseren Wanderungen und Gipfeltouren nach wie vor unsere Brotzeit aus den Rucksäcken holen und herzhaft in die mitgebrachten Wurstbrote beißen. Aber auf die Dauer wäre das langweilig. Schließlich leben wir in einer Zeit, in der das Wort Genuss groß geschrieben wird. Diesem Trend haben sich auch die Hütten nicht verweigert.

Vorbei die Zeiten, als sich Wanderer und Bergsteiger hauptsächlich mit Erbswurstsuppe und heißen Wienern durchschlagen mussten. Heute gibt es auf den Hütten Schweinsbraten, Spaghetti Bolognese, Wildgulasch, Krustenbraten oder Knödel mit Kraut, nicht zu vergessen den ach so beliebten und doch etwas aufwändigen Kaiserschmarrn (den es auf manchen Hütten nur wochentags gibt, damit die fleißigen Köche im Wochenendtrubel nicht blockiert sind) oder auf Bestellung auch schon mal ein Fondue. Wer ein „Bergsteigeressen“ bestellt, der wird bereits bestaunt.

Vorbei auch die Zeit, als die Hütten des Deutschen Alpenvereins den zünftigen Bergsteigern vorbehalten waren. Heute werden auch die Hütten in den Alpen nach wirtschaftlichen Grundsätzen betrieben, wenngleich der Druck nicht so groß ist wie in der Talgastronomie. Noch kommt der Besitzer der Hütten, in den meisten Fällen der Deutsche Alpenverein, für die Instandhaltung, Sanierung und für den Wegebau auf, obwohl der Gerechtigkeit halber erwähnt werden muss, dass auch der Bayerische Staat bzw. die Kommunen Zuschüsse geben.

Von den 50 vorgestellten Hütten in diesem Band sind 39 Alpenvereinshütten, der Rest sind Hütten der „Naturfreunde“ sowie einige Privathütten.

Doch nicht nur die Küche auf den Berghütten hat sich verbessert, auch der übrige Komfort, der wahrlich nicht selbstverständlich ist. Denn das Material muss über lange Wege transportiert werden, häufig genug sogar mit dem Hubschrauber. In den letzten beiden Jahrzehnten wurden bei den meisten Hütten die Sanitäranlagen sowie die Energieerzeugung nach ökologischen Prinzipien erneuert. Mittlerweile sind sogar Duschen und Warmwasser auf den Hütten keine Seltenheit mehr.

Nicht dass die Schnarcher mehr geworden wären, aber der Trend geht weg vom Massenlager, hin zu den kleineren Einheiten. Auch da hat sich viel getan auf den Hütten. Dies kommt natürlich auch den Familien zugute, die gern unter sich sein wollen, dies ist aber auch ein Plus für die anderen, die früh aufbrechen wollen, weil sie eine große Gipfeltour oder eine lange Tageswanderung vor sich haben.

Und noch eine Bitte: Denken Sie daran, es braucht auf einer Hütte bei Besucherandrang ein gut eingespieltes Team, um den Laden am Laufen zu halten, also nicht ungeduldig werden, wenn es mal länger dauert. Meckern Sie bitte auch nicht über die vermeintlich hohen Preise. Alles (Heizmaterial, Lebensmittel, Getränke) muss teilweise mit großem Aufwand und zum Teil erheblichen Kosten auf die Hütte gebracht werden.

Die Bayerischen Alpen verfügen über eine gut durchwachsene Hüttenstruktur. Von der kleinen, heimeligen Hütte bis zum Massenbetrieb ist alles geboten.

Beileibe nicht alle Hütten sind überlaufen, auch wenn immer wieder darüber geklagt wird. Wer natürlich dem Watzmannhaus oder dem Kärlingerhaus einen Besuch abstatten will, muss in der Hochsaison schon damit rechnen, vielleicht auf dem Boden schlafen zu müssen. Aber versuchen Sie es mal auf dem Stöhrhaus oder dem Straubinger Haus, dort werden Sie ungestörte Hüttenabende verbringen können.

Und so ist für jeden etwas dabei: Wanderdrehscheiben mit Schnarcher im Massenlager und idyllische kleine Hütte für die kleine Wandergruppe, familienfreundliche Hütten mit Spielecken und Zimmern, in denen man unter sich bleiben kann.

Und für den gesundheitsbewussten Wanderer noch ein Tipp: Alpenvereinshütten sind rauchfrei.

Genießen Sie eine Nacht in der Natur, ohne Lärm und in gesunder Luft. Lassen Sie die Wanderung auf der Hütte ausklingen und wandern Sie erst am nächsten Tag wieder hinab ins Tal. Der Sonnenuntergang und der Sonnenaufgang werden unvergessen bleiben. Knüpfen Sie neue Kontakte: Auf der Hütte sind die Gäste aufgeschlossen, da muss keiner allein in der Ecke sitzen bleiben.

Einen schönen Aufenthalt und eine gute Nachtruhe wünscht Ihnen Ihr

Simon Auer

DAS A – Z DES HÜTTENWANDERNS

Um eine Wanderung rundum zu einer geglückten Unternehmung werden zu lassen, bedarf es natürlich auch einer gewissen Planung und Vorbereitung. Nachfolgend geben wir einige Empfehlungen und Hinweise, die jeder Wanderer als Anregung nehmen mag.

Allgemeine Wandertipps

Die wesentlichen Informationen zu jeder Wanderung in diesem Vorschlagsband finden Sie in den ausführlich gestalteten Info-Kästen, die jeder Hüttentour vorangestellt sind; sie enthalten die notwendigen Angaben zur Anfahrt, damit Sie den Ausgangspunkt Ihrer ausgewählten Tour auch sicher finden, die Gehzeiten, die körperlichen und technischen Anforderungen, die Öffnungszeiten der angesteuerten Hütte sowie eine Kartenempfehlung und die Adresse des nächstgelegenen Tourismusbüros.

Die Karten können Sie unter folgendem Link herunterladen: www.bassermann-verlag.de/huettenwanderungen

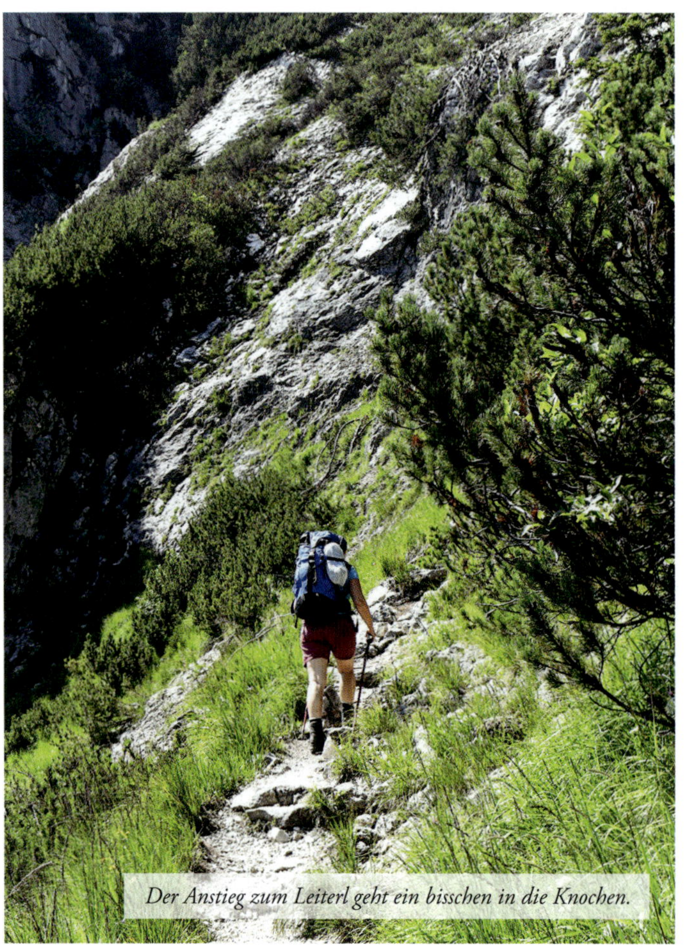

Der Anstieg zum Leiterl geht ein bisschen in die Knochen.

Anreise

Mit dem Auto:
Das Wandergebiet der Bayerischen Alpen ist über mehrere Autobahnen (A 8, A 95, A 96 und A 7) bzw. zahlreiche Bundesstraßen gut zu erreichen, für die Anreise mit dem Auto wurde jeweils der am günstigsten gelegene Parkplatz zum Ausgangspunkt der Tour angegeben (die meisten sind mittlerweile gebührenpflichtig; die Automaten nehmen nur Münzen, also bitte daran denken).

Mit der Bahn:
Alle Ausgangspunkte unserer Tourenvorschläge, die mit öffentlichen Verkehrsmitteln – Bahn und Bus – ohne großen Zeitverlust gut zu erreichen sind, finden eine besondere Erwähnung, um auch eine umweltfreundliche Anfahrtsmöglichkeit vorzustellen.
Von den Bahnhöfen der Deutschen Bahn bzw. der Bayerischen Regiobahn (BRB) fahren regelmäßig – wenn auch nicht immer sehr oft – Busse zu den Ausgangspunkten unserer Wanderungen.

Anforderung

In den Bayerischen Alpen gibt es eine sehr gutes Wegenetz, das von den alpinen Vereinen sowie den örtlichen Gemeinden gewartet und bei Bedarf auch saniert wird. Alle hier beschriebenen Hüttenzustiege führen über ausgeschilderte und markierte Bergwege und Bergsteige. Auf einigen wenigen Wegpassagen ist jedoch Trittsicherheit und Schwindelfreiheit erforderlich; dies trifft auch auf einen Teil der Hüttengipfel zu. Siehe dazu die Tourenübersicht.

Was man so alles zum Wandern braucht

Feste Schuhe mit Profilgummisohle sind das A und O des Bergwanderns; wichtig ist, dass sie vor allem den Knöcheln einen guten Halt geben. Ein Rucksack mit Reservekleidung, ein Anorak oder Poncho, eine gefüllte Trinkflasche sowie etwas Proviant gehören in jeden Rucksack. Auch ein Erste-Hilfe-Set und eine Trillerpfeife für die Signalgebung sollten immer zur Grundausstattung gehören. Als sinnvoll erweist sich im Sommer auch ein Hut oder eine Mütze sowie die Mitnahme von Sonnencreme.
Für den Aufenthalt auf der Hütte empfehlen sich: Hüttenschuhe, Hüttenschlafsack und eine kleine Taschenlampe sowie Ohropax.

Bergbahnen

Bei einigen wenigen Touren bietet sich die Benutzung einer Bergbahn an; sie sind in der Regel ganzjährig in Betrieb. Im Frühjahr und im Spätherbst sind sie jedoch wegen Revisionsarbeiten meist nicht in Betrieb.
Zu Beginn der Wandersaison im Mai bis Anfang Juni sind manche der Bergbahnen wegen der geringen Auslastung nur am Wochenende in Betrieb. Auch während der Mittagszeit muss damit gerechnet werden, dass einige Bergbahnen eine Auszeit nehmen.

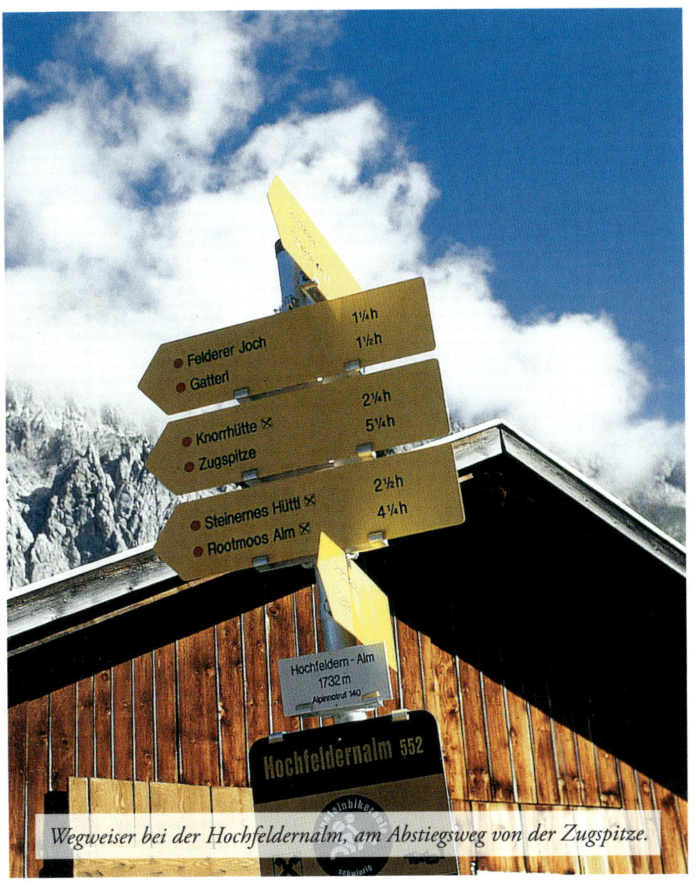

Wegweiser bei der Hochfeldernalm, am Abstiegsweg von der Zugspitze.

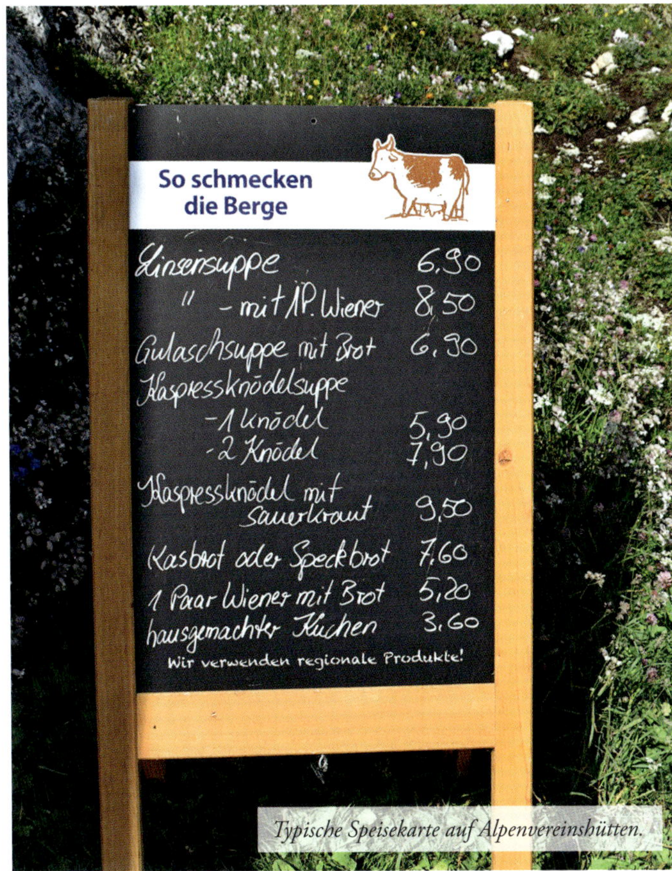

Typische Speisekarte auf Alpenvereinshütten.

Bergrettung

Auch auf der einfachsten Wanderung können einmal Probleme auftreten: Wettersturz, plötzlicher Schneefall oder Hagel, Blitzschlag und Nebel. Aber auch ein Abrutschen in steilem Gelände, ein Verstauchen des Knöchels usw. gehören zu den nicht seltenen Vorkommnissen. Daher sollte jeder Bergwanderer das international eingeführte Notsignal beherrschen: Sechsmal in gleichmäßigen Abständen innerhalb einer Minute, dann jeweils mit einer Minute Unterbrechung Zeichen geben (hörbar oder sichtbar, z. B. Pfeifen mit Trillerpfeife oder Blinken mit Taschenlampe).Wer solch ein Zeichen empfängt, antwortet mit einem Zeichen dreimal in der Minute.

Handy

Die Mitnahme eines Handys bietet nicht immer eine Gewähr dafür, schnelle Rettung oder Hilfe anfordern zu können. Es gibt trotz der alpenweiten Notrufnummer (112) sogenannte Funklöcher; aber auch der Akku kann schnell mal leer sein. Um sicherzugehen, besser also zusätzlich ein Pfeiferl mitnehmen.

Wie viel schaffe ich?

In der Regel werden bei einem durchschnittlichem Gehtempo 400 Höhenmeter im Anstieg und etwa 600 bis 700 Höhenmeter im Abstieg pro Stunde Gehzeit bewältigt. Diese Zeiten verstehen sich natürlich als reine Gehzeiten, also ohne Pausen.

Wanderkarten

Für das Gebiet der Bayerischen Alpen bietet sich die Mitnahme der Topographischen Blätter des Bayerischen Landesamtes für Digitalisierung, Breitband und Vermessung (LDBV) im Maßstab 1 : 50 000 an. Folgende Sonderblätter decken unser behandeltes Wandergebiet vorzüglich ab: „Berchtesgadener Alpen“(hierzu gibt es auch eine sehr gute Karte im Maßstab 1 : 25 000 für den Nationalpark Berchtesgaden), „Chiemsee – Chiemgauer Alpen“, „Mangfallgebirge“, „Tölzer Land – Starnberger See“, „Karwendelgebirge“, „Werdenfelser Land – Ammergebirge“, „Füssen“, „Allgäuer Alpen“.

Tourenplanung

Vor Aufbruch zur Tour sollten Sie sich über die allgemeine Wetterlage kundig machen. Über das Internet bzw. die Tourismusämter lassen sich am schnellsten die nötigen Informationen besorgen. Gehen Sie auch sicher, dass das Hüttenziel am geplanten Ankunftstag geöffnet hat. Manche Alpenvereinssektionen reservieren sich ein Wochenende für ihre Mitgliedertreffen. Bei kleinen Hütten können auch private Umstände zu einer kurzfristigen Schließung führen.

Wissenswertes zu den Hütten

Die meisten Hütten in den Bayerischen Alpen, die auf unserer Tourenliste stehen, wurden zwischen 1880 und 1930 erbaut. Vorreiter waren der damals elitäre, bürgerlich-akademische Deutsche Alpenverein und die Gegenbewegung dazu aus der Arbeiterschaft, der „Touristenverein Die Naturfreunde". Diese Hütten sind alle durch markierte Wege und Steige erschlossen. Die Bewirtschaftung der großen Hütten erfolgt in der Regel durch eingesetzte Pächter; für die Instandhaltung und evtl. Renovierung sind die jeweiligen besitzenden Sektionen der alpinen Vereine zuständig. Die Benutzung dieser Hütten ist nicht an eine Mitgliedschaft gebunden. Mitglieder erhalten jedoch einige Vergünstigungen.

Auf diesen Hütten gibt es neben einigen wenigen Zimmern meistens Mehrbettlager mit etwa vier, sechs bis 20 Schlafplätzen. Die großen „Schnarchlager" sind passé. Der Trend geht zu kleineren Einheiten. Alle Schlafplätze in den Alpenvereinshütten der Kategorie I dürfen nur mit einem sogenannten Hüttenschlafsack benutzt werden. Zwischen den meisten alpinen Vereinen (also z. B. Schweizer Alpen-Club, Club Alpino Italiano etc.) besteht Gegenrecht, d. h. die Vergünstigungen werden auch den Mitgliedern der anderen Vereine eingeräumt. Daneben gibt es auch noch einige Privathütten, die üblicherweise von ihren Besitzern bewirtschaftet werden. Dort legt der Hüttenwirt selbst die Regeln fest.

Einteilung der Hütten

Die Alpenvereinshütten wurden in drei Gruppen eingeteilt. Jede Kategorie hat eine eigene Hüttenordnung (Auszug aus der Hüttenordnung des DAV und des OeAV):

Kategorie I: Schutzhütte, die ihren ursprünglichen Charakter als Stützpunkt für den Bergsteiger und Bergwanderer bewahren muss. Ihre Ausstattung ist schlicht, einfache Verköstigung ist ausreichend. Sie ist Stützpunkt in einem bergsteigerisch bedeutsamen Gebiet und für den Besucher nur in Ausnahmefällen mit mechanischen Hilfen erreichbar; der Aufstieg erfordert mindestens eine Gehstunde.

Kategorie II: Alpenvereinshütte mit Stützpunktfunktion in einem vielbesuchten Gebiet, die sich wegen ihrer besseren Ausstattung und Verköstigung für mehrtägigen Winter- und/oder Sommeraufenthalt, zum Skilauf und Familienurlaub besonders eignet. Sie kann mechanisch erreichbar sein und ist in der Regel ganzjährig bewirtschaftet.

Kategorie III: Mechanisch erreichbare Alpenvereinshütte, die vorwiegend Ausflugsziel für Tagesbesucher ist und nur wenige Nächtigungen aufweist. Ihr gastronomischer Betrieb entspricht dem landesüblichen Angebot.

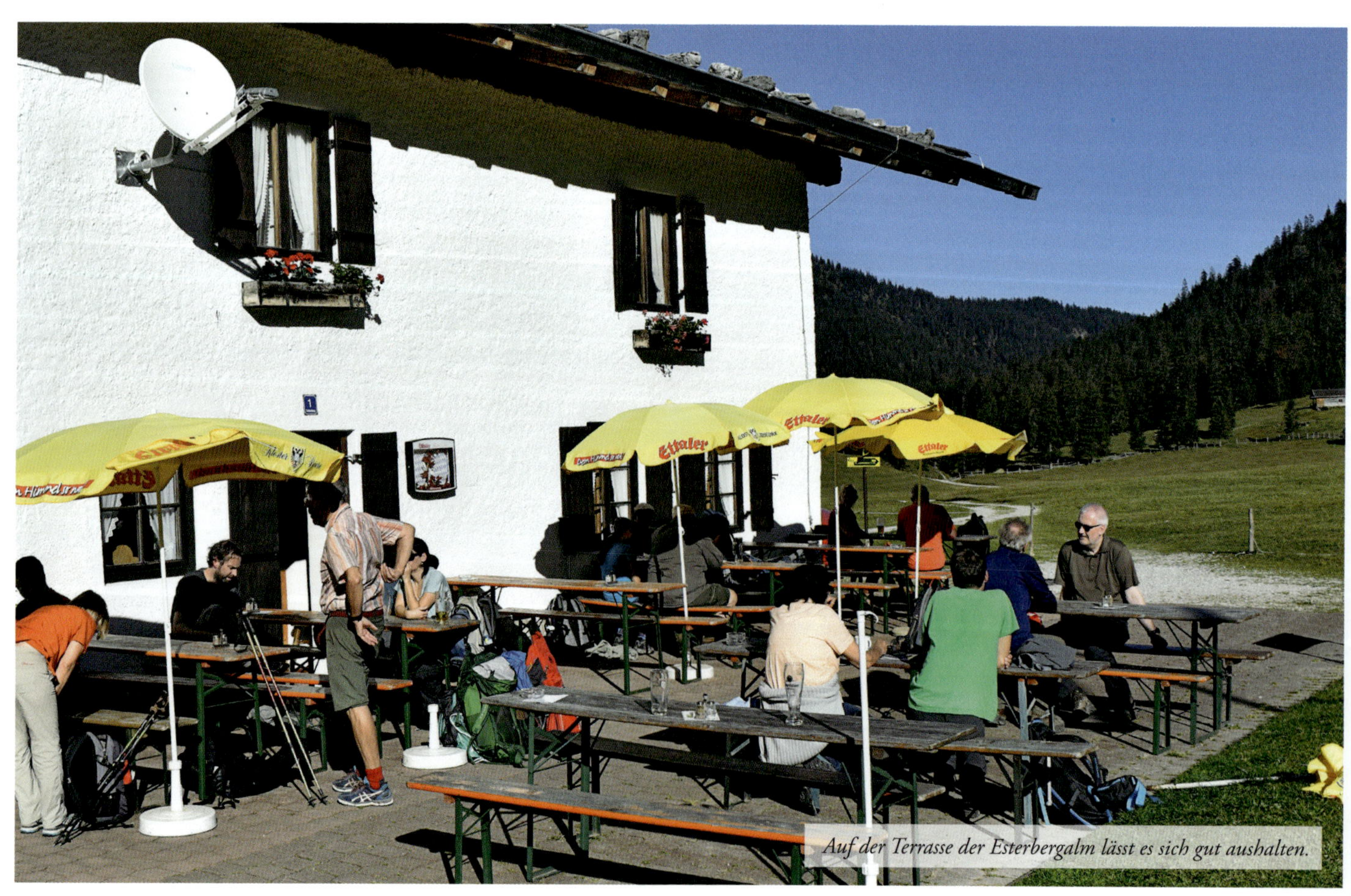

Auf der Terrasse der Esterbergalm lässt es sich gut aushalten.

Öffnungszeiten

Bei jeder Tourenbeschreibung wurden jeweils auch die Öffnungszeiten der Hütten angegeben. Bitte darauf achten, dass manche Hütten Ruhetage haben. Manche Alpenvereinssektionen veranstalten im Sommer auf den Hütten Sektionsfeiern (meistens an einem Wochenende), dann können Nichtmitglieder dort oben nicht übernachten. Am besten vorher Infos über das Internet oder bei der Alpinen Auskunft einholen.

Hüttenordnung (Auszug) des DAV und des OeAV

Es besteht eine Meldepflicht, d. h. jeder Hüttenbesucher muss sich bei der Ankunft in das Hüttenbuch eintragen.

- Anspruch auf einen Schlafplatz: Alpenvereinsmitglieder haben das Vorrecht vor Nichtmitgliedern.
- Hüttenruhe ist in den Hütten der Kategorie I zwischen 22 Uhr und 6 Uhr, in den Hütten der Kategorie II zwischen 23 Uhr und 7 Uhr. Frühaufsteher müssen sich so verhalten, dass die Hüttenruhe nicht gestört wird. Von 23–6 Uhr hat in der Hütte völlige Ruhe zu herrschen.
- Das Übernachten auf den Alpenvereinshütten ist nur mit Hüttenschlafsack gestattet. Dieser kann auch auf den Hütten erworben werden.
- Der Verzehr mitgebrachter Speisen ist in den Alpenvereinshütten der Kategorie I und II gestattet, der Genuss von mitgebrachten Alkoholika jedoch nicht.
- Eigener Abfall darf nicht auf der Hütte deponiert werden.
- Hunde dürfen nicht in Schlafräume mitgenommen werden.

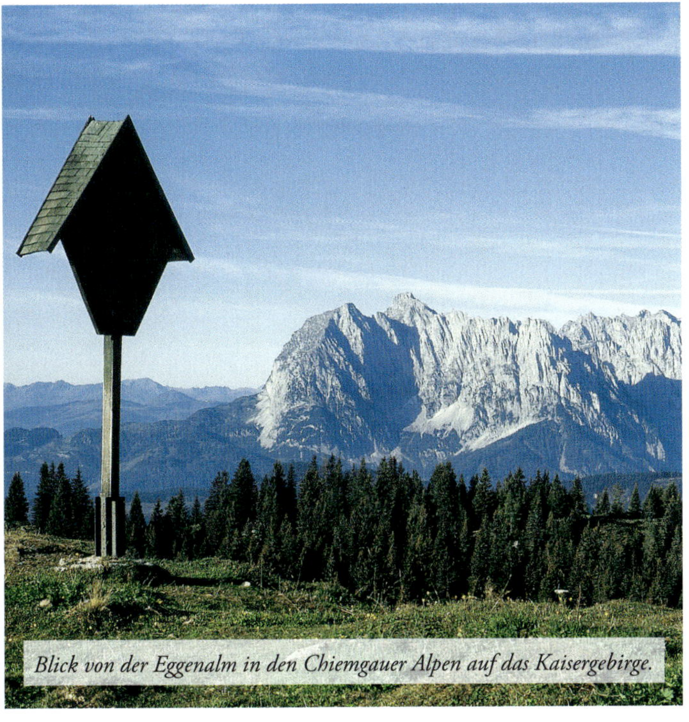

Blick von der Eggenalm in den Chiemgauer Alpen auf das Kaisergebirge.

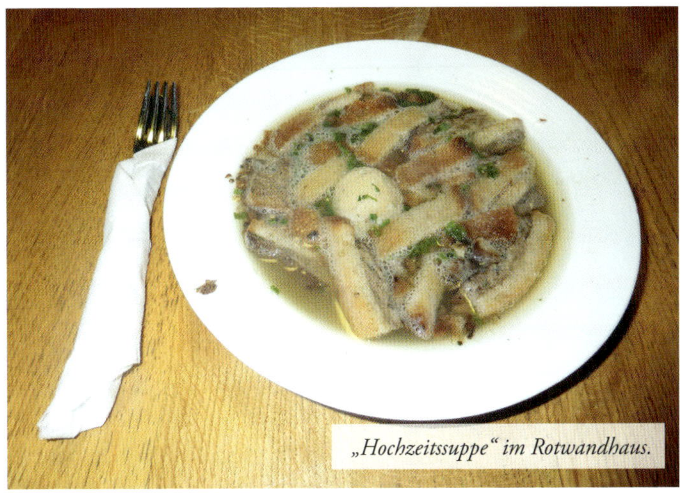

„Hochzeitssuppe" im Rotwandhaus.

- Hüttenbesucher (ab 15 Jahren), die nicht auf der Hütte übernachten, müssen eine Tagesgebühr entrichten.

Familienfreundliche Hütten

Ein Besuch auf einer Hütte ist besonders für Kinder ein aufregendes Erlebnis. Die Zeiten, als diese Unterkünfte unausgesprochen nur Bergsteigern vorbehalten war, sind längst vorbei. Auch der Alpenverein und die Hüttenwirte sind neue Wege gegangen. Auf vielen Hütten wird nun auch auf Familien mit Kindern Rücksicht genommen und dafür gesorgt, dass diese sich dort wohlfühlen. Schließlich sind sie ja die „großen" Bergsteiger von morgen. Mittlerweile gibt es Familienzimmer, Spielecken, bei manchen Hütten auch Spielplätze im Freien.

Der Alpenverein hat sogar eine Broschüre herausgebracht:
„Mit Kindern auf Hütten", in der besonders familienfreundliche bzw. familientaugliche Hütten ausführlich dargestellt werden. Diese Broschüre wird jedes Jahr neu aufgelegt.

Informationen

Die telefonische Auskunftsstelle des Deutschen Alpenvereins gibt es nicht mehr:
Seit 2016 ist der Service 24 Stunden am Tag auf der Website *alpenvereinaktiv.com* abrufbar. Auf dem neuen Tourenportal können nahezu alle Fragen beantwortet werden.
Deutscher Wetterdienst (Regionalwetter Bayerische Alpen):
www.dwd.de

Internet

www.alpenvereinaktiv.com
Die meisten Hütten verfügen heute auch über eigene homepages. In der Regel genügt es, die Namen der Hütten einzugeben, um fündig zu werden.

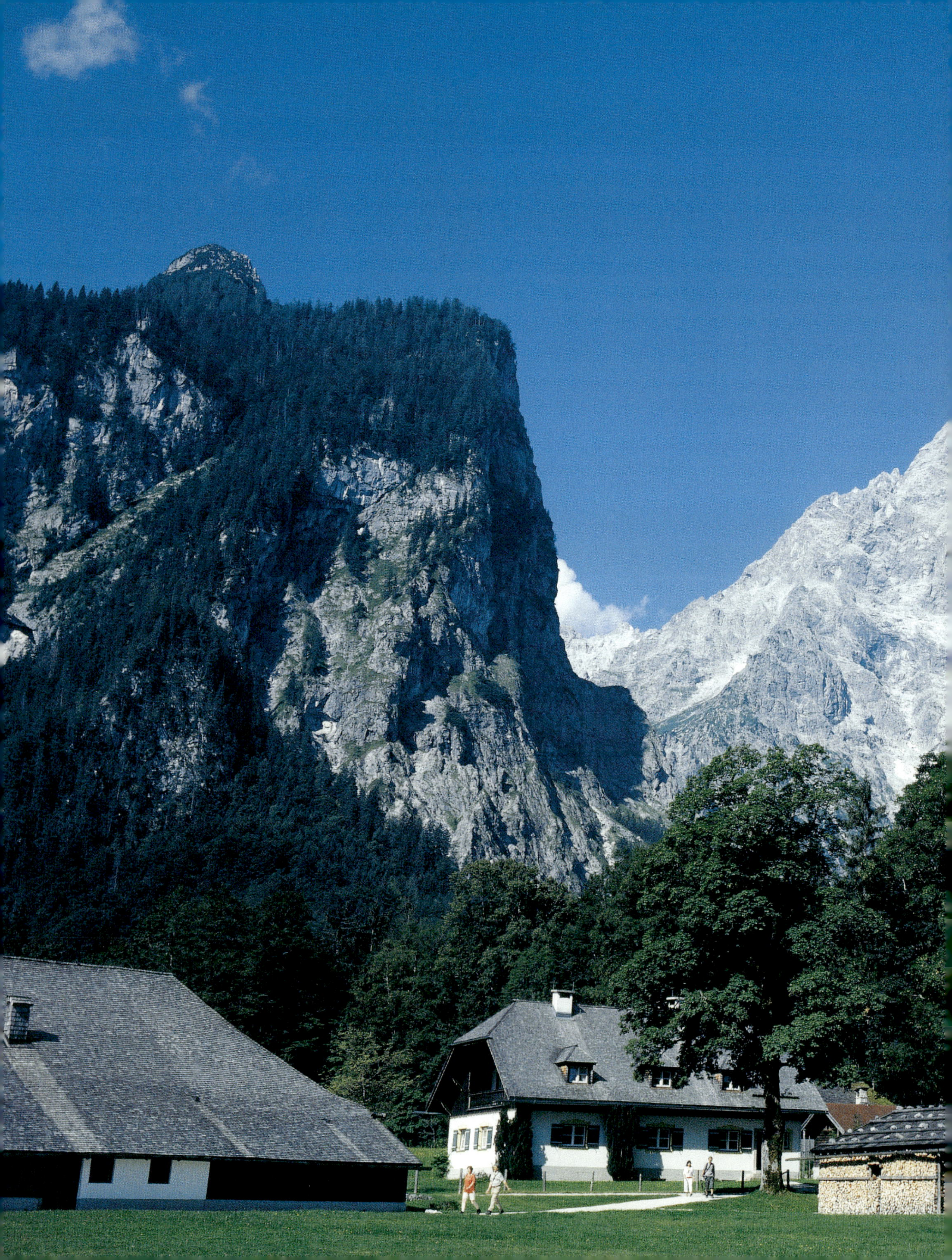

BERCHTESGADENER ALPEN

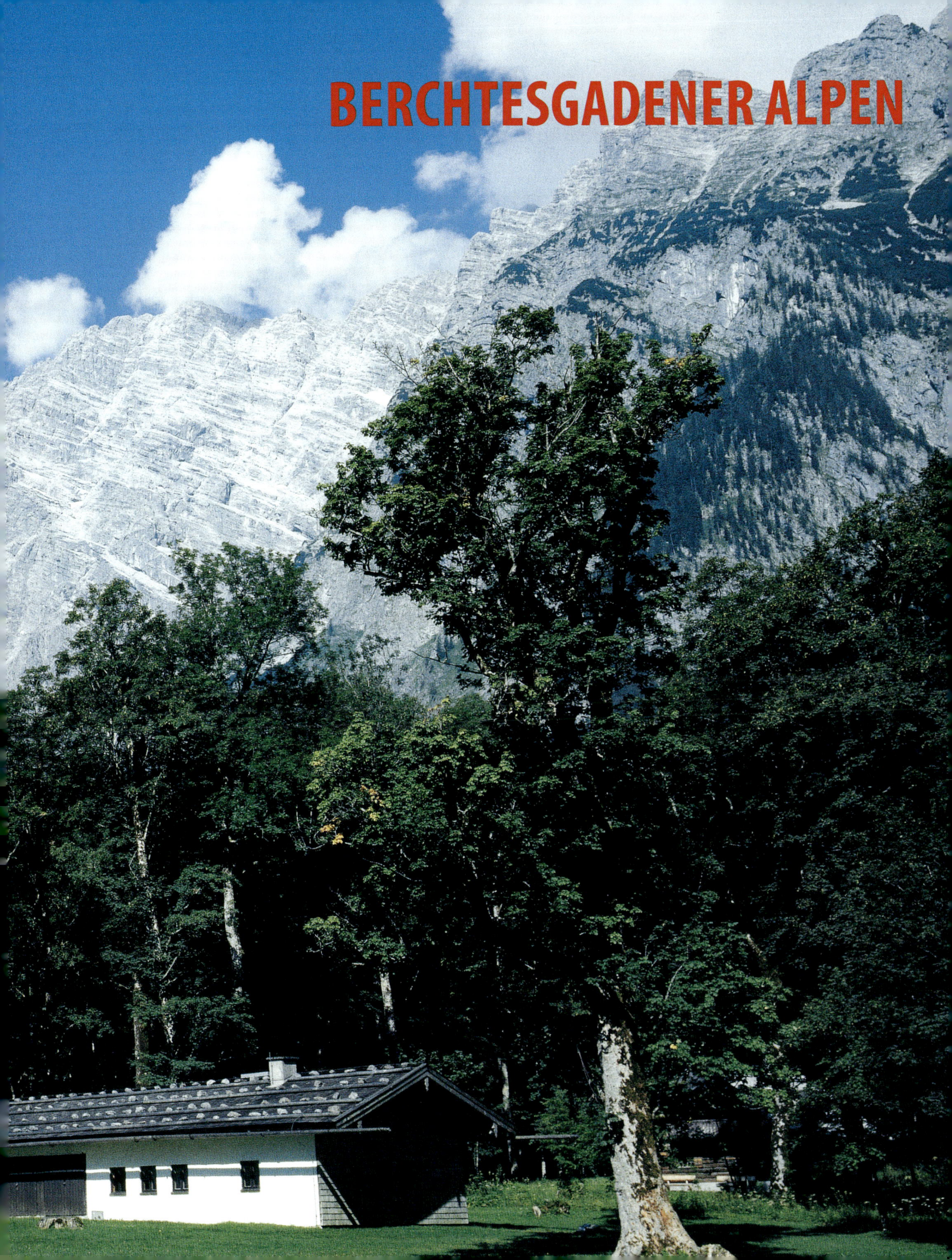

1 STÖHRHAUS

Gipfelhaus mit beeindruckenden Panoramenblicken

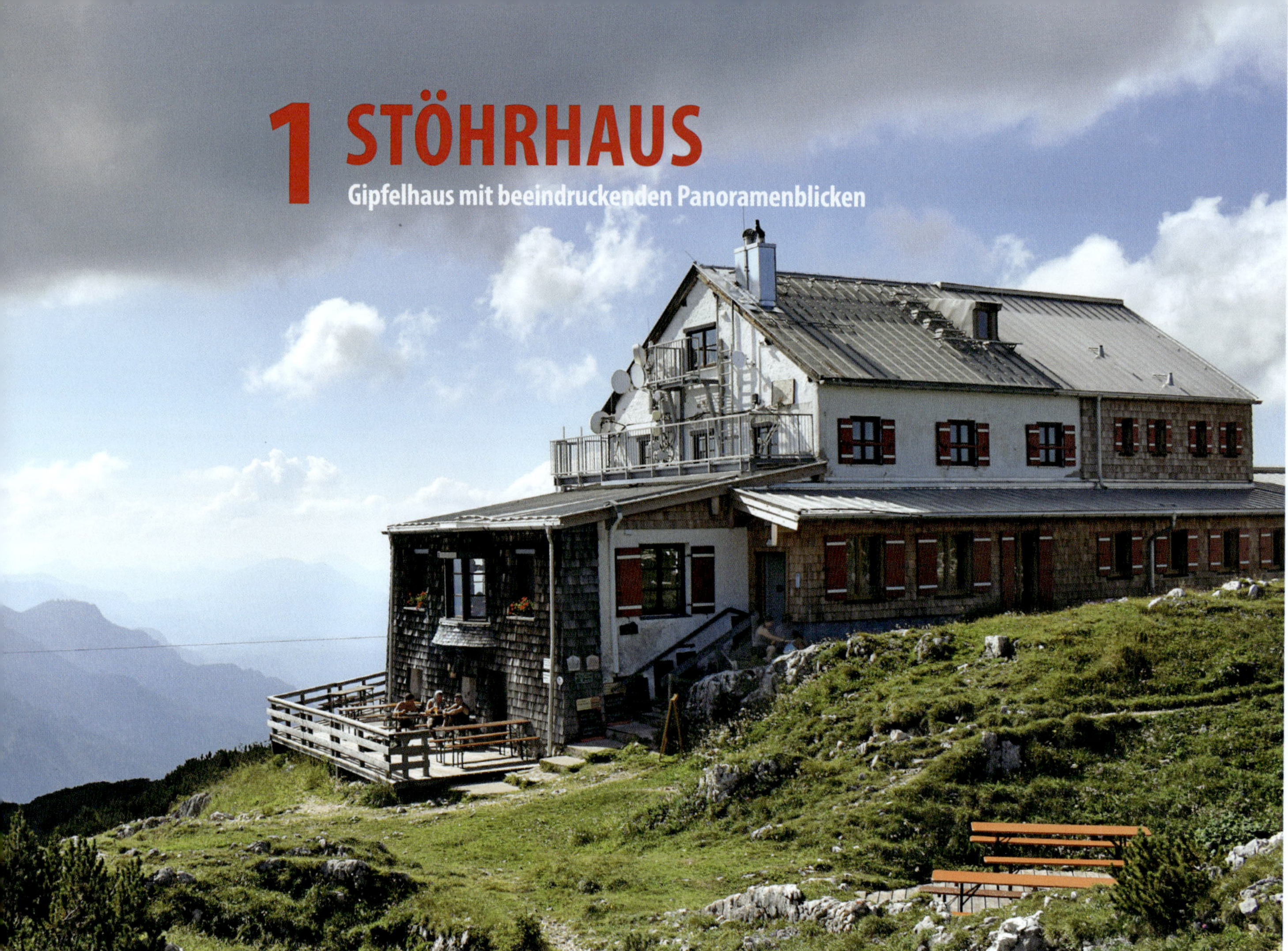

Das Stöhrhaus ist nach dem Umbau noch attraktiver.

Vorangehende Doppelseite: Die Fischerhäuser in St. Bartholomä am Königssee; darüber erhebt sich die Watzmann-Ostwand.

DER FAMILIENTIPP

Mit einer Übernachtung auf dem Stöhrhaus ist die Tour auch gut mit größeren Kindern zu machen. Es ist immer viel Platz und der Anstieg ist ungefährlich. Lediglich am Gipfel des Berchtesgadener Hochthrons gilt es aufzupassen, denn dort fallen im Süden die Felswände senkrecht ab. Mit etwas Glück können wir dort aber die Kletterer bei ihrer Ankunft beobachten, die hier aus der Felswand aussteigen.

Auch wenn das Stöhrhaus nicht direkt auf einem Gipfel steht, kann man getrost von einer Gipfelhütte sprechen. Zum Kreuz des Berchtesgadener Hochthrons sind es nur mehr wenige Meter – und von dort oben genießt man ein faszinierendes Rund-um-Panorama: Über das Hochplateau des Untersbergs hinweg zum Dachstein, zum Watzmann und bis hin zum Großglockner.

Seinen Namen erhielt das Haus (erbaut 1898–1900) nach dem deutschen Textilfabrikanten Stöhr aus Thüringen. Mit großzügiger finanzieller Unterstützung hatte er maßgeblich zum Bau der Hütte und der Zustiegswege beigetragen. Ein Hüttenzustieg – der auch von uns begangen wird – erinnert als Stöhrweg an den wichtigen Förderer.

Schade ist, dass viele Bergwanderer am selben Tag wieder absteigen. Es fehlt an anspruchsvolleren Touren von der Hütte aus. Dabei lassen sich hier am Untersberg so stimmungsvolle Sonnenauf- und untergänge erleben wie kaum irgendwo sonst. So ist also die viel gepriesene Hüttenruhe beim Stöhrhaus nicht nur ein Schlagwort. Als Aufstiegsweg nehmen wir die Route von Hintergern unter die Füße; sie ist von allen Anstiegen auf den Untersberg die kürzeste und sehr kurzweilig noch dazu. Meist haben wir die eindrucksvollen Wandfluchten der Untersberg-Südwand im Blick. Am „Leiterl“, das uns den leichten Durchschlupf durch die kilometerlange Felsenmauer gewährt, erreichen wir die weite Hochfläche. Von dort ist es nicht mehr weit zum Stöhrhaus. Für den Abstieg wählen wir die Route über den Scheibenkaser, sie führt uns dicht an die teilweise überhängenden Felsen der Untersberg-Südwand heran und leitet uns aussichtsreich hinab nach Ettenberg. Durch den Graben des Almbaches kehren wir nach Hintergern zurück.

Der Hüttenweg von Hintergern

Los geht es beim Gasthaus Bachgütl: Wir wandern bis zur nächsten Straßenverzweigung, erreichen bald den Wanderparkplatz, wo wir uns links halten. Ein markierter Fahrweg (Nr. 417) führt übers Stiedlerlehen hinauf zum Nusshof. Wieder linkshaltend gelangen wir zur Kaltwasser-Diensthütte. Dort treffen

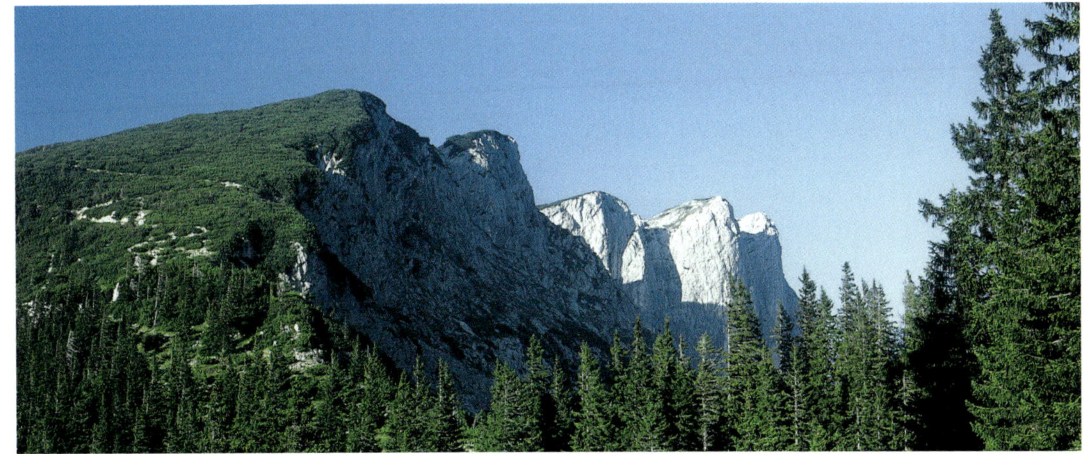

Die Untersberg-Südwände sind ein Dorado für Kletterer, mittlerweile führt sogar ein rassiger Klettersteig hinauf zum höchsten Gipfel des Untersbergs.

wir auf den Stöhrweg. Er vermittelt den weiteren Anstieg: rechts unter Felswänden hindurch, schließlich in Serpentinen zum „Leiterl“ hinauf. Nun geht es rechts durch Latschenhänge hinauf zum Stöhrhaus, das wir schon von Weitem erblicken.

Der Abstieg über den Scheibenkaser

Vom Stöhrhaus kehren wir auf dem Anstiegsweg zurück zum „Leiterl“. Kurz unterhalb verzweigen sich die Wege. Wir nehmen den linken Ast (Wegweiser „Ettenberg“, Mark.-Nr. 466) und schlendern unter den gewaltigen Felswänden meist zwischen Latschen auf leicht fallendem Steig hinab zum bewirtschafteten Scheibenkaser, der am oberen Ende einer steilen Bergwiese klebt. In Kehren über die Almwiesen hinab, dann durch Wald, bis wir auf einen Forstweg treffen. Kurz vor Ettenberg zweigt dann unser Weg rechts ab (Wegweiser „Theresienklause“). Bald hinab in den Graben des Almbachs, wo wir auf die Thersienklause treffen. Jenseits nun wieder ansteigen, hinauf nach Hintergern und zurück zu unserem Ausgangspunkt.

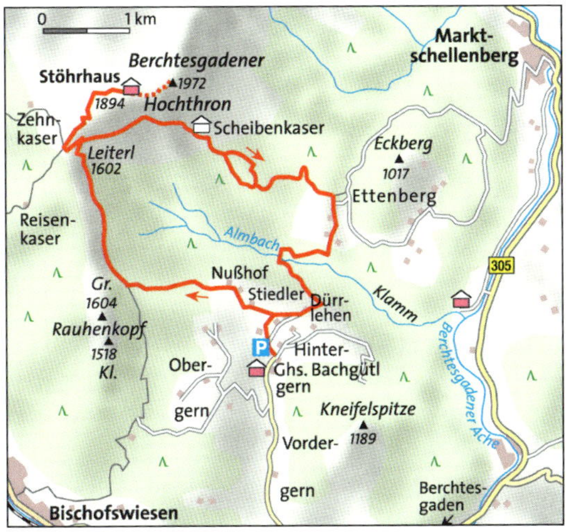

Der Hüttengipfel

Der Berchtesgadener Hochthron, 1972 m, ist die höchste Erhebung des Untersbergmassivs. Ein leichter Bergweg führt vom Stöhrhaus hinauf. Vom Haus weg halten wir uns zunächst Richtung Zeppezauerhaus und Salzburger Hochthron (Höhenweg Nr. 410). Der Gipfelweg zweigt bald rechts ab. In nur 20 Minuten Gehzeit stehen wir auf dem aussichtsreichen Gipfel.

DER KÜCHENTIPP

Suppen, Kaspressknödel und Kaiserschmarrn sowie diverse Brotzeiten. Achtung: Die Küche ist bereits ab 19 Uhr geschlossen. Also nicht zu spät eintrudeln, wenn man etwas Warmes zum Essen haben will.

UND SONST NOCH …

Im Sommer bietet der bei Bischofswiesen gelegene Aschauer Weiher ein willkommene Erfrischung. Badeanstalt mit Einkehrmöglichkeit inmitten einer traumhaften Kulisse.

HÖCHSTE PUNKTE

Stöhrhaus, 1894 m; Berchtesgadener Hochthron, 1972 m.

ANFAHRT

Mit PKW: Auf der A 8 bis Ausfahrt Bad Reichenhall, dann weiter auf der B 20 nach Bischofswiesen. Am südlichen Ortsende links ab und hinauf über Maria Gern nach Hintergern; hinter dem Gasthaus Bachgütl links zum Ende der Fahrstraße, dort mehrere kleine Wanderparkplätze.

Mit Bahn & Bus: Mit der Bahn bis Berchtesgaden; von dort mit RVO-Bus nach Hintergern.

AUSGANGSPUNKT

Kleiner Wanderparkplatz am Ende der Fahrstraße in Hintergern (840 m).

Bei Anfahrt mit dem Bus beim Gasthaus Bachgütl.

GEHZEITEN

Hüttenweg: Von Hintergern 4 Std., Abstieg über den Scheibenkaser 3 Std. Gesamtgehzeit 7 Std.

Hüttengipfel: 20 Minuten ab Stöhrhaus, Rückweg 10 Minuten; insgesamt: 30 Minuten.

ANFORDERUNG

Hüttenweg: Leichte, zum Teil steile Anstiegswege; der Anstieg von Hintergern ist der bequemste und schnellste Anstieg auf den Untersberg. Gipfelweg: Leichter Bergwanderweg. Achtung am Gipfel! Direkter Felsabbruch! Der Abstieg über den Scheibenkaser erfordert Trittsicherheit und Schwindelfreiheit.

EINKEHR & ÜBERNACHTUNG

Stöhrhaus, 1894 m, Alpenvereinshaus der Kat. I, bewirtschaftet von Ende Mai bis Mitte Oktober, 29 Betten, 30 Lager; Tel. 08652/7233.

Gasthaus Bachgütl und Berggasthof Dürrlehen in Hintergern.

KARTE

Topographische Karte 1 : 50 000, Blatt „Berchtesgadener Alpen“ (LDBV).

TOURIST-INFO

Berchtesgaden Touristinformation, Maximilianstraße 9, 83471 Berchtesgaden,
Tel. 08652/656 50 06 05, www.berchtesgaden.de

2 CARL-VON-STAHL-HAUS

Stützpunkt für den leichtesten Zweitausender

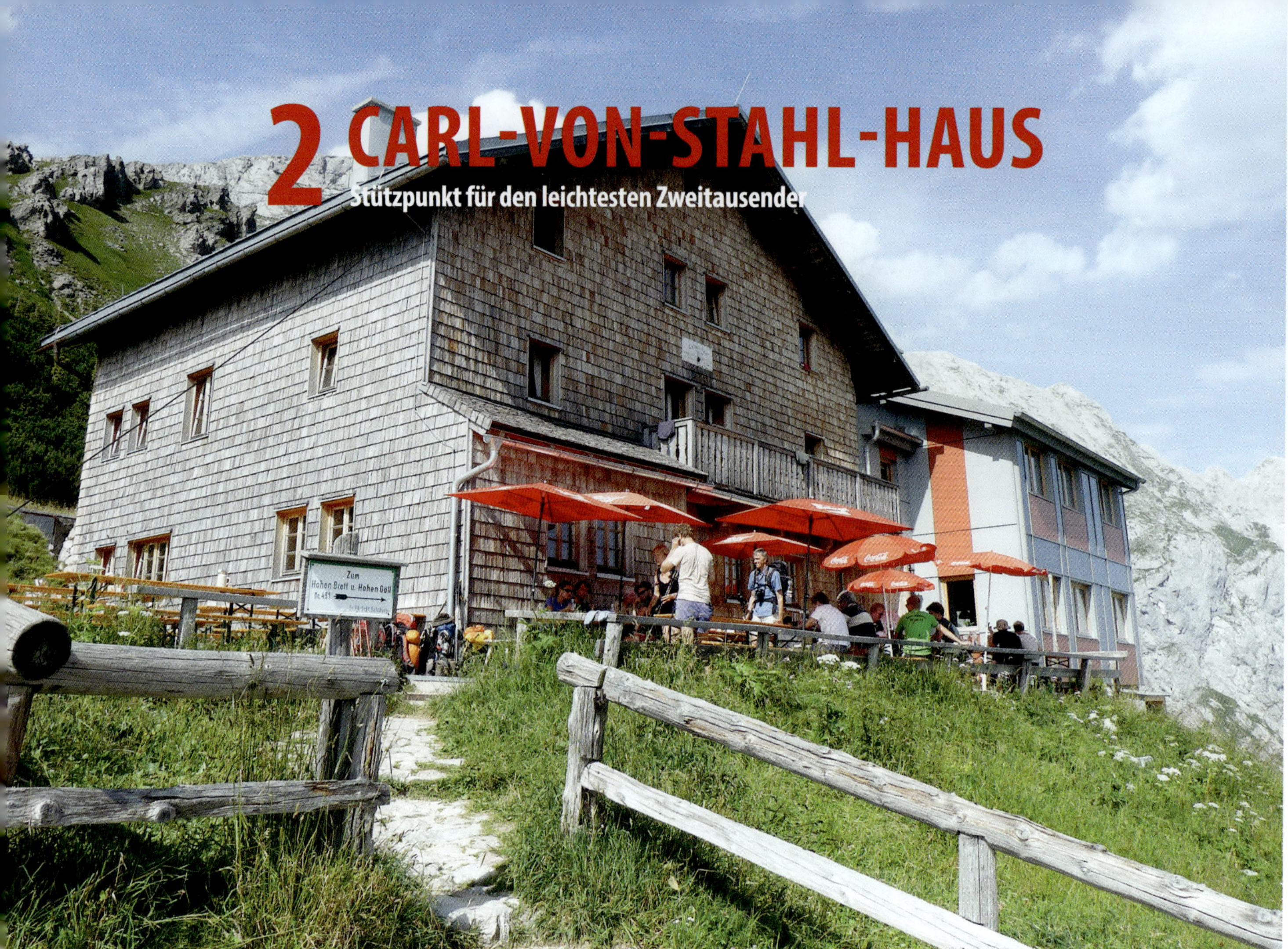

Das Carl-von-Stahl-Haus am Torrener Joch ist ganzjährig bewirtschaftet und dient als Stützpunkt für die Überquerung des Hohen Gölls und den Anstieg auf den viel leichteren Schneibstein (oben). Am Gipfel des Schneibsteins erwarten uns zwei kleine Kreuze und eine herrliche Aussicht auf das Hagengebirge, den Watzmann und das Steinerne Meer (rechte Seite).

DER FAMILIENTIPP

Das Gelände rund um die Hütte ist auch für kleine Kinder ungefährlich. Und mit etwas Glück lassen sich Murmeltiere und Gämsen beobachten. Für die Übernachtung stehen auch ein paar kleinere Zimmer zur Verfügung (mit 4 und 8 Betten) sowie einige größere Lager. Auch Hunde sind – nach Voranmeldung – willkommen.

Das rundum mit Holzschindeln verkleidete „Stahlhaus" ist – trotz des neuen Anbaus – der Inbegriff einer urigen Berghütte. Und zudem steht sie an einer besonders exponierten Stelle am Torrener Joch. Die 1921 bis 1923 erbaute Hütte gehört der Sektion Salzburg des Österreichischen Alpenvereins, sie ist also gleichsam das „Einfallstor" für die Salzburger in die Berchtesgadener Alpen. Von der Berchtesgadener Seite ist sie mit der Jennerbahn innerhalb einer Stunde zu erreichen und bietet sich daher auch für einen späten Start in die Berge an. Zudem ist sie Ausgangspunkt für den leichtesten Zweitausender der Berchtesgadener Alpen, den Schneibstein, der auch im Winter als beliebtes Tourenziel gilt. Und Wanderer mit etwas größerer hochalpiner Erfahrung starten von hier aus die Überschreitung des Göllmassivs.

Der Anstieg von der Jennerbahn-Mittelstation

Zunächst geht es auf einem Wirtschaftsweg zur Mittelstation der Jennerbahn (wahlweise mit der Bahn). Von hier wandern wir auf breitem Weg rechts um den Jenner-Gipfelaufbau herum. Nach einer Viertelstunde nehmen wir links den Fahrweg zur bewirtschafteten Mitterkaseralm, die wir nach einer weiten Rechtsschleife erreichen. Von der Alm steigen wir auf schönem Bergwanderweg zum Sattel zwischen dem Jenner (rechts) und dem Hohen Brett (links). Linkshaltend geht es von dort auf gut ausgeschildertem Wanderweg im Auf und Ab durch Latschen zum Stahlhaus.

Der Abstieg zur Mittelstation

Vom Stahlhaus folgen wir dem breiten, bald schon sehr steilen Wirtschaftsweg hinab in Richtung Königsbachalm. An der Weggabelung noch vor dem weiten Almgelände, wo es links zur Branntweinbrennhütte und zur Priesbergalm geht, halten wir uns rechts und folgen dem breiten Weg zurück zur Mittelstation.

Abstiegsvariante nach Königssee

Von der Weggabelung oberhalb der Königsbachalm folgen wir links dem Wirtschaftsweg hinüber zur

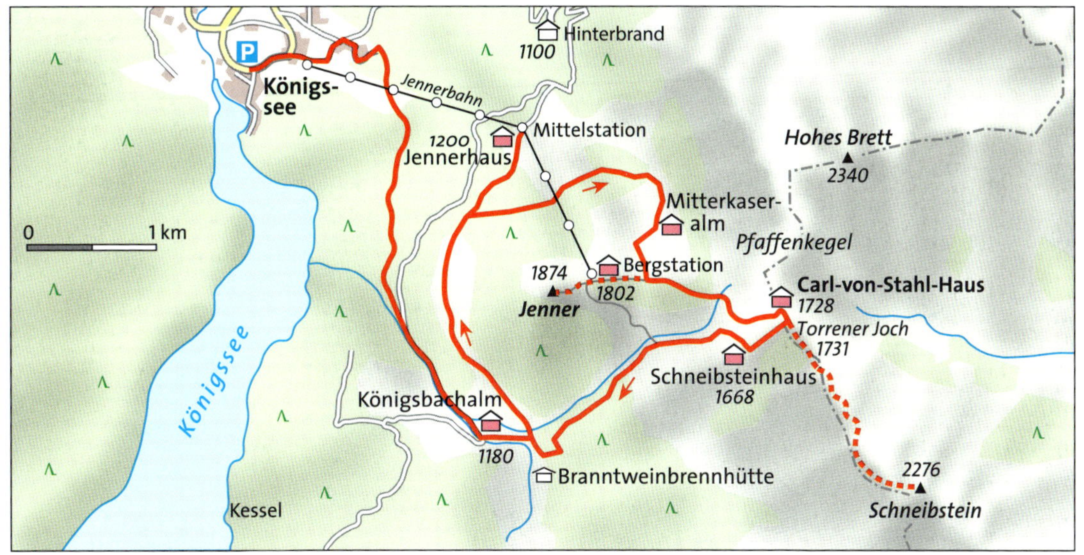

Alm, die uns auch eine schöne Einkehrmöglichkeit bietet, und folgen dann rechts haltend dem ausgeschilderten „Hochbahnweg" hinab nach Königssee und zur Talstation.

Der Hüttengipfel

Schneibstein, 2276 m – die ideale Tour von der Hütte aus: Vom Stahlhaus gehen wir die wenigen Meter hinab zum tiefsten Punkt des Torrener Jochs. Dort folgen wir dem rot bezeichneten Steig (Mark.-Nr. 416) gipfelwärts. Der zunächst noch baumbestandene Höhenzug ist bald nur noch von Latschen gesäumt. Den Abschluss bildet der Aufstieg über den freien Gipfelhang. Wer es gern etwas kürzer hätte: Von der Bergstation der Jennerbahn, von unserem Hüttenanstieg auch nur einen „Katzensprung" entfernt, ist es nur eine halbe Stunde Gehzeit zum Jenner – und dieser Bergspaziergang wird belohnt mit phantastischem Panorama und einem Tiefblick zum Königssee, der wirklich seinesgleichen sucht.

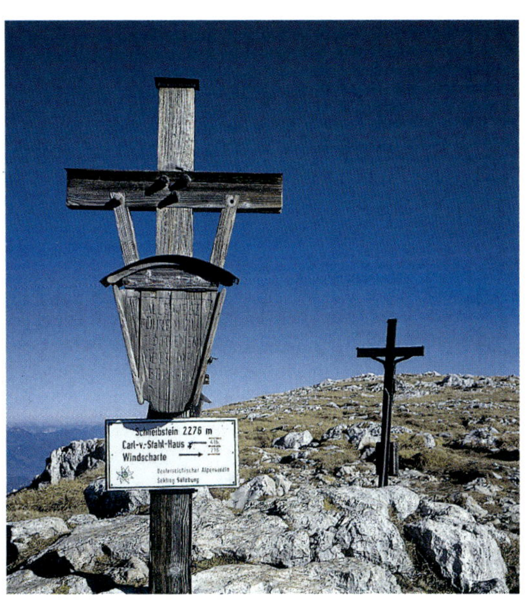

DER KÜCHENTIPP

Die Küche ist in der Hand des Salzburger Alpenvereins und daher natürlich österreichisch geprägt. Es gibt Kasnocken, Rindsgulasch, Kaiserschmarrn und diverse Suppen. Das Bergsteigeressen besteht in der Regel aus einem Nudelgericht mit Fleischsauce und Salat. Warme Gerichte gibt es von 11–14 Uhr und zwischen 18 und 19 Uhr, danach jedoch noch Suppen.

UND SONST NOCH ...

Beim Abstiegsweg liegt die Branntweinbrennhütte der Firma Grassl. Dort wird turnusmäßig – d. h. alle paar Jahre – der Enzianschnaps gebrannt. Wer weiß, vielleicht haben wir ja Glück und der Brenner ist gerade vor Ort und lässt uns ein Stamperl probieren ...

HÖCHSTE PUNKTE

Carl-von-Stahl-Haus, 1728 m; Schneibstein, 2276 m.

ANFAHRT

Mit PKW: Auf der A 8 bis Ausfahrt Bad Reichenhall, dann auf der B 20 über Bischofswiesen und Berchtesgaden nach Königssee; dort großer gebührenpflichtiger Parkplatz. Oder über Berchtesgaden und Obersalzberg nach Hinterbrand; dort Wanderparkplatz (ebenfalls gebührenpflichtig).
Mit Bahn & Bus: Vom Endbahnhof Berchtesgaden fahren Busse nach Königssee und nach Hinterbrand.

AUSGANGSPUNKTE

Mittelstation der Jennerbahn (1200 m). Die Jennerbahn fährt von Anfang Mai bis Ende Oktober in der Zeit von 9 – 16.30 Uhr (Sommer bis 17 Uhr). Oder vom Wanderparkplatz Hinterbrand in 20 Minuten zur Mittelstation.

GEHZEITEN

Hüttenweg: Von der Jennerbahn-Mittelstation (bzw. Hinterbrand) über die Mitteralm 2 – 2¼ Std., Abstieg zur Mittelstation 1½ Std., Abstieg über Königsbachalm und Hochbahnweg nach Königssee 2 Std. Gesamtgehzeit: 3½ – 4 Std. Gipfelweg: vom Stahlhaus 2 Std., Rückkehr zur Hütte 1¼ Std.; insgesamt: 3¼ Std.

ANFORDERUNG

Hüttenweg: Für den allgemeinen Verkehr gesperrte Wirtschaftswege bzw. leichte Bergwanderwege.
Gipfelweg: Bergwanderung ohne ausgesetzte Stellen, Trittsicherheit jedoch erforderlich.

EINKEHR & ÜBERNACHTUNG

Carl-von-Stahl Haus, 1728 m, Alpenvereinshaus der Kat. I, ganzjährig bewirtschaftet, lediglich am Heiligen Abend geschlossen, 44 Betten, 58 Lager; Tel. 08652/655 99 22.
Schneibsteinhaus, 1668 m, von Anfang Mai bis Ende Oktober bewirtschaftet, Übernachtung nur mit Halbpension, 18 Betten, 58 Lager; Tel. 08652/2596. Königsbachalm, 1180 m, privat, im Sommer bewirtschaftet.
Jennerhaus (Dr.-Hugo-Beck-Haus), 1260 m, Hütte des Skiclubs Berchtesgaden, 8 Betten, 30 Lager, ganzjährig bewirtschaftet; Tel. 08652/27 27.
Mitterkaseralm, 1534 m, privat, von Anfang Juni bis Mitte Oktober und von Mitte Dezember bis April einfach bewirtschaftet.

KARTE

Topographische Karte 1 : 50 000, Blatt „Berchtesgadener Alpen" (LDBV).

3 GOTZENALM

Im größten Almgebiet hoch über dem Königssee

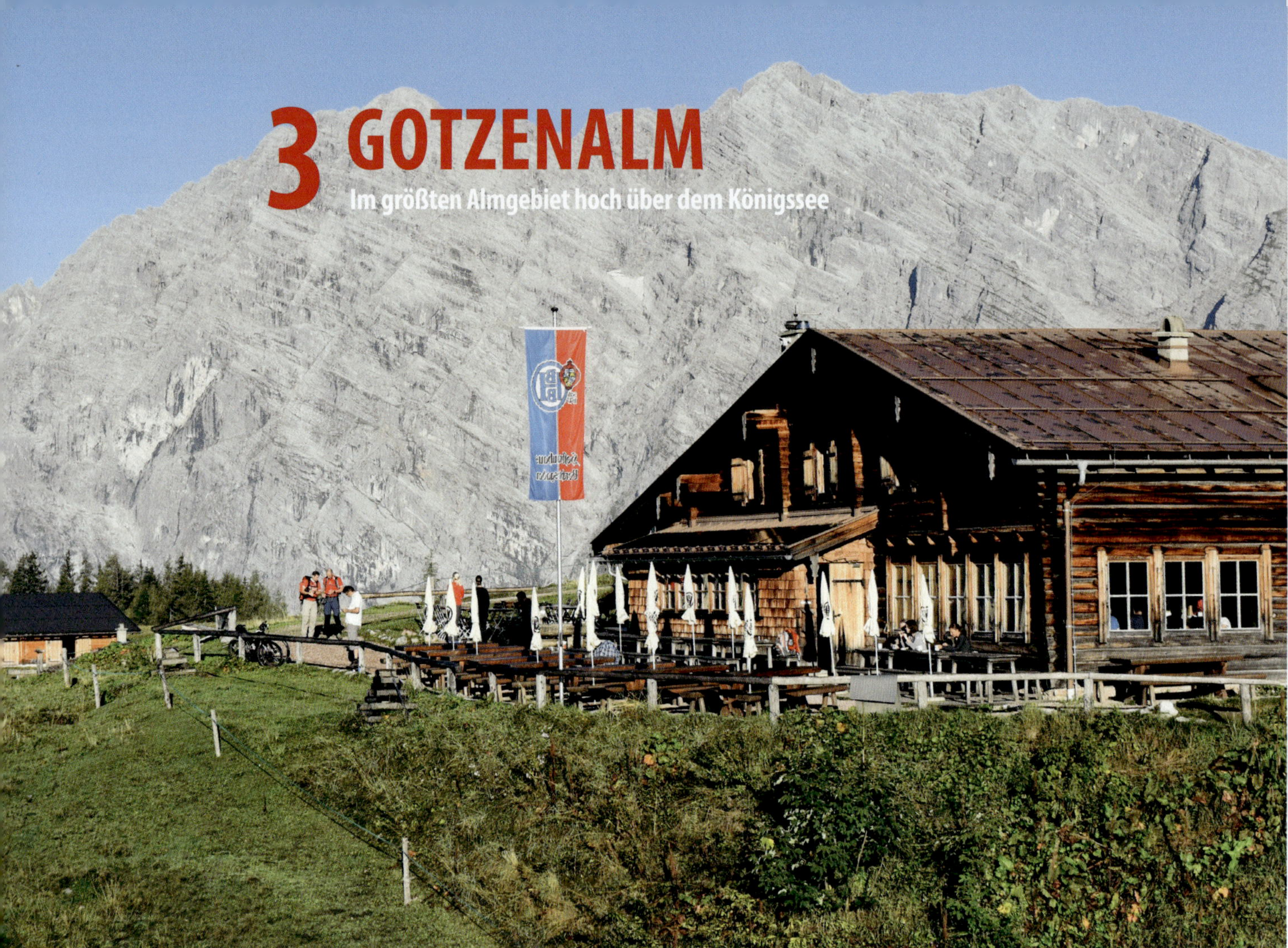

Die Gotzenalm – auch Springlkaser genannt – ist schon lange keine Alm mehr, sondern dient Bergwanderern als Einkehr- und Unterkunftsmöglichkeit auf ihrem Weg zum Obersee, in die Röth oder ins Steinerne Meer.

DER FAMILIENTIPP

Alljährlich im September findet am Ende der Almsaison an der Bootsanlegestelle Salet die Verschiffung des geschmückten Weideviehs statt. Eine Attraktion ersten Ranges. Termin über die Verkehrsämter.

Auf der Gotzenalm hoch über dem Königssee, landläufig auch nur „Gotzen" genannt, sind wir mitten im größten und ältesten Almgebiet des Berchtesgadener Landes. Hier wurden bereits im Mittelalter die Kühe auf die Weide getrieben, weil der Talbereich noch weitgehend ungerodet war. Die ursprüngliche Zahl von Kasern (= Almhütten) hat inzwischen stark abgenommen, und es weidet dort oben nur mehr Jungvieh. Der Springlkaser ist der größte unter ihnen und dient schon seit dem letzten Kriegsende nur mehr als Unterkunftshaus mit einigen Zimmern sowie Matratzenlagern für die Bergwanderer.

Ein besonderes Glanzstück dieser Wanderung ist der Aussichtspunkt Feuerpalfen, der uns einen beeindruckenden Tiefblick auf den Königssee bietet.

Der Aufstieg von Kessel

Wir starten beim Bedarfshaltepunkt Kessel auf der Ostseite des Königssees. Der ehemalige Reitweg (Mark.-Nr. 494) führt in weiten Serpentinen durch den bewaldeten Berghang hinauf zur Gotzentalalm (1050 m). Nun rechts auf dem Fahrweg Richtung Gotzenalm hinauf – man sollte früh dran sein, denn Schatten gibt es kaum auf diesem Wegabschnitt.

Nachdem wir die Geländekante überschritten haben, weitet sich der Blick: eine herrliche Hochalmlandschaft mit der Übergossenen Alm und dem Hochkönig, dem höchsten Berg der Berchtesgadener Alpen, eindrucksvoll im Hintergrund. Ein wenig bergab geht es am Ruppenkaser vorbei zur Gotzenalm.

Der Abstieg über den Kaunersteig

Von der Gotzenalm folgen wir dem ausgeschilderten Wanderweg (Mark.-Nr. 492/493) im Linksbogen hinüber zur Bärengrube, dann rechts auf dem ehemaligen Reitweg zunächst eben, dann fallend durch lichten Wald hinab zur Regenalm. Direkt beim Almgebäude zweigt rechts der Pfad ab, der uns über Almwiesen zum Waldrand führt. Nun immer steil durch Wald hinab und über die zahllosen Stufen des Kaunersteigs bis nahe an das steile Ufer des Königssees heran. Zuletzt links vor zur Haltestelle Salet der

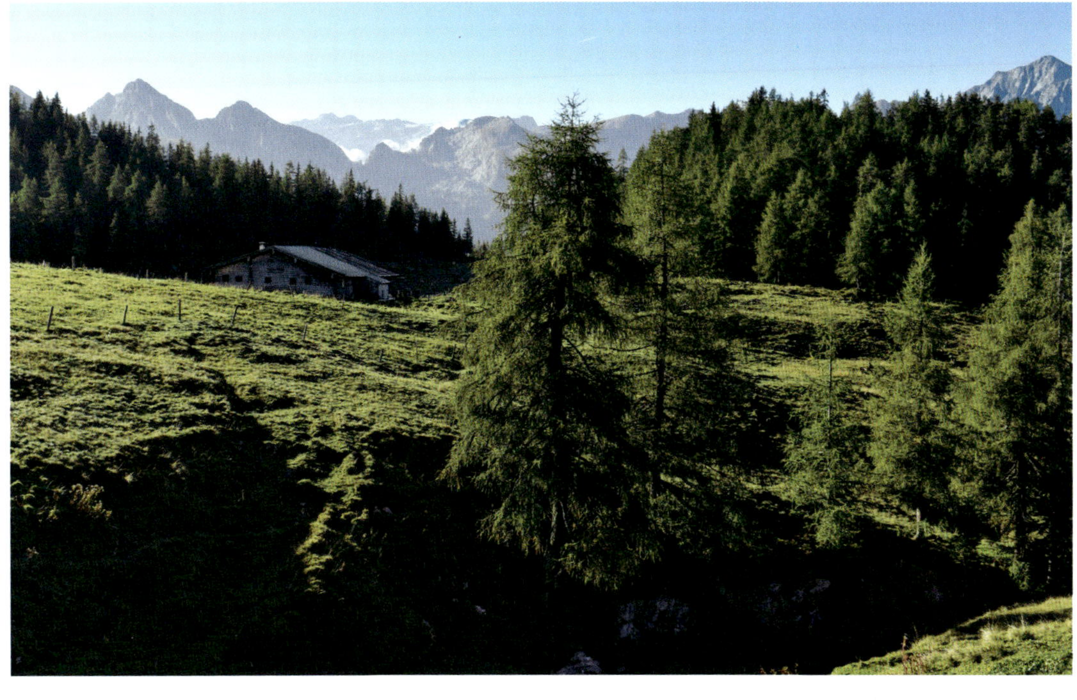

Blick über die Gotzenalm, dem größten Almgelände des Berchtesgadener Landes, zu den Teufelshörnern und zum Hochkönig. Im Hintergrund erkennen wir das Firnfeld der Übergossenen Alm.

DER KÜCHENTIPP

Deftige Wandererkost wie Speckknödel, Käsekrainer, Kaspressknödel und ab und zu ein Schweinsbraten. Für die, die's weniger deftig wollen, gibt es eine gute Auswahl an Kuchen.

UND SONST NOCH ...

Auf der Rückfahrt mit dem Elektroboot machen wir natürlich noch Station in St. Bartholomä, statten der Wallfahrtskirche einen Besuch ab und kehren im Biergarten des Gasthauses ein.

Königsseeschifffahrt. Von dort setzen wir über zum malerischen St. Bartholomä, um dann, ebenfalls mit dem Boot, zum Nordufer des Sees zu gelangen.

Abstecher zum Feuerpalfen

Einen spektakuläreren Tiefblick auf Königssee und St. Bartholomä kann man als Wanderer nicht erreichen! Wer Bayern wirklich kennen will, muss zum Aussichtspunkt Feuerpalfen auf der „Gotzen“. Von der Gotzenalm wandern wir ein kurzes Stück des Anstiegsweges zurück und folgen dann links einem Pfad, der über das Warteck hinab zum Aussichtspunkt führt. Die Aussichtskanzel ist mit Geländer gesichert.

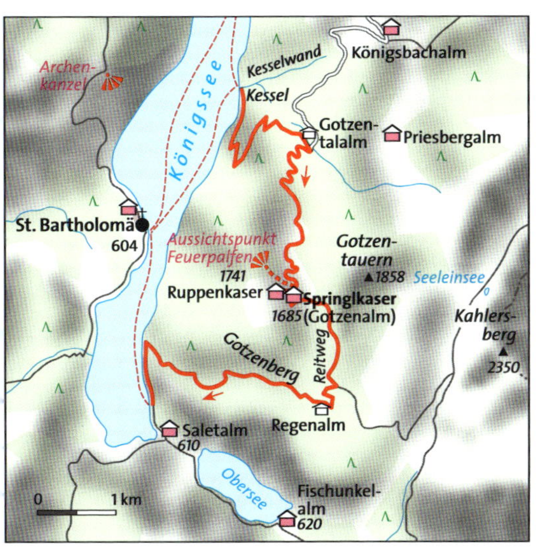

HÖCHSTE PUNKTE

Springlkaser, 1685 m, Feuerpalfen, 1710 m.

ANFAHRT

Mit PKW: Auf der Salzburger Autobahn (A 8) bis Ausfahrt Bad Reichenhall, dann auf der B 20 über Bischofswiesen und Berchtesgaden nach Königssee; dort gebührenpflichtiger Großparkplatz.

Mit Bahn & Bus: Auf der Linie München – Salzburg über Freilassing zum Endbahnhof Berchtesgaden; von dort mit RVO-Bus nach Königssee.

AUSGANGSPUNKT

Bedarfshaltestelle „Kessel“ der Königsseeschifffahrt (605 m). Anfahrt mit Elektrobooten vom Nordufer. Beim Bootsführer bei Abfahrt anmelden.

GEHZEITEN

Hüttenweg: Vom Haltepunkt Kessel 2½ Std., Abstieg von der Gotzenalm zur Bootsanlegestelle Saletalm 2 Std.
Gesamtgehzeit: 4½ Std.
Aussichtspunkt Feuerpalfen: 15 Minuten von der Gotzenalm.

ANFORDERUNG

Der Hüttenzustieg erfolgt auf breitem Wanderweg (ehemaliger Reitweg). Der Abstieg über den Kaunersteig, setzt Trittsicherheit und Schwindelfreiheit voraus. Achtung vor allem nach Regentagen (Rutschgefahr!). Im Sommer 2021 wurde der Steig stark beschädigt, daher vorab Informationen einholen.

EINKEHR & ÜBERNACHTUNG

Springlkaser, 1685 m, privat, bewirtschaftet von etwa Ende Mai bis Mitte Oktober, 56 Betten, 45 Lager; Tel. 08652/690 900.
Ruppenkaser, 1690 m, privat, im Sommer einfach bewirtschaftet.
Evtl. Saletalm, 606 m, privates Berggasthaus, von Juni bis Ende September bewirtschaftet, keine Übernachtung. – In Nähe der Schiffsanlegestelle.
Gasthaus St. Bartholomä, 604 m, privat, bewirtschaftet während der Betriebszeiten der Seeschifffahrt. Gemütlicher Biergarten. Keine Übernachtung!

KARTE

Topographische Karte 1 : 50 000, Blatt „Berchtesgadener Alpen“ (LDBV).

TOURIST-INFO

Tourist-Information, Rathausplatz 1, 83471 Schönau am Königssee, Tel. 08652/655 98 29, www.berchtesgaden.de

4 KÄRLINGERHAUS

Die Wanderdrehscheibe im Steinernen Meer

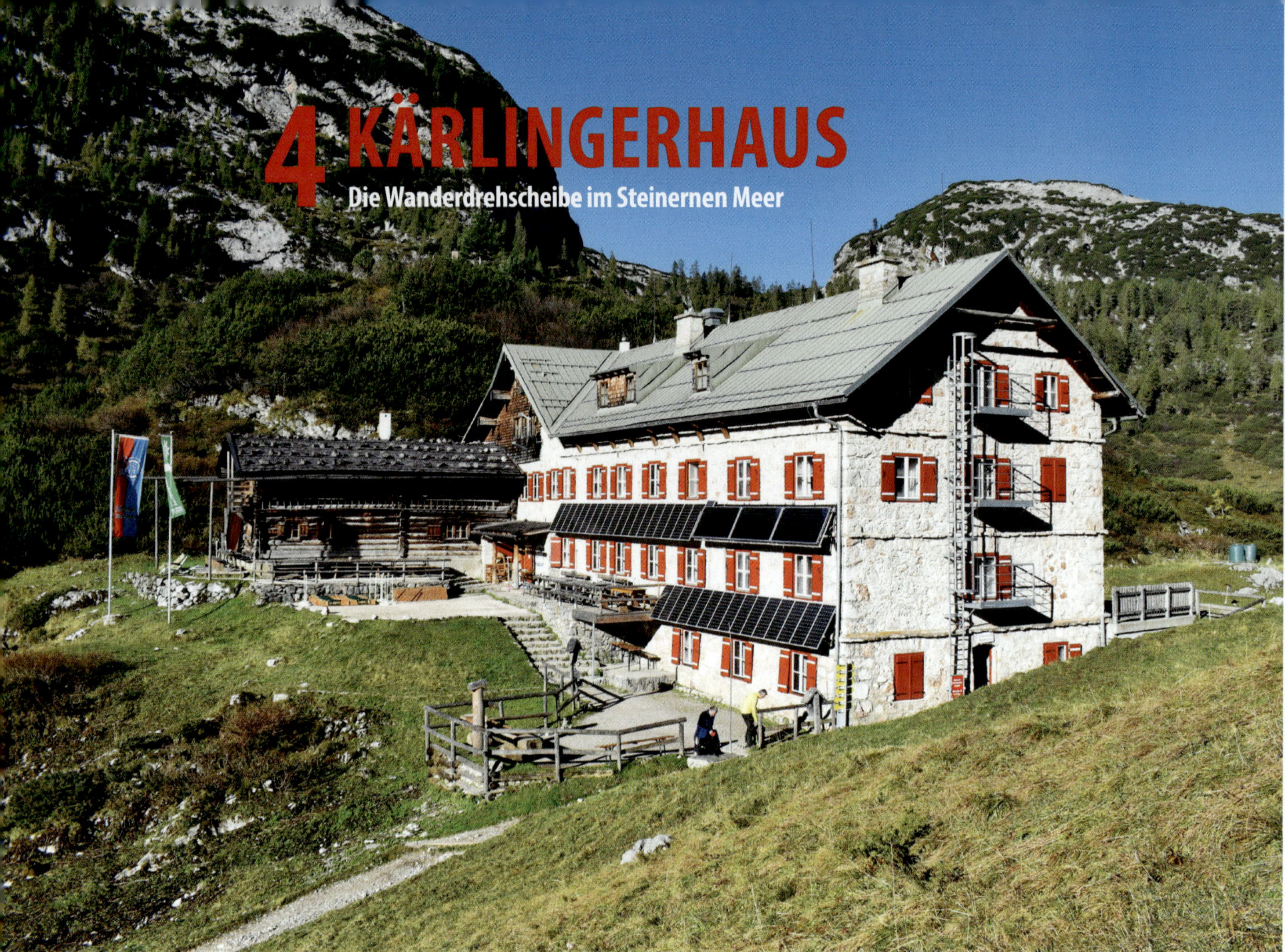

Das Kärlingerhaus am Funtensee ist viel besuchte Durchgangsstation auf dem Weg ins Steinerne Meer. Darüber erhebt sich das kecke Schottmalhorn.

Bereits bei der herrlichen Bootsfahrt über den Königssee können wir unser Ziel erahnen, denn das Kärlingerhaus steht nicht weit von den kecken Gipfeln, die jenseits des Sees aus dem Gipfelmeer herausragen. An schönen Sommer- und Herbstwochenenden müssen wir auf dem Kärlingerhaus meist mit einem starken Besucherandrang rechnen, denn dieses – wenn auch große Haus – ist das Einfallstor zum Steinernen Meer. Dort verzweigen sich dann all die einladenden Wanderwege. Die längste Tour führt von hier zum höchsten Gipfel der Berchtesgadener Alpen, dem Hochkönig, der jedoch bereits auf österreichischem Gebiet liegt. Beliebt ist auch der Übergang nach Saalfelden im Pinzgau; diese Route ist alljährlich im August Schauplatz einer Wallfahrt, die Tausende von Pilgern anzieht. Erbaut wurde das Kärlingerhaus in seiner jetzigen Gestalt im Jahr 1903, doch schon lange zuvor stand hier das Funtenseehaus als Bergsteigerunterkunft. Die Lage dieses Alpenvereinshauses am Funtensee ist ausgesprochen malerisch, die relativ geringe Höhenlage sorgt dafür, dass ringsum sattes Grün regiert. Da lässt sich die Kargheit des Steinernen Meeres, das ja seinen Namen beileibe nicht zu Unrecht trägt, nur erahnen. Der Schrainbach, den wir auf unserem Abstiegsweg nach St. Bartholomä passieren werden, ist übrigens der unterirdische Abfluss des Funtensees.

Der Hüttenanstieg über die Wasseralm

Am Südostufer des Königssees steigen wir aus dem Boot. Ein breiter Wanderweg (Mark.-Nr. 412) führt nun zur bewirtschafteten Saletalm. Hier überqueren wir den Zufluss des Königssees und nehmen bei der nächsten Verzweigung den linken Weg. Am rechten Oberseeufer geht es entlang, bis wir die Walchhüttenwand erreichen. Ein gesicherter Steig vermittelt uns den Übergang zur Fischunkelalm am oberen Ende des Sees. Von der Alm geht es auf markiertem Weg weiter bis an den Waldrand; wir wandern über einen kleinen Sattel und erreichen den Talschluss (hier empfiehlt sich ein kleiner Abstecher nach rechts: der Röthbach-Wasserfall ist beeindruckend und lohnt den Umweg). Um zum Kärlingerhaus zu gelangen, halten wir uns im Talschluss aber links und nehmen den Röthsteig. Er führt über eine schroffe Felsstufe empor, bis wir nach etwa 30 Minuten bei einer Gabelung die Qual der Wahl haben: Entweder halten wir uns links (leichter) Richtung Reitweg (dieser führt von der Gotzenalm in die Röth) oder aber rechts, wo der Röthsteig ausgesetzt und eindrucksvoll weiter nach oben führt. Achtung auf herabfallende Steine! Am Röthsteig queren wir oberhalb des Wasserfalls den Röthbach. Durch Wald geht es nun hinauf zur prachtvollen Bergwiese bei der Wasseralm. Sie ist der ideale Stützpunkt bei dieser langen Tour – und sie liegt so idyllisch, dass man ganz einfach gerne hier Quartier nimmt. Am nächsten Tag gehen wir zuerst ein Stück zurück, nehmen bei einer Wegverzweigung den linken „Arm" (Weg-Nr. 423) und wandern, bald im Wald leicht ansteigend, zur Walchhütte (verfallen). Über die Moosscheibe erreichen wir das Halsköpfl (1719 m) – hinter dem unspektakulären Namen verbirgt sich ein spektakulärer Aussichtspunkt hoch über dem Königssee. Dann wieder kurz auf dem Weg zurück und rechts hinab zum Schwarzensee (1588 m). Weiter abwärts und zu dem Weg, der über die Sagereckwand heraufführt. Wir halten uns links (Weg-Nr. 422) und hinunter zum Grünsee (1474 m).

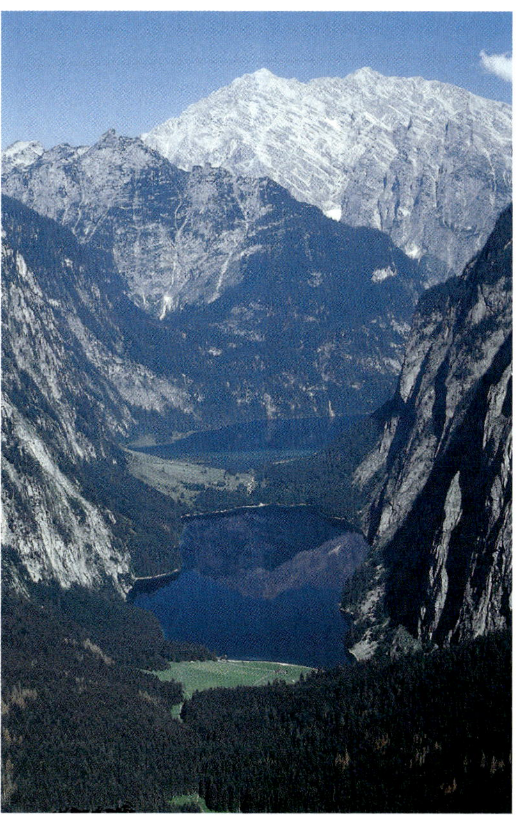

Blick vom Weg zur Wasseralm auf den Obersee und den Königssee; darüber erhebt sich „König Watzmann", das Wahrzeichen der Berchtesgadener Alpen. Auf unserer Tour werden wir ihn noch aus verschiedenen Blickwinkeln betrachten können.

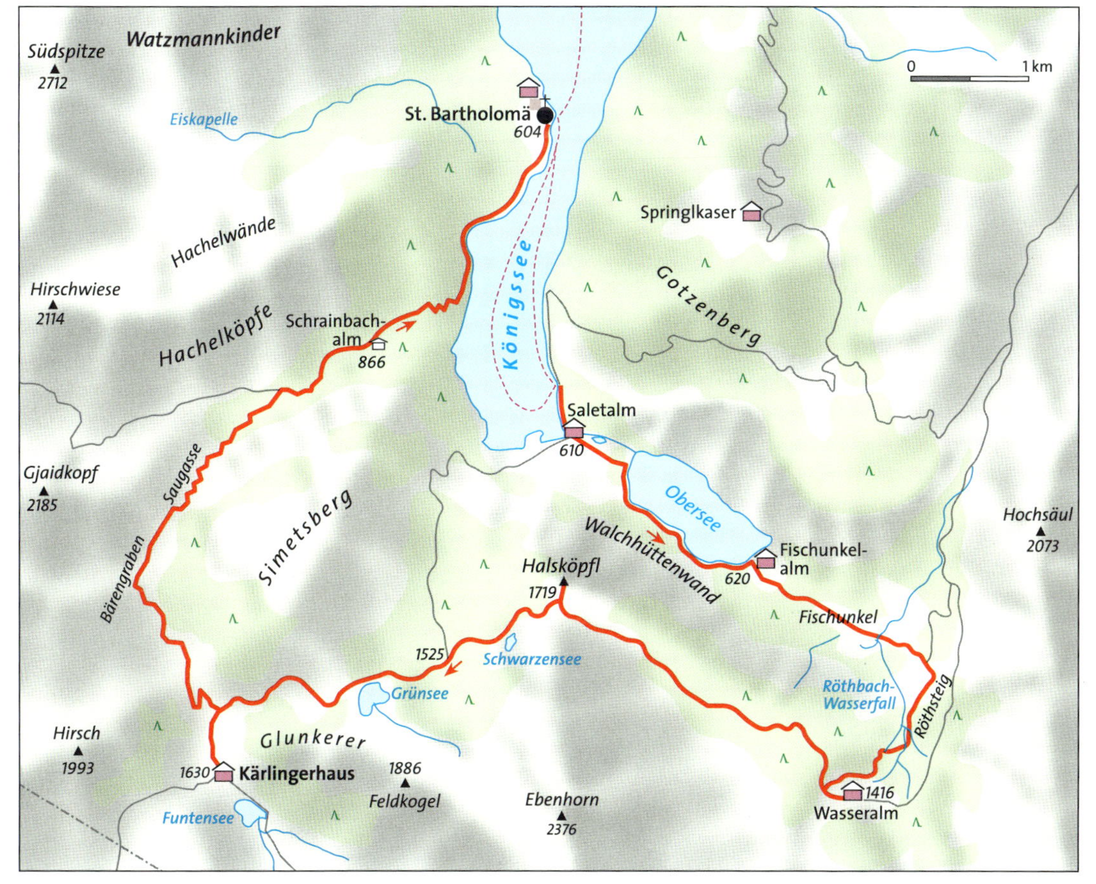

MIT HUND AM BERG

Reservierung unbedingt erforderlich, da maximal nur drei Hunde pro Nacht erlaubt sind; sie werden im Winterraum untergebracht. Mindestens eine Person muss die Nacht mit dem Hund verbringen. Es wird eine Reinigungsgebühr pro Hund und Nacht erhoben!

DER KÜCHENTIPP

Es gibt eine wechselnde Karte. Kaspressknödel, Speckködel mit Kraut und ein Nudelgericht sind die Standards, aber es gibt überdies frische Salate und Gulasch; und zur Jagdsaison kommt auch Hirschgulasch vom Wild aus dem Nationalpark auf den Tisch. Kein Wanderer muss mit knurrendem Magen ins Lager kriechen, und auch wer spät kommt (bis etwa 20 Uhr), wird noch verpflegt.

St. Bartholomä am Königssee ist nur per Schiff zu erreichen. Am Ende unserer Hüttenwanderung werden wir noch im Biergarten des Gasthauses ausruhen und den Abschluss unserer grandiosen Rundtour feiern. Aber aufpassen: Nicht das letzte Schiff versäumen, denn in St. Bartholomä gibt es keine Unterkunftsmöglichkeit. Die Watzmann-Ostwand-Hütte am Fuß der 2000 Meter hohen Wand ist nur für Kletterer gedacht.

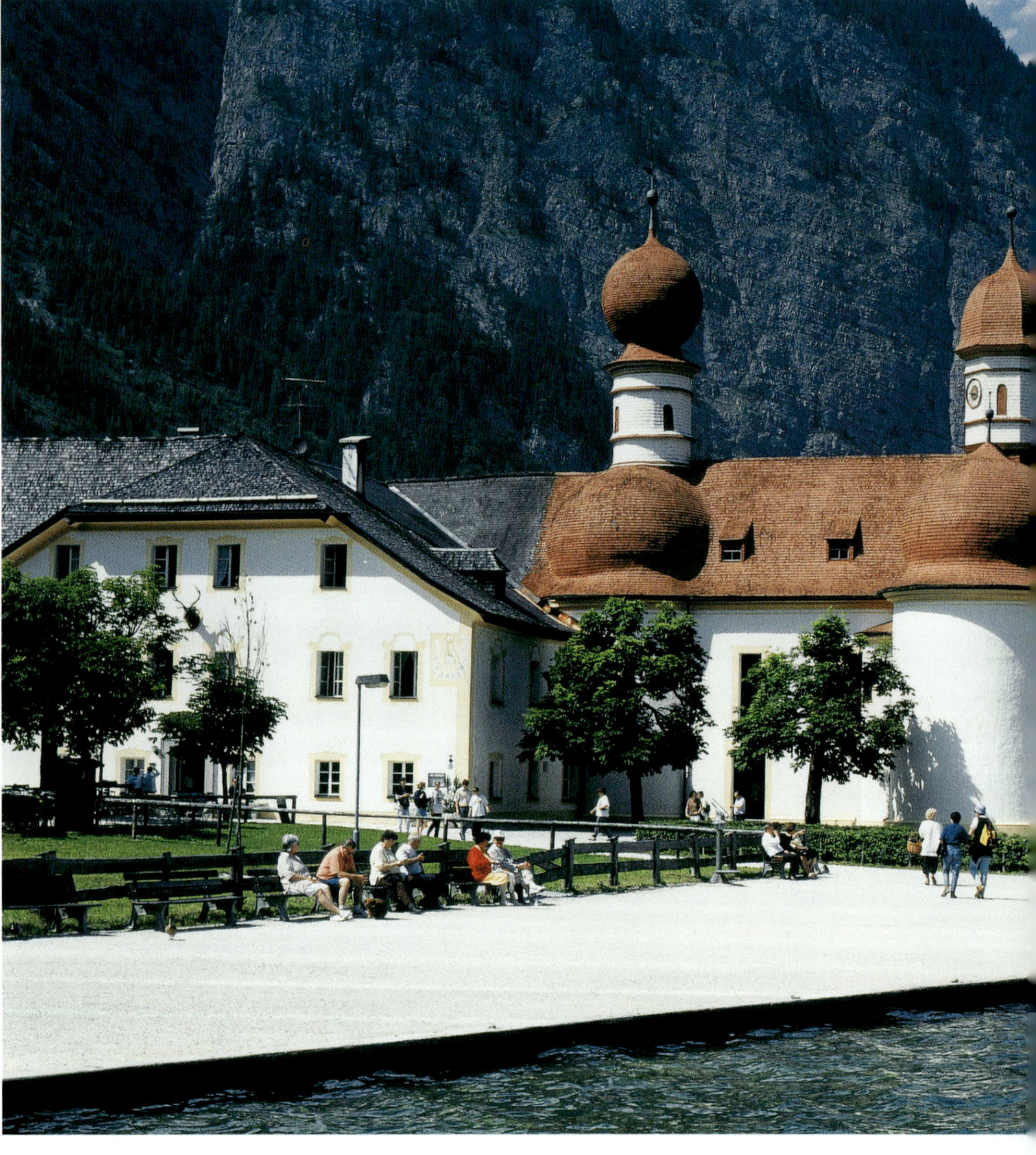

In flachem Gelände spazieren wir rechts oberhalb des Sees dahin, bevor wir über Stufen (die zweite hat den charmanten Namen „Himmelsleiter") zum Sattel zwischen Simetsberg und Glunkerer hinaufmüssen.

Nun geht es noch einmal leicht bergab, wir wandern um den Glunkerer herum und schauen schon bald hinab zum Funtensee und zum einladenden Kärlingerhaus.

Der Abstieg über die Saugasse

Vom Kärlingerhaus gehen wir etwa 20 Minuten auf dem Anstiegsweg zurück und schlagen bei der Verzweigung den linken Weg (Mark.-Nr. 412) ein. Ein schöner Bergweg führt uns nun durch das sogenannte Ofenloch und durch den Bärengraben zur verfallenen Oberlahneralm. Prachtvoll steht der Watzmann vis-à-vis. Nun aber beginnt der eigentliche Abstieg: über 32 Serpentinen durch die Saugasse hinunter zur ebenfalls verfallenen Unterlahneralm und weiter zur Schrainbachalm (ein kleiner Abstecher zum Schrainbach-Wasserfall ist zu empfehlen!). Schließlich führt das letzte Wegstück direkt am Königssee entlang bis nach St. Bartholomä. Was jetzt noch kommt, ist stimmungsvoller Ausklang: ein Besuch der Wallfahrtskapelle St. Bartholomä Dankgebet inklusive), und natürlich ein Besuch des Wirtshauses samt Biergarten (Brotzeit und eine Radlermaß inklusive). Danach steigen wir in eines der Elektroboote und lassen uns, den schönen

DER FAMILIENTIPP

Für kleine Kinder ist diese Tour eindeutig zu lang und anspruchsvoll; erst ab einem Alter von zehn Jahren bringen sie die Voraussetzungen mit. Aber auch dann empfiehlt es sich als An- und Abstieg den Weg über die Saugasse zu nehmen und eine Übernachtung auf der Hütte einzuplanen.

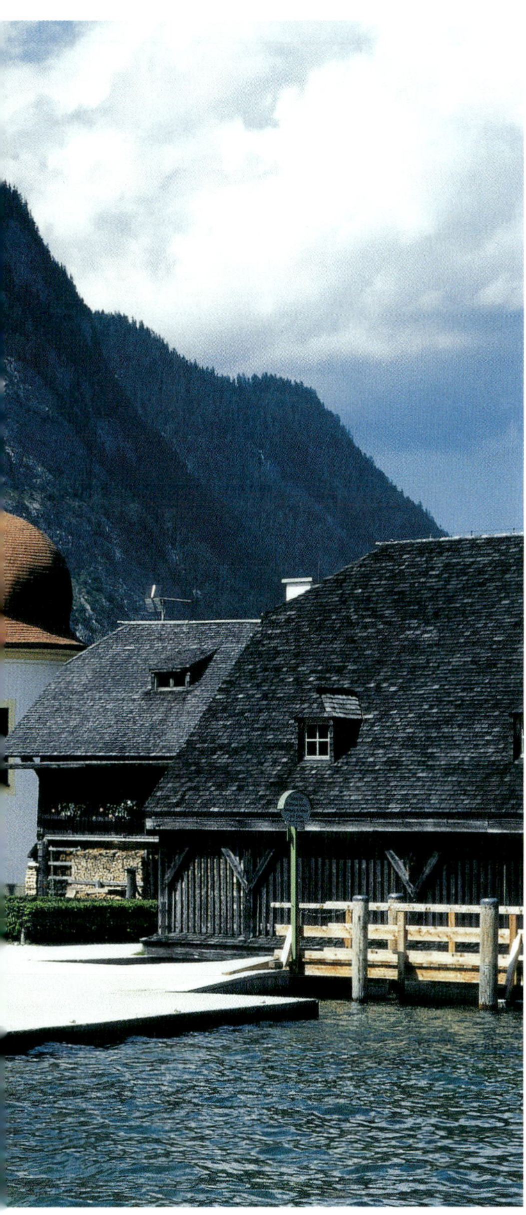

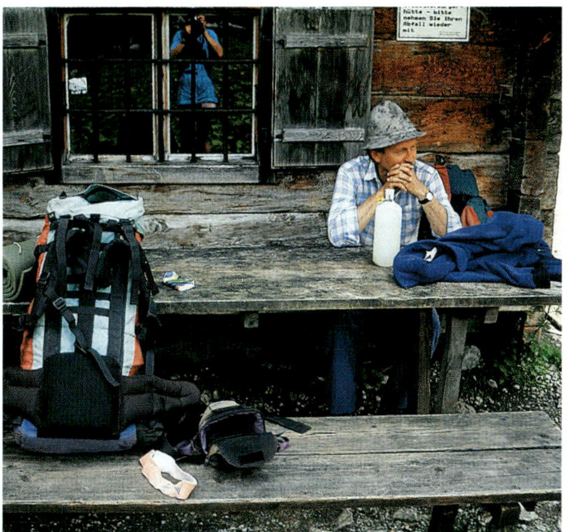

Vor der Wasseralm in der Röth lässt sich gut rasten; die Hütte hat 40 Lagerplätze und ist im Sommer bewirtschaftet, in der übrigen Zeit dient sie als Selbstversorgerhütte.

UND SONST NOCH ...

Am Funtensee beim Kärlingerhaus befindet sich eine Messstation des Deutschen Wetteramtes. Hier werden Deutschlands niedrigste Temperaturen gemessen.

Tagen nachträumend, zurückbringen zum Nordufer des Königssees.

Der Hüttengipfel

Halsköpfl, 1719 m: Da wir auf unserer Hüttenrunde bereits einige prächtige Aussichtspunkte sammeln konnten, verzichten wir hier auf einen eigenständigen Hüttengipfel und nehmen dafür das Halsköpfl, dem wir beim Anstieg von der Wasseralm mit einem Schlenker einen Besuch abstatten können. Am Halssattel umgehen wir den felsigen Vorbau nach rechts und erreichen dann über einen Grashang den grandiosen Aussichtsgipfel. Neben der Archenkanzel und dem Feuerpalfen der dritte überwältigende Aussichtspunkt über dem Königssee.

HÖCHSTE PUNKTE

Kärlingerhaus, 1630 m; Halsköpfl, 1719 m.

ANFAHRT

Mit PKW: Auf der A 8 bis zur Ausfahrt Piding, dann über Bad Reichenhall (schneller über Walserberg und Salzburg Süd, aber mautpflichtig) nach Berchtesgaden und weiter nach Königssee. Dort gebührenpflichtiger Großparkplatz. Weiter dann zu Fuß zum Königssee.
Mit Bahn & Bus: Mit IC-Zügen und Regionalexpresszügen über Freilassing nach Berchtesgaden; von dort fahren RVO-Busse nach Königssee. Von dort sind es nur wenige Minuten zur Abfahrtsstelle der Königsseeschiffe am Nordufer.

AUSGANGSPUNKT

Schiffshaltestelle Saletalm (604 m).

ENDPUNKT

St. Bartholomä (604 m).

GEHZEITEN

Hüttenweg: Von der Schiffshaltestelle Salet über den Röthsteig zur Wasseralm 3 Std., von der Wasseralm über den Grünsee zum Kärlingerhaus 4½ Std., Abstieg über die Saugasse nach St. Bartholomä 3 Std.
Gesamtgehzeit: 10½ Std.
Anfahrt und Rückfahrt mit Boot einplanen (½ Std. bis St. Bartholomä, ¾ Std. bis Salet von Königssee).
Gipfelweg: Das Halsköpfl befindet sich nur wenige Minuten abseits von unserem Hüttenzugangsweg.

ANFORDERUNG

Der Anstieg zur Wasseralm über den Röthsteig erfordert Trittsicherheit und Schwindelfreiheit, der Weiterweg über den Grünsee zum Kärlingerhaus setzt zumindest Trittsicherheit voraus.
Der Abstieg über die 32 Kehren der Saugasse hinab nach St. Bartholomä kann schon etwas in die Knie gehen, ist aber technisch gesehen unproblematisch. Trittsicherheit ist dennoch erforderlich.

EINKEHR & ÜBERNACHTUNG

Kärlingerhaus, 1631 m, Alpenvereinshaus der Kat. I, von Ende Mai bis Mitte Oktober sowie an Ostern bewirtschaftet, 40 Betten, 163 Lager; Tel. 08652/609 10 10. Reservierung: info@kaerlingerhaus.de – Offener Winterraum für 20 Personen.
Wasseralm in der Röth, 1423 m, von Anfang Juni bis Anfang Oktober bewirtschaftete Hütte der Kat. I, ansonsten ganzjährig geöffnete Selbstversorgerhütte, 40 Lager, Küche dann nur mit Schlüssel der Sektion bzw. der Nationalparkverwaltung zugänglich. Der Winterraum ist ganzjährig geöffnet; nur Online-Reservierung
Saletalm, 620 m, von Mai bis Oktober bewirtschaftetes Berggasthaus (keine Übernachtung).
Fischunkelalm, 820 m, privat, im Sommer einfach bewirtschaftet.

KARTE

Topographische Karte 1 : 50 000, Blatt „Berchtesgadener Alpen" (LDBV).

TOURIST-INFO

Tourist-Information, Rathausplatz 1, 83471 Schönau am Königssee, Tel. 08652/655 98 29, www.berchtesgaden.de

5 WATZMANNHAUS

Die Unterkunft am Wahrzeichen des Berchtesgadener Landes

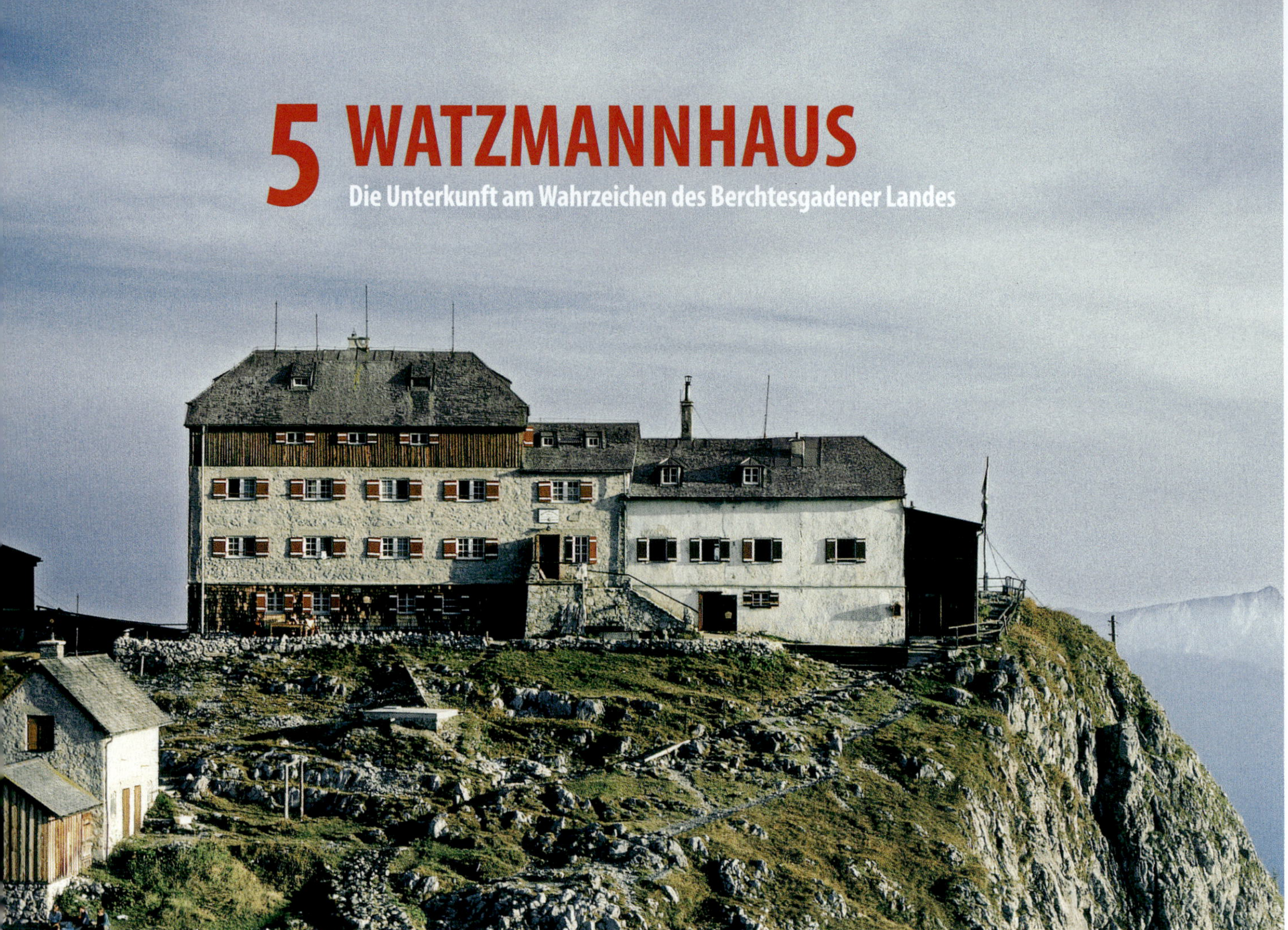

Man merkt dem Watzmannhaus seine Geschichte an: Mehrmals wurde es erweitert und scheint doch nie groß genug zu sein. An schönen Sommertagen muss sie ein Heer von Bergsteigern verköstigen und beherbergen. Die Bergkapelle auf der Kühroint, dahinter verbirgt sich eine weitere Bergsteigerunterkunft, das Kührointhaus (rechte Seite unten).

DER FAMILIENTIPP

Wer den Hüttenanstieg von der Wimbachbrücke startet, sollte den kleinen Umweg durch die tosende Wimbachklamm (gebührenpflichtig) einbauen. Die etwa 700 Meter lange Klamm ist mit einer Abfolge von Stegen und Brücken gangbar gemacht worden und zählt zu den Attraktionen des Berchtesgadener Landes.

Als 1888 das Watzmannhaus erbaut worden ist, reichte der Platz gerade einmal für 25 Übernachtungsgäste. Seither hat sich einiges getan: es wurde erweitert, umgebaut, saniert und modernisiert. Kurzum: Das renovierte Watzmannhaus kann nicht nur mit einer umweltfreundlichen Abwasser- und Photovoltaikanlage punkten, auch die schönen Schlaf- und Gasträume überzeugen. Und das alles braucht es auch. Denn der Watzmann ist nicht nur der höchste Berg Deutschlands, der nicht – wie die Zugspitze – mit den Tirolern „geteilt" werden muss. Er ist auch das Wahrzeichen des Berchtesgadener Landes, ein Symbol für die bayerische Bergwelt, berühmt über Deutschland hinaus. Dementsprechend groß ist der Ansturm der Bergsteiger und Wanderer. Ich kann da nur empfehlen: Wer keinen Gipfel besteigen will, sollte am besten noch am gleichen Tag wieder absteigen – denn abends ist die Hütte voll bis auf den letzten Platz. Und wer Pech hat, schläft auf dem Boden … – Erwähnenswert auch dies: Von 1898 bis 1917 war der Hüttenwirt kein Geringerer als der legendäre Ramsauer Bergführer Johann Grill, genannt „Kederbacher". Und noch etwas: Das Watzmannhaus pflegt eine intensive Hüttenpartnerschaft mit der Vodrikova-Hütte im slowenischen Triglav-Nationalpark. Schließlich war ja Valentin Stanic, der Erstbesteiger der Watzmann-Mittelspitze anno 1802, ein Slowene …

Der Anstieg von der Wimbachbrücke

Vom Parkplatz Wimbachbrücke wandern wir auf dem bezeichneten Fahrweg (Mark.-Nr. 441) zur Stubenalm (oder alternativ durch die Wimbachklamm – vorher Chip besorgen) und weiter zur bewirtschafteten Mitterkaseralm (1400 m). 800 Höhenmeter sind geschafft – da tut eine Pause gut. Vor allem, weil noch einmal 500 zu bewältigen sind … Am Mitterkaser verlassen wir den Fahrweg. Ein Bergsteig durchzieht die meist freien Hänge hinauf zur Falzalm. In vielen Serpentinen steigen wir hoch zum Falzköpfl und – endlich – zum Watzmannhaus.

Der Abstieg über die Kühroint

Im Abstieg wandern wir wieder hinunter zur Falzalm. Dort zweigt rechts unser weiterer Weg vom Anstiegsweg ab. Genussvoll schlendern wir

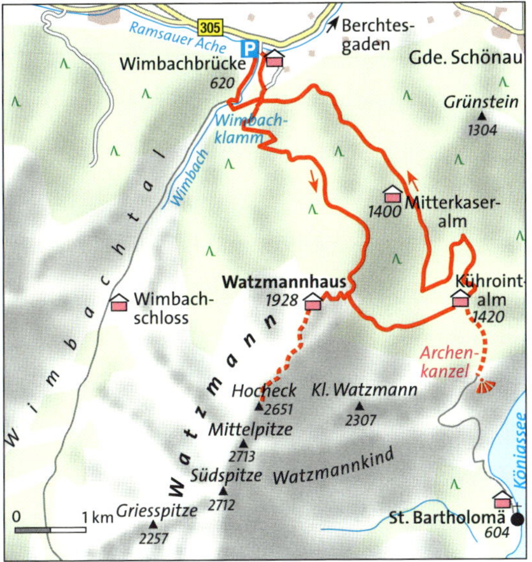

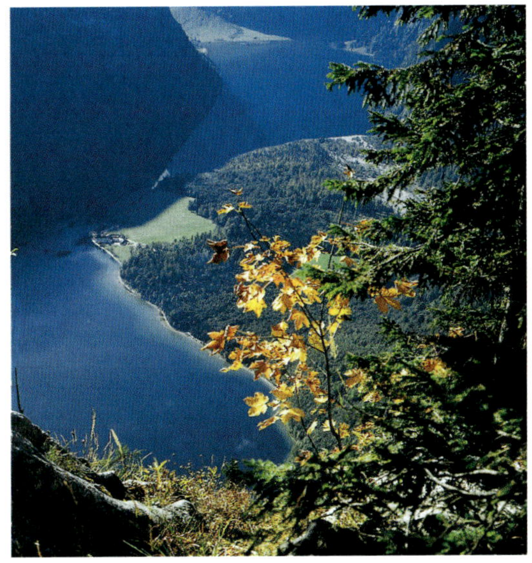

Blick von der Archenkanzel auf den Königssee und St. Bartholomä.

auf dem markierten Wanderweg (Mark.-Nr. 422) durch Schrofen auf den Kleinen Watzmann zu. Durch Wald geht es hinunter zur Kührointalm. Zum Übernachten wäre das eine Alternative: Hier ist der Andrang nicht so groß wie droben im berühmten Watzmannhaus. Und die Alm-Atmosphäre garantiert einen idyllischen Abend und einen stimmungsvollen Morgen. – Schade nur, dass der weitere Abstieg ins Tal einem Wirtschaftsweg folgt. Da sind wir froh über jeden Wandersteig, der ein wenig abkürzt und uns die Natur noch einmal ganz nah und intensiv erleben lässt.

Der Hüttengipfel

Watzmann-Hocheck, 2651 m: Der Watzmann ist das Wahrzeichen der Berchtesgadener Alpen und einer der berühmtesten Berge des deutschen Alpenanteils. Für den Bergwanderer mit guter Trittsicherheit und ein wenig hochalpiner Erfahrung ist der Aufstieg zum Hocheck 2651 m) immer ein unvergessliches Erlebnis. Der Steig zum leichtesten Gipfel des Massivs ist gut markiert. Das felsige Gelände weist keine nennenswerten Schwierigkeiten auf – Vorsicht aber an ein paar ausgesetzten Stellen im Bereich der sogenannten „Schulter". Der Ausblick vom Gipfel? Mit einem Wort: atemberaubend.

DER KÜCHENTIPP

Warme Küche gibt es bis 20 Uhr, danach noch Brotzeiten. Knödelgerichte, Gulasch, Leberkäs mit Ei, frische Salate, Nudelgerichte und selbst gemachte Kuchen sind im Angebot.

UND SONST NOCH ...

Am Abstiegsweg über die Kührointalm haben wir die Möglichkeit einen Abstecher zu einer reizvollen Aussichtsstelle zu unternehmen. Die Archenkanzel liegt nur eine Viertelstunde Gehzeit von der Kührointhütte direkt über dem Königssee. Der Weg ist ausgeschildert. Ein Platz zum Träumen.

HÖCHSTE PUNKTE

Watzmannhaus, 1928 m; Watzmann-Hocheck, 2651 m.

ANFAHRT

Mit PKW: Auf der Salzburger Autobahn (A 8) bis Ausfahrt Piding, dann über Bad Reichenhall und Bischofswiesen bis kurz vor Ramsau zum Parkplatz Wimbachbrücke (gebührenpflichtiger Parkplatz).
Mit Bahn & Bus: Berchtesgaden ist Endpunkt der Linie München – Freilassing – Bad Reichenhall. Von dort RVO-Bus in Richtung Ramsau zur Wimbachbrücke.

AUSGANGSPUNKT

Wanderparkplatz Wimbachbrücke (634 m).

GEHZEITEN

Hüttenweg: Von Ramsau-Wimbachbrücke über die Mitterkaseralm 4 Std., Abstieg zur Kührointhütte 1½ Std., Abstieg von der Kührointhütte zur Wimbachbrücke 2 Std. Gesamtgehzeit: 7½ Std.
Gipfelweg: Vom Watzmannhaus zum Watzmann-Hocheck 2 Std., Abstieg zum Alpenvereinshaus 1½ Std.; insgesamt: 3½ Std.

ANFORDERUNG

Hüttenweg: Von Ramsau ist der An- und Abstieg auf Forstwegen und Bergsteigen leicht (Falzsteig teils gesichert).
Gipfelweg: Trittsicherheit und Schwindelfreiheit erforderlich. Einige Seilsicherungen.

EINKEHR & ÜBERNACHTUNG

Watzmannhaus, 1930 m, Alpenvereinshaus der Kat. I, von Pfingsten bis Mitte Oktober bewirtschaftet, 50 Betten, 162 Lager, 10 Notlager; Winterraum mit 12 Lagern offen; Tel. 08652/96 42 22, nur Online-Reservierung möglich.
Kührointhütte, 1420 m (privat, bewirtschaftet von Ende Mai bis Anfang Oktober, 10 Betten, 18 Lager; Tel. mobil 0171/353 33 69). Übernachtung nur mit Reservierung.
Mitterkaseralm, 1400 m, privat, im Sommer einfach bewirtschaftet.

KARTE

Topographische Karte 1 : 50 000, Blatt „Berchtesgadener Alpen" (LDBV).

TOURIST-INFO

Tourist-Information Ramsau, Im Tal 2, 83486 Ramsau, Tel. 08657/98 89 20, www.berchtesgaden.de

6 WIMBACHGRIESHÜTTE

Hüttenrefugium zwischen Watzmann und Hochkalter

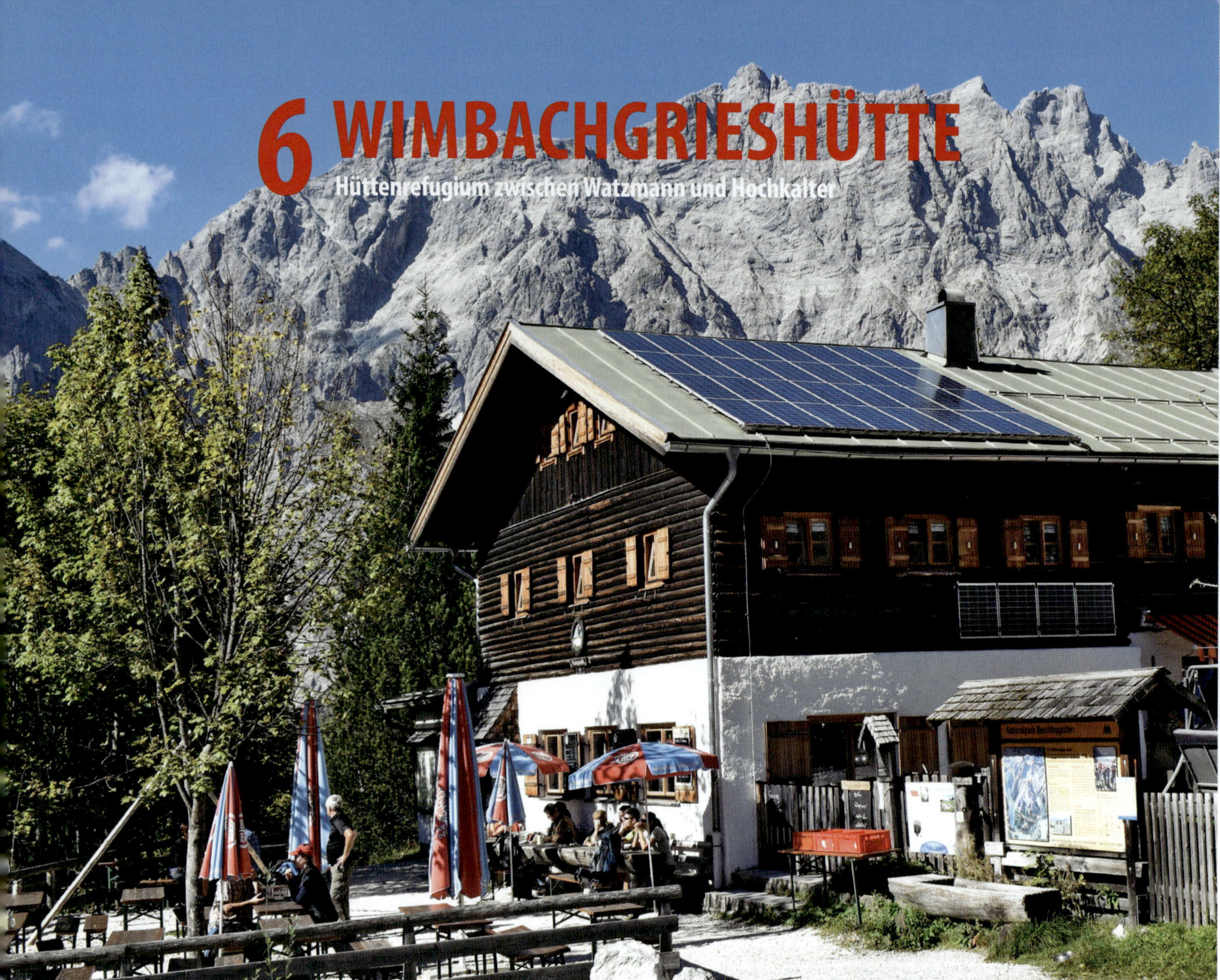

Die Wimbachgrieshütte im hintersten Wimbachtal ist beliebter Stützpunkt für Touren ins Steinerne Meer, die Watzmannumrundung oder Umkehrpunkt für einen Abstecher von der Wimbachbrücke ins wilde Tal zwischen Watzmann und Hochkalter.

DER FAMILIENTIPP

Beim Wimbachschloss Spielmöglichkeiten für Kinder, ansonsten herrscht Ruhe im Nationalpark. An den Ufern des Wimbaches zahlreiche Möglichkeiten zum Bauen von Wasserdämmen, Brücken und Steinburgen; dies allerdings nur im unteren Bereich, dem weiter oben im Tal ist der Bach unter Schuttmassen begraben.

Im Jahre 1919 pachtete der Touristenverein „Die Naturfreunde" – er ist die größte alpine Vereinigung neben den Alpenvereinen – vom bayerischen Staat die Griesalm im hintersten Wimbachtal. Auf dem Gebiet der alten Alm entstand die Wimbachgrieshütte. Das war 1924. Ein Neubau ersetzte gut 30 Jahre später die zu klein werdende Unterkunft. Die Wimbachgrieshütte ist seit dieser Zeit Ausgangspunkt für verschiedene Touren ins Steinerne Meer. Der Zugang erfolgt dabei fast ausschließlich von der Wimbachbrücke an der Ramsauer Ache. Das Wimbachtal gehört noch heute zu den ursprünglichsten Tälern im deutschen Alpenraum; es wird von den zwei Felsgiganten Watzmann und Hochkalter flankiert. Spektakuläre Felsstürze haben den wilden Charakter noch verstärkt. Die Abgeschiedenheit des Tales sorgte für einen großen Wildreichtum, der von den früheren Fürstpröpsten und später von den bayerischen Regenten weidlich genutzt wurde.

Der Hüttenweg durchs Wimbachtal

Vom Parkplatz Wimbachbrücke wandern wir zunächst auf einem geteerten Wirtschaftsweg hinauf zu einer Wegverzweigung. Dort entweder rechts durch die Wimbachklamm oder links auf einem Wirtschaftsweg bis in das zunächst noch weite Wimbachtal. Über dem breiten Wanderweg (Mark.-Nr. 421) erheben sich mächtig die Bergriesen Watzmann und Hochkalter, eine Kulisse von ernster Schönheit. Wir wandern vorbei am bewirtschafteten Wimbachschloss, ehemals Jagdschloss der Fürstpröpste von Berchtesgaden, und erreichen im hintersten Talschluss die Wimbachgrieshütte.

Der Rückweg über die Hochalmscharte

Auf dieser Hüttentour ist kein leichter Hüttengipfel im Angebot, dafür gibt es aber einen intensiven Einblick in die gewaltigen Felsschluchten des Watzmanns und des Hochkalters. Um den noch viel

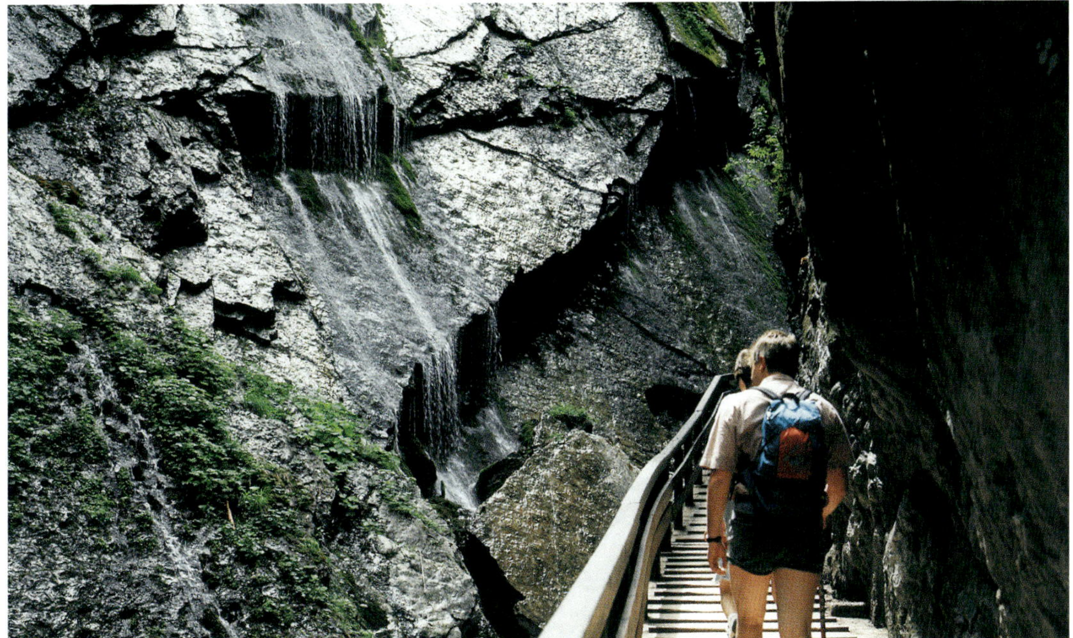

Ein Höhepunkt unserer Wanderung – wenngleich zum Auftakt unserer Tour – ist die tief eingeschnittene Wimbachklamm.

DER KÜCHENTIPP

Die Küche empfiehlt Hüttenmakkaroni, Leberkäs mit Ei, Gemüseschnitzel für Vegetarier und andere, Kartoffelpuffer sowie diverse Brotzeiten und Suppen. Die Küche ist von 11 - 19.30 Uhr geöffnet, für Spätankömmlinge gibt es aber noch Suppe.

UND SONST NOCH …

Erster Höhepunkt unserer Wanderung ins Wimbachtal ist natürlich die Durchschreitung der Wimbachklamm. Im Jahre 1843 wurde hier zum letzten Mal Holz für den Salinenbetrieb getriftet. Und bereits im Jahre 1847 wurde sie dann – nach der Errichtung einer gesicherten Steiganlage mit Brücken, Geländern und Stegen – für den Ausflugsverkehr geöffnet.

besser genießen zu können, variieren wir unseren Rückweg und steigen vom Wimbachschloss zur Hochalmscharte (1599 m) auf. Ein steiler, aber bezeichneter Steig (Mark.-Nr. 486) leitet uns dabei in zahlreichen Serpentinen durch schrofiges Gelände hinauf. Jenseits führt dann ein schmaler Steig hinab zu den ehemaligen Bergwiesen der Hochalm. Durch Wald geht es dann weiter hinab zur Eckaualm. Ein Wirtschaftsweg würde von dort hinausführen nach Ramsau. Wir nehmen jedoch etwa 20 Minuten unterhalb der Eckaualm den Verbindungsweg, der rechts hinüber ins Wimbachtal führt. Der Rest ist ein genussvoller Spaziergang hinaus zum Ausgangspunkt an der Wimbachbrücke.

HÖCHSTE PUNKTE

Wimbachgrieshütte, 1327 m; Hochalmscharte, 1599 m.

ANFAHRT

Mit PKW: Salzburger Autobahn (A 8) bis Ausfahrt Piding, dann über Bad Reichenhall (B 20) und Bischofswiesen bis kurz vor Ramsau zum gebührenpflichtigen Parkplatz Wimbachbrücke.

Mit Bahn & Bus: Von München über Freilassing und Bad Reichenhall zum Endbahnhof Berchtesgaden; von dort weiter mit RVO-Bus in Richtung Ramsau bis zur Haltestelle Wimbachbrücke.

AUSGANGSPUNKT

Wanderparkplatz Wimbachbrücke (700 m). Dort befindet sich auch eine Informationsstelle des Nationalparks Berchtesgaden.

GEHZEITEN

Hüttenweg: Von der Wimbachbrücke zur Wimbachgrieshütte 3 Std., Rückweg 2½ Std. Gesamtgehzeit 5½ Std.

Variante über Hochalmscharte: Wimbachgrieshütte – Wimbachschloss 1 Std., Anstieg zur Hochalm-scharte 2 Std., Rückkehr über Eckaualm zur Wimbachbrücke 2 Std.; insgesamt: 5 Std.

ANFORDERUNG

Vom Parkplatz Wimbachbrücke breiter Wanderweg ins Wimbachtal bis zur Wimbachgrieshütte. Im Sommer sehr der Sonne ausgesetzt, am besten also früh starten. Rückweg über Hochalmscharte: Der Anstieg ist steil und zum Teil ausgesetzt, erfordert also Trittsicherheit und Schwindelfreiheit (einige Seilsicherungen).

EINKEHR & ÜBERNACHTUNG

Wimbachgrieshütte, 1327 m, Hütte der Naturfreunde, von Mitte Mai bis Mitte Oktober durchgehend bewirtschaftet, 60 Schlafplätze in Zimmern und Lagern; Tel. 08657/794 40 01.

Wimbachschloss, 937 m, im Sommer bewirtschaftet, jedoch ohne Übernachtungsmöglichkeit.

KARTE

Topographische Karte 1 : 50 000, Blatt „Berchtesgadener Alpen" (LDBV).

TOURIST-INFO

Tourist-Information Ramsau, Im Tal 2, 83486 Ramsau, Tel. 08657/98 89 20, www.berchtesgaden.de

7 BLAUEISHÜTTE

Am nördlichsten Gletscher der Alpen

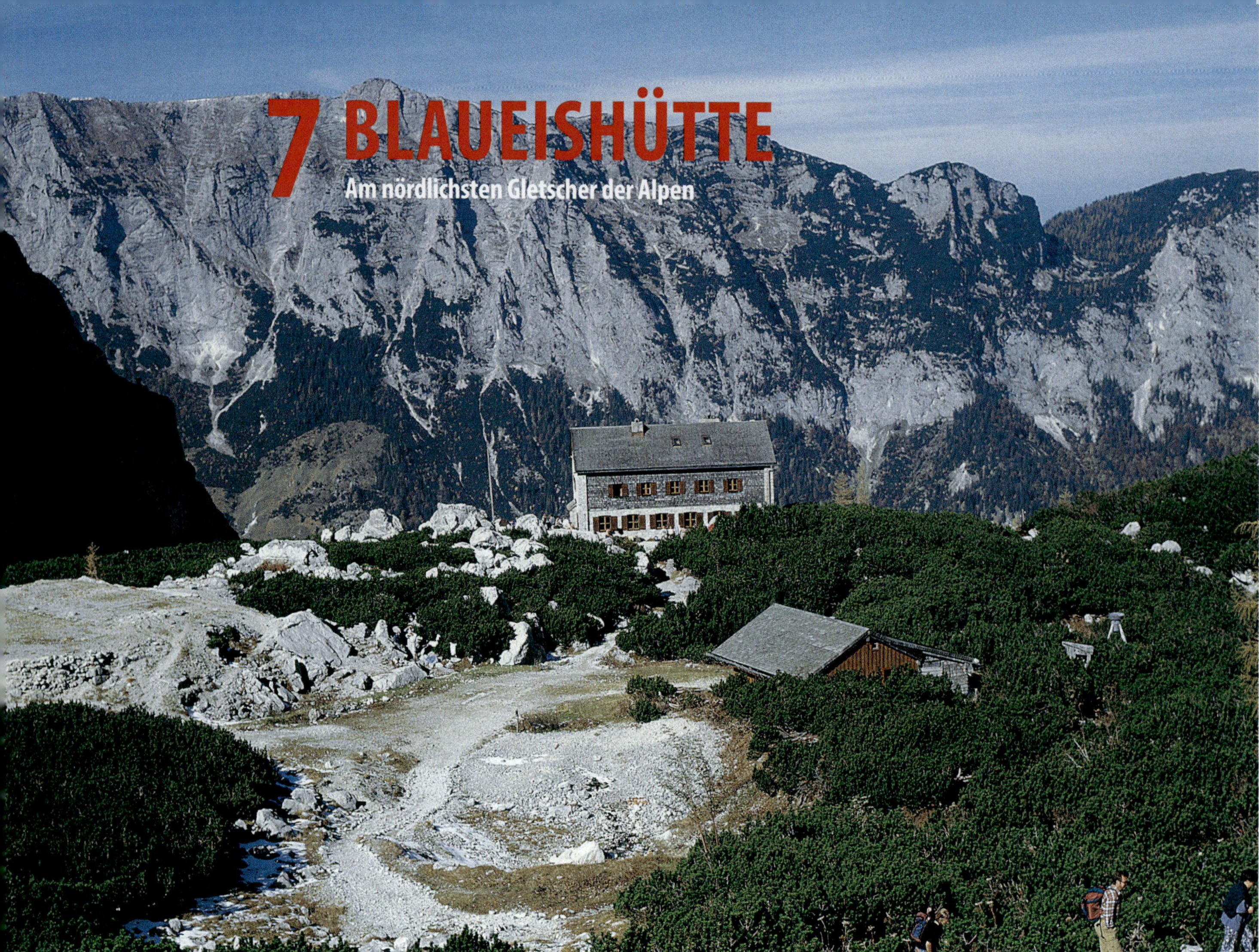

Die Blaueishütte vor der Kulisse der Südoststürze der Reiter Alm.

DER BESONDERE TIPP

Am Fuße des Hochkalter liegt der nördlichste Gletscher der Alpen, der Blaueisgletscher, der mittlerweile aber rapide zurückgeht. Geschützt durch mehrere Hundert Meter aufragende steile Felswände und durch eine nordseitige Exposition hat sich das Blaueis bis heute halten können. Bedingt durch die besondere klimatische Situation haben sich in den Schuttfeldern des Gletschers Blumen angesiedelt, die sonst nur auf hohen Gipfeln zu finden sind, wie der Salzburger Alpenmohn oder der Blattlose Steinbrech.
20 Minuten Fußweg von der Blaueishütte.

Die Blaueishütte ist wohl im bayerischen Alpenraum die Hütte mit der wechselvollsten Geschichte. Sie befindet sich im Kessel am Fuß des nördlichsten Gletschers der Alpen, dem Blaueisgletschers, und ist Stützpunkt für Touren im Hochkaltergebirge. Auch wenn die Hütte auf „nur" 1860 Meter Höhe liegt, so ist sie von Hochgebirge umgeben. Das interessanteste Ziel in Hüttennähe ist sicher der Hochkalter. Doch erfordert er reichlich alpine Erfahrung! Für uns Normalbergsteiger bietet sich als einfachere Alternative die Schärtenspitze an. Der Steig dort hinauf ist zwar gesichert, aber wegen des brüchigen Gesteins ist auch dieser Anstieg nicht zu unterschätzen! – Die erste Hütte wurde dort oben im Jahr 1922 errichtet; sie war nur für Selbstversorger gedacht. Von 1928 an wurde die Hütte dann bewirtschaftet. 1937 kam es zu Umbau und Erweiterung, dann wieder 1952/53. Doch im Frühwinter von 1955 wurde sie dann von einer Staublawine dem Erdboden gleichgemacht. 1962 konnte die neue Blaueishütte eröffnet werden. Seit dem Jahr 1928, also von Anfang an, wird sie von der Familie Hang bewirtschaftet – gewiss ein Rekord. Das Umfeld der Hütte bietet sich geradezu fürs Klettern, Bouldern und Bergsteigen an. Daher fungiert sie auch als Ausbildungsstützpunkt für diverse alpine Kurse. Mit seinem Nebengebäude, einer alten Holzhütte, die 24 Lagerplätze fasst, ist sie auch für Jugendgruppen ideal. Platz ist für alle: sei es in den Nebenräumen, sei es im großen Gemeinschaftsraum am bullernden Kachelofen …

Der Hüttenaufstieg von Hintersee

Wir starten am Parkplatz Seeklause, gelegen am Ostufer des Hintersees. Zuerst auf breitem Wirtschaftsweg (Mark.-Nr. 482) in großzügigen Kehren durch Wald zur Schartenalm (1362 m, bewirtschaftet) hinauf. Auch oberhalb der Alm bleiben wir auf dem breiten Weg, der nun nahezu eben weiter ins Blaueistal und bis zum lohnenden Aussichtspunkt „Eisbankl" führt. Dort zweigt links ein Steig ab, der uns steil, aber immer anregend und genussvoll

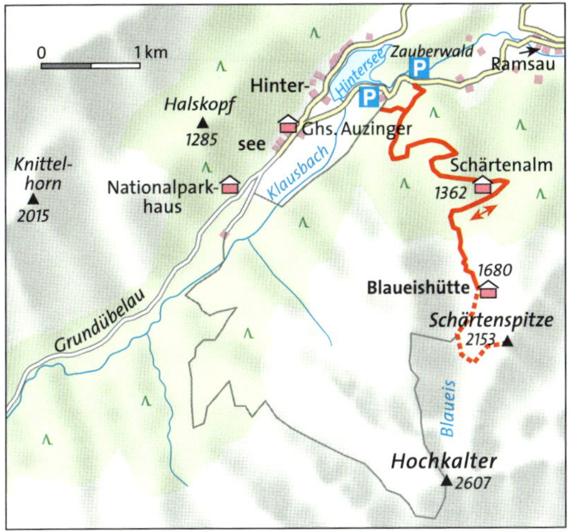

an einer Felswand entlang hinauf ins Blaueiskar leitet. Unser Ziel, die Blaueishütte, liegt allerdings noch weit vor dem Gletscher, von dem sie ihren Namen hat.

Der Abstieg ins Tal

Die Rückkehr zum Ausgangspunkt erfolgt zwangsläufig auf dem Anstiegsweg über die Schärtenalm. Denn alle anderen Wege würden über anspruchsvolle Gipfel führen.

Der Hüttengipfel

Schärtenspitze, 2153 m: lohnend schon wegen der famosen Aussicht auf den Hintersee, den Blaueisgletscher und die Berge ringsum. Lohnend aber auch, weil der Steig alpinistisch recht interessant ist. Am Weg zum Gletscher geht es bei einem großen Felsblock links ab. Steil, aber drahtseilgesichert durchzieht dieser Steig die Südwestseite und führt zuletzt über den Westgrat zum Gipfel der Schärtenspitze.

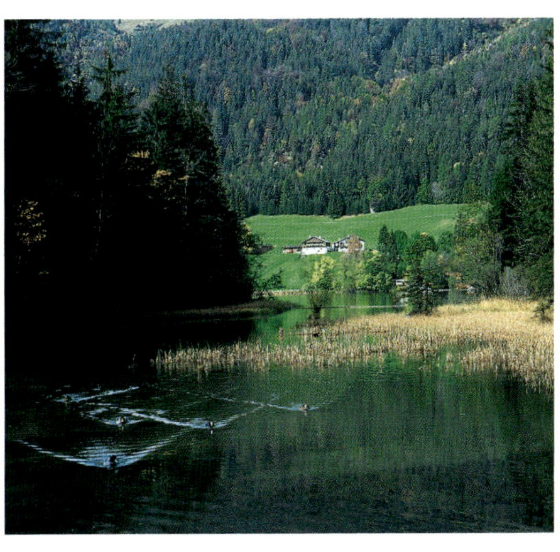

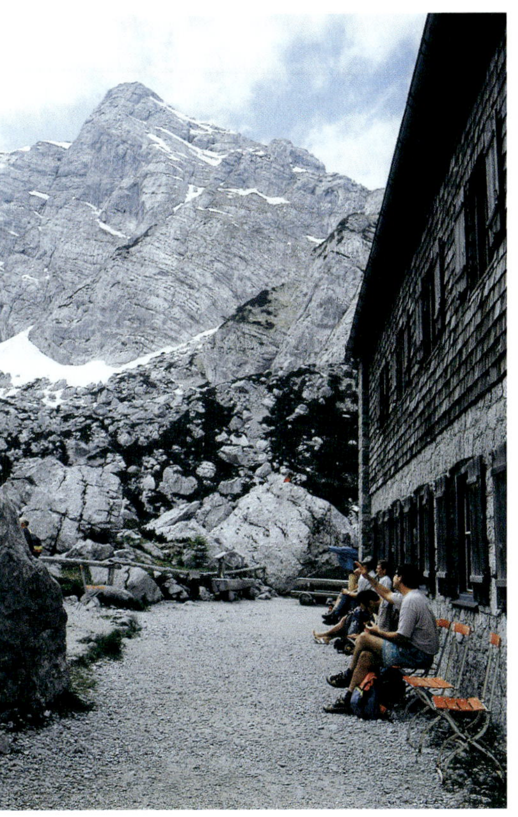

Rast an der Blaueishütte (links); Erfrischung bietet dann der Hintersee (unten).

DER KÜCHENTIPP

Ab 6 Uhr gibt es Frühstück, mittags und abends können wir aus der Speisekarte wählen, es ist aber auch Halbpension möglich. Neben bodenständiger Bergsteigerkost und hausgemachten Kuchen gibt es auch Schnitzel, Gulasch, Schweinsbraten, Leberkäse und Kaiserschmarrn sowie diverse Suppen. Auch Vegetarisches und frische Salate sind im Angebot. Das Abendessen wird zwischen 18 und 19.30 Uhr ausgegeben.

UND SONST NOCH …

Ebenfalls lohnend, ein Rundgang durch den Zauberwald und eine Bootsfahrt auf dem Hintersee. Dieses verwunschene Stück Wald ist ideal für einen Ausflug mit Kindern. Es gibt dort das „Wirtshaus im Zauberwald“, einen rauschenden Gebirgsbach und eine mechanische Gebirgsmühle mit Holzfiguren.

HÖCHSTE PUNKTE

Blaueishütte, 1680 m; Schärtenspitze, 2153 m.

ANFAHRT

Mit PKW: Salzburger Autobahn (A 8) bis Ausfahrt Siegsdorf bzw. Bad Reichenhall, dann über die B 305 und die Deutsche Alpenstraße oder über Bad Reichenhall nach Ramsau bzw. Hintersee; dort zwei Parkplätze („Holzlagerplatz“ bzw. „Seeklause“, gebührenpflichtig).

Mit Bahn & Bus: Von München über Freilassing zum Endbahnhof Berchtesgaden; von dort mit RVO-Bus zum Hintersee bis Haltestelle „Holzlagerplatz“ bzw. Zauberwald.

AUSGANGSPUNKT

Wanderparkplatz „Seeklause“ (800 m) oder „Holzlagerplatz“ (790 m).

GEHZEITEN

Hüttenweg: Von Hintersee über die Schärtenalm 2½ Std., Abstieg 1¾ Std. Gesamtgehzeit 4 Std.

Hüttengipfel: Anstieg von der Blaueishütte 1¼ Std; Abstieg zur Hütte ¾ Std.; insgesamt: 2 Std.

ANFORDERUNG

Hüttenweg: Forstwege und Bergwanderwege. Leicht, aber steil. Nur für größere Kinder.

Gipfelweg: Trittsicherheit und Schwindelfreiheit Voraussetzung, jedoch markierter und mit Drahtseilen gesicherter Steig. Steinschlaggefahr!

EINKEHR & ÜBERNACHTUNG

Blaueishütte, 1680 m, Alpenvereinshütte der Kat. I, von Mitte Mai bis Mitte Oktober bewirtschaftet, 48 Betten, 24 Lager (mit Nebenhütte); Tel. 08657/271.

Schärtenalm, 1359 m, privat, von Mitte Mai bis Anfang Oktober bewirtschaftet; Tel. 08657/98 35 85.

KARTE

Topographische Karte 1 : 50 000, Blatt „Berchtesgadener Alpen“ (LDBV).

TOURIST-INFO

Tourist-Information Ramsau, Im Tal 2, 83486 Ramsau, Tel. 08657/98 89 20, www.berchtesgaden.de

8 NEUE TRAUNSTEINER HÜTTE

Das Bergwander-Drehkreuz auf der Reiter Alm

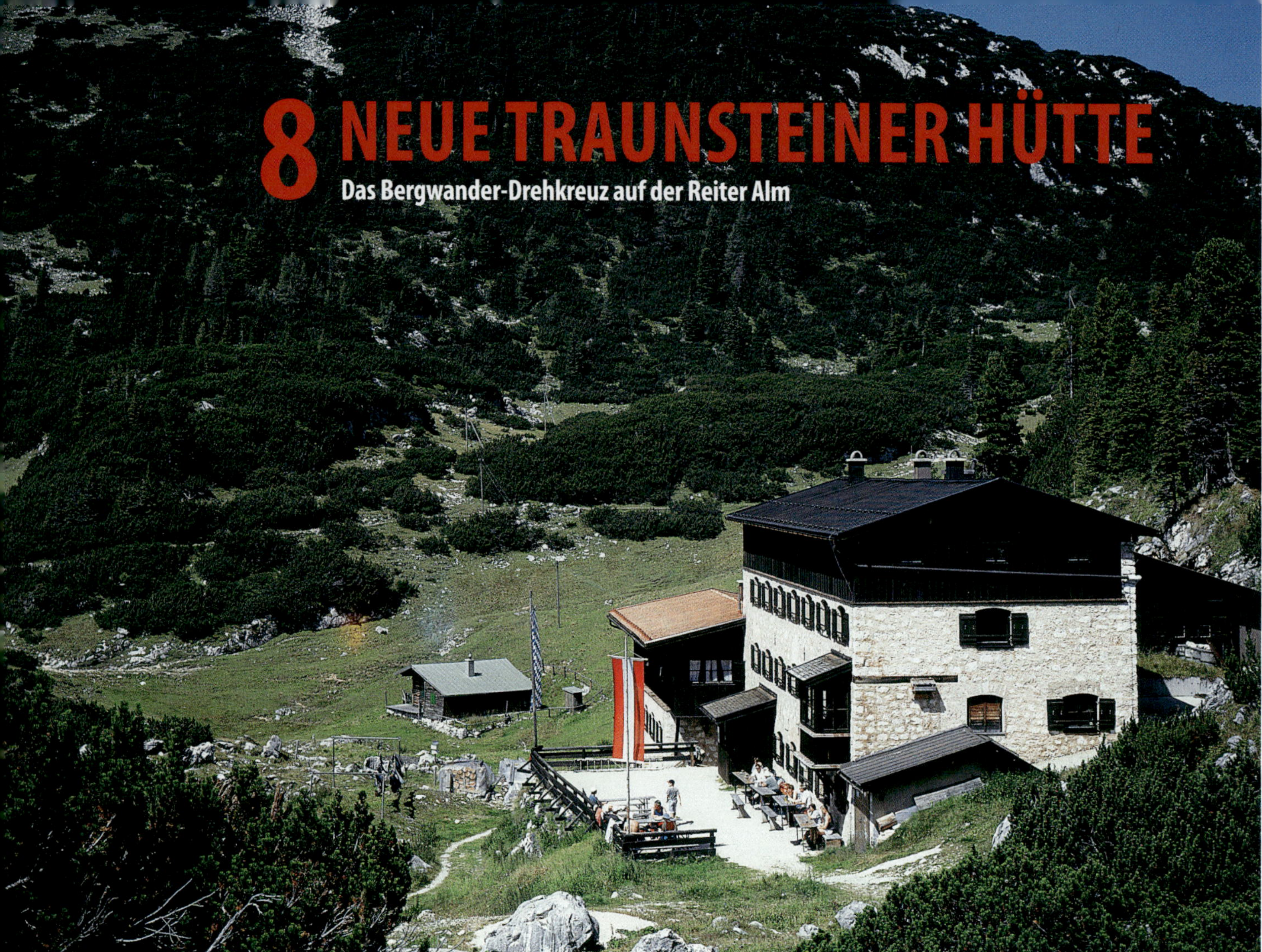

Die Neue Traunsteiner Hütte ist die einzige Unterkunftsmöglichkeit auf der Reiter Alm, doch sie ist groß genug, um auch mit einem größeren Andrang fertig zu werden. Dahinter steigen die latschenbewachsenen Hänge des Weitschartenkopfs an.

DER FAMILIENTIPP

Auch wenn der Anstieg zur Neuen Traunsteiner Hütte für Kinder etwas lang ist, wenn man erst mal oben ist, gibt es zahllose Erkundungsmöglichkeiten auf dem weiten Hochplateau. Noch vor einigen Jahrzehnten wurde hier oben eine intensive Almwirtschaft betrieben, von der die zahlreichen Kaser (Almhütten) Zeugnis geben. Ideal für einen mehrtägigen Aufenthalt.

Die Reiter Alm ist in der Tat eine einzige ungeheuer große Almfläche. Früher standen hier oben an die 60 der sogenannten Kaser. Etwa die Hälfte davon war bayerisch, die andere Hälfte tirolerisch. Die Landesgrenze verlief und verläuft ja auch mitten über das Hochplateau. Doch Wassermangel und starke Verkarstung haben im 20. Jahrhundert leider dazu geführt, dass die Almbewirtschaftung vollständig aufgegeben werden musste. – Auf diesem Hochplateau, das von einem Kranz von Gipfeln umgeben ist, stehen zwei Hütten des Deutschen Alpenvereins, die Alte und die Neue Traunsteiner Hütte. Die Traunsteiner Hütte (nunmehr die „alte") ist 1900/01 erbaut worden. Aufgrund der politischen Verhältnisse war sie jedoch in den 30-er Jahren nicht mehr zugänglich, sodass auf deutschem Boden die Neue Traunsteiner Hütte erbaut werden musste, die dann im Jahr 1938 eingeweiht werden konnte. Der geplante Abriss der alten Hütte wurde zum Glück nicht mehr umgesetzt. Und so ist die Jugend des Deutschen Alpenvereins heute froh, einen eigenen Stützpunkt zu haben. Die Neue Traunsteiner Hütte hat nun bereits auch schon eine rund 70-jährige Geschichte hinter sich. Sie ist ein beliebtes Drehkreuz für Bergwanderer, da die Hüttenzustiege sternförmig auf sie zu führen. Einziger Nachteil: Die Ausgangspunkte liegen weit auseinander, sodass Rundtouren nicht sehr vorteilhaft sind. Auf der Hochfläche der Reiter Alm erwarten den Wanderer jedoch so viele Tourenmöglichkeiten, dass eine ganze Wanderwoche schnell verplant ist.

Der Hüttenanstieg vom „Wachterl"

Dieser Weg, das sei vorweg gesagt, ist eine Viecherei. Doch eins nach dem anderen. Beim Wanderparkplatz nehmen wir Weg Nr. 470. Bald erreichen wir den sogenannten Wachterlsteig. In vielen Serpentinen geht es am Bärenkareck vorbei zu den verfallenen Oberen Schwegelalmen (1438 m). Bitte nicht übersehen: Hier gibt es noch einen Bestand an rar gewordenen Zirben! Wir sind nun auf der Hochfläche, wandern durch Latschen und lichten Baumbestand.

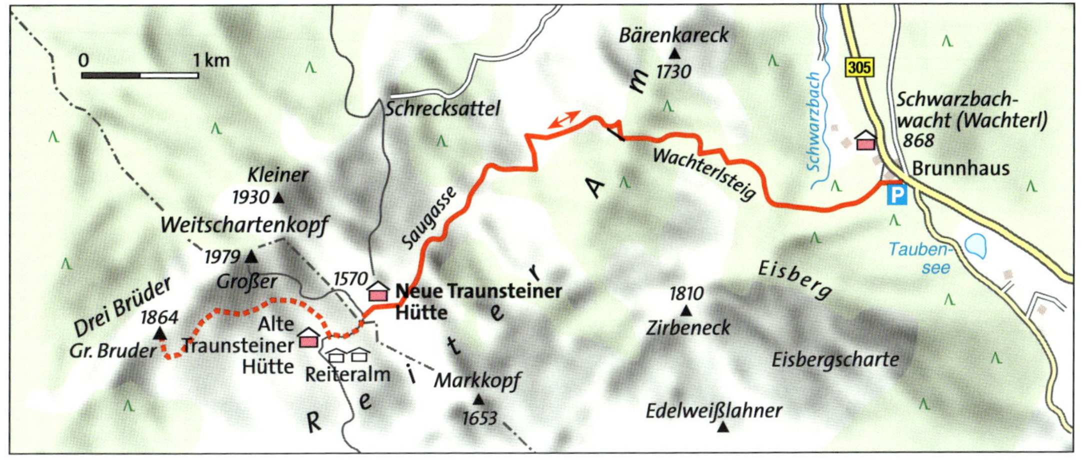

Die Blüte der Alpenrose kann im späten Frühjahr bewundert werden.
Steil erhebt sich das Gipfeltriumvirat der Drei Brüder (unten).

Und schließlich, Viecherei Nr. 3, gehen wir durch die Saugasse zur Neuen Traunsteiner Hütte. Und was bestellen wir da? Klar, einen Schweinebraten …

Der Rückweg

Da die Anstiegswege sternförmig auf die Traunsteiner Hütte zulaufen, wäre jeder andere Abstiegsweg mit einer umständlichen Rückkehr zum Ausgangspunkt verbunden. Also wieder auf dem Anstiegsweg zurück zum „Wachterl". Schön wie der Weg ist, kann man ihn ruhig zweimal gehen.

Der Hüttengipfel

Großer Bruder, 1864 m: Von den Drei Brüdern, Randgipfel der Reiter Alm, ist nur der Große Bruder für Bergwanderer zugänglich. Unser Anstiegsweg beginnt direkt bei der Neuen Traunsteiner Hütte. Auf schmalem Pfad wandern wir zuerst hinüber zur alten Grenzerhütte, dann rechts auf Steig in Richtung Weitschartenkopf. Bald zweigt links der Weg zum Großen Bruder ab. Über die weiten Südosthänge des Weitschartenkopfes – teilweise durch Latschen – hinüber zur Reichenlahnerscharte. Über diese hinweg, dann bald rechts über den unschwierigen Südgrat zum Holzkreuz am höchsten Punkt.

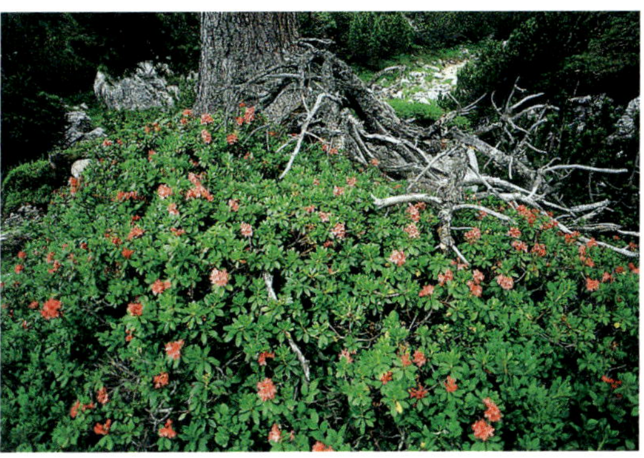

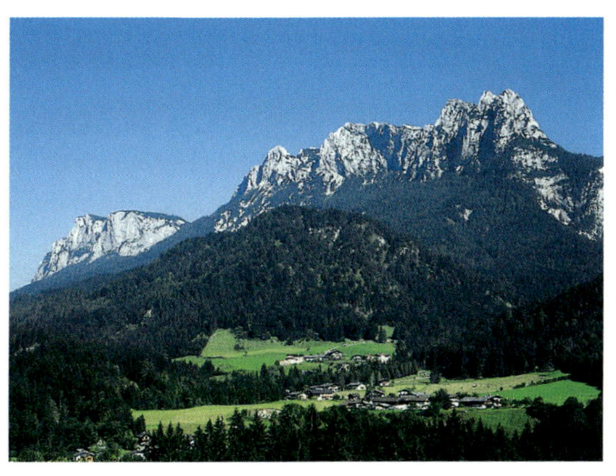

DER KÜCHENTIPP

Neben diversen Suppen und Brotzeiten gibt es natürlich immer wieder mal auch einen Krustenbraten und – besonders zu empfehlen – die Kaspressknödel.

UND SONST NOCH …

In der Nähe des Ausgangspunktes liegt der Taubensee, ein geschütztes Biotop mit zahlreichen seltenen Tieren und Insekten. Eine Informationstafel am Rundweg gibt darüber Auskunft. Parkplatz „Taubensee" kurz hinter dem Wachterl in Richtung Ramsau.

HÖCHSTE PUNKTE
Neue Traunsteiner Hütte, 1570 m; Großer Bruder, 1864 m.

ANFAHRT
Mit PKW: Auf der Salzburger Autobahn (A 8) bis Ausfahrt Siegsdorf, dann auf der Deutschen Alpenstraße über Schneizlreuth in Richtung Berchtesgaden bis zum ehemaligen Grenzübergang Schwarzbachwacht; dort Wanderparkplatz (gebührenpflichtig) auf der rechten Seite oberhalb des Gasthauses.
Mit Bahn & Bus: Auf der Linie München – Salzburg über Freilassing zum Endbahnhof Berchtesgaden; von dort weiter mit dem Almwanderbuch zur Schwarzbachwacht.

AUSGANGSPUNKT
Wanderparkplatz an der Schwarzbachwacht („Wachterl", 868 m).

GEHZEITEN
Hüttenweg: Anstieg vom Wachterl 4 Std., Abstieg 3 Std. Gesamtgehzeit: 7 Std.
Gipfelweg: Von der Neuen Traunsteiner Hütte 1¼ Std., Rückweg ¾ Std.; insgesamt: 2 Std.

ANFORDERUNG
Hüttenzugangsweg: leichter Bergwanderweg, Trittsicherheit jedoch angenehm.
Gipfelweg: unschwierig, Trittsicherheit und Schwindelfreiheit jedoch erforderlich.

EINKEHR & ÜBERNACHTUNG
Neue Traunsteiner Hütte, 1560 m, Alpenvereinshütte der Kat. I, bewirtschaftet von Mitte Mai bis Mitte Oktober, 83 Betten; Tel. 0171/437 89 19. Alte Traunsteiner Hütte nur für Sektionsmitglieder zugänglich.
Gasthaus an der Schwarzbachwacht.

KARTE
Topographische Karte 1 : 50 000, Blatt „Berchtesgadener Alpen" (LDBV).

TOURIST-INFO
Tourist-Information Ramsau, Im Tal 2, 83486 Ramsau, Tel. 08657/98 89 20, www.berchtesgaden.de

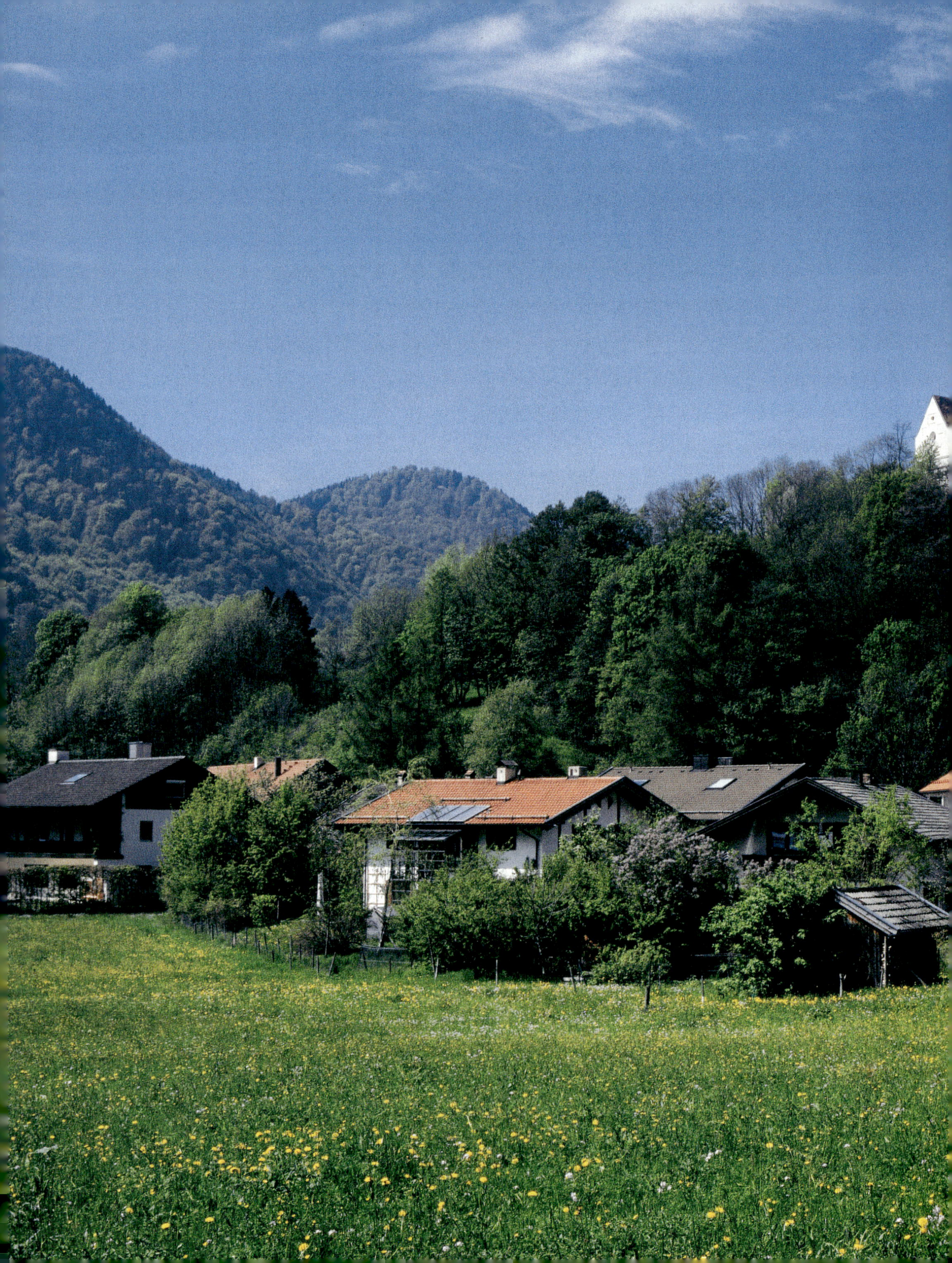

CHIEMGAUER ALPEN

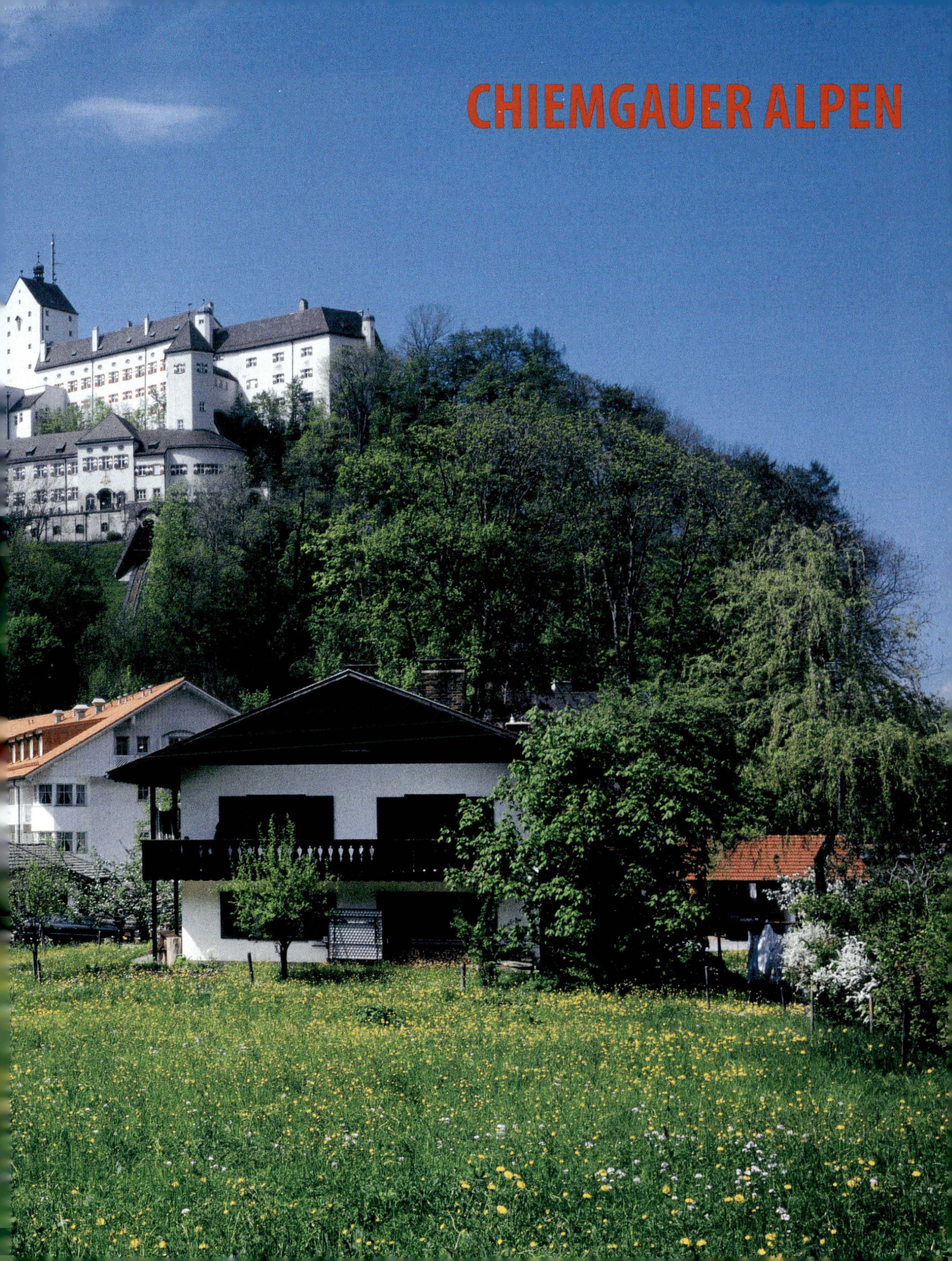

9 REICHENHALLER HAUS

Anspruchsvolle Wege und ein grandioses Gipfelpanorama

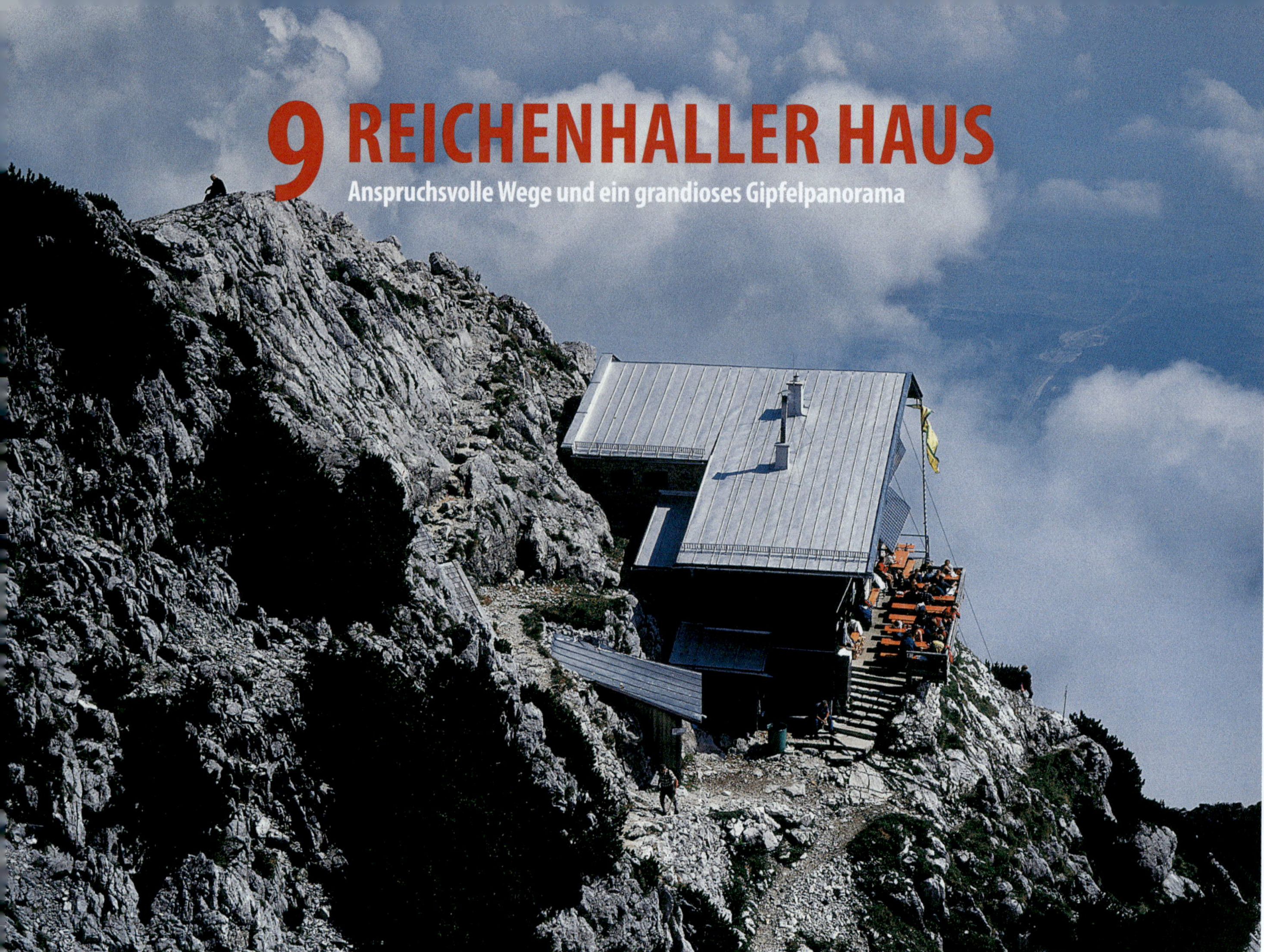

Das Reichenhaller Haus gehört zu den am schönsten gelegenen Unterkunftshütten des Deutschen Alpenvereins. Tief unter uns liegt die Kurstadt Bad Reichenhall. Der Blick auf Salzburg ist dieses Mal leider durch Nebel verstellt.

Vorangehende Doppelseite: Schloss Hohenaschau „bewachte" früher den Zugang ins Priental im Chiemgau.

DER FAMILIENTIPP

Unser Hüttenweg zum Reichenhaller Haus eignet sich erst für Kinder ab 10 Jahren. Sind wir mit kleineren Kindern unterwegs, bietet sich die Runde über die Steineralm und den Frillensee an. Diese Wanderung ist abwechslungsreich und leicht zu begehen.

Der erste Bau eines Unterkunftshauses am Hochstaufen wurde im Jahre 1908 in Angriff genommen und befand sich praktisch auf dem Gipfel dieses Eckpfeilers der Chiemgauer Alpen. Das Haus, wie wir es heute kennen, liegt allerdings einige Meter unterhalb. Erst kürzlich wurde es umgebaut; es entspricht damit aktuellen Umweltstandards. Für Freunde von großartigen Panoramaansichten sowie stimmungsvollen Sonnenauf- und -untergängen bietet die gemütliche Hütte, die von Christina und Andreas Frommelt bewirtschaftet wird, ideale Voraussetzungen – immer vorausgesetzt, das Wetter spielt mit. Ausgebreitet liegen die Berchtesgadener und Chiemgauer Alpen vor dem Betrachter. Vier Anstiege laufen aus allen Himmelsrichtungen sternförmig auf das Reichenhaller Haus zu. Der fünfte ist allerdings nur versierten Bergprofis mit Klettersteigausrüstung anzuraten, denn er führt über den erst vor einigen Jahren eingerichteten Pidinger Klettersteig. Doch auch die anderen Anstiege erfordern den trittsicheren und schwindelfreien Bergwanderer.

Versorgt wird das Unterkunftshaus der Alpenvereinssektion Bad Reichenhall während der Saison einige Male mit dem Hubschrauber, den Rest muss der Hüttenwirt auf der Kraxe hinauftragen. Mittlerweile verfügt das Haus aber über eine Photovoltaikanlage und ein Blockheizkraftwerk, das mit Rapsöl betrieben wird, damit es in der gemütlichen Stube auch dann schön warm bleibt, wenn draußen einmal der Wind um das exponierte Gemäuer pfeift.

Der Anstieg von der Inzeller Seite

Beim Wanderparkplatz Adlgaß orientieren wir uns Richtung Forsthaus Adlgaß. Zunächst folgen wir dem Forstweg und queren den Frillenseebach. Wenn wir uns anschließend zweimal rechts halten und dann einem breiten Ziehweg folgen, treffen wir auf den direkten Weg vom Forsthaus Adlgaß. Wir wandern nun bergan bis zu einer Wegverzweigung. Wir halten uns links und gelangen zu einer Forststraße, die wir überqueren. Der Weg ist mit

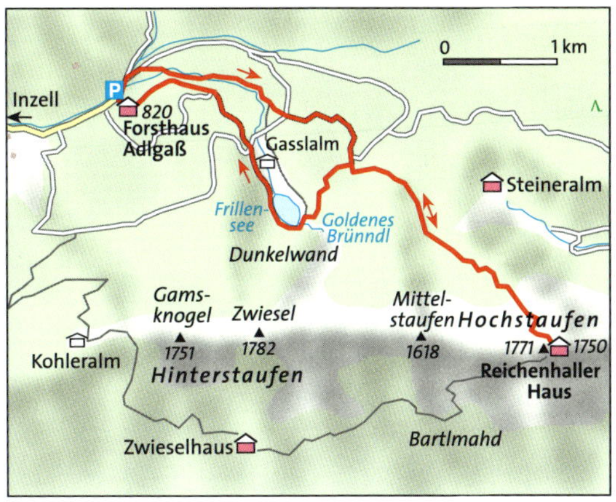

„Hochstaufen“ markiert und sollte nicht mehr zu verfehlen sein. Bei einer Weggabelung halten wir uns rechts, bei der nächsten links. Die Forstraße endet in einer Wendeschleife – und hier geht der Nordwandsteig los! In zahlreichen Serpentinen gewinnen wir schnell an Höhe. Wir erreichen felsiges Gelände, bald den Grat. Direkt auf dem Grat bzw. bisweilen auf seiner Westseite, später auch seiner Ostseite steigen wir gipfelwärts.
Auch hier ist der Steig gut markiert. Die „Durchschlupfe“ durch die Verengungen im felsigen Gelände sind also leicht zu finden. Dann noch einige wenige Serpentinen hinauf zum Gipfel des Hochstaufen. Zum Reichenhaller Haus, dem eigentlichen Ziel unserer Tour, sind es jetzt nur mehr ein paar Minuten.

Der Abstieg

Hinunter steigen wir, wie wir hochgekommen sind! Etwas unterhalb des Wendeplatzes zweigt links der Wanderweg zum Frillensee ab, der als die Wiege des Eislaufs in Inzell gilt. Auf breiten Forstwegen wandern wir dann hinab zu unserem Ausgangspunkt in Adlgaß.

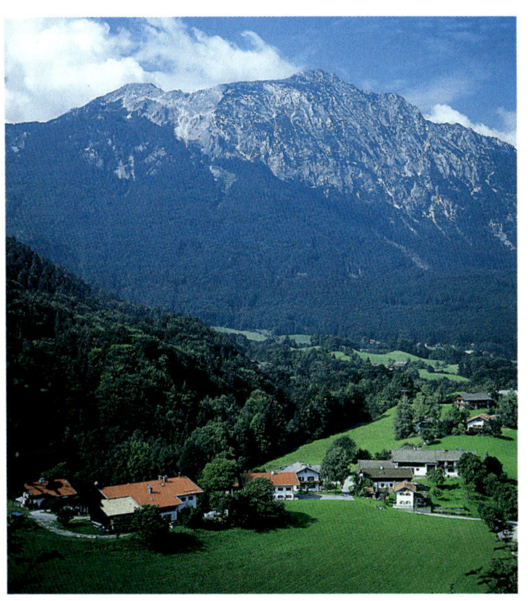

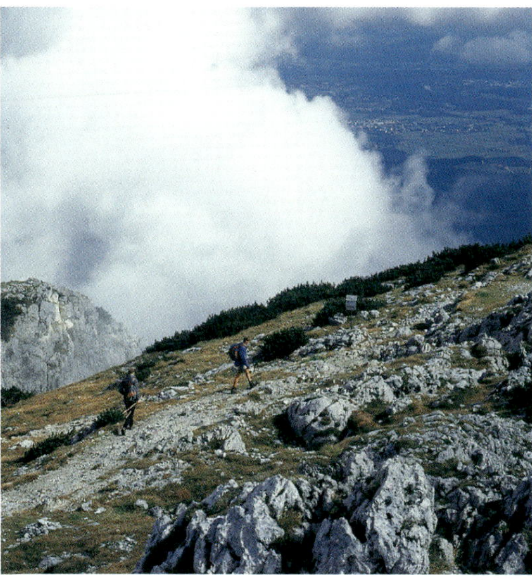

Die beliebtesten Anstiegswege auf den Hochstaufen (links) beginnen entweder bei der Padinger Alm auf der Reichenhaller Seite oder in Inzell-Adlgaß. Hier die letzten Meter zum Gipfel.
Der klassische Anblick der Staufengruppe von Süden (unten).

Der Hüttengipfel

Hochstaufen, 1771 m: Dieser markante Gipfel markiert das östliche Ende der Chiemgauer Alpen. Wir überschreiten den Gipfel bei unserer Hüttentour zum Reichenhaller Haus.

DER KÜCHENTIPP

Die Küche liefert natürlich das obligatorische Bergsteigeressen, schmackhafte selbst gemachte Suppen und Kuchen.

UND SONST NOCH …

Am Hochstaufen wurde im 17. Jahrhundert Bergbau betrieben. Der höchst gelegene Stollen befand sich dabei nur 60 Meter unterhalb des Gipfels. Abgebaut wurden Blei- und Zinkerz; der Abbau war aber nicht sehr ergiebig.

HÖCHSTE PUNKTE

Reichenhaller Haus, 1750 m; Hochstaufen, 1771 m.

ANFAHRT

Mit PKW: Auf der Salzburger Autobahn (A 8) bis Ausfahrt Siegsdorf, dann auf der B 306 bis Inzell und in Ortsmitte links weiter nach Inzell-Adlgaß (4 km); dort großer Wanderparkplatz.
Mit Bahn & Bus: Auf der Linie München – Salzburg bis Traunstein, dann weiter mit dem RVO-Bus nach Inzell, von dort fährt ein Ortsbus nach Adlgaß.

AUSGANGSPUNKT

Großer Wanderparkplatz in Adlgaß (820 m).

GEHZEITEN

Aufstieg zum Reichenhaller Haus von Inzell-Adlgaß 3½ Std., Abstieg über die Anstiegsroute mit Abstecher zum Frillensee 2½ Std. Gesamtgehzeit: 6 Std.

ANFORDERUNG

Der Hüttenweg durch die Nordseite des Hochstaufens ist in gutem Zustand, er setzt jedoch Trittsicherheit und Schwindelfreiheit voraus (ein paar kurze Seilsicherungen, Fels- und Treppenstufen).

EINKEHR & ÜBERNACHTUNG

Reichenhaller Haus, 1750 m, Alpenvereinshütte der Kat. I, bewirtschaftet von Anfang Mai bis Mitte Oktober, 28 Betten und Lager; Tel. 08651/55 66. Forsthaus Adlgaß, 820 m, ganzjährig bewirtschaftet.

KARTE

Topographische Karte 1 : 50 000, Blatt „Berchtesgadener Alpen“ (LDBV).

TOURIST-INFO

Tourist-Information, Rathausplatz 5, 83334 Inzell, Tel. 08665/988 50, www.inzell.de

10 ZWIESELHAUS

Brotzeit auf der Alm, übernachten bei Kaiser Wilhelm

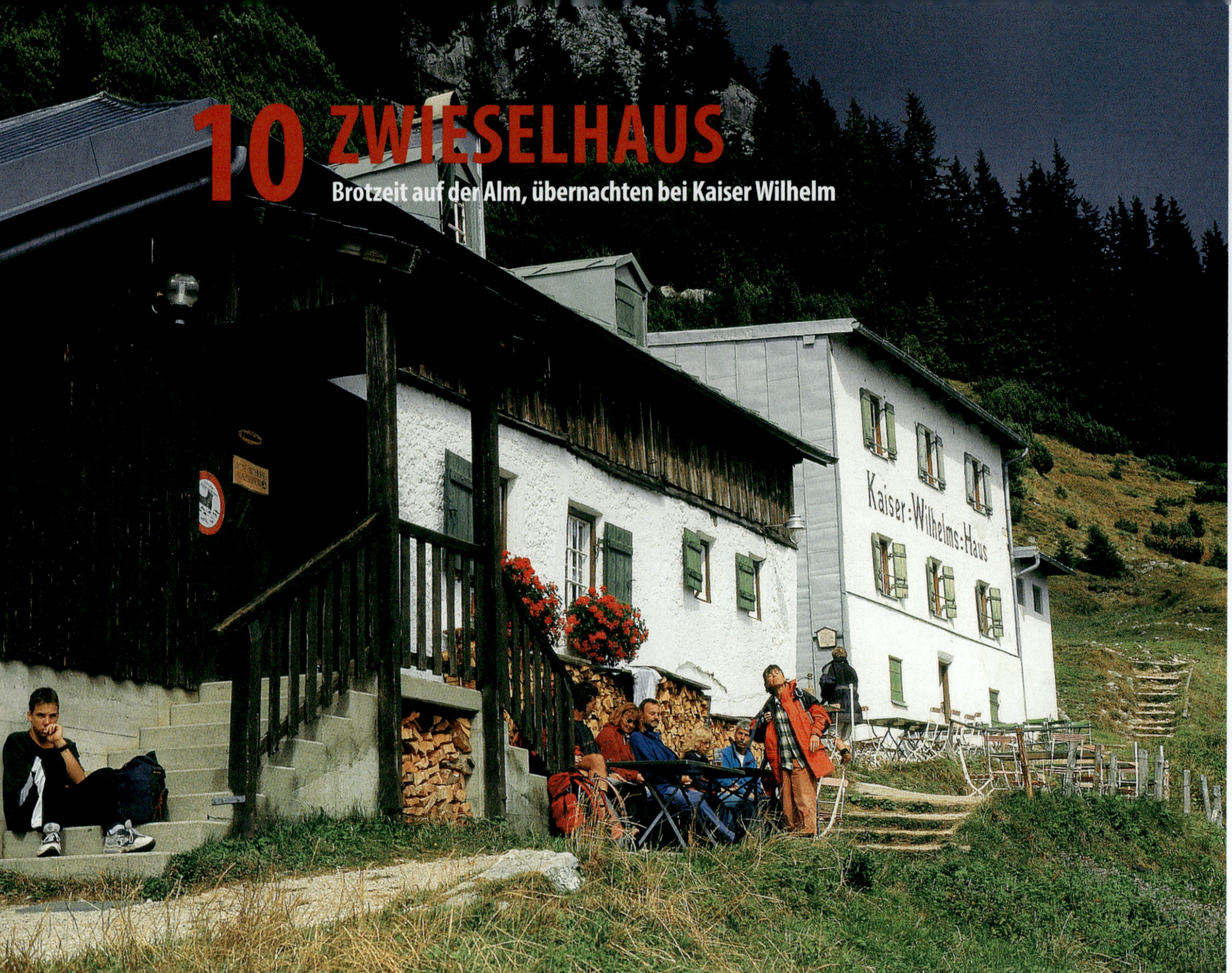

Auf der Zwieselalm finden wir zwei Gebäude vor, das Zwieselhaus, das uns als Einkehrstelle dient, und das Kaiser-Wilhelm-Haus, in der Wanderer ein Nachtquartier finden. Der Almbetrieb wurde hier oben allerdings schon vor langer Zeit eingestellt.

DER FAMILIENTIPP

Der Anstieg von Jochberg zum Zwieselhaus ist auch für kleinere Kinder machbar. Unterwegs gibt es keine Gefahrenstellen. Auch der Zwiesel-Gipfel und sein Vorgipfel, der Zennokopf, gehören in die Kategorie „Familienziel".

Der Zwieselalm auf der Südseite des Hinterstaufen sieht man ihre Vergangenheit durchaus noch an, aber seit 1962 wird hier kein Vieh mehr aufgetrieben. Stattdessen gehen hier Wanderer aus und ein. Schließlich liegt diese Einkehrstation am beliebten „Maximiliansweg", der vom Bodensee bis nach Berchtesgaden führt. In der Mehrzahl sind es jedoch Tagesausflügler, die den zweithöchsten Gipfel der Staufengruppe, den Zwiesel (1782 m), im Visier haben. Im 1898 erbauten Kaiser-Wilhelms-Haus daneben, kann man in schlichten Zimmern wie anno dazumal übernachten. Um beides zu meinen, spricht man landläufig deshalb vom Zwieselhaus, obwohl es sich um zwei verschiedene Gebäude handelt.

Beeindruckend ist auch der fantastische Tiefblick von der kleinen Terrasse auf das Reichenhaller Talbecken. Unser Ausgangspunkt für diese Hüttentour war nicht immer so einsam, wie er uns heute erscheint. Im Mittelalter führte die Güldene Salzstraße von Bad Reichenhall über Inzell nach Traunstein und weiter nach München über den Jochberg. Kaum vorstellbar, dass über die steile Straße Saumpferde mit ihren schweren Salzladungen zogen.

Der Anstieg von Jochberg

Wir beginnen am Parkplatz in Jochberg am oberen Ende. Erst geht es auf der Forststraße in den Wald. Nach etwa 15 Minuten geht rechts der alte Wanderweg ab (kleine Abkürzung der Forststraße). Nach kurzer Zeit treffen wir auf den „Maximiliansweg" E 4, der von Bad Reichenhall heraufführt. Bergwärts wandern wir diesen weiter. Über zahlreiche Serpentinen halten wir nun direkt auf den Zwiesel-Gipfel zu und stoßen dabei auf den vom Hochstaufen herüberführenden Wanderweg. Über vorwiegend freies Gelände leitet uns ein mit zahlreichen Holzbohlen verstärkter Wanderweg hinauf zur Zwieselalm.

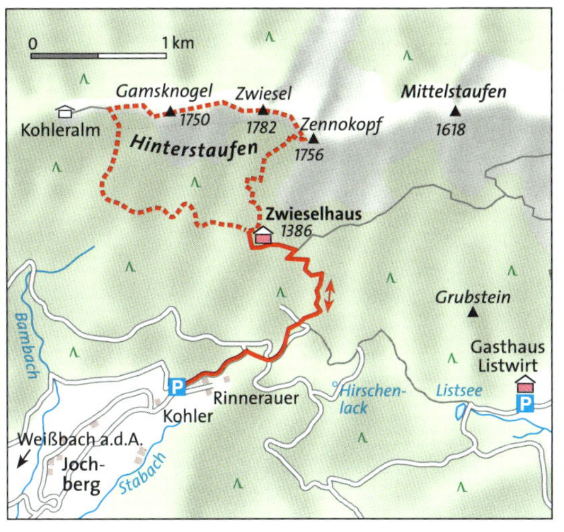

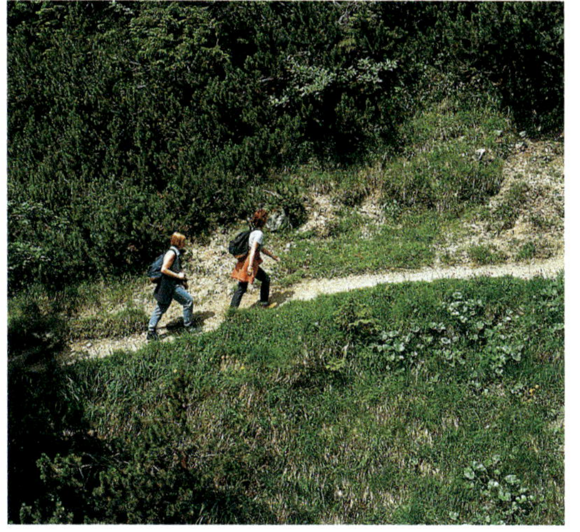

Wanderer am Weg zum Zwieselhaus (links); die unbewirtschaftete Kohleralm (unten).

Die Rückkehr

Der Abstieg zum Ausgangspunkt erfolgt auf dem Anstiegsweg. Weitere Abstiegsmöglichkeiten bestehen nach Inzell-Einsiedl und nach Nonn bei Bad Reichenhall.

Der Hüttengipfel

Zwiesel, 1782 m: Direkt von der Zwieselalm führt uns der leichte und markierte Steig durch Wald und Latschen hinauf zum Zennokopf (1756 m). Dort halten wir uns links und wandern weiter über freies Gelände hinüber zum Zwiesel-Gipfel.

Die Gipfelrunde

Vom Zwiesel steigen wir jenseits auf einem Pfad durch Latschen hinab in die tiefste Einsenkung zwischen dem Gamsknogel und dem Zwiesel-Gipfel, dann nahezu immer am Grat entlang (einige Seilsicherungen) hinauf zum Gamsknogel (1750 m). Auf markiertem Steig dann jenseits hinab zu den Böden der Kohleralm. Kurz vor der Alm zweigt unser Weg links ab und führt teilweise eben, dann im Auf und Ab über einen stark wurzeligen Steig und Bergweg in einem weit ausholenden Linksbogen zurück zur Zwieselalm.

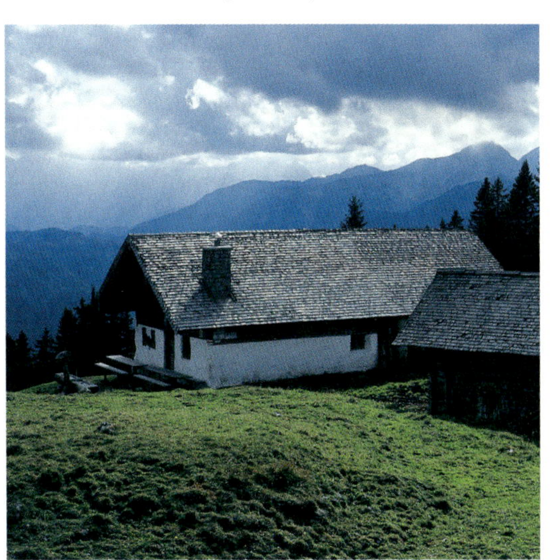

DER KÜCHENTIPP

Brotzeiten und Getränke, auch Skiwasser sowie Bier vom Fass. Gute Bergsteigerkost, darunter auch mal ein Kaiserschmarrn oder ein Braten, wenn die Zeit dafür reicht.

UND SONST NOCH …

An der Deutschen Alpenstraße bei Weißbach befindet sich der sogenannte Gletschergarten. Es handelt sich dabei um die größten Gletscherschliffe in den Bayerischen Alpen. Parkplatz und Info-Tafel direkt an der Straße. Ganzjährig zugänglich.

HÖCHSTE PUNKTE

Zwieselhaus/Kaiser-Wilhelms-Haus, 1386 m; Zwiesel, 1782 m.

ANFAHRT

Mit PKW: Auf der A 8 bis Ausfahrt Siegsdorf, dann auf der Bundesstraße (B 306) über Inzell nach Weißbach a. d. Alpenstraße; am südlichen Ortsende links hinauf zum Ortsteil Jochberg (Wegweiser) bis zum Ende der öffentlichen Straße; dort Wanderparkplatz.
Mit Bahn & Bus: Auf der Linie München – Salzburg bis Traunstein, dann weiter mit RVO-Bus nach Weißbach a. d. Alpenstraße. Die Wanderung beginnt dann dort. Aufstieg bis Jochberg entlang der schmalen, kaum befahrenen öffentlichen Straße (4 km). Gehzeit 1¼ Std.

AUSGANGSPUNKT

Der kleine Wanderparkplatz am oberen Ende von Jochberg (820 m).

GEHZEITEN

Hüttenweg: Von Jochberg zum Zwieselhaus 1½ Std., Abstieg zum Ausgangspunkt 1 Std.; Gesamtgehzeit: 2½ Std. Gipfelrunde: Vom Zwieselhaus zum Zwiesel 1½ Std., Übergang über den Gamsknogel zur Kohleralm 1 Std., Rückweg zum Zwieselhaus 1¼ Std.; insgesamt: 3¾ Std.

ANFORDERUNG

Forstwege und leichte Wanderwege, im oberen Teil zahlreiche Stufen mit Holzbohlen, bei Nässe Rutschgefahr. Auch für Nicht-Schwindelfreie gut geeignet. Die Gipfelrunde ist jedoch anspruchsvoll und setzt Trittsicherheit und Schwindelfreiheit voraus. Der Anstieg zum Zwieselgipfel ist jedoch leicht und nicht ausgesetzt. Einige Passagen über Wurzelholz beim Übergang von der Kohleralm zum Zwieselhaus.

EINKEHR & ÜBERNACHTUNG

Zwieselhaus, 1386 m, private Berghütte, von Ende Mai bis Mitte Oktober bewirtschaftet, 60 Betten im Kaiser-Wilhelms-Haus direkt daneben, Übernachtung nach Voranmeldung, Montag und Dienstag Ruhetag; Tel. 0171/583 36 76.
Zwei Gasthäuser in Weißbach a. d. Alpenstraße.

KARTE

Topographische Karte 1 : 50 000, Blatt „Berchtesgadener Alpen" (LDBV).

TOURIST-INFO

Tourist-Info Schneizlreuth (in Weißbach a. d. Alpenstraße), Berchtesgadener Straße 12, 83458 Schneizlreuth, Tel. 08865/522 97 10, www.schneizlreuth.de

11 TRAUNSTEINER HÜTTE

Die Familienhütte auf der Winklmoosalm

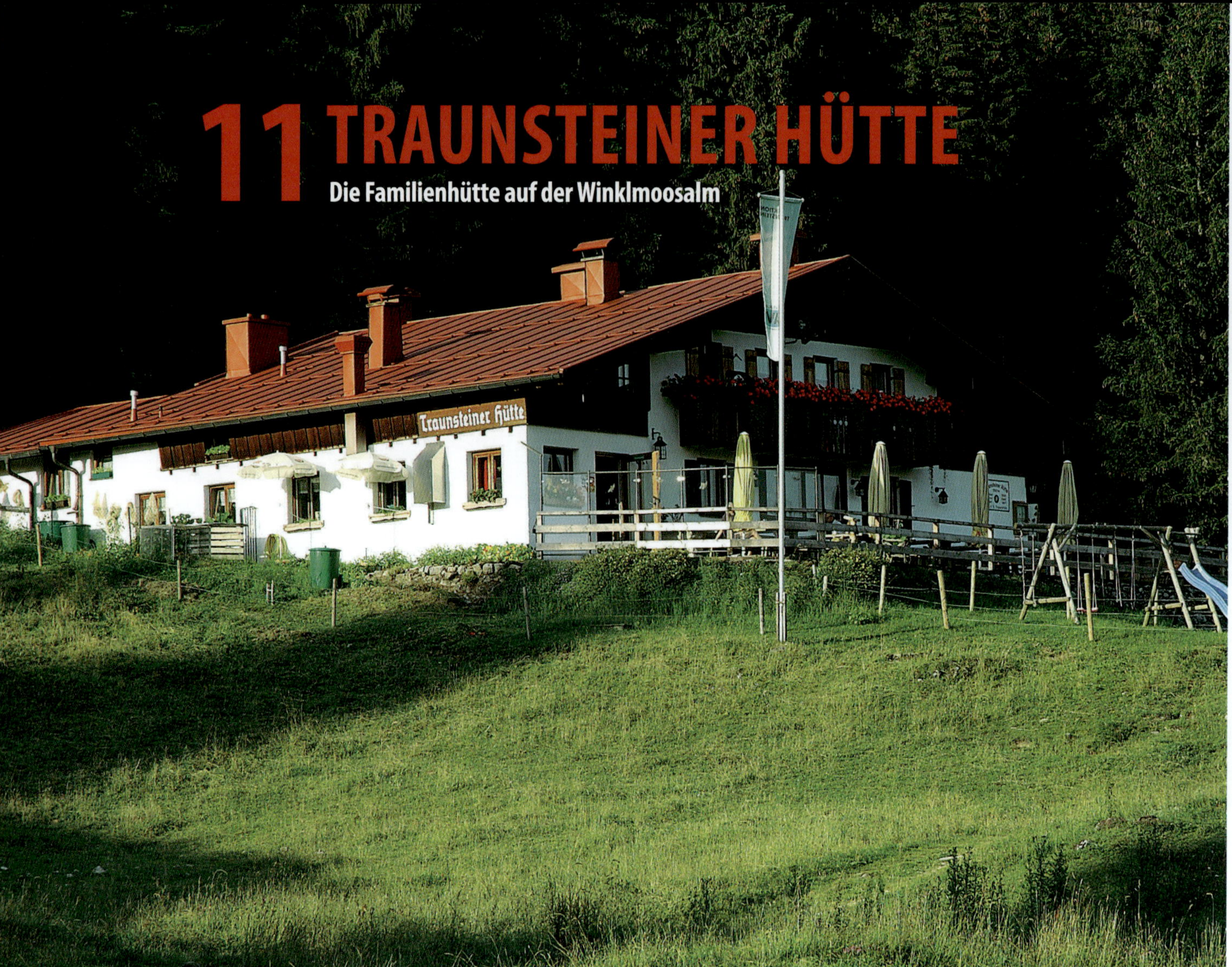

Die Traunsteiner Hütte auf der Winklmoosalm, vielen auch bekannt als Traunsteiner Skihütte, schließlich ist die Winklmoosalm ein relativ sicheres Wintersportgebiet. Hier ist der Wendepunkt unserer langen Wanderung von der Laubau. Nächstes Ziel ist das Dürrnbachhorn.

Natürlich könnten wir der Traunsteiner Hütte – bei manchem Ausflügler ist sie auch als Traunsteiner Skihütte bekannt, denn früher diente sie bevorzugt als Stützpunkt für Skifahrer - auch einen Blitzbesuch abstatten. Sie liegt leicht erreichbar auf dem Plateau der Winklmoosalm, vom Parkplatz am Ende der Mautstraße ist es nur eine Viertelstunde Gehzeit, und so ist es kein Wunder, dass sie vor allem bei Familien zu einer beliebten Unterkunft für Wander- oder Skiferien geworden ist (die Winkelmoosalm ist vielen ja auch als Heimat der „Gold"-Rosi bekannt – aber das ist eine Weile her und die Rosi lebt mittlerweile ganz woanders.) Wir wollen die Hütte wandernd erreichen, und da bietet sich der zwar etwas lange, aber abwechslungsreiche Weg über den Fischbach- und Staubfall und das Heutal an. Da wir uns auf dieser Tour überwiegend in tief eingeschnittenen Tälern bzw. auf einer teilweise bewaldeten Hochfläche bewegen, ist natürlich ein Gipfelabstecher obligatorisch. Und da kommt uns das Dürrnbachhorn gerade Recht. Falls wir schon etwas abgekämpft sind, lassen wir uns vom Sessellift bergwärts tragen. Von der Bergstation ist es dann nur mehr eine halbe Stunde zum aussichtsreichen Gipfel.

Der Anstieg aus der Laubau

Vom großen Parkplatz beim Holzknechtmuseum (der kann schon mal überfüllt sein, denn hier haben mehrere Wanderwege ihren Anfang, außerdem erfreut sich das Museum zu Recht großer Beliebtheit) folgen wir zunächst der asphaltierten, aber gesperrten Straße geradeaus in Richtung Süden, bis nach 10 Minuten der Weg zur „Fuchswiese" abzweigt. Dort halten wir uns links und wandern auf Wirtschaftsweg in das Fischbachtal hinein. Nach dem Wendeplatz für die Stellwagen beginnt ein schmaler Wanderweg, der uns durch Wald höher führt. Der Weg wird zum schmalen Steig und führt uns in Serpentinen hinauf zum sprühenden Staubfall, dessen

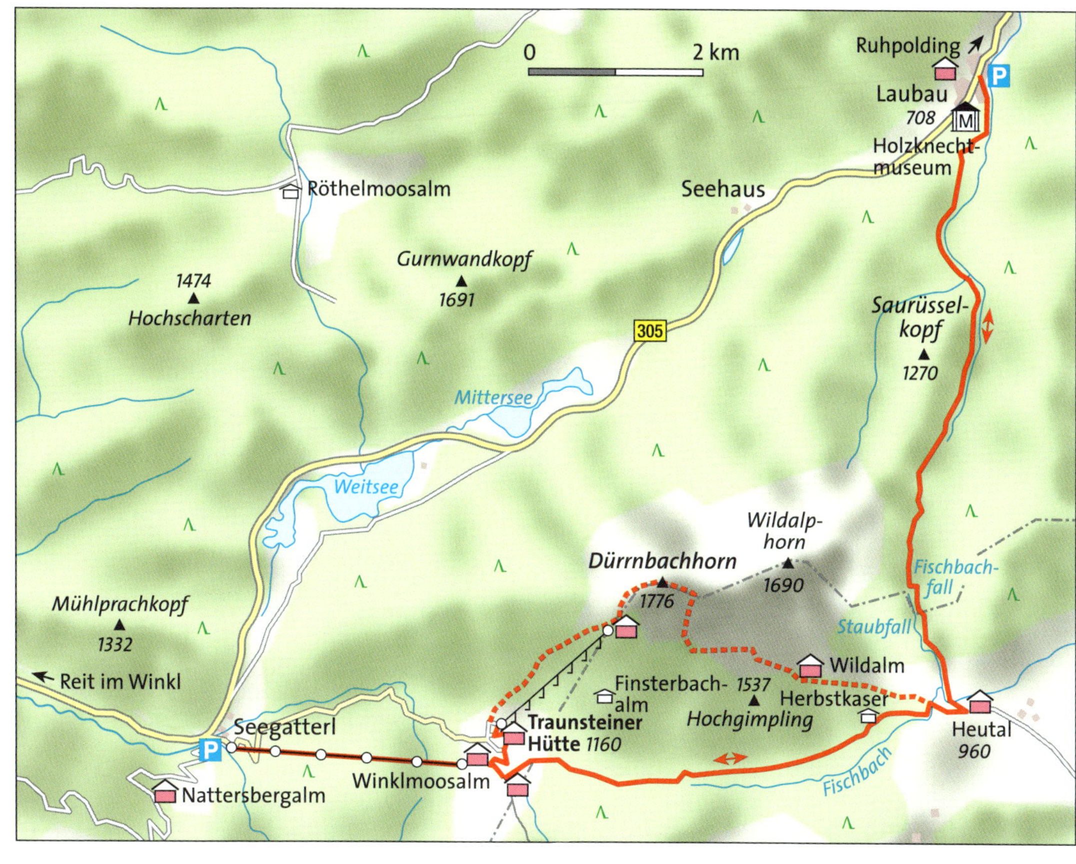

DER KÜCHENTIPP

Bergsteigeressen, verschiedene Suppen und hausgemachte Kuchen. Es gibt aber auch eine kleine Karte mit weiteren warmen Gerichten. Alles frisch, saisonal und regional.

Wasser 200 Meter tief hinabfällt. Ein Dach schützt uns jedoch bei seiner Unterquerung. Auf dem weiterhin gesicherten Steig kommen wir dann zu den Kaskaden des Fischbachfalls. Nun haben wir bald die kleine Hochsiedlung Heutal erreicht. Wir wenden uns nach rechts und folgen der Fahrstraße. Vom Parkplatz am Ende der Straße führt dann ein ausgeschilderter Wirtschaftsweg, der sogenannte „Landweg", zuerst leicht ansteigend zum Herbstkaser, dann durch ein schönes Waldgebiet hinüber zur Winklmoosalm. Nach den ersten Gasthäusern halten wir uns rechts und folgen der Ausschilderung zum Sessellift bzw. zur Traunsteiner Hütte, deren Zugangsweg kurz vorher nach rechts abzweigt.

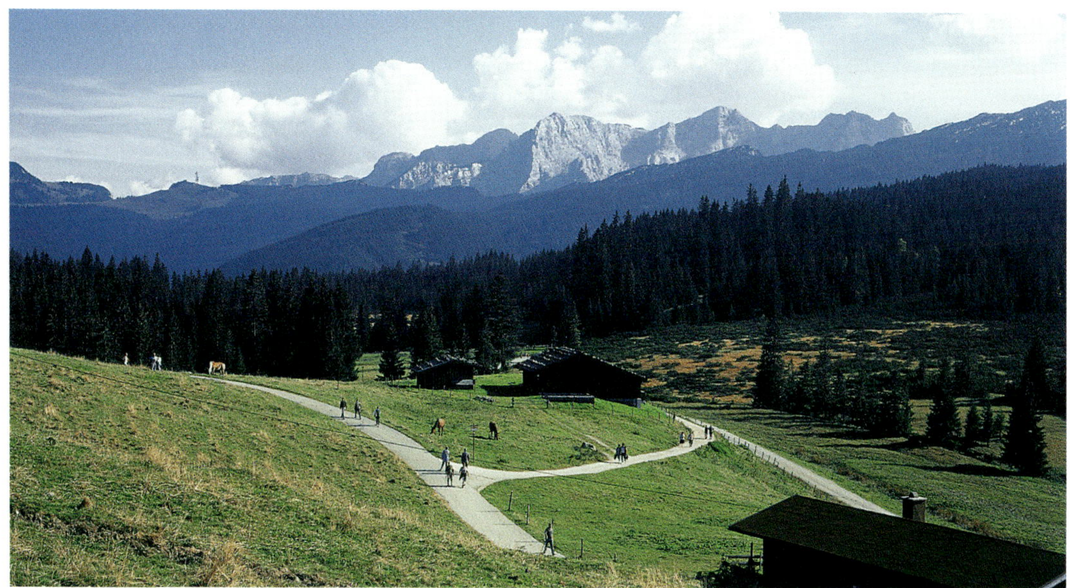

Die Winklmoosalm – sie ist auch mit dem Auto oder per Bus erreichbar; im Winter mit einer Bergbahn – lädt zu weitläufigen und leichten Wanderungen ein. Zudem finden wir dort oben eine ganze Reihe von Gaststätten. Im Hintergrund erkennen wir die Felsgipfel der Loferer Steinberge.

Das dicht mit Latschen bewachsene Dürrnbachhorn überschreiten wir auf unserem anspruchsvolleren Rückweg (wir können natürlich auch wieder absteigen und den leichten Rückweg nehmen). Dort oben bietet sich uns ein prächtiges Panorama, das von den Berchtesgadener Alpen, den Chiemgauer Bergen bis zum Kaisergebirge und den Zentralalpen reicht. Schauen wir von dort oben nach Norden, erkennen wir drei reizvolle Badeseen: Weitsee, Mittersee und Lödensee. Auf unserem Weg ins Heutal begegnen wir dem rauschenden Staubfall (rechts unten).

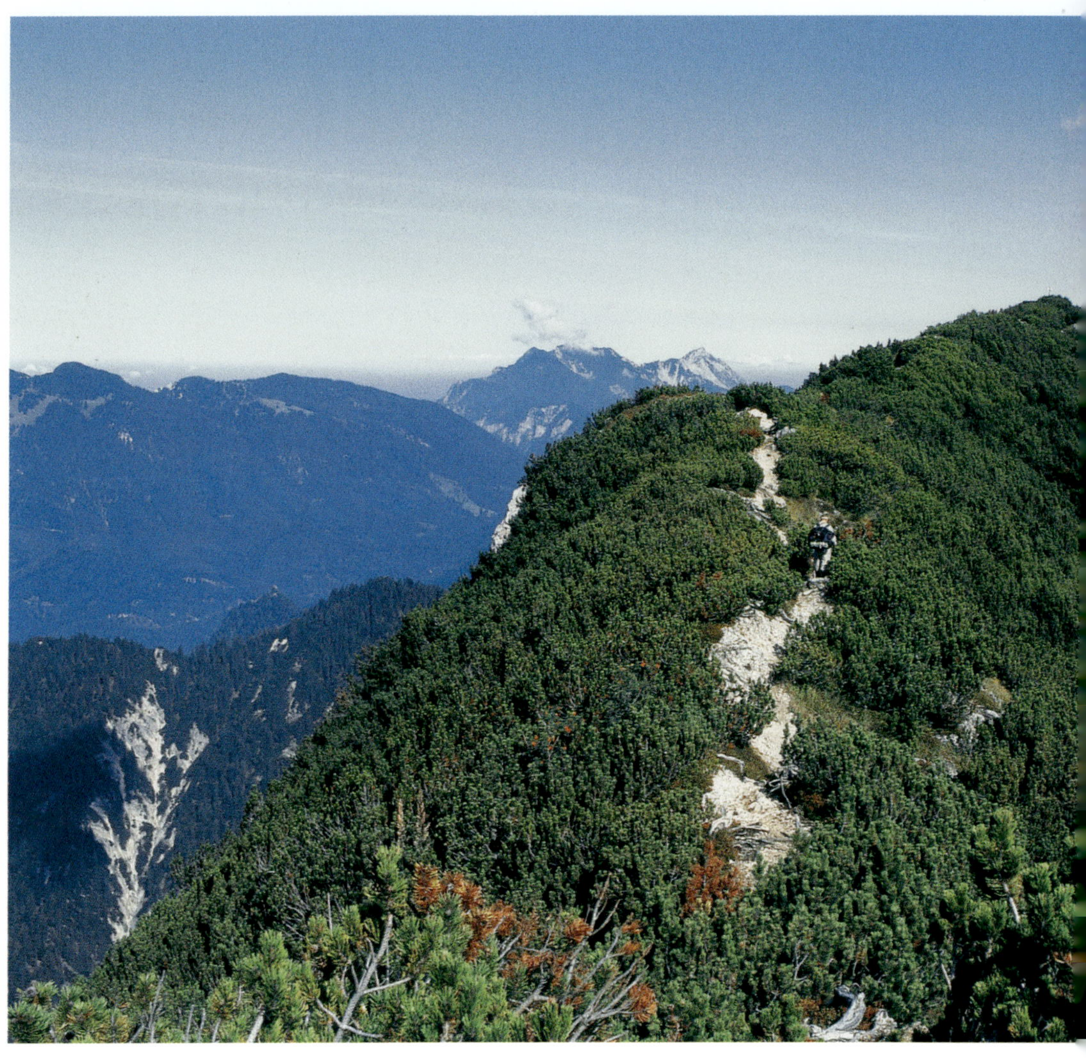

Die Rückkehr

Der Rückweg erfolgt auf dem Anstiegsweg. Wir können jedoch auch vom großen Parkplatz auf der Winklmoosalm mit dem Bus hinab ins Tal fahren. Als reizvolle Variante bietet sich die Überschreitung des Dürrnbachhorns an; sie ist jedoch nur für trittsichere und schwindelfreie Bergwanderer empfehlenswert: Vom Gipfel des Dürrnbachhorns folgen wir zunächst dem Gratweg in Richtung Wildalpjoch, biegen jedoch nach einer Viertelstunde rechts ab. Wir steigen hinab zum Gimplingsattel, den wir am Waldrand erreichen und halten uns dort links. Über die Weiden des Riegerkasers und der Wildalm erreichen wir dann wieder Heutal, wo wir auf unseren Anstiegsweg treffen. Auf dem nun wieder hinaus in die Laubau.

Der Hüttengipfel

Dürrnbachhorn, 1776 m: Unser Hüttengipfel ist neben der Steinplatte die zweithöchste Erhebung über den Böden der Winklmoosalm und bis knapp unterhalb des Gipfels durch einen Sessellift erschlossen. Die Talstation liegt unweit der Traunsteiner Hütte. An der Bergstation befindet sich eine Einkehrstelle mit Panoramaterrasse. Aber: nicht dort hängen bleiben! Zum nahen Gipfel führt ein unschwieriger Pfad, und dann genießt man ein fantastisches Panorama. Tief unter uns liegen die beliebten Badeseen Weitsee, Mittersee und Lödensee, auf der anderen Seite schweift unser Blick über die Chiemgauer zu den Berchtesgadener Alpen, zu den Loferer Steinbergen, zum Kaisergebirge und bis hinein in die vergletscherten Zentralalpen.

Wer auf die Seilbahnnutzung verzichten möchte, folgt von der Hütte einem Wirtschaftsweg, der durch Wald und Bergwiesen hinauf zur Dürrnbachalm führt; kurz davor quert unser Wanderweg dann die steilen Grashänge hinüber zum Sessellift, unterquert diesen und führt direkt zur Bergstation. Der Weiterweg erfolgt wie bereits oben beschrieben.

DER FAMILIENTIPP

Für kleine Kinder ist der Hüttenweg von der Laubau zu lang, da bietet sich die Auffahrt mit dem Auto oder dem Bus zur Winklmoosalm an. Bei der Traunsteiner Hütte gibt es dann einen Spielplatz. Rund um die Hütte bieten sich dann zusätzlich noch genügend ungefährliche Auslaufmöglichkeiten an. Die Wanderwege sind breit und daher auch für Sportkinderwägen gut geeignet. Außerdem gibt es den Sessellift am Dürrnbachhorn, und von dort ist der Anstieg zum Gipfel nicht mehr weit. Achtung jedoch am Gipfel, Steilabfall nach Norden!

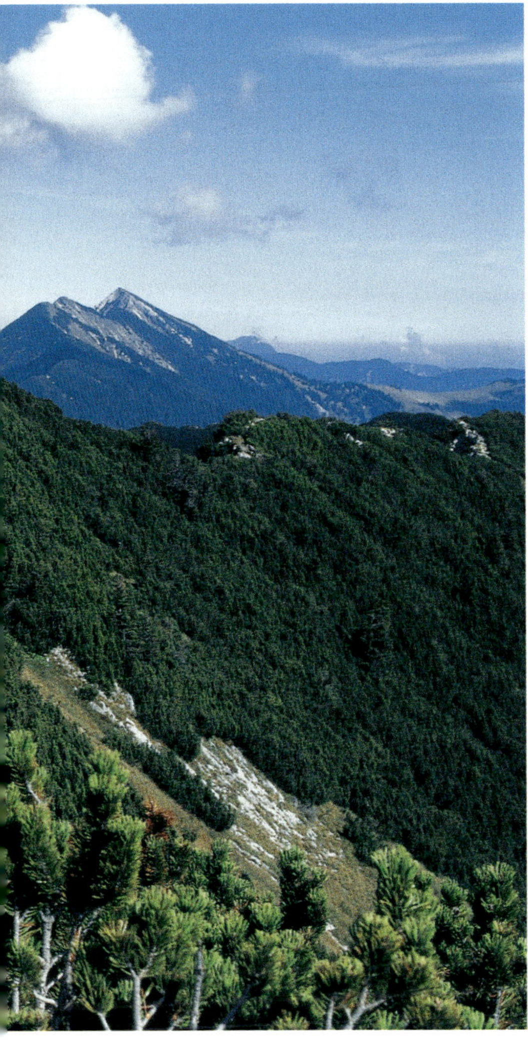

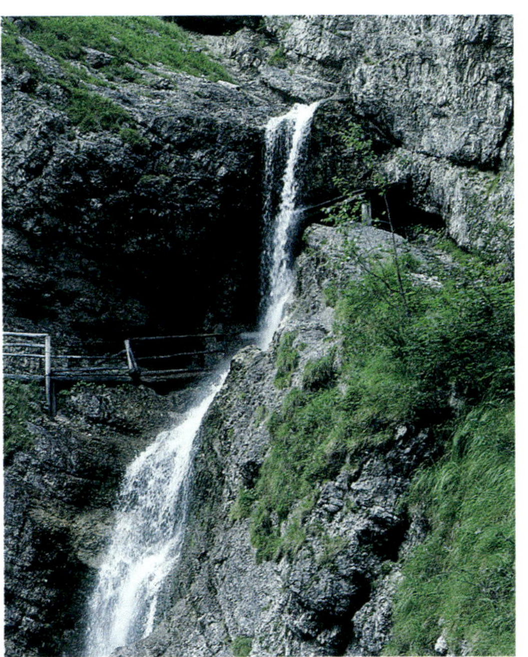

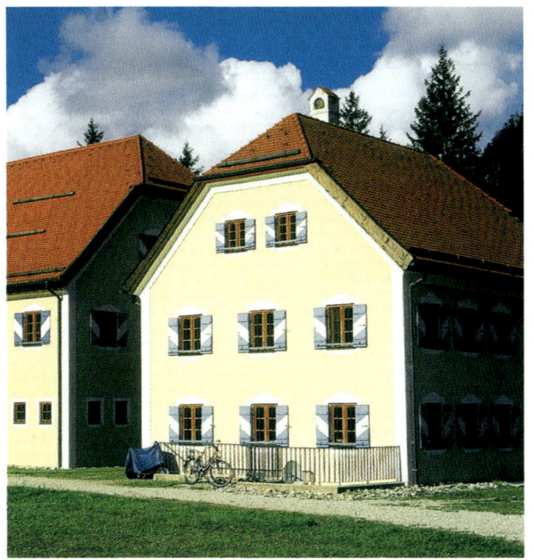

Hinter den alten Gebäuden der Salinenverwaltung in der Laubau befindet sich das interessante Holzknechtmuseum.

UND SONST NOCH ...

Am Ausgangspunkt unserer Wanderung in Laubau liegt das Holzknechtmuseum. Im Museumsgebäude sowie im Freigelände, auf dem einige original nachgebaute Holzknechthütten stehen, können wir uns ein realistisches Bild der Arbeits- und Lebensbedingungen machen. Öffnungszeiten: Von Februar bis Oktober von Dienstag bis Sonntag von 10–17 Uhr. Tel. 08663/639.

HÖCHSTE PUNKTE

Traunsteiner Hütte, 1160 m; Dürrnbachhorn, 1776 m.

ANFAHRT

Mit PKW: Auf der Salzburger Autobahn (A 8) bis zur Ausfahrt Siegsdorf, dann über Ruhpolding bis zum Weiler Laubau an der Deutschen Alpenstraße; dort nun links ab zum Holzknechtmuseum, wo sich ein großer Wanderparkplatz (gebührenpflichtig) befindet. Oder weiter bis Seegatterl und auf der Mautstraße hinauf zur Winklmoosalm. Großer Ausflüglerparkplatz am Ende der Fahrstraße. Von dort ist es eine Viertelstunde zu Fuß zur Traunsteiner Hütte.
Mit Bahn & Bus: Mit der Bahn auf der Strecke München – Salzburg bis Traunstein, dort umsteigen in den Regionalzug nach Ruhpolding. Von dort fahren RVO-Busse über Laubau und Seegatterl zur Winklmoosalm. Von dort ist es eine Viertelstunde zu Fuß zur Traunsteiner Hütte.

AUSGANGSPUNKT

Wanderparkplatz Laubau beim Holzknechtmuseum (705 m).

GEHZEITEN

Hüttenweg: Von der Laubau ins Heutal 2¼ Std.; vom Heutal zur Traunsteiner Hütte 2 Std., Rückkehr ins Tal 4 Std. Gesamtgehzeit: 8¼ Std.
Gipfelweg: Von der Traunsteiner Hütte 2 Std., von der Bergstation des Sessellifts ½ Std., Abstieg zur Hütte 1½ Std. (bzw. ½ Std.); insgesamt: 3½ Std. (bzw. 1 Std.). Gipfelüberschreitung (Abstieg ins Heutal) ebenfalls 3½ Std.

ANFORDERUNG

Hüttenweg: Von der Laubau bis zum Talschluss des Fischbachtals Wirtschaftsweg, dann teilweise steiler Steig (mit Geländer gesichert), der aber Trittsicherheit und Schwindelfreiheit voraussetzt, ins Heutal; von dort Wirtschaftsweg zur Winklmoosalm.
Gipfelweg: Bergwanderweg, ab Bergstation des Sessellifts etwas steiniger Weg, am Gipfel Vorsicht wegen des Steilabbruchs nach Norden. Der Abstieg über den Grat und die Wildfeldalm setzen Trittsicherheit und Schwindelfreiheit voraus.

EINKEHR & ÜBERNACHTUNG

Traunsteiner Hütte, 1160 m, Alpenvereinshütte der Kat. II, 8 Betten, 18 Lager, nahezu ganzjährig bewirtschaftet, November geschlossen, Mittwoch Ruhetag; Tel. 08640/81 40.
Jausenstation Wildalm, 1374 m, nahezu ganzjährig bewirtschaftet, im Sommer Mittwoch Ruhetag.
Auf dem weiten Gelände der Winklmoosalm gibt es mehrere Einkehrstellen und Gasthöfe, z. B. den Alpengasthof Sonnenalm, das Almstüberl und die Winklmoosalm.

KARTE

Topographische Karte 1 : 50 000, Blatt „Chiemsee – Chiemgauer Alpen" (LDBV).

TOURIST-INFO

Tourist-Information, Dorfstraße 38, 83242 Reit im Winkl, Tel. 08640/800 20, www.reitimwinkl.de

12 STRAUBINGER HAUS

Die Hütte mit dem unübertrefflichen Kaiserblick

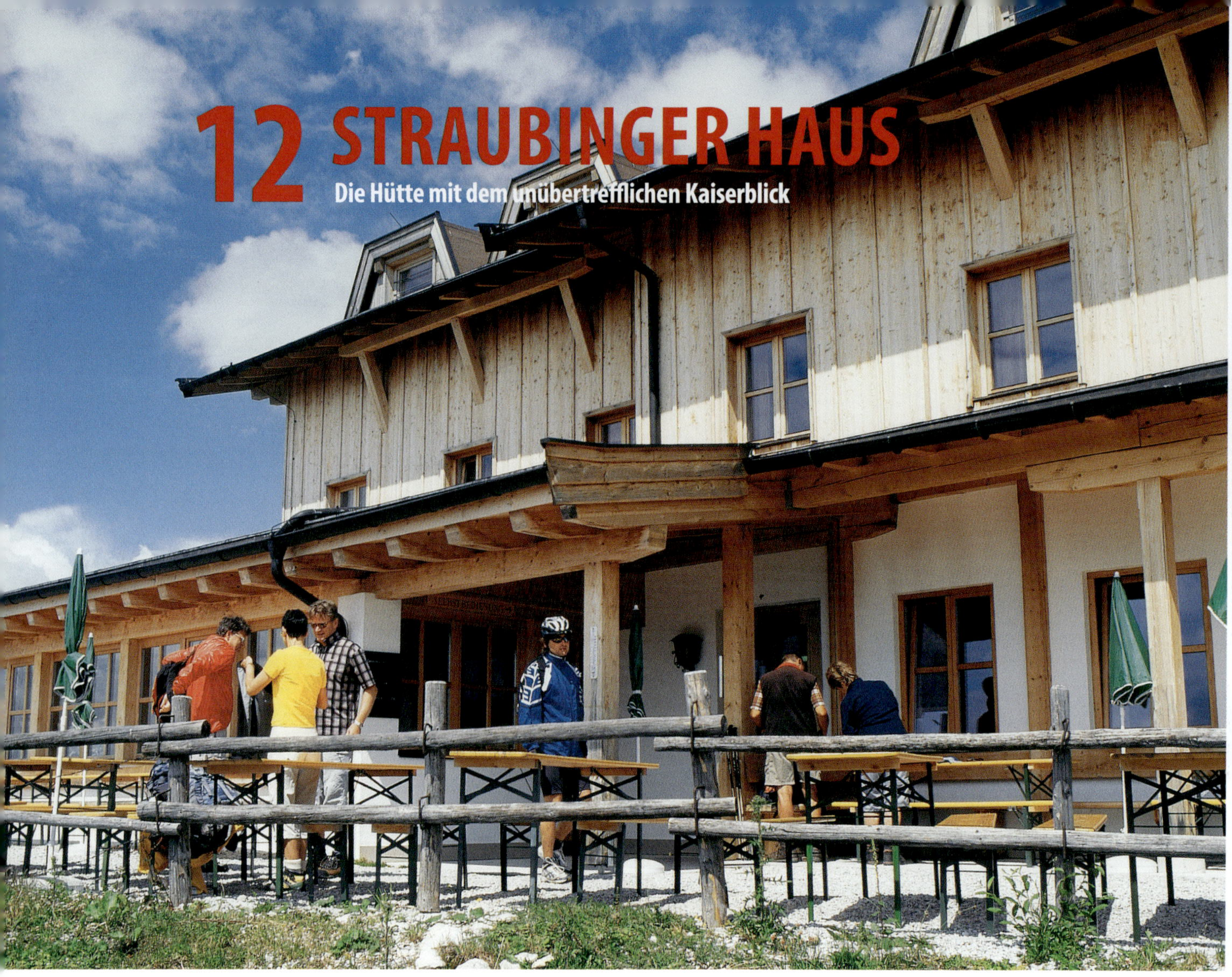

Das Straubinger Haus wurde vor ein paar Jahren komplett saniert und ist heute nicht mehr wiederzuerkennen. Viel Holz dominiert nun die Fassade. Von allen Seiten führen leichte Hüttenwege dort hinauf, daher ist sie auch beliebtes Ziel für Mountainbiker.

DER FAMILIENTIPP

Am Straubinger Haus gibt es einen Spielplatz für Kinder. Außerdem verfügt dieses Alpenvereinshaus über einen separaten Jugendraum.

Erst im Jahr 1977 wurde auf dem weiten Almgelände der Eggenalm von der Sektion Straubing des deutschen Alpenvereins dieses Unterkunftshaus errichtet. Trotz der freien Lage und des unübertrefflichen Blicks auf das Kaisergebirge waren es meist Tagesausflügler – Wanderer wie Mountainbiker – die ihr einen Besuch abstatteten. Doch das hat sich geändert. Übrigens liegt das Straubinger Haus am populären Weitwanderweg E 4 (Verbindung vom Bodensee zum Neusiedler See). Ende Mai/Anfang Juni gibt es hier oben eine beeindruckende Enzianblüte und die Alpenrosen lassen die Hänge rot erglühen.

In der Zeit von 1997 bis 2001 wurde das Haus grundlegend renoviert. Doch nicht nur das Äußere hat sich verändert, neue Waschräume, Toiletten und Duschen wurden eingebaut, die Lager verkleinert und damit den neuen Bedürfnissen angepasst. Vor allem aber wurde das Haus auf eine ökologisch verträgliche Energieversorgung und Abwasseranlage umgestellt. Eine Photovoltaikanlage, kombiniert mit einem Blockheizkraftwerk, das mit Rapsöl betrieben wird, stellt sicher, dass das Licht nicht ausgeht und die Küche warm bleibt.

Ein Platz also für eine gemütliche und heimelige Hüttennacht in einer freundlichen Umgebung, bei einem liebenswürdigen Wirtepaar.

Aufstieg über die Weißensteinalm

Der wohl schönste Hüttenweg führt zuerst vom Parkplatz Blindau auf dem Sträßchen zur Klausenbergalm. Eine schöne Variante ist der Weg durch die Klausenbergklamm. Bei der Wegverzweigung halten wir uns rechts und wandern geradeaus über die Landesgrenze. Eine Viertelstunde hinter der österreichischen Klausenbergalm nehmen wir dann den links abzweigenden, rot-weiß markierten Wanderweg, der uns über einen bewaldeten Mugel hinüber zur Weißensteinalm (1080 m) bringt. Dort folgen wir wiederum links einem Steig, der uns in Serpentinen hinauf zur Neualm (1420 m) führt.

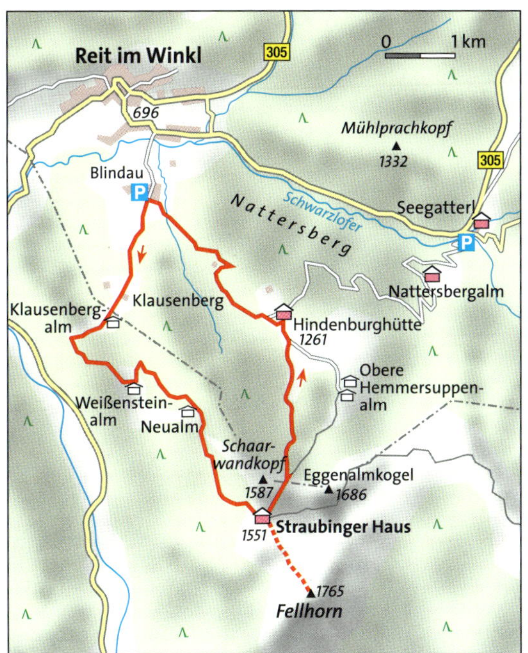

Unser Weiterweg steigt dann nur mehr leicht an und bringt uns durch ein längeres Waldstück und über einen Sattel hinauf zum Straubinger Haus, das im Eggenalmgebiet liegt.

Der Abstieg zur Hindenburghütte

Vom Straubinger Haus spazieren wir links haltend auf einem Wanderweg – vorbei an der kleinen Kapelle – ein Stück bergwärts, bis sich der Weg in eine Mulde absenkt. Hier nun hinab, über ein Weidegatter, bis links der „Filzenweg" abzweigt. Auf diesem nun steil durch lichten Wald hinab, bis wir auf einen Wirtschaftsweg treffen. Auf dem nun steil hinaus zum breiten Fahrweg, der die Hindenburghütte mit der Oberen Hemmersuppenalm verbindet. Auf diesem links weiter hinab zur Hindenburghütte. Von hier bietet sich die Talfahrt mit dem Pendelbus an. Oder aber wir bummeln auf dem Fahrweg gemächlich hinab in die Blindau.

Der Hüttengipfel

Fellhorn, 1765 m: Von der Hütte ist gerade mal eine Dreiviertelstunde zum Gipfelkreuz. Da kann man gar nicht anders, als nach ausgiebiger Rast die etwas mehr als 200 Höhenmeter noch in Angriff zu nehmen. Hundert Meter südlich der Hütte zweigt vom Fahrweg links der Gipfelpfad ab. Wir steigen durch die Bergwiesen und Weidehänge hinauf zum Gipfelplateau und weiter zum großen Kreuz.
Auf dem selben Weg kehren wir nach einer genussvollen Gipfelstunde zurück zum Straubinger Haus.

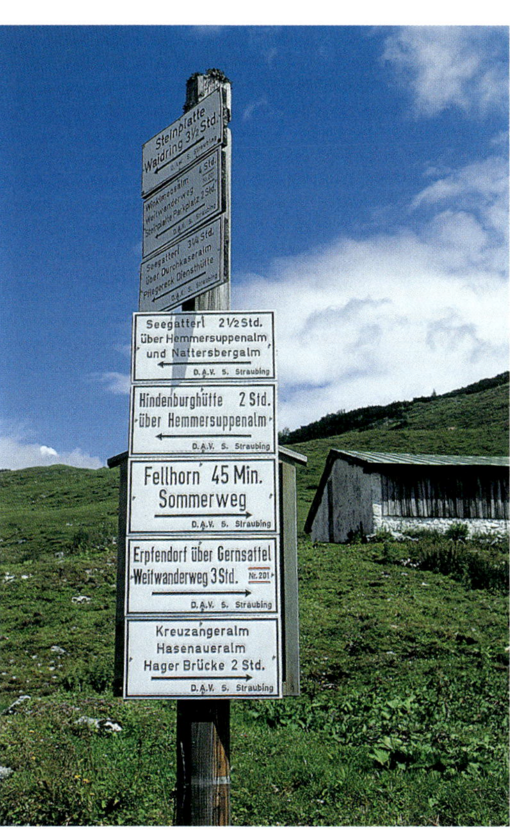

Wegweiser auf der Eggenalm, auf der sich unser Hüttenziel befindet. Verlaufen ist also bei der guten Beschilderung nicht drin.

DER KÜCHENTIPP

Leberknödel- und Kaspressknödelsuppen, Spaghetti mit Sauce, Brettljausen und Brotzeitteller, Kaiserschmarrn, am Wochenende dann auch Krustenbraten und evtl. auch Schweinshaxen. Warme Küche durchgehend von 11 Uhr bis 19.30 Uhr, kalte Küche bis 22 Uhr.

UND SONST NOCH ...

Zwischen Reit im Winkl bzw. der Blindau und der Hindenburghütte verkehrt ein Kleinbus. Das schont beim Abstieg die Knie und spart Zeit. Betriebszeiten zwischen 9 und 16.30 Uhr.

HÖCHSTE PUNKTE

Straubinger Haus, 1551; Fellhorn, 1765 m.

ANFAHRT

Mit PKW: Salzburger Autobahn (A 8) bis Ausfahrt Siegsdorf, dann über Ruhpolding nach Reit im Winkl bzw. Autobahnausfahrt Bernau, dann auf der B 305 über Grassau, Unterwössen zum Ortsteil Blindau in Reit im Winkl. Dort Wanderparkplatz.
Mit Bahn & Bus: Mit der Bahn bis Prien, von dort mit RVO-Bus nach Reit im Winkl bzw. zum Bahnhof Traunstein und weiter mit Nahverkehrszug nach Ruhpolding, von dort mit RVO-Bus nach Reit im Winkl.

AUSGANGSPUNKT

Wanderparkplatz Blindau (707 m).

GEHZEITEN

Hüttenweg: Anstieg über die Weißensteinalm 4 Std., Abstieg über die Hindenburghütte 3 Std.
Gesamtgehzeit: 7 Std. (mit Pendelbus 1 Std. kürzer).
Gipfelweg: Vom Straubinger Haus ¾ Std., Abstieg zum Haus ½ Std.; insgesamt: eine gute Stunde.

ANFORDERUNG

Durchwegs leichte Wanderwege, zum Teil auch Wirtschaftswege. Auf den Fellhorn-Gipfel führt ein Bergpfad.

EINKEHR & ÜBERNACHTUNG

Straubinger Haus, 1600 m, Alpenvereinshütte der Kat. I, bewirtschaftet von Anfang Mai bis Ende Oktober, kein Ruhetag, 60 Betten und Lager; Tel. 0043/5375/64 29. Bei größeren Gruppen Anmeldung erwünscht.
Hindenburghütte, 1261 m, privat, bewirtschaftet von Mai bis Oktober und von Dezember bis April, keine Übernachtung; Tel. 0171/543 79 23.

KARTE

Topographische Karte 1 : 50 000, Blatt „Chiemsee – Chiemgauer Alpen" (LDBV).

TOURIST-INFO

Tourist-Information, Dorfstraße 38, 83242 Reit im Winkl, Tel. 08640/800 20, www.reitimwinkl.de

13 HOCHGERNHAUS

Anlaufstelle im Sommer wie im Winter

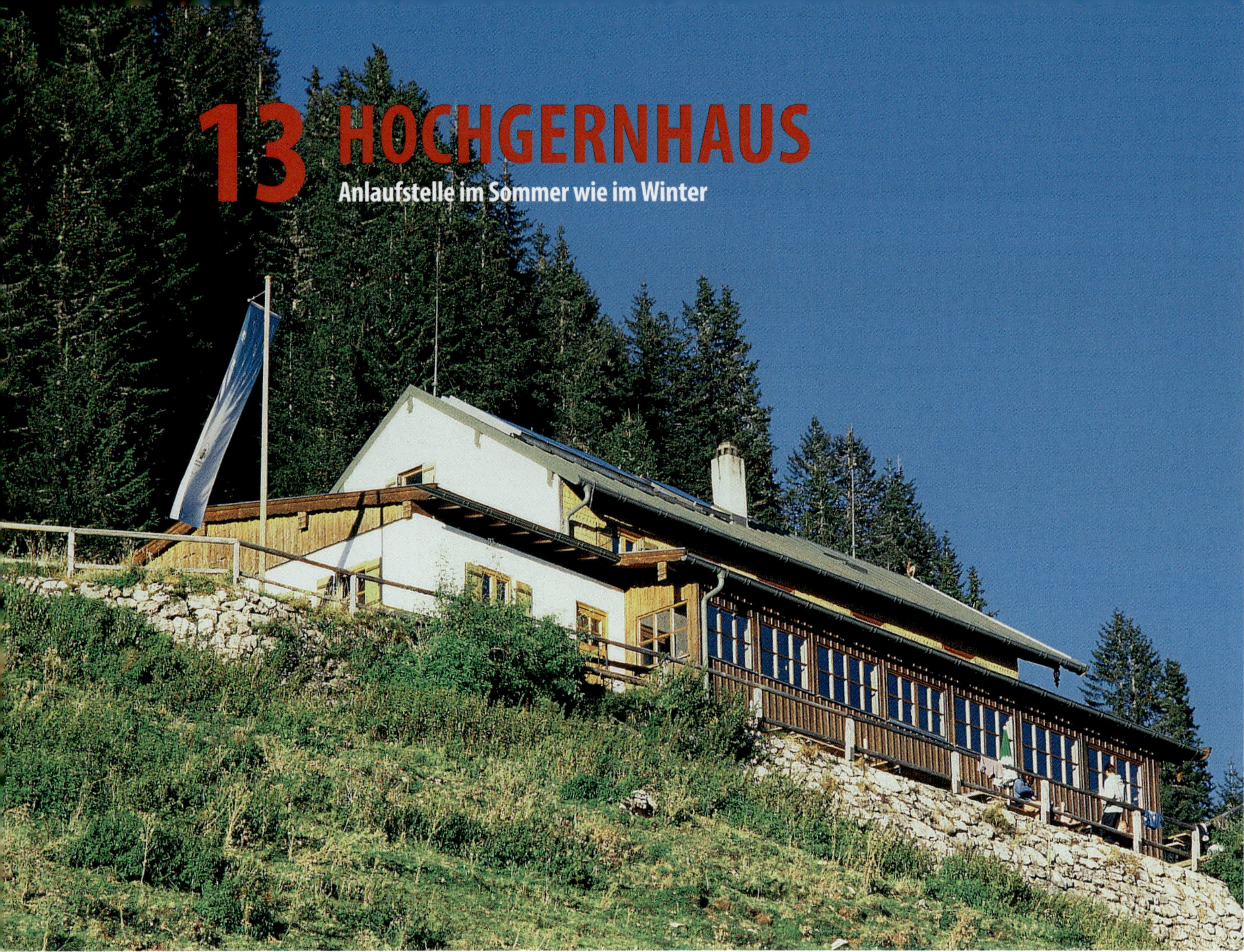

Das Hochgernhaus gehört zu den wenigen privaten Hütten in den Bayerischen Alpen. Vor allem junge Leute haben ein Faible für dieses Haus; vielleicht liegt es an der großen Aussichtsterrasse hoch über dem Tiroler Achental. Der Hochlerch erhebt sich als steiler Zahn über dem Hochgernhaus (rechts oben). Auf dem Gipfel des Hochgern befindet sich neben dem Gipfelkreuz eine Minikapelle (rechts unten).

DER FAMILIENTIPP

In Nähe des Ausgangspunktes befindet sich der Wössener See. Auch wenn es nicht so aussieht, der idyllisch gelegene Badesee ist kein Natursee, sondern ein aufgestauter Bach mit schöner Liegewiese, Kinderspielplatz und Einkehrmöglichkeit (Gasthaus Zum Seewirt). Ein idealer Platz zum Abhängen nach der Tour.

Das Hochgernhaus, hoch über dem Tiroler Achental gelegen, bietet für jeden etwas – und zwar rund um das ganze Jahr. Im Sommer sind es die Wanderer, die Gleitschirmflieger und die Mountainbiker, in der kalten Jahreszeit die Winterwanderer und die Rodler. Und so haben die Hüttenwirte immer gut zu tun. Besonders den jungen Aktiven hat es das Hochgernhaus angetan, sie überwiegen bei den Gästen. Eine Übernachtung in den gemütlichen Zimmern – es gibt jedoch auch günstige Lagerplätze – und ein schmackhaftes Frühstück am Morgen auf der Aussichtsterrasse werden sich ins Gedächtnis eingraben. Und wer nicht nur Sinn für sportliche Aktivitäten hat, sondern auch eine gute Aussicht schätzt, wird wiederkommen wollen: in unmittelbarer Nachbarschaft der Geigelstein, dahinter die spitzen Kaisergipfel und in der Ferne die vergletscherten Gipfel der Zentralalpen.
Kinder werden vom Pfeifen der Murmeltiere gleich bei der Hütte angetan sein. Und ganz gewiss auch vom Grillplatz vor dem Haus. Wenn nämlich abends das Feuer lodert und die Lichter aus dem Tal heraufblinken, dann möchte wohl niemand an einem anderen Ort sein. Ein früher Höhepunkt im Jahr ist der Hochgernlauf im Mai. Von nah und fern treffen sich die Bergsportler, um vom Rathausplatz in Unterwössen die 900 Höhenmeter hinauf zum Hochgernhaus zurückzulegen. Aber ganz so sportlich müssen wir ja nicht sein ...

Der Hüttenweg von Unterwössen

Vom Wanderparkplatz folgen wir weiter dem Hochgernweg (Ausschilderung Hochgernhaus) und orientieren uns nach dem letzten Bauernhof an der Mark-Nr. 5, queren bald eine Forststraße und treffen dann weiter oben wieder auf diese. Auf dem gut ausgeschilderten Fahrweg nun weiter bis zur Agergschwendalm. Wir passieren sie links und wandern den Fahrweg aufwärts zu einer Bergwachthütte. Bei der Wegverzweigung halten wir uns links und steigen weiter in steilen Kehren – vorbei an der Enzianhütte – hinauf zum Hochgernhaus.

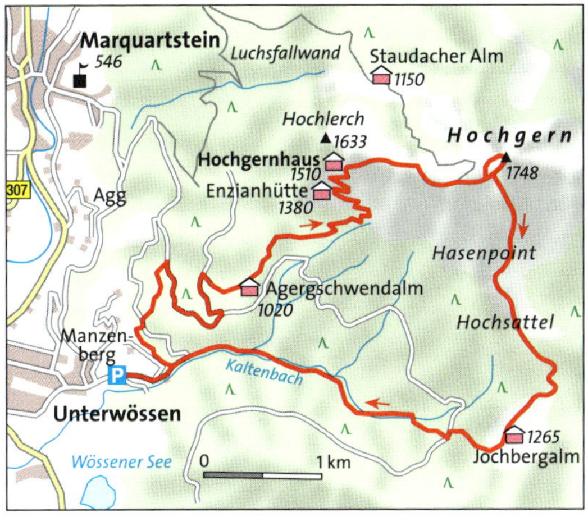

Die Abstiegsrunde über die Jochbergalm

Für diese Runde müssen wir den Hüttengipfel mit einbauen: Vom Hochgernhaus wandern wir also zunächst hinauf zum Hochgerngipfel. Von dort wenige Meter zurück auf dem Anstiegsweg. Dann links in steilen Serpentinen durch den lichten Wald hinab zur Grundbachalm. Kurz davor zweigt ein Pfad ab, der uns mit der Markierung H 7 über den Hochsattel zur Jochbergalm (1265 m) hinüberführt. Von dort folgen wir dem Wirtschaftsweg, der uns direkt hinab nach Unterwössen bringt.

Der Hüttengipfel

Hochgern, 1748 m: Er gilt als einer der lohnendsten Aussichtberge im Chiemgau. Nur eine Stunde dauert der Anstieg von der Hütte, zunächst auf breitem Wanderweg, dann am Westkamm. In weitem Bogen erreicht man den westlichen Gipfelhang. Bei den Serpentinen kurz unterm Gipfel kommt man noch einmal ins Schnaufen – aber der Lohn: im Süden die eindrucksvolle Szenerie von Berchtesgadenern über die Loferer Steinberge bis hin zum Kaisergebirge. Und im Norden, mit ein bisschen Glück, die Umrisse des Bayerischen Waldes.

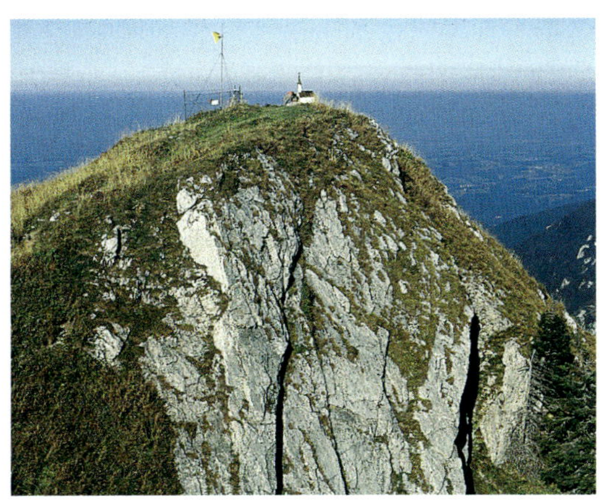

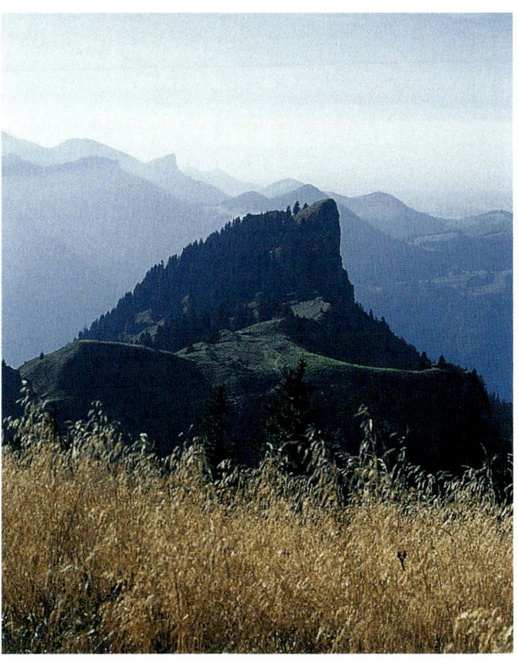

DER KÜCHENTIPP

Deftige Hausmannskost ist auf dem Hochgernhaus angesagt: Linseneintopf mit Wiener, Hochgernbrotzeit mit Schnaps, Kaiserschmarrn mit Kompott, Wurstsalat, Käsebrot etc., aber auch die Anhänger der leichteren Kost werden fündig: Für sie tischen die Wirte eine Mozzarella-Tomaten-Platte auf.

UND SONST NOCH ...

Im Ortsteil Niedernfels von Marquartstein befindet sich der Märchen- und Erlebnispark mit Sommerrodelbahn, Streichelzoo, Abenteuerspielplatz, Parkeisenbahn und diversen weiteren Möglichkeiten für den Zeitvertreib. Ostern bis Allerheiligen täglich geöffnet. Tel. 08641/71 05.

HÖCHSTE PUNKTE

Hochgernhaus, 1510 m; Hochgern, 1748 m.

ANFAHRT

Mit PKW: Auf der Salzburger Autobahn (A 8) bis Ausfahrt Bernau, dann auf der Bundesstraße nach Marquartstein und weiter nach Unterwössen; am östlichen Ortsende, links in die Hadergasse einbiegen, dann rechts auf dem Hochgernweg weiter bis zum Wanderparkplatz (rechts).
Mit Bahn & Bus: Auf der Strecke München – Salzburg bis zu den Stationen Übersee oder Bergen, dort weiter mit RVO-Bussen über Marquartstein nach Unterwössen. Von der Bushaltestelle sind es 10 Minuten bis zum eigentlichen Ausgangspunkt.

AUSGANGSPUNKT

Wanderparkplatz am östlichen Ortsrand von Unterwössen (640 m).

GEHZEITEN

Hüttenweg: Von Unterwössen zum Hochgernhaus 2½ Std., Übergang zur Jochbergalm (inklusive Gipfelabstecher) 2½ Std., Abstieg von der Jochbergalm nach Unterwössen 2 Std. Gesamtgehzeit: 7 Std.
Gipfelweg: Vom Hochgernhaus zum Hochgern 1 Std., Abstieg zum Haus 40 Minuten; insgesamt knapp 1¾ Std.

ANFORDERUNG

Hüttenweg: Der Anstieg von Unterwössen über die Agergschwendalm erfolgt auf breitem, im oberen Teil auch steilem Wirtschaftsweg. Der Übergang zur Jochbergalm erfolgt auf Bergpfad und Bergwanderwegen, der anschließende Abstieg nach Unterwössen zu Beginn auf Bergwanderweg, dann auf Wirtschaftsweg.
Gipfelweg: Bergwanderweg und Bergpfad, leicht. Am Gipfel jedoch Vorsicht!

EINKEHR & ÜBERNACHTUNG

Hochgernhaus, 1510 m, privat, ganzjährig bewirtschaftet, 15 Betten, 20 Lager; Tel. 0172/315 35 07.
Agergschwendalm, 1020 m, privat, von Mai bis Oktober durchgehend, in der übrigen Zeit bei schönem Wetter bewirtschaftet.
Enzianhütte, 1380 m, privat, bewirtschaftet von Mai bis Oktober.
Jochbergalm, 1240 m, privat, von Anfang Juni bis Ende September bewirtschaftet.

KARTE

Topographische Karte 1 : 50 000, Blatt „Chiemsee – Chiemgauer Alpen" (LDBV).

TOURIST-INFO

Tourist-Info Marquartstein, Rathausplatz 1, 83250 Marquartstein, Tel. 08641/597 91 11, www.marquartstein.de

14 SPITZSTEINHAUS

Eine bayerisch-tirolerische Institution

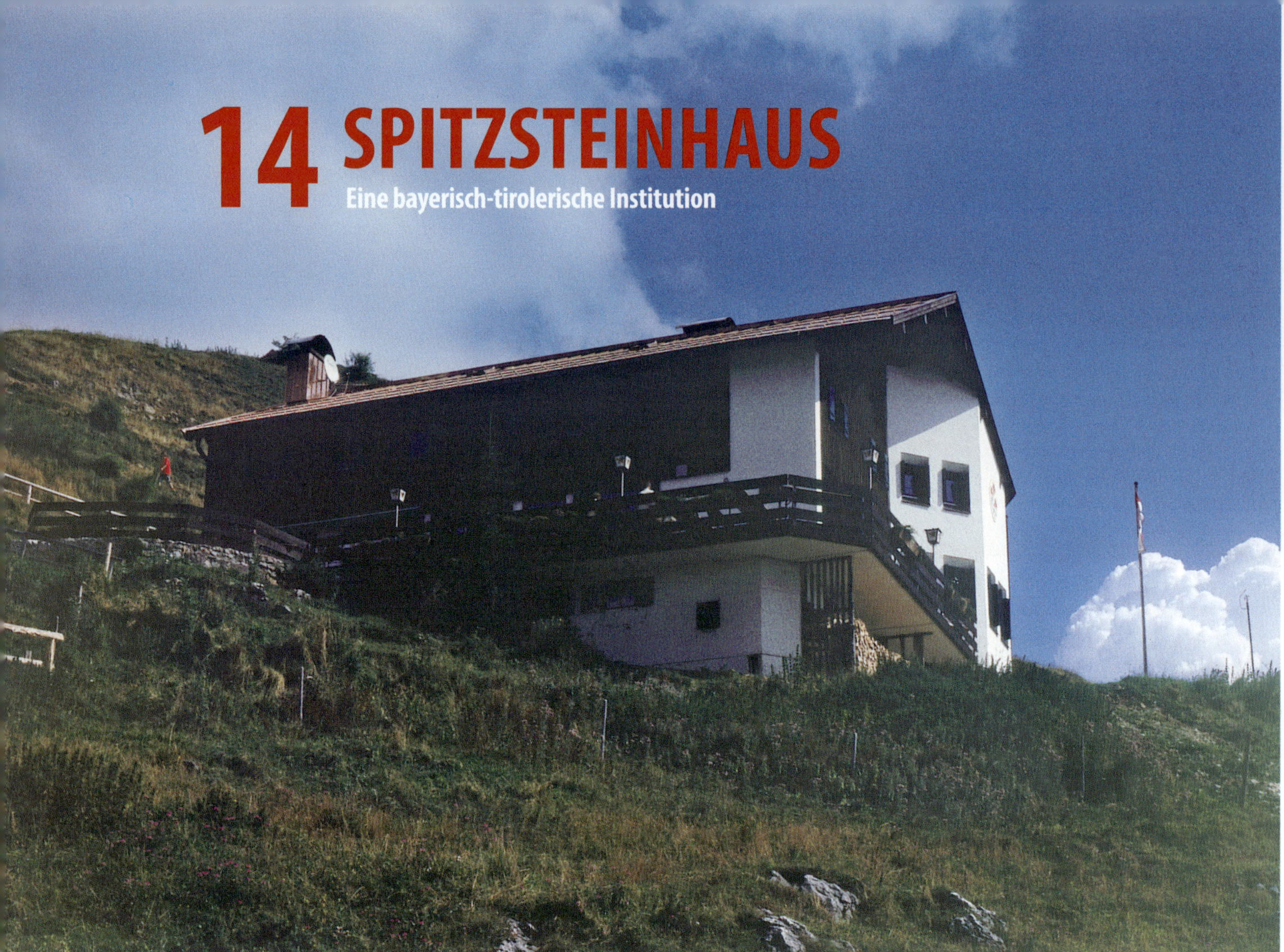

Das Spitzsteinhaus befindet sich auf dem bayerisch-tirolerischen Grenzkamm zwischen Priental und Trockenbachtal.

DER FAMILIENTIPP

Als es noch Zwergschulen gab, hatte auch Sachrang eine eigene Schule. Heute befindet sich dort ein Kindergarten. Aber im Dachgeschoss des Gebäudes wurde im Jahre 2001 das Müllner-Peter-Museum (Schulstraße 3) eingerichtet, es ist dem wohl berühmtesten Sohn der Gemeinde gewidmet. Das kleine Museum gibt uns einen Einblick in Traditionen sowie Wirtschafts- und Sozialgeschichte. Im 1. Stock gibt es zusätzlich das Lehrer-Hickl-Zimmer, das mit Originalmöbeln und Ausstellungsstücken aus dem Jahre 1910 versehen ist. Öffnungszeiten und Führungsangebote zu erfragen unter Tel. 08057/90 57 37.

Vor nicht allzu langer Zeit haben die Leser einer bekannten Alpinzeitschrift das Spitzsteinhaus zu ihrer Lieblingshütte in den Chiemgauer Alpen erkoren. Und diesen Spitzenplatz hat sie auch verdient, denn viele Attribute sprechen für sie: die Lage am Gipfelfuß des Spitzsteins mit der großartigen Aussicht auf das Kaisergebirge und weit hinein in die Zentralalpen, der leichte und nicht zu lange Aufstieg aus dem Tal, ein reizvoller Hüttengipfel und eine ansprechende Speisekarte. Zusammengehalten wird das alles von der Hüttenwirtin Carmen Krämer und ihrem Team. Da die Hütte auch im Winter geöffnet ist, kommt bei den Gästen der wärmende Kachelofen besonders gut an. Auch wenn die alte, von allen geschätzte Hütte aus dem Jahre 1910 vor über 30 Jahren leider einem Brand zum Opfer gefallen war, die neue ist nun gut eingewohnt und strahlt ebenfalls Gemütlichkeit aus. Das Spitzsteinhaus ist nicht nur Ziel eines Tagesausflugs, sie ist auch Stützpunkt für die Weitwanderer, die auf der Via Alpina oder auf dem Maximiliansweg unterwegs sind. Wer nicht mehr so gut zu Fuß ist, kann über eine Mautstraße auf den Erler Berg fahren, von dort ist es nur mehr eine Viertelstunde Gehzeit zu Fuß.

Der Hüttenweg von Sachrang

Vom großen Wanderparkplatz an der Staatsstraße steuern wir zunächst den Ort an und halten uns dann bei der Kirche rechts. Ein Teersträßchen (Mark.-Nr. 6) führt von dort zum Weiler Mitterleiten. Wir folgen diesem gute 10 Minuten lang, bis bei einem Viehrost der Anstiegsweg zur Mesneralm rechts abzweigt. Wir wandern zunächst auf einem rauen Wirtschaftsweg, der uns bald in den Wald leitet. Bei der nächsten Wegverzweigung halten wir uns rechts. Unser Weg geht in einem Bergwanderweg über und bringt uns in einer weiten Links-Rechts-Kehre hinauf zur unbewirtschafteten Mesneralm. An dieser vorbei und etwas oberhalb dann durch jungen Wald und Almgelände weiter. Am flachen Mesner-Boden wendet sich der Weg nach Westen. Bald erreichen wir einen Sattel westlich der Aueralm. Von dort leitet uns ein Almfahrweg links haltend direkt zum Spitzsteinhaus.

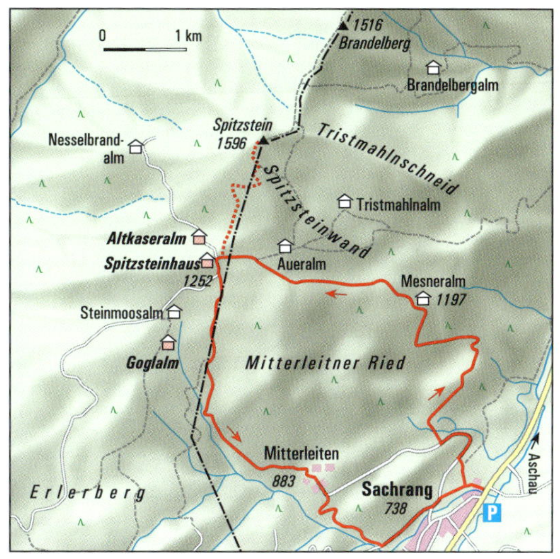

Rückkehr über Mitterleiten

Um wieder hinab nach Sachrang zu gelangen, lassen wir nach dem Abstieg vom Gipfel das Alpenvereinshaus rechts liegen, schlendern talwärts und biegen knapp unterhalb in den Weg ein, der nach links in die Almwiesen abzweigt. Zunächst weiter über Almwiesen, dann links ein Stück am Waldrand entlang und weiter hinab, bis wir die Ansiedlung Mitterleiten erreichen. Dort folgen wir etwa 100 m der Fahrstraße in Richtung Sachrang, biegen dann rechts ab und folgen dem Wanderweg, der uns durch Wiesen und Wald hinab nach Sachrang leitet. Auf der Kirchstraße halten wir uns links, durchwandern das hübsche Bauerndorf und sind auch schon bald zurück am Ausgangspunkt.

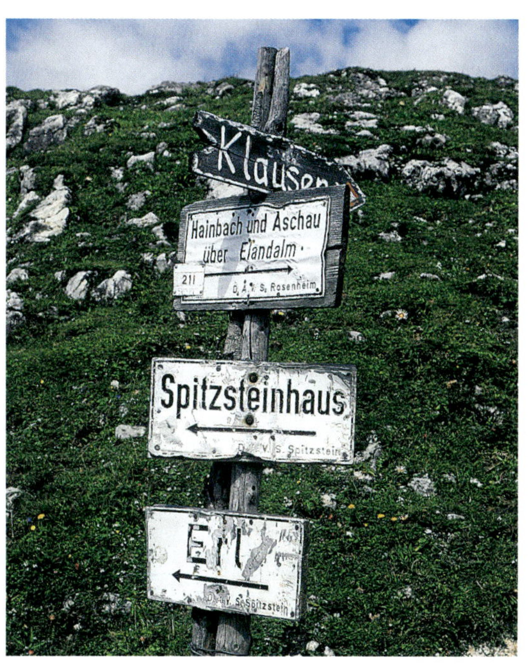

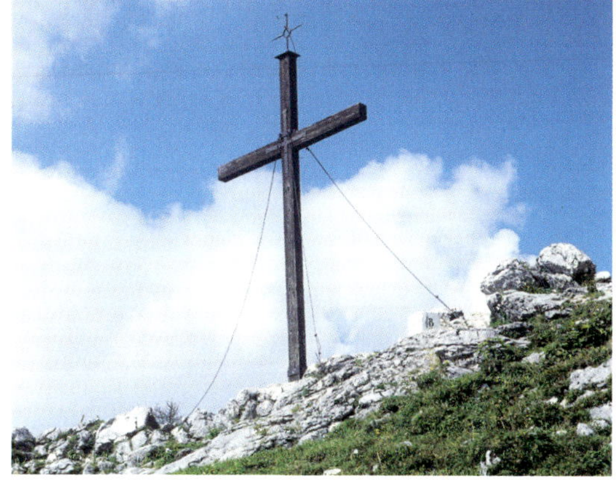

Am Gipfel des Spitzsteins (links). Für Orientierung ist gesorgt, die Wege sind gut ausgeschildert (unten).

Der Hüttengipfel

Spitzstein: 1596 m: Ein Gipfel, der seinem Namen alle Ehre macht, wenngleich nur dann, wenn man ihn von Norden oder Osten betrachtet. Vom Spitzsteinhaus entpuppt er sich als lange Schräge, die von jedem Bergwanderer bewältigt werden kann. Auf dem Gipfel treffen wir auf eine kleine Kapelle und ein Gipfelkreuz.

Von unserem Stützpunkt ist es nicht einmal eine Stunde Gehzeit hinauf zum Gipfel. Vom Alpenvereinshaus leitet ein gut ausgeschilderter Bergpfad zunächst über freie Berghänge, dann durch lichten Wald hinauf zum höchsten Punkt.

DER KÜCHENTIPP

Die Küche wird von tirolerischen Rezepten geprägt. Doch das Bier kommt aus Bayern. Neben den typischen Berg-Klassikern wie Speck- und Kasbrett'ln gibt es diverse Suppen, wobei die Speckknödelsuppe nicht fehlen darf. Die Schmankerlabteilung der Küche bietet so Deftiges wie Almochsengulasch mit Semmelknödel, Spinatknödel mit geriebenem Käse und brauner Butter oder Krustenschweinsbraten an. Und nicht zu vergessen: Carmens Kaiserschmarrn.

UND SONST NOCH ...

Falls unsere Füße nach der Wanderung etwas Erfrischung brauchen: In Aschau gibt es die Kneippanlage Moorbad (gleich neben dem Moor-Freischwimmbad). Das Besondere ist: Moorwasser und Bergwasser können parallel benutzt werden. Außerdem gibt es ein Wasserrad mit Armtauchbecken und Ruhebänke.

HÖCHSTE PUNKTE

Spitzsteinhaus, 1352 m; Spitzstein, 1596 m.

ANFAHRT

Mit PKW: Auf der Salzburger Autobahn (A 8) bis zur Ausfahrt Frasdorf, dann über Aschau und Hohenaschau nach Sachrang; Wanderparkplatz kurz vor dem Ort auf der linken Seite der St. 2093.

Mit Bahn & Bus: Mit der Bahn bis Prien, dort umsteigen in den Bus nach Sachrang.

AUSGANGSPUNKT

Wanderparkplatz am Ortseingang von Sachrang (738 m), gebührenpflichtig.

GEHZEITEN

Hüttenweg: Von Sachrang über die Mesneralm zum Spitzsteinhaus 2¼ Std., Abstieg über Mitterleiten 1¾ Std. Gesamtgehzeit: 4 Std.

Gipfelweg: Vom Spitzsteinhaus zum höchsten Punkt ¾ Std., Abstieg ½ Std. Gesamtgehzeit: 1¼ Std.

ANFORDERUNG

Hüttenweg: Zu Beginn Sträßchen, dann Bergwanderwege, zuletzt Almfahrweg.

Gipfelweg: Bergwanderweg und Bergsteig, etwas steinig, an einigen Stellen Trittsicherheit von Vorteil.

EINKEHR & ÜBERNACHTUNG

Spitzsteinhaus, 1252 m, Alpenvereinshütte der Kat. III, nahezu ganzjährig bewirtschaftet, von Anfang Dezember bis Weihnachten geschlossen, kein Ruhetag, 53 Schlafplätze in Zimmer- und Matratzenlagern; Tel. 0043/5373/83 30. Hotel zur Post und Sachranger Hof in Sachrang.

KARTE

Topographische Karte 1 : 50 000, Blatt „Chiemsee – Chiemgauer Alpen" (LDBV).

TOURIST-INFO

Tourist-Info Sachrang, Dorfstraße 20, 83229 Sachrang, Tel. 08057/90 97 37, www.aschau.de

15 HOCHRIESHAUS

Die Gipfelhütte auf dem Panoramaberg

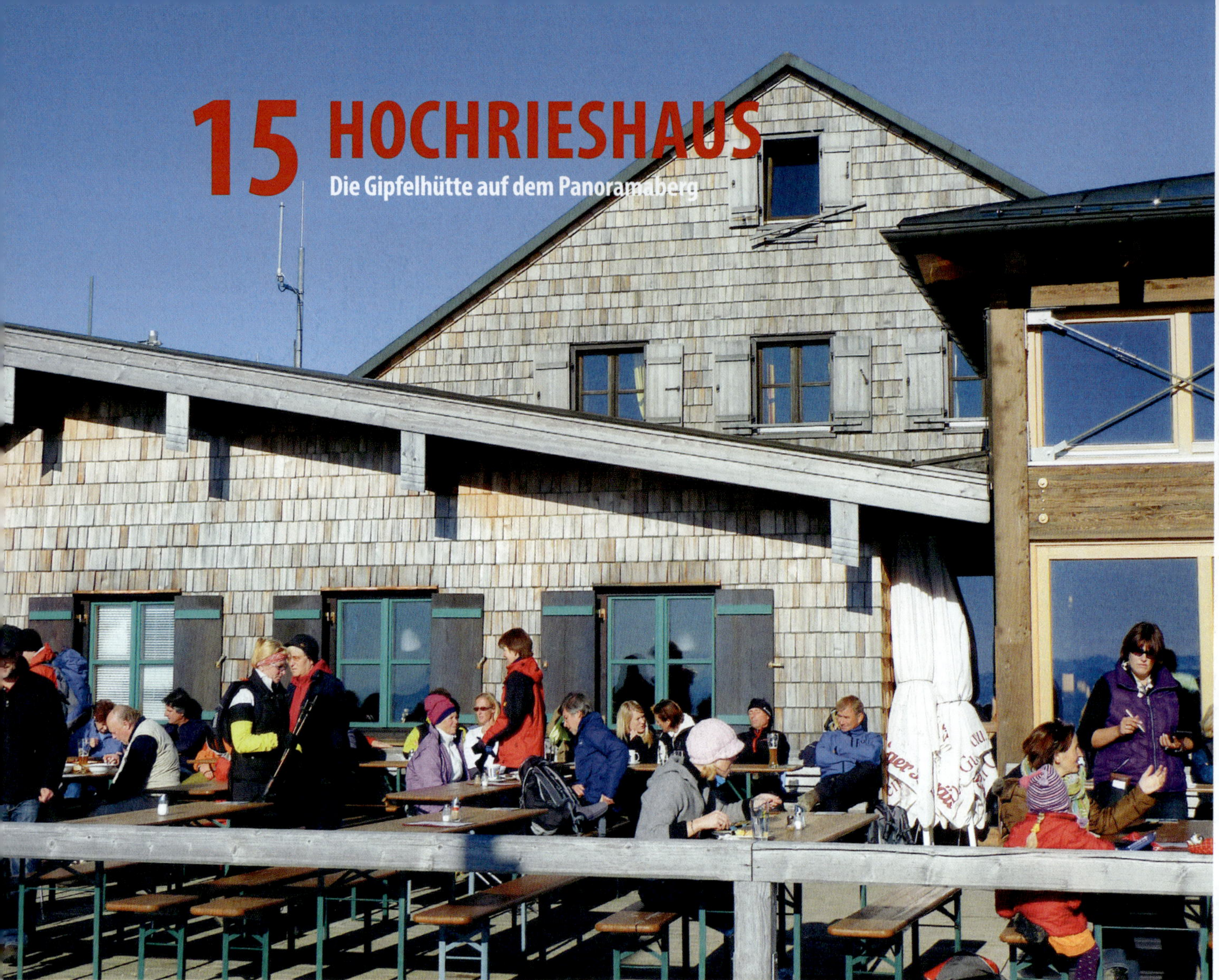

Das Hochrieshaus ist ein richtiges Gipfelhaus. Da bis knapp unterhalb die Bergbahn heraufführt (im Winter allerdings nicht im Betrieb), braucht das Alpenvereinshaus über mangelnden Besuch nicht zu klagen.

DER FAMILIENTIPP

Auf dem Hochriesgipfel gibt es nicht nur das Panorama zu bewundern. Hier oben starten auch die Drachenflieger und die Gleitschirmpiloten. Die Startversuche, das überraschende Gelingen des Abflugs, das Schweben der Piloten über dem Abgrund – da gibt's schon ein Prickeln, dem sich gerade Kinder und Jugendliche nicht entziehen können.

Wer unvergleichliche Abend- und Morgenstimmungen erleben will, sollte sich den Hochries als Ziel nehmen. Direkt auf dem Gipfel liegt das gleichnamige Unterkunftshaus des Deutschen Alpenvereins. Das jetzige Haus wurde im Jahre 1959 errichtet, der Vorgängerbau stammte jedoch bereits aus dem Jahr 1913 und war nicht mehr zeitgemäß. Trotz des Baus der Hochriesbahn Anfang der 70er-Jahre, konnte sich das Hochrieshaus auch als Übernachtungshütte behaupten, ja heute ist sie sogar ganzjährig bewirtschaftet. Die Aussicht von der Terrasse ist so großartig wie die Gaststuben gemütlich, wenn draußen einmal ein raueres Lüfterl weht …
Auf den Tisch kommen Bioprodukte und Erzeugnisse der lokalen Bergbauern. Wer die Hochrieshütte einmal kennengelernt hat, wird nicht zum letzten Mal dort oben Zuflucht gesucht haben. Wegen der tollen Lage, der schönen Aussicht – und auch wegen der guten Küche.

Der Hüttenweg von Grainbach

Wir nehmen nicht die Hochriesbahn, sondern wandern von ihrer Talstation auf gesperrtem Fahrweg zur Mittelstation. Von dort geht es auf einer Almstraße bis zu deren Ende. Hier liegt die Moseralm. Und hier beginnt der schmalere Wanderweg: erst geradeaus, dann in einem Rechtsbogen geht es hinauf zur Wimmeralm.
Dann, nach vielen Serpentinen und nach der nächsten Alm, der Seitenalm, erreichen wir den Hochries-Westgrat. Mit genussvollen Ausblicken geht es jetzt auf dem Höhenzug dahin und hinauf zur Hütte, die direkt am Gipfel steht.

Der Abstieg von der Hochries

Vom Gipfelhaus folgen wir dem gut ausgeschilderten Wanderweg (z. B. E 4) auf dem teilweise bewaldeten Kamm hinab in Richtung Riesenhütte. Bei der folgenden Wegverzweigung in einem kleinen

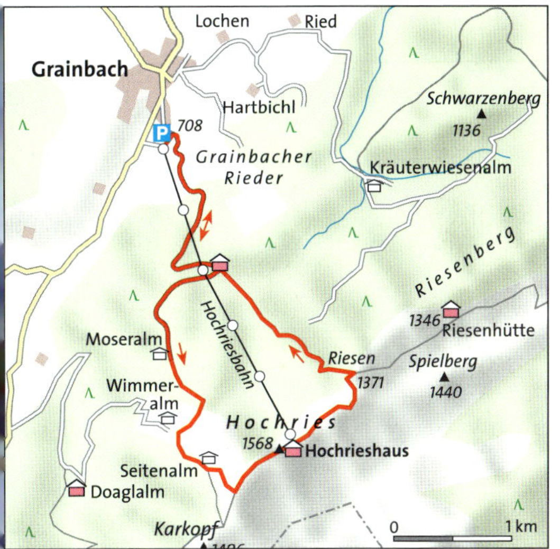

Sattel halten wir uns links und wandern steil hinab, bis wir auf einen Wirtschaftsweg treffen. Diesem folgen wir weiter talwärts hinunter bis zur Mittelstation der Hochriesbahn. Nun bequem mit der Bergbahn oder ganz gemächlich auf dem Anstiegsweg zurück zum Ausgangspunkt.

Der Hüttengipfel

Hochries, 1568 m: Das Unterkunftshaus liegt direkt auf dem Gipfel. Der höchste zu erreichende Punkt dürfte demnach der Schlafplatz in der Hütte sein ...

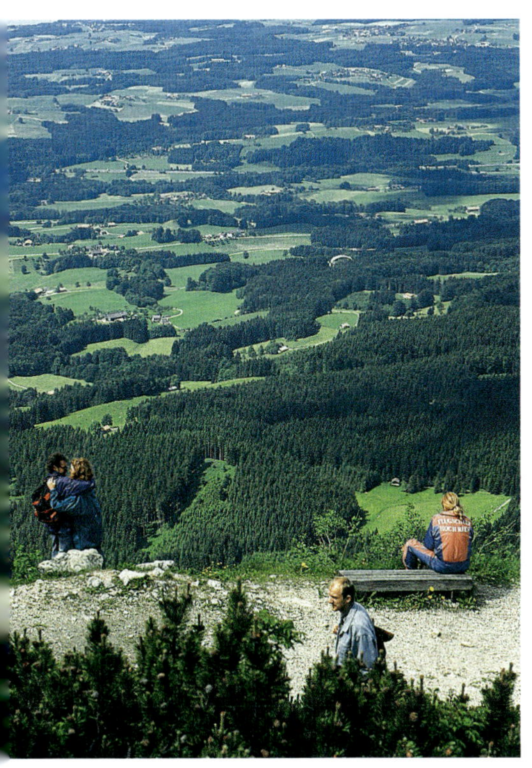

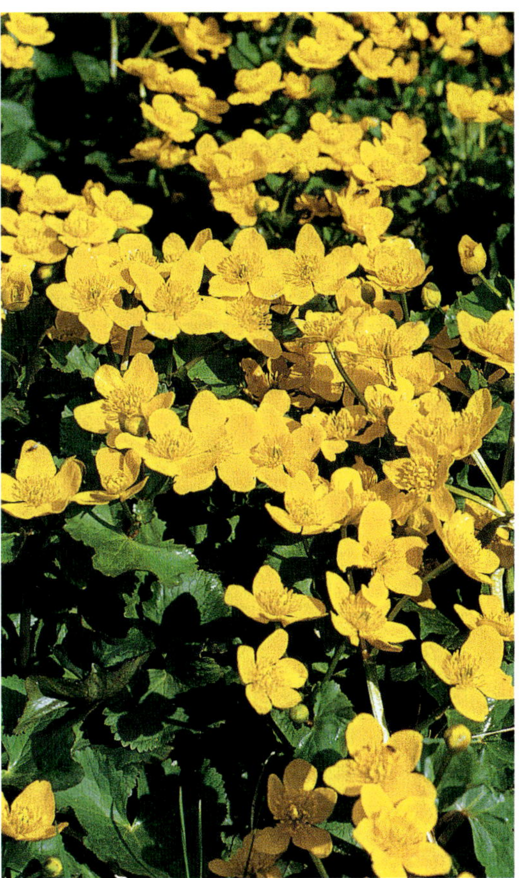

Der Berghahnenfuß ist ein häufig anzutreffender Wegbegleiter in den Nördlichen Kalkalpen (links). Tiefblick von der Hochries auf Samerberg (unten).

DER KÜCHENTIPP

Neben den Hüttenklassikern wie Kaspressknödelsuppe, Kässpatzen und Nudelgerichten gibt es auch eine tagesaktuelle Karte (z. B. mit Gemüsegulasch). Die Küche schließt um 19 Uhr (sonntags um 18 Uhr). Zum Frühstück wird ein Büffet angeboten.

UND SONST NOCH ...

Da wir uns möglicherweise den An- oder den Abstieg durch die Hochriesbahn erleichtern lassen, haben wir nach dieser Tour noch Zeit für ein erfrischendes Bad. Die nutzen wir für einen Abstecher zum Tinninger See mit Steg und Kiosk; der kleine Badesee liegt an der Straße zwischen der Autobahnabfahrt Achenmühle und Riedering.

HÖCHSTER PUNKT

Hochries, 1568 m.

ANFAHRT

Mit PKW: Auf der Salzburger Autobahn (A 8) bis zur Ausfahrt Achenmühle, dann über Samerberg und Grainbach zur Talstation der Hochriesbahn.
Mit Bahn & Bus: Auf der Linie München – Salzburg/Kufstein bis nach Rosenheim, von dort fährt an Wochenenden ein Wanderbus nach Grainbach.

AUSGANGSPUNKT

Wanderparkplatz an der Hochriesbahn (720 m).

GEHZEITEN

Hüttenweg: Von der Talstation der Hochriesbahn 2½ Std, Abstieg 2 Std., Gesamtgehzeit: 4½ Std.

ANFORDERUNG

Im unteren Teil Wirtschaftswege, dann leichte Bergwanderwege, an keiner Stelle ausgesetzt. Trittsicherheit jedoch von Vorteil.

EINKEHR & ÜBERNACHTUNG

Hochrieshaus, 1569 m, Alpenvereinshütte der Kat. II, 37 Betten und Lager, ganzjährig bewirtschaftet; Tel. 08032/82 10.
Zur Kräuterhexe, 915 m, privat, ganzjährig bewirtschaftet, Dienstag Ruhetag, im Winter auch am Freitag. An der Mittelstation der Hochriesbahn.

KARTE

Topographische Karte 1 : 50 000, Blatt „Chiemsee – Chiemgauer Alpen" (LDBV).

TOURIST-INFO

Tourist-Information Samerberg, Dorfplatz 3, 83122 Samerberg, Tel. 08032/98 94 18, www.samerberg.de

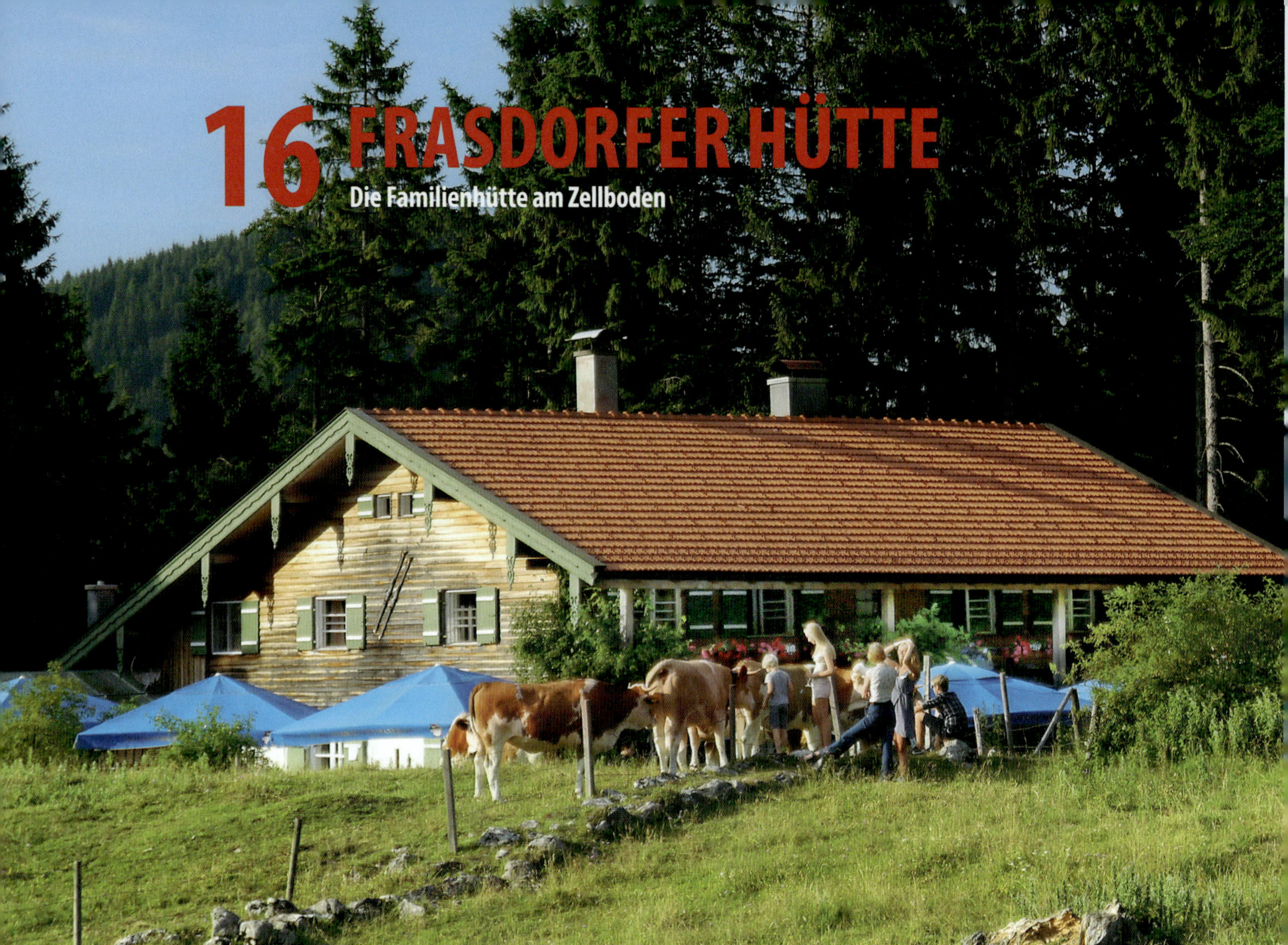

16 FRASDORFER HÜTTE

Die Familienhütte am Zellboden

Die Frasdorfer Hütte ist eine richtige Familienhütte, denn sie ist auf einer Almwiese gelegen und bietet ein großes, ungefährliches Spielgelände.

Die Frasdorfer Hütte ist eine privat geführte Einkehrstation und Übernachtungshütte oberhalb von Frasdorf bzw. Aschau, die sich 2022 neu erfinden will. Der zukünftige Name wird „Stubn" sein. Keine typische Hüttenbewirtschaftung mehr, sondern Kulinarik auf der Alm. Aufgrund des kurzen Aufstiegswegs wird sie besonders gerne von Familien mit Kindern angesteuert. Rund um die Hütte gibt es zahlreiche ungefährliche Spielmöglichkeiten. Im Sommer weidet hier oben auf den Almwiesen das Jungvieh, das uns in der Nacht mit seinem Geklingel sanft in den Schlaf wiegt …

Aufgrund der Schließung der Riesenhütte für einige Jahre, ist sie auch ein idealer Stützpunkt für Weitwanderer – der E 4 als auch der „Maximiliansweg" führen hier vorbei. Die kleinen, doch aussichtsreichen Hüttengipfel sind in relativ kurzer Zeit zu erreichen. Doch auch Mountainbiker schätzen diese Hütte und lassen es sich auf der Sonnenterrasse gut gehen. Falls es einmal kühler sein sollte ist das kein Problem, denn drinnen gibt es eine gemütliche Stube.

DER FAMILIENTIPP

Die Hütte liegt in einem weiten Almgelände. Im Sommer weidet dort Vieh. Es gibt einen eigenen Spielplatz und ein weitläufiges, ungefährliches Spielgelände. Mit etwas Glück bekommt man auch ein paar Murmeltiere zu Gesicht.

Der Hüttenweg von Frasdorf aus

Vom Holzlagerplatz an der Lederstube führt ein etwas monotoner Wirtschaftsweg (im Winter Rodelmöglichkeit) durch Wald über den Zellboden hinauf zur Frasdorfer Hütte.

Weiterweg zur Riesenalm

An der Frasdorfer Hütte geht es seitlich vorbei, nach 150 m haben wir links die Möglichkeit, den Fahrweg abzukürzen. Bald geht es jedoch auf Forststraße bergwärts wieder durch Wald. Dort, wo diese eine scharfe Rechtskurve macht, gehen wir geradeaus weiter. Ein paar Mal kürzen wir die Serpentinen der Fahrstraße ab und erreichen dann bald den Almboden der Riesenalm, auf dem sich die (zur Zeit geschlossene) Riesenhütte befindet.

Die Rückkehr über das Laubensteingatterl

Von der Alpenvereinshütte wandern wir zunächst über die Almwiesen in Richtung Hochries, bis an deren Ende links ein Pfad nach links abzweigt. Diesem folgen wir hinab in ein kleines Hochtal,

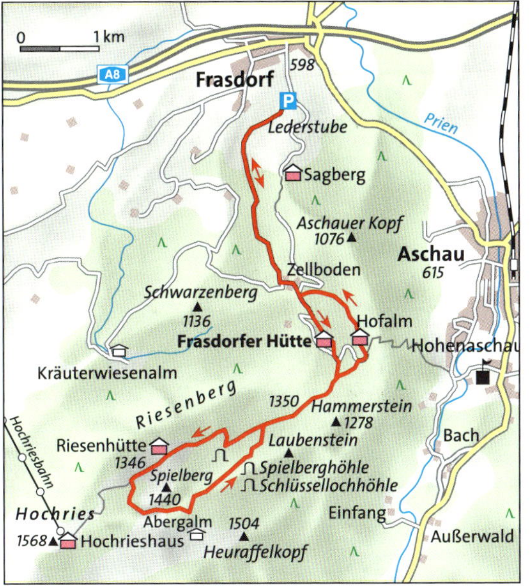

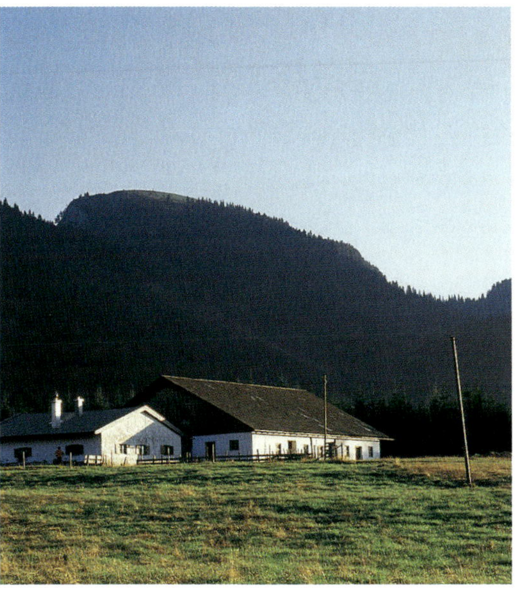

Bei der Hofalm machen wir auf unserem Abstiegsweg Station (links). Entlang des Weges bieten sich einige Optionen (unten).

wo wir auf einen Wirtschaftsweg treffen. Diesem folgen wir nach links und wandern – vorbei an einigen versteckten Höhlen (siehe Tipp) – über das Laubensteingatterl zurück zum Hüttenweg, der von der Hofalm zur Riesenhütte führt. Auf diesem kehren wir talwärts zu unserem Ausgangspunkt zurück, wobei wir dieses Mal einen Schlenker zur Hofalm machen können, um vor den letzten Abstiegsmetern noch mal an anderer Stelle einkehren zu können.

Die Hüttengipfel

Riesenberg, 1444 m: Der bewaldete, lang gezogene Bergrücken, der von der Hochries zum Zellboden reicht, kann von der Frasdorfer über die Riesenhütte auf breitem Wanderweg und dann auf leichten Pfadspuren in einer guten Stunde bestiegen werden. Herrlicher Blick auf das Alpenvorland mit dem Chiemsee.

Laubenstein, 1350 m: Der Anstieg erfolgt noch vor dem Laubensteingatterl über die Laubensteinalmen, dort über den Hang und rechts haltend zum höchsten Punkt, den ein Gipfelkreuz schmückt.

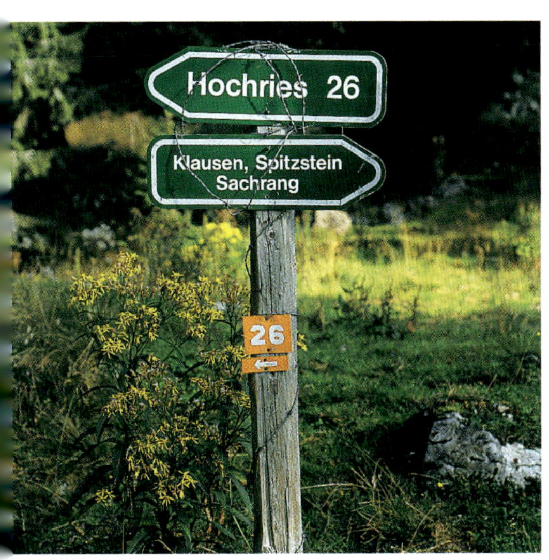

DER KÜCHENTIPP

Nach Wiedereröffnung dürfen wir auf die neue Speisekarte gespannt sein.

UND SONST NOCH ...

Entlang unseres Wanderweges ins Laubensteingebiet gibt es einige begehbare Höhlen, so die Spielberg- und die Schlüssellochhöhle. Diese sind jedoch nur mit Führung und Ausrüstung empfehlenswert.

HÖCHSTE PUNKTE

Frasdorfer Hütte, 950 m; Riesenberg, 1444 m.

ANFAHRT

Mit PKW: Auf der Salzburger Autobahn (A 8) bis zur Ausfahrt Frasdorf, dann von der Ortsmitte in Richtung Sagberg, bei der Wegverzweigung rechts zum ausgeschilderten Wanderparkplatz Lederstube (gebührenpflichtig).
Mit Bahn & Bus: Mit der Bahn über Prien nach Aschau, von dort mit RVO-Bus nach Frasdorf.

AUSGANGSPUNKT

Wanderparkplatz Lederstube (600 m).

GEHZEITEN

Der Hüttenweg von Frasdorf (bzw. Parkplatz Lederstube): 1 Std., Weiterweg zur Riesenhütte 1½ Std., Rückweg über das Laubensteingatterl 2 Std. Gesamtgehzeit: 4½–5 Std. Gipfelabstecher: jeweils eine halbe Stunde.

ANFORDERUNG

Von Frasdorf bis zur Frasdorfer Hütte (und weiter zur Riesenhütte) überwiegend Wirtschaftsweg (auch mit Sportkinderwagen machbar), für den Abstieg leichte Wanderwege bzw. Wirtschaftsweg. – Die beiden Hüttengipfel sind leicht zu bewältigen. Am Gipfel selbst jedoch Vorsicht!

EINKEHR & ÜBERNACHTUNG

Frasdorfer Hütte, 950 m, privat, nahezu ganzjährig bewirtschaftet, Montag und Dienstag Ruhetag (beachten Sie aber unbedingt die Anschläge am Parkplatz Lederstube), 8 Betten und 53 Lager; Tel. 08052/51 40.
Hofalm, 970 m, privat, im Sommer bewirtschaftet.
Riesenhütte, 1345 m, Alpenvereinshütte der Kat. I, 12 Betten, 30 Lager, normalerweise ganzjährig bewirtschaftet (zur Zeit – 2022 – jedoch wegen Generalsanierung geschlossen).

KARTE

Topographische Karte 1 : 50 000, Blatt „Chiemsee – Chiemgauer Alpen" (LDBV).

TOURIST-INFO

Tourist-Information, Hauptstraße 32, 83112 Frasdorf, Tel. 08052/17 96 25, www.frasdorf.de

17 PRIENER HÜTTE

Der Wandertreff für alle vier Jahreszeiten

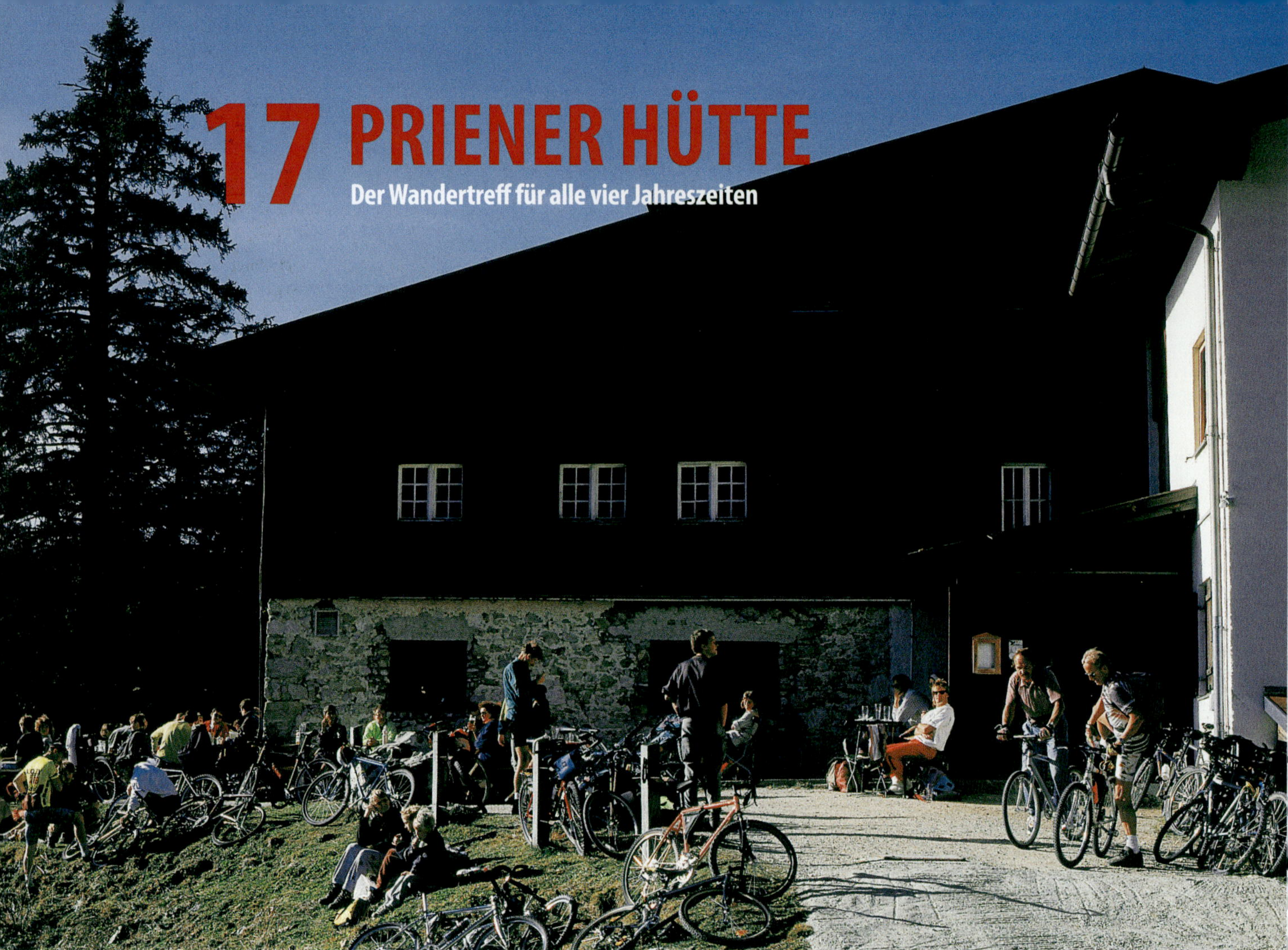

Nicht nur die Wanderer zieht es auf die Priener Hütte, auch die Mountainbiker haben dort oben ihr Revier, denn von Sachrang wie von Walchsee führt ein Wirtschaftsweg bis zur Hütte.

DER FAMILIENTIPP

Die Bergwelt rund um die Hütte ist auch für kleinere Kinder ungefährlich, es gibt ein paar Kletterblöcke und einen kleinen See. Die Zimmer sind familiengerecht, es gibt Duschen und Spielecken. Wochentags Sondertarif für Kindergruppen. Hunde sind erlaubt (nach vorheriger Anmeldung).

Natürlich wirbt die Priener Hütte gerne damit, dass sie 365 Tage im Jahr geöffnet hat, aber ein paar Wochen Urlaub im Spätherbst und im Frühjahr sind für die Wirtsleute trotzdem drin. Dann müssen andere her, um den Betrieb aufrechtzuerhalten. Denn mit ihrer ganzjährigen Öffnungszeit steht diese Alpenvereinshütte im weiten Umkreis einzigartig da, und dieses Prädikat will man sich nicht leichtfertig nehmen lassen.

Der Hüttenbau war bereits 1924 begonnen worden, Richtfest war 1925. Doch die Zeiten waren hart und das Geld knapp. Erst im Jahr 1930 wurde das Gebäude als Selbstversorgerhütte eröffnet. Doch schon drei Jahre später einigte man sich auf eine Bewirtschaftung, was zusätzliche Umbauten erforderlich machte. Dann war erstmal Ruhe. In den 60er, 70er- und 90er-Jahren des letzten Jahrhunderts kamen dann jedoch weitere Umbauten hinzu. Seit ein paar Jahren ist die Hütte auch energietechnisch auf dem neuesten Stand, ein Blockheizkraftwerk, das mit Holz und Rapsöl betrieben wird, liefert Strom und Wärme. Auch wenn die Hütte heute von außen etwas kühl wirkt, drinnen macht der mit einem Kachelofen ausgestattete Gastraum dieses kleine Manko wieder mehr als wett.

Der Anstieg von Ettenhausen

Leider können wir es uns nicht mehr bequem machen, den die Geigelsteinbahn ist nicht mehr in Betrieb. Andererseits: Es ist doch schön, draußen in der Natur zu sein, zu wandern. Also gehen wir doch zu Fuß auf dem Fahrweg Nr. 208, der bei der Talstation beginnt und in zahlreichen Kehren zur Wuhrsteinalm führt. Von hier leitet uns ein guter Bergwanderweg durch Almwiesen hinauf zur Wirtsalm, wo sich der Weg verzweigt. Wir gehen rechts auf markiertem Bergpfad durch die Südostflanke des Geigelsteins, dann hinauf in den Sattel, der den Geigelstein vom Breitenstein trennt. Ein überraschender Tiefblick zeigt uns bereits das Ziel: die Priener Hütte, die scheinbar tief unterhalb liegt. Durch eine schmale Latschengasse wandern wir rechts hinauf zum Gipfel des Geigelsteins, den eine kleine Kapelle und ein Gipfelkreuz schmücken.

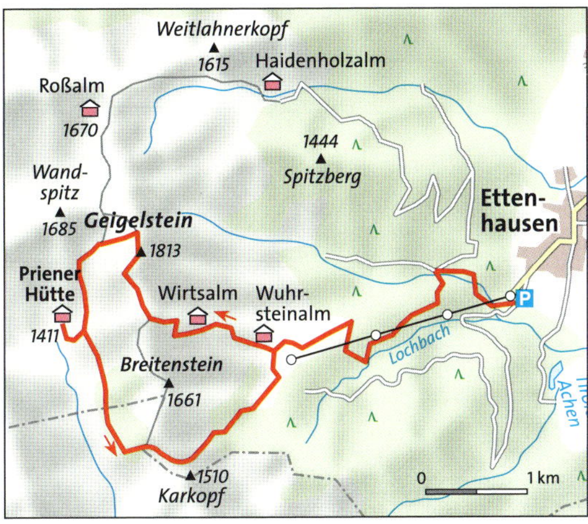

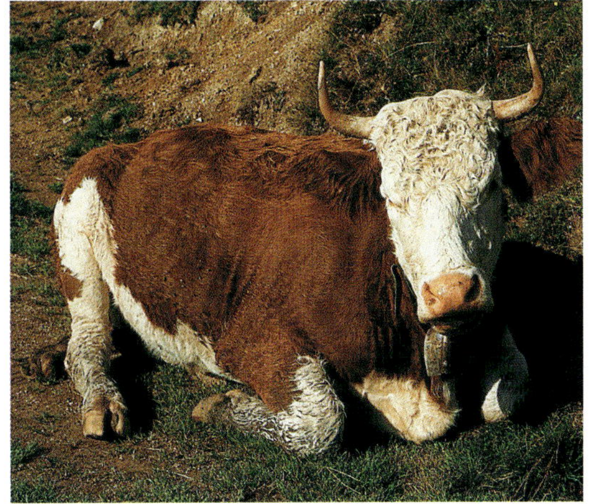

Die Priener Hütte liegt inmitten eines Weidegebiets (links). Der Geigelstein ist der Hüttenberg dieser beliebten Alpenvereinshütte (unten).

Jenseits auf steilem, aber gut zu begehendem Pfad durch Latschen hinab zum Sattel, dann in einem Linksbogen hinunter zur Priener Hütte.

Der Rückweg über die Karlalm

Von der Priener Hütte folgen wir ein kurzes Stück dem Wirtschaftsweg in Richtung Walchsee, bis links der markierte Breitenstein-Rundweg abzweigt. Der führt nach links in das Joch westlich des Gipfels, dann auf der anderen Seite hinab in das sogenannte Karl und weiter hinab zur Bergstation der Geigelsteinbahn. Und da sind wir wieder an unserem Anstiegsweg. Auf einem Wirtschaftsweg geht es gemütlich hinab zum Ausgangspunkt.

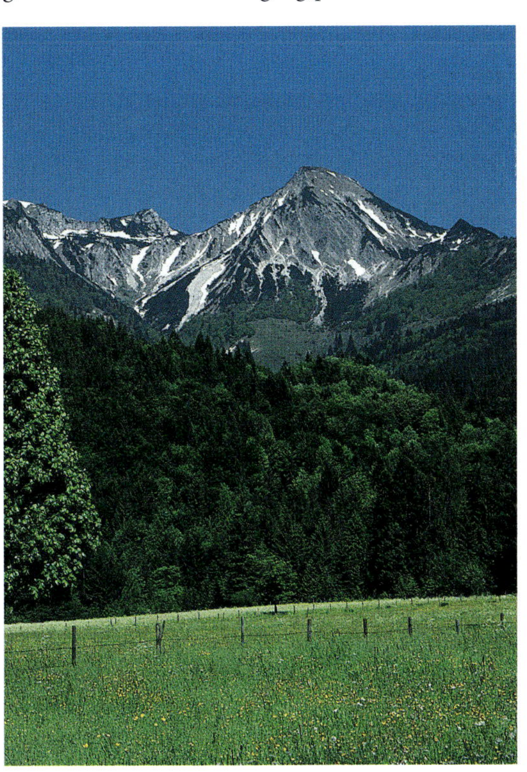

Der Hüttengipfel

Geigelstein, 1813 m: Er gilt als Bergblumenparadies, ist berühmt dafür im gesamten bayerischen Alpenraum. Ein unschwieriger Weg führt von der Priener Hütte zum Gipfel. Bei der hier vorgeschlagenen Tour liegt er jedoch idealerweise fast an der Route, sodass wir ihn auf unserem Hüttenzustieg gleich mit einem Schlenker mitnehmen. Gipfelweg: Anstieg von der Priener Hütte 1 Std.

DER KÜCHENTIPP

Die Priener Hütte ist dem Projekt „So schmecken die Berge" angeschlossen und verarbeitet in der Küche nur regional hergestellte Produkte von Bergbauern oder regionalen Metzgern. So können wir uns dort oben also von der Hüttenwirtin typische Schmankerl wie Tiroler Gröstl, Kaiserschmarrn oder gelegentlich auch einen Schweins- oder Wildbraten schmecken lassen. Zudem gibt es meistens das selbstgebackene Holzofenbrot.

UND SONST NOCH ...

Am Geigelstein haben wir mit etwas Glück die Möglichkeit, Murmeltiere zu beobachten.

HÖCHSTE PUNKTE

Priener Hütte, 1410 m; Geigelstein, 1813 m.

ANFAHRT

Mit PKW: Auf der A 8 bis Ausfahrt Bernau, dann über Marquartstein und Schleching nach Ettenhausen; Unser Wanderparkplatz (gebührenpflichtig) befindet sich am westlichen Ortsrand an der Talstation der Geigelsteinbahn bzw. entlang der Anfahrtsstraße.
Mit Bahn & Bus: Mit der Bahn bis Bernau oder Übersee, dann weiter mit dem RVO-Bus über Schleching nach Ettenhausen.

AUSGANGSPUNKT

Wanderparkplatz in Ettenhausen (570 m).

GEHZEITEN

Von Ettenhausen zur Wuhrsteinalm 1½ Std., Weiterweg zum Geigelsteingipfel 2 Std., Abstieg zur Priener Hütte ¾ Std., Umrundung des Breitensteins und Abstieg nach Ettenhausen 2½ Std. Gesamtgehzeit: 6¾ Std.

ANFORDERUNG

Der Anstieg von Ettenhausen auf Wirtschaftsweg und über leichte Bergwanderwege.

EINKEHR & ÜBERNACHTUNG

Priener Hütte, 1410 m, Alpenvereinshütte der Kat. I, ganzjährig bewirtschaftet, im Spätherbst und im frühen Frühjahr jeweils einige Wochen geschlossen, 43 Zimmerlager, 54 Matratzenlager; Tel. 08057/428.
Wuhrsteinalm, 1160 m, privates Berggasthaus, bewirtschaftet von Mai bis Oktober und von Weihnachten bis Ostern von Mittwoch bis Sonntag für Tagesgäste, Übernachtung nur bei kompletter Buchung möglich. Tel. 08649/98 63 84.

KARTE

Topographische Karte 1 : 50 000, Blatt „Chiemsee – Chiemgauer Alpen" (LDBV).

TOURIST-INFO

Touristik-Information, Schulstraße 4, 83259 Schleching, Tel. 08641/597 91 13, www.schleching.de

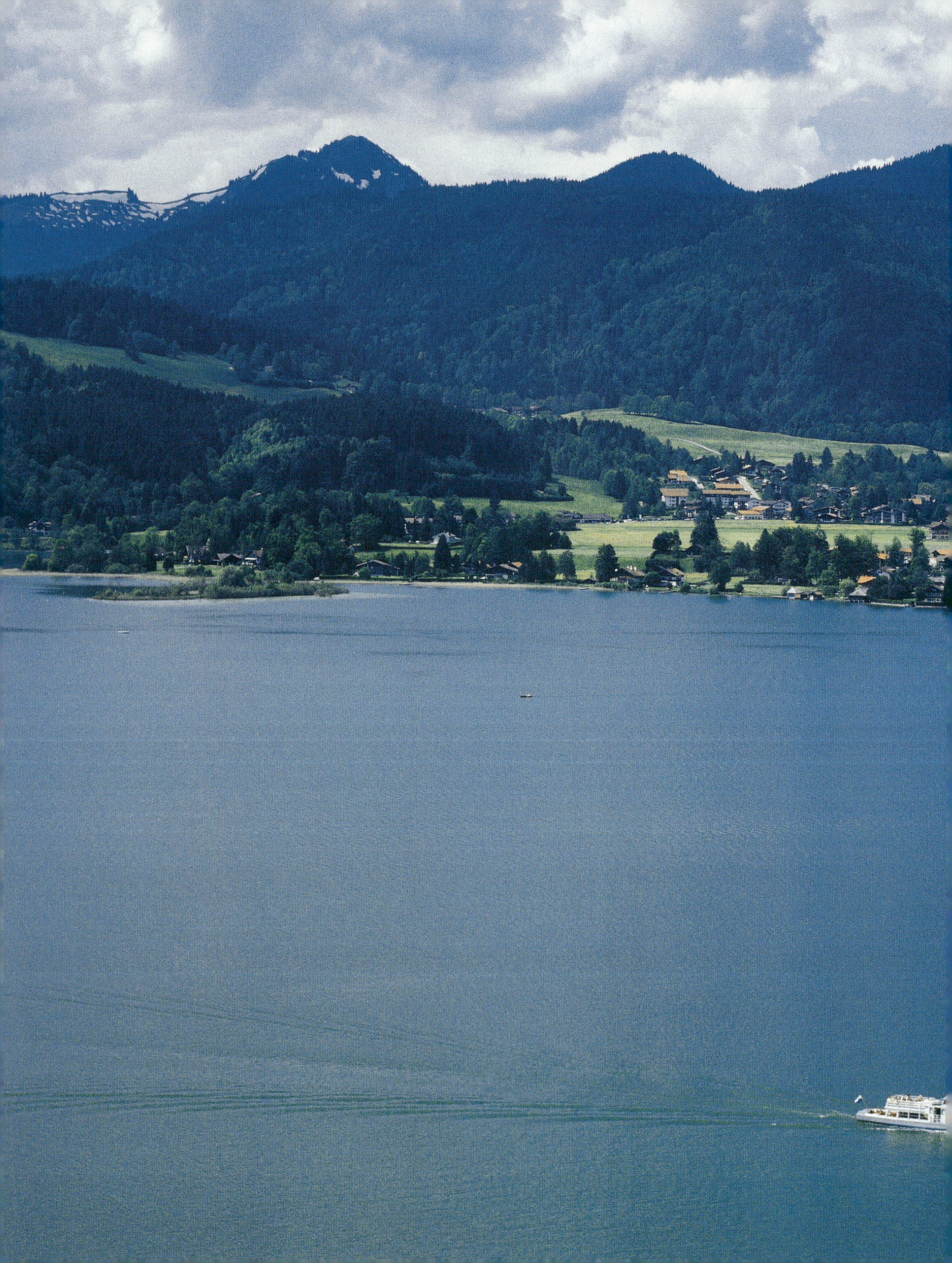

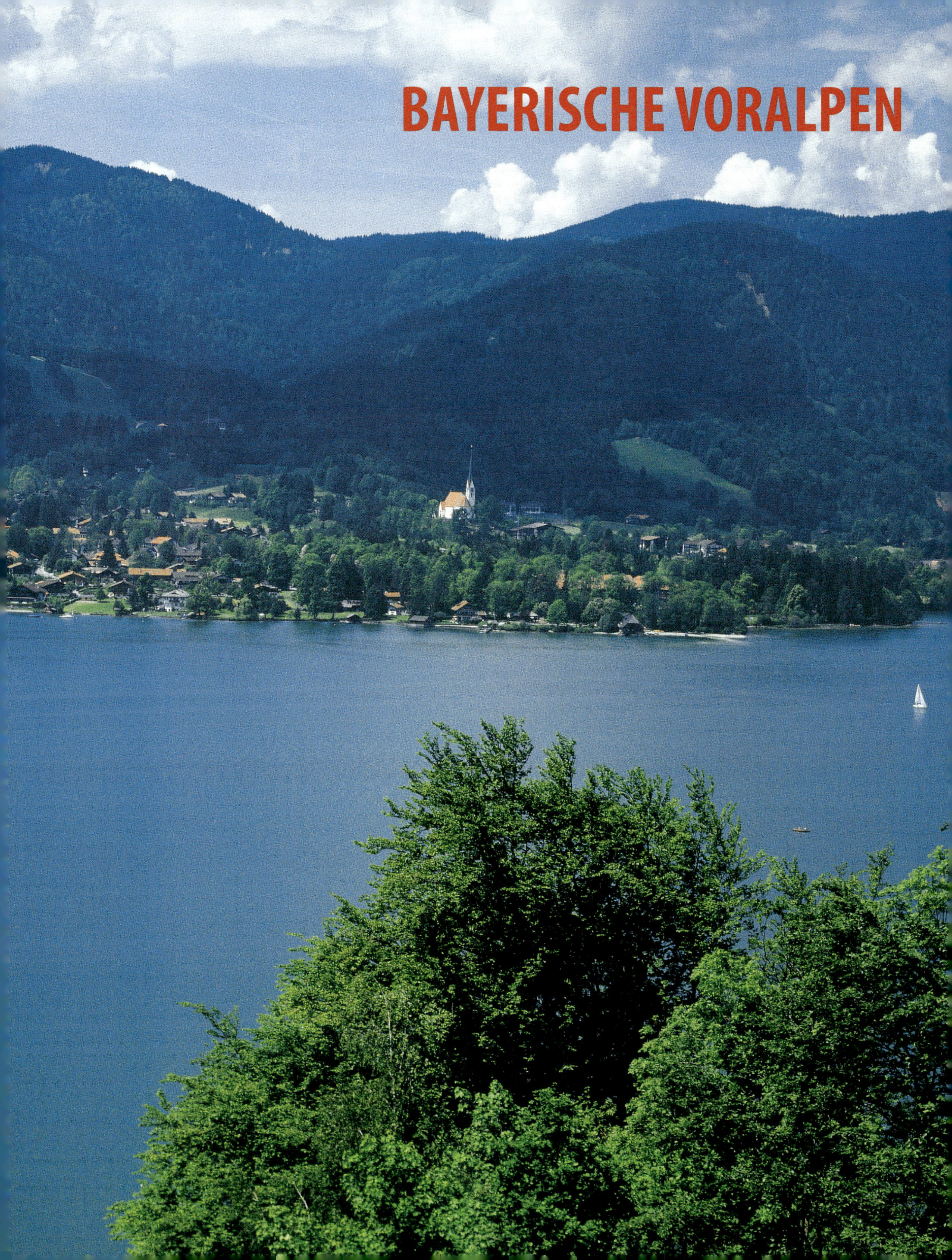

BAYERISCHE VORALPEN

18 BRÜNNSTEINHAUS

Ein Bergklassiker mit Kaiserblick

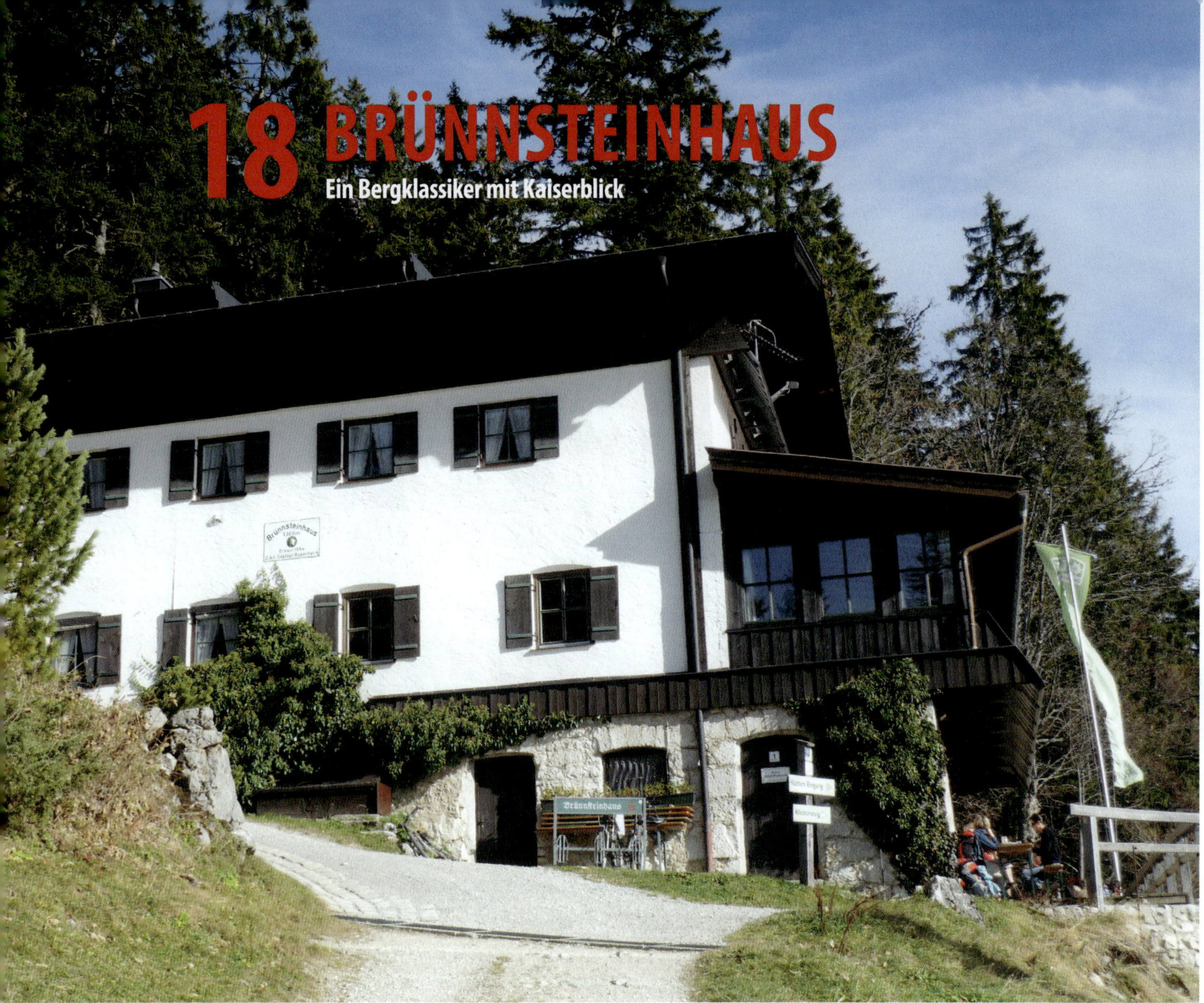

Das Brünnsteinhaus liegt tief versteckt in einem Waldstück am Fuße des gleichnamigen Gipfels. Von allen Seiten führen attraktive Wanderwege bis zum Haus.

Vorangehende Doppelseite: Blick über den Tegernsee auf Bad Wiessee; darüber erheben sich der Fockenstein und seine bewaldeten Vorgipfel.

DER FAMILIENTIPP

Auf den weiten Bergwiesen der Himmelmoosalm können auch kleine Kinder gut toben. Jungvieh sorgt für die nötige Unterhaltung. Bei der Hütte gibt es eine Schaukel für Kinder.

Das Brünnsteinhaus gehört zu den festen Größen im Mangfallgebirge. Es ist das einzige Unterkunftshaus für Wanderer und Bergsteiger im Geviert zwischen Inn, Wendelstein, Rotwand und der bayerischen Grenze. Zudem ist es – mit Ausnahme einiger Wochen – ganzjährig bewirtschaftet. Wanderer und Mountainbiker treffen sich dort oben im Sommer auf der vorgelagerten Terrasse, im Winter sind es die Rodler und Schneeschuhgeher, die zur Hütte pilgern. Das bereits im Jahre 1894 erbaute Haus liegt zwar etwas versteckt im Wald auf der Südseite des Brünnsteins, hat aber durch seine Lage den Vorteil, dass es rund um die Hütte im Frühjahr rasch ausapert. Mehrere leichte Wege führen sternförmig dorthin, der wohl schönste ist aber der Anstieg von der Rosengasse, denn er kommt nahezu ohne die Nutzung von Wirtschaftswegen aus.

Direkt über dem Brünnsteinhaus erhebt sich der Doppelgipfel des Brünnsteins. Der felsige Gipfelaufbau wurde bereits im Jahre 1898 durch eine Steiganlage, den „Dr.-Julius-Mayr-Weg", entschärft. Dieser so reizvolle wie stellenweise ausgesetzte Steig hat bis heute nichts von seiner Beliebtheit eingebüßt. Gerade für alpine Neulinge bietet sich dieser „Weg" als kleine alpine Mutprobe an. Wer nicht ganz schwindelfrei ist, ersteigt den Berg aber besser über seine Westseite – obwohl, ganz unproblematisch ist auch dieser Anstieg nicht. Aber es soll sogar Leute geben, die auf den Gipfelsturm gänzlich verzichten, und sich stattdessen im Brünnsteinhaus die Brotzeit schmecken lassen …

Der Anstieg von der Rosengasse

Das Brünnsteinhaus ist kein Märchenschloss; es ist ein wenig vom Wald, aber nicht von Rosen eingewachsen. Aber dennoch wird man das Gefühl nicht

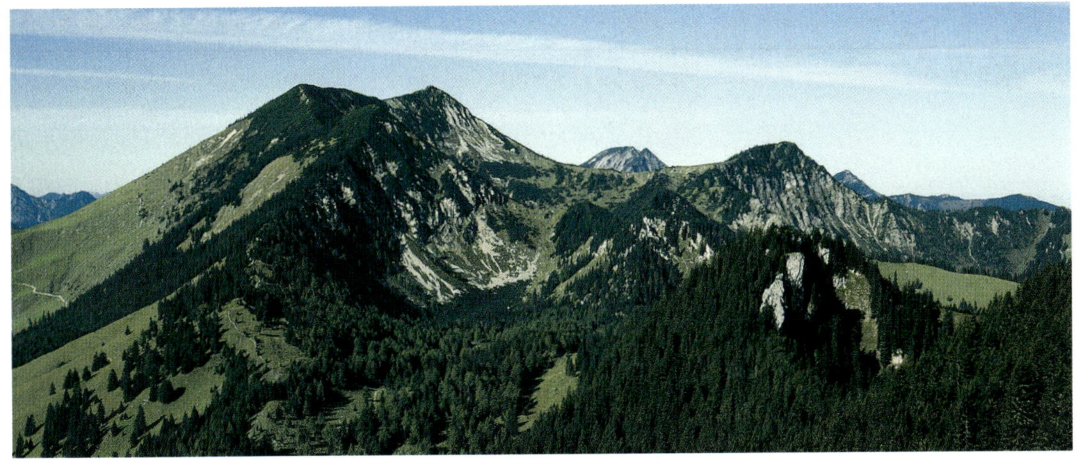

Blick vom Gipfel auf Steilner Grat und Großem Traithen (links).
Auf dem luftigen Klettersteig zum Brünnsteingipfel (unten).

los, in einem Rosengarten unterwegs zu sein: Beim Gasthof Rosengasse geht es los; wir wandern hinauf zur Rosengassenalm und unter dem Rotwandlspitz hindurch, um dann, vorbei an der Himmelmoosalm, nach zwei anregenden Stunden beim Brünnsteinhaus einzutreffen. Der Anstieg ist gut ausgeschildert, bis zur Hütte ist diese Wanderung gewiss kein Problem.

Die Rückkehr

Der Abstieg erfolgt auf dem Hinweg. Alle anderen Routen würden erhebliche Umwege erfordern, um zum Ausgangspunkt zurückkehren zu können.

Der Hüttengipfel

Brünnstein, 1634 m: Vom Brünnsteinhaus führt ein gesicherter Klettersteig, der Dr.-Julius-Mayr-Weg, über die Ostseite des Brünnsteins zum Gipfel. Zuerst geht es auf markiertem Weg durch Wald bis an den Gipfelfuß, dann in Serpentinen steil hinauf. Die schwierigen Stellen können wir mit Hilfe von Leitern und Seilsicherungen gut überwinden. Ein besonderes Highlight ist dabei ein schmaler Felsspalt. Auf der Westseite des Gipfels leitet uns dann ein leichterer Steig hinab in Richtung Himmelmoosalm und Brünnsteinhaus. Eine richtig schneidige Gipfeltour – mit grandiosem Kaiserblick!

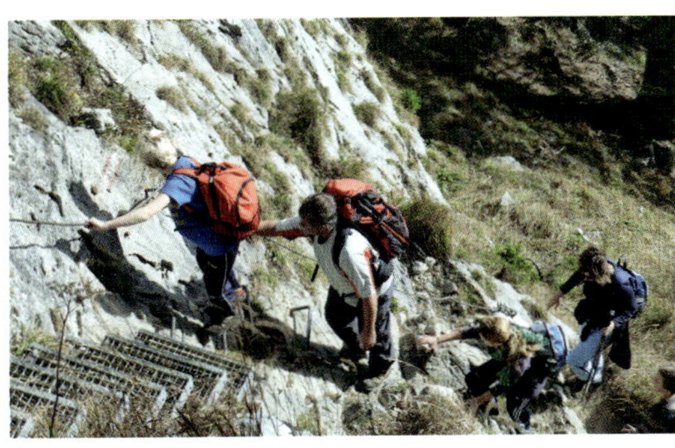

DER KÜCHENTIPP

Von 10–19.30 Uhr gibt es warme Küche, danach aber noch kalte Brotzeiten. Aufgetischt werden: Pfannkuchen-, und Nudelsuppe, Gulaschsuppe, Speckknödelsuppe, Erbsensuppe, Schweinsbraten, Rollbraten, Selchfleisch, Leberkäs mit Ei und Bratkartoffel, Debreziner, Kartoffel mit Quark und natürlich auch Wurstsalat und kleinere Brotzeiten. Größere Gerichte gibt es jedoch eher am Wochenende.

UND SONST NOCH ...

Im Winter führt eine beliebte, stellenweise aber steile und unübersichtliche (also aufpassen!!!) Rodelstrecke vom Brünnsteinhaus hinab in die Rechenau.

HÖCHSTE PUNKTE

Brünnsteinhaus, 1342 m; Brünnstein, 1619 m.

ANFAHRT

Mit PKW: Auf der Salzburger Autobahn (A 8) bis zur Ausfahrt Weyarn, dann über Miesbach, Schliersee und Bayrischzell auf die Sudelfeldstraße und über Grafenherberg (oder oberhalb vom Hotel Feuriger Tatzelwurm) zum Berggasthof Rosengasse; große Parkplätze etwas unterhalb (Parkplatzkasse).
Mit Bahn & Bus: Mit der Oberlandbahn (BOB) bis Bayrischzell bzw. mit der Deutschen Bahn nach Oberaudorf, dann mit Bus bis zum Hotel Feuriger Tatzelwurm. Dort beginnt ein markierter Wanderweg (Nr. 658).

GEHZEITEN

Hüttenweg: Anstieg von der Rosengasse 2 Std., Abstieg dorthin 1½ Std. Gesamtgehzeit: 3½ Std.
Gipfelweg: Vom Brünnsteinhaus ¾ Std., Abstieg ½ Std. insgesamt: 1¼ Std.

ANFORDERUNG

Hüttenweg: Bergwanderwege und Bergpfade.
Gipfelweg: Trittsicherheit und Schwindelfreiheit erforderlich (leichter Klettersteig mit einigen Sicherungen über die Ostseite). Eine leichtere Variante führt über die Westseite zum Gipfel.

EINKEHR & ÜBERNACHTUNG

Brünnsteinhaus, 1360 m, Alpenvereinshaus der Kat. I, vom 1. Mai bis 1. November und vom 26. Dezember bis Ende Februar durchgehend bewirtschaftet; von Mitte November bis Mitte Dezember nur am Wochenende, an Ostern nur an den Feiertagen, 20 Betten, 40 Lager; Tel. 08033/14 31.
Berggasthaus Rosengasse, 1200 m, privat, ganzjährig bewirtschaftet.

KARTE

Topographische Karte 1 : 50 000, Blatt „Mangfallgebirge" (LDBV).

TOURIST-INFO

Tourist-Info Bayrischzell, Kirchplatz 2, 83735 Bayrischzell, Tel. 08023/648, www.bayerischzell.de

19 ROTWANDHAUS

Vorreiter einer umweltfreundlichen Energieversorgung

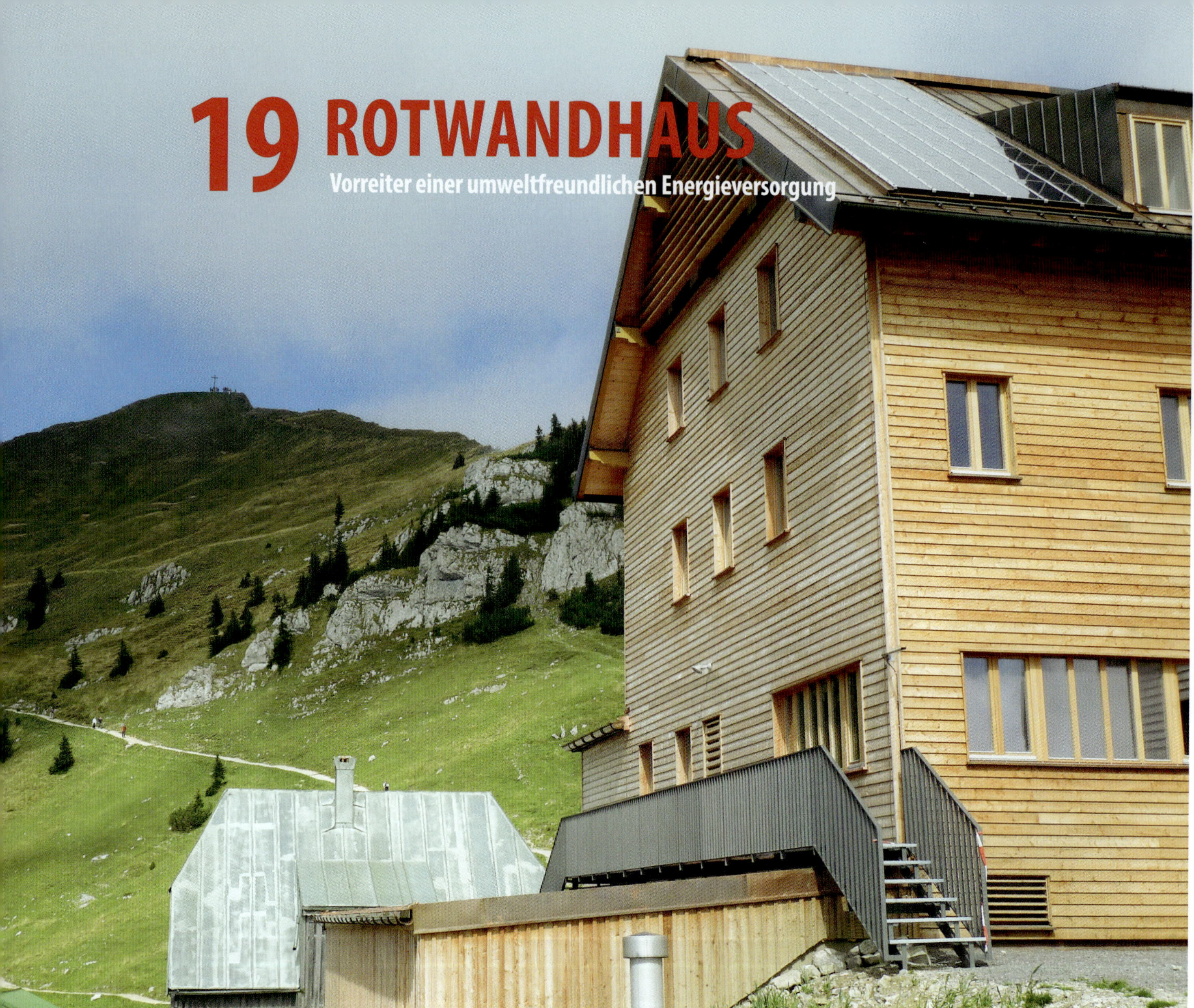

Das mächtig wirkende Rotwandhaus bietet nicht nur mehr als hundert Bergwanderern Platz, sie steht auch an einem exzellenten Aussichtspunkt.

DER FAMILIENTIPP

Das kinderfreundliche Haus verfügt über einen Spielplatz. Drinnen gibt es Spiel- und Lesematerial. Die Küche ist auch auf Kinderteller eingestellt. Rund um die Hütte gibt es im Sommer Weidevieh, mit etwas Glück können wir Murmeltiere oder Gämsen beobachten.

Hoch über dem Spitzingsee liegt eine Berghütte, die bei Freunden des Alpinsports Kultstatus genießt: das nahezu ganzjährig bewirtschaftete, 1907 erbaute Rotwandhaus jener Alpenvereinssektion, die den phantasievollen Namen „Turner-Alpenkränzchen" trägt. Das ganze Gebiet ist ein Dorado für Wanderer und Mountainbiker (im Sommer) sowie für Skitouren und Schneeschuhgeher im Winter. Und das Rotwandhaus ist ideal als Ziel und Stützpunkt.

Aber es lässt sich nicht nur gut einkehren hier. Schon die Aussicht ist den Aufstieg wert: Wenn das Wetter passt, reicht der Blick von Großglockner und Großvenediger über die Zillertaler Gletscherberge, den Wilden Kaiser und das Rofangebirge bis hin zur Zugspitze, dem höchsten Berg im deutschen Alpenteil. Der kürzeste und schnellste Zugang zum Rotwandhaus ist der genussvolle Höhenweg von der Bergstation der Taubensteinbahn. Für den Abstieg empfiehlt sich der Weg direkt hinab zum Spitzing-see – somit macht man die Runde komplett.

Der Höhenweg von der Taubensteinbahn

Nur ein paar Minuten südlich der Bergstation erwartet uns der Taubenstein als Zwischenziel – doch Achtung: Der Steig erfordert Trittsicherheit, und der Gipfel selbst ist exponiert! Aber man muss ja nicht hinaufsteigen. Man kann ganz einfach dem nur gemächlich ansteigenden Höhenweg folgen – unterm Lempersberg hindurch und hinüber zum Kirchsteinsattel. Dort tun sich ganz neue Ausblicke auf – auch auf die Brotzeit, die man sich schon bald auf dem nicht mehr fernen Rotwandhaus wird munden lassen.

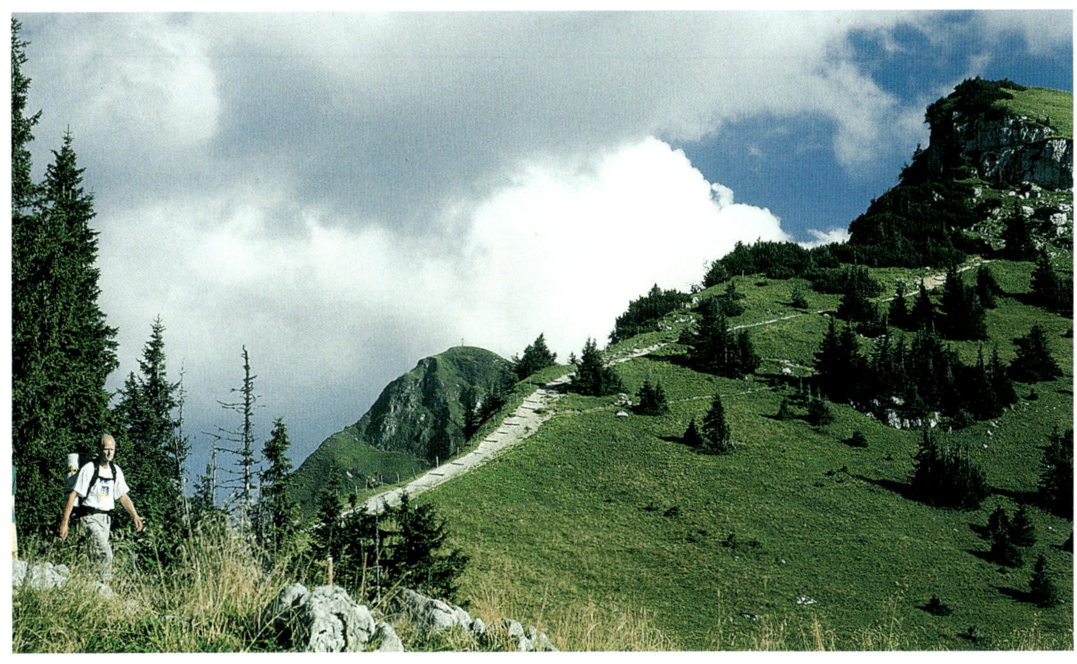

Auf dem aussichtsreichen Höhenweg, der vom Taubenstein durch die Westflanke des Lämpersbergs zum Rotwandhaus führt.

Der Abstieg zum Spitzingsee

Vom Rotwandhaus folgen wir unfehlbar dem Wegweiser (Mark.-Nr. 645) talwärts. Zu Beginn ist unser Weg noch sehr aussichtsreich, nach der Wildfeldalm aber tauchen wir in den Wald ein. Über den ebenfalls bewaldeten Gleiselstein wandern wir hinab zur Fahrstraße, die von Spitzingsee zum Schwarzenberg führt. Dieser folgen wir nun links hinab zum See. An der Seepromenade entlang, kehren wir zum Ausgangspunkt an der Talstation der Taubensteinbahn zurück.

Der Hüttengipfel

Rotwand, 1884 m: Der Anstieg vom Rotwandhaus erfolgt auf einem breiten, serpentinenreichen Wanderweg. Ans Gipfelkreuz gelehnt, genießen wir die phantastische Aussicht – auch zu den nahen Ruchenköpfen mit ihren jähen Felsmauern. Doch Achtung: Auch die Rotwand fällt nach Norden und Osten hin steil ab.

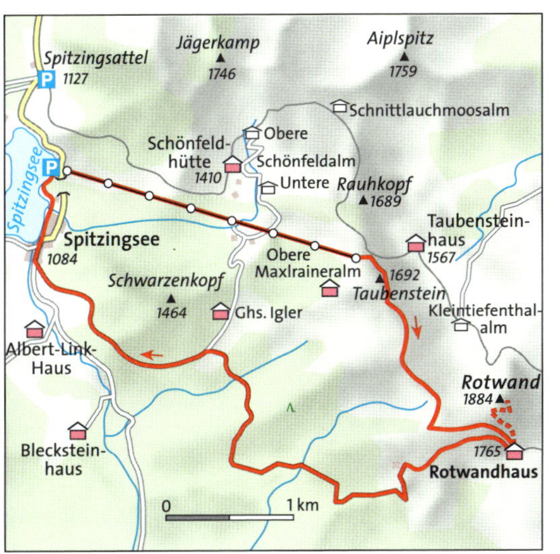

DER KÜCHENTIPP

Diverse Eintöpfe, Kässpatzen und Lamm- und Rindsgulasch aus Fleisch vom eigenen Hof. Selbstgebackenes Brot und Käsekuchen sowie zahlreiche saisonale Spezialitäten. Die Küche verzichtet vollständig auf Geschmacksverstärker.

UND SONST NOCH ...

Die Rotwandhütte war ein Vorreiter in Sachen Umweltschutz. Als eine der ersten Hütten im Alpenraum verfügte sie über eine Solaranlage und eine Windradanlage. Später kam noch eine biologische Kläranlage hinzu. So darf sich die Hütte auch mit dem Umweltgütesiegel der Alpenvereine schmücken.

HÖCHSTE PUNKTE

Rotwandhaus, 1765 m; Rotwand, 1884 m.

ANFAHRT

Mit PKW: Auf der Salzburger Autobahn (A 8) bis zur Ausfahrt Weyarn, dann über Miesbach und Schliersee weiter in Richtung Bayrischzell bis zur Abzweigung der Spitzingstraße; auf dieser rechts hinauf zum Spitzingsattel und weiter zur Talstation der Taubensteinbahn (Parkticket wird mit Bergbahnticket verrechnet).
Mit Bahn/Bus: Mit der Oberlandbahn (BOB) bis Fischhausen-Neuhaus, dann weiter mit RVO-Bus zum Spitzingsee.

AUSGANGSPUNKT

Bergstation der Taubensteinbahn (1613 m).

GEHZEITEN

Hüttenweg: Von der Taubensteinbahn-Bergstation 1½ Std., Abstieg zum Spitzingsee 2¼ Std.
Gesamtgehzeit: 3¾ Std. Gipfelweg: Vom Rotwandhaus zum Rotwandgipfel und zurück 40 Minuten.

ANFORDERUNG

Der schnellste und aussichtsreichste Zugang erfolgt von der Bergstation der Taubensteinbahn auf leicht begehbarem Höhenweg, Trittsicherheit erforderlich. Abstieg zum Spitzingsee auf Wirtschaftsweg.

EINKEHR & ÜBERNACHTUNG

Rotwandhaus, 1765 m, Alpenvereinshaus der Kat. I, 30 Betten, 38 Lager, ganzjährig bewirtschaftet, die Woche vor Weihnachten ist geschlossen; Tel. 08026/395 98 80. Reservierungen nur über das DAV-Programm.
Kiosk und Restaurant in der Bergstation der Taubensteinbahn. Gasthäuser am Spitzingsee.

KARTE

Topographische Karte 1 : 50 000, „Mangfallgebirge" (LDBV).

TOURIST-INFO

Gästeinformation Schliersee, Perfallstraße 4, 83727 Schliersee, Tel. 08026/606 50, www.schliersee.de

20 BODENSCHNEIDHAUS

Im Revier des Wildschütz Jennerwein

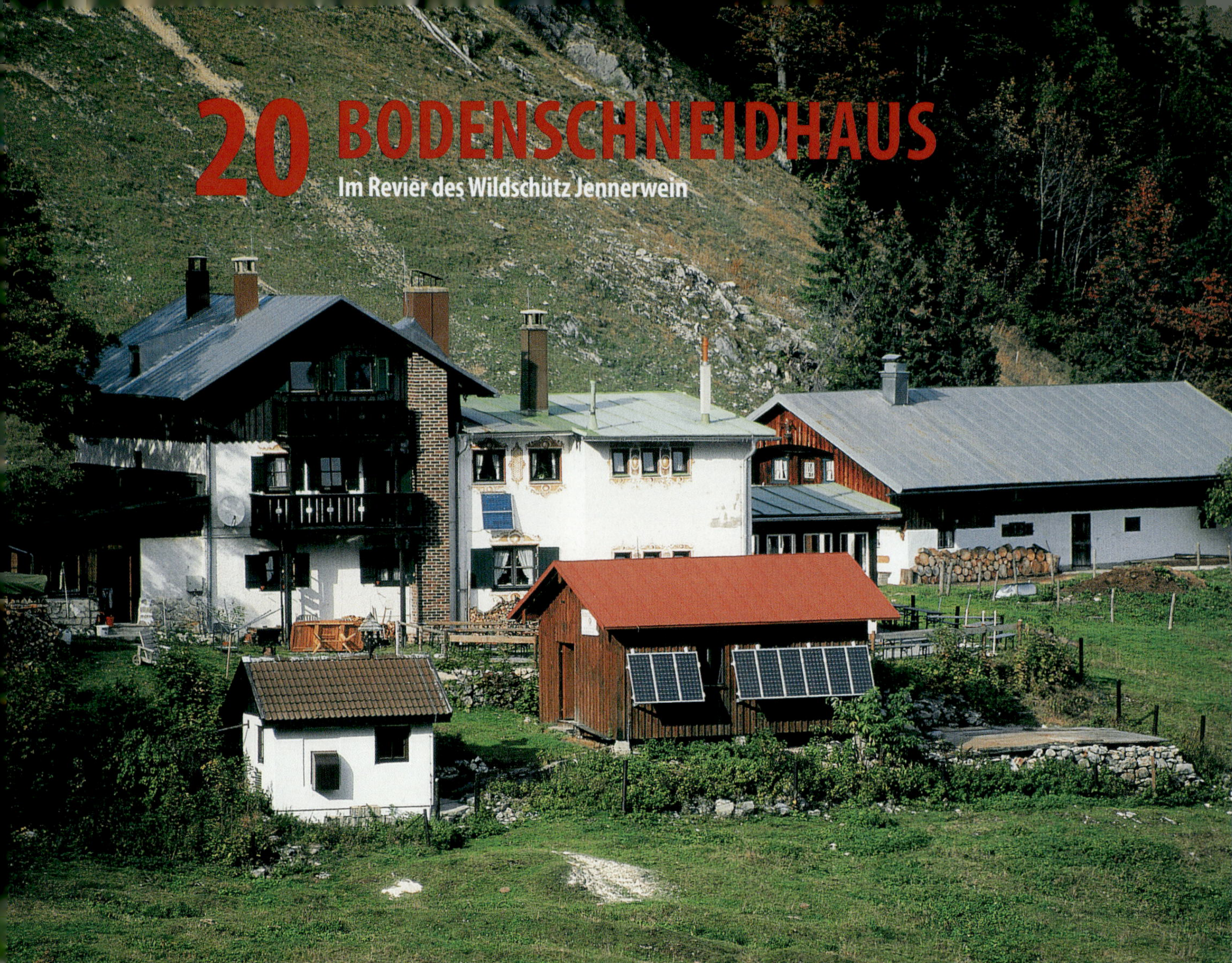

Die Häusergruppe rund um das Bodenschneidhaus wirkt beinahe dörflich. Immerhin: Das Alpenvereinshaus ist ganzjährig bewirtschaftet.

DER FAMILIENTIPP

Rund um die Hütte gibt es ungefährliche Spielmöglichkeiten, im Sommer werden auch einige Haustiere gehalten.

Das vor kurzem aufwendig sanierte Bodenschneidhaus liegt an der „historischen" Anstiegsroute zum Spitzingsee. Heutzutage führt jedoch eine Fahrstraße zu diesem Bergsee und hat damit die früher so beliebte Route etwas ins Abseits gedrängt. Das im Jahre 1916 erbaute und mittlerweile ganzjährig bewirtschaftete Alpenvereinshaus – das Wirtsehepaar wohnt dort das ganze Jahr über, lediglich im Spätwinter sperren sie das Haus zu und erholen sich vom Hüttenleben – liegt übrigens im früheren „Jagdrevier" des Wilderers Jennerwein, der vor über 100 Jahren hinterrücks von einem Jagdgehilfen erschossen und bald danach in einem Lied verewigt worden ist. Für Wanderer ist es eine sommers wie winters leicht zu erreichende Oase etwas abseits vom Trubel am Spitzingsee. Die Küche ist bodenständig und trotzdem abwechslungsreich, nahezu alles ist selbst gemacht und schon daher entsprechend gut und schmackhaft. Das Bodenschneidhaus eignet sich zudem auch gut zum Feiern von Geburtstagen oder sonstigen Jubiläen. Als neue Pächter begrüßen euch Nadine und Detlef Wildenheim.

Der Hüttenweg von Fischhausen

Nicht dass der Anstieg lang wäre, aber ein wenig anstrengend ist er schon. Beim Wanderparkplatz am westlichen Ortsrand von Neuhaus geht es erst noch gemächlich los. Aber dann wird die schmale Forststraße doch ganz schön steil. Hoch überm Dürnbach gehen wir dahin, viel im Wald. Dann aber wird der Wirtschaftsweg zum Bergsteig, wir erreichen die Almwiesen und, in einem weiten Linksbogen, das Bodenschneidhaus.

Der Übergang zum Spitzingsattel

Vom Bodenschneidhaus folgen wir zunächst dem Wirtschaftsweg in Richtung Süden bis zu dessen Ende am Fuß der Bodenschneid. Unser Weg geht dann in einen steinigen und manchmal auch wurzeligen Bergweg über, der uns durch die bewaldete

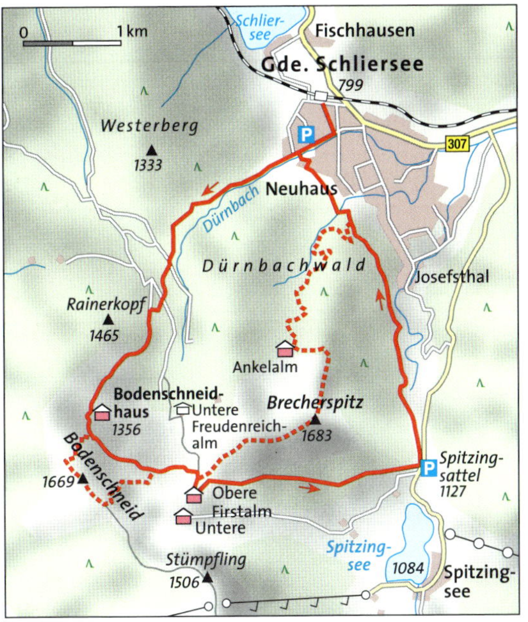

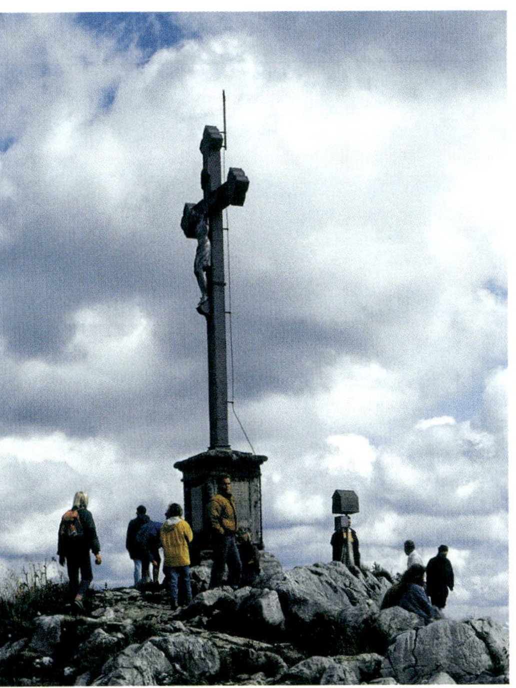

Den höchsten Punkt der Bodenschneid schmückt ein massives Kreuz.

Flanke der Krettenburg zum Freudenreichsattel führt. Kurz hinab zur Oberen Firstalm und links auf dem Trautweinweg hinaus zum Spitzingsattel.

Der Abstieg nach Fischhausen-Neuhaus

Vom Spitzingsattel führt ein ausgeschilderter Wanderweg hinab ins Josefsthal und zurück nach Neuhaus. Auf diese Weise können wir eine optimale Rundtour zusammenstellen.

Abstiegsvariante über die Brecherspitz

Von der Oberen Firstalm bzw. vom Freudenreichsattel haben wir die Möglichkeit, über die Brecherspitz und die Ankelalm hinab nach Neuhaus zu wandern. Diese Route setzt jedoch Trittsicherheit und Schwindelfreiheit voraus.

Der Hüttengipfel

Bodenschneid, 1668 m: Auf schmalem, bisweilen felsigem Bergsteig gelangt man hinauf. Ein wenig Vorsicht ist geboten, dafür aber wird es einem nie langweilig – und die Aussicht vom Gipfel ist ganz einfach traumhaft schön! Vom Haus halten wir uns südwärts zum Fuß des Gipfelaufbaus. Der steile Bergpfad ist markiert und an seinen felsigen Stellen auch schon gut abgespeckt. Der Gipfelblick? Spitzingseegebiet, Tegernseer und Schlierseer Berge. Das alles unterm weißblauen Bayernhimmel, was möchte man mehr? – Wer die Variante zum Spitzingsattel gehen will, steigt vom Gipfel jenseits hinab, um bald den links abzweigenden Pfad zu nutzen, der dann in den Wanderweg zur Oberen Firstalm einmündet.

DER KÜCHENTIPP

Vor allem hausgemachte, einfache Hüttengerichte stehen auf der Tafel. Und je nach Saison gibt's schon mal einen Wildbraten, zum Beispiel Gamsbraten. Wer's weniger deftig mag, probiert ein Stück selbst gemachten Kuchen. Warme Küche bis 19 Uhr.

UND SONST NOCH ...

Das Grab des Wildschützen Jennerwein, der an den Hängen der Bodenschneid sein Leben lassen musste, finden wir übrigens auf dem Friedhof von Rottach-Egern.

HÖCHSTE PUNKTE

Bodenschneidhaus, 1356 m; Bodenschneid, 1669 m.

ANFAHRT

Mit PKW: Auf der Salzburger Autobahn (A 8) bis Ausfahrt Weyarn, dann über Miesbach, Schliersee nach Fischhausen-Neuhaus. Parken im Ort, am Bahnhof oder am Beginn des Aufstiegsweges im Dürnbachtal.
Mit Bahn & Bus: Mit der Bayerischen Oberlandbahn (BOB) bis Fischhausen-Neuhaus. – Vom Spitzingsattel RVO-Bus hinab ins Tal zum Ausgangspunkt in Fischhausen-Neuhaus.

AUSGANGSPUNKT

Fischhausen (799 m).

GEHZEITEN

Hüttenweg: Von Fischhausen zum Bodenschneidhaus 1½ Std., Übergang zum Spitzingsattel 1½ Std., Abstieg nach Fischhausen-Neuhaus 1¼ Std. Gesamtgehzeit: 4¼ Std.
Gipfelweg: Vom Bodenschneidhaus zur Bodenschneid 1 Std., Rückkehr zum Unterkunftshaus ¾ Std.; insgesamt: 1¾ Std.

ANFORDERUNG

Hüttenweg: Von Fischhausen überwiegend Wirtschaftsweg, der Übergang zur Oberen Firstalm erfolgt auf zum Teil wurzeligem Bergwanderweg (der Trittsicherheit erforderlich macht), von dort führt ein für den allgemeinen Verkehr gesperrter Wirtschaftsweg hinab zum Spitzingsattel. Nach Neuhaus folgen wir dann dem Wanderweg hinab ins Tal, der im unteren Bereich auf den Almfahrweg zur Ankelalm trifft.

EINKEHR & ÜBERNACHTUNG

Bodenschneidhaus, 1356 m, Alpenvereinshaus der Kat. II, 17 Betten, 31 Lager, nahezu ganzjährig bewirtschaftet, lediglich an Heiligabend und am ersten Weihnachtsfeiertag ist geschlossen.
Montag Ruhetag; Tel. 08026/46 92.
Obere Firstalm, 1375 m, privat, ganzjährig bewirtschaftet, 25 Betten und Lager; Tel. 08026/73 02.
Ankelalm, 1300 m, während der Weidezeit bewirtschaftet.

KARTE

Topographische Karte 1 : 50 000, Blatt „Mangfallgebirge" (LDBV).

TOURIST-INFO

Gäste-Information Schliersee, Perfallstraße 4, 83727 Schliersee, Tel. 08026/606 50, www.schliersee.de

21 HUBERTUSHÜTTE

Eine rustikale Alm am Breitenstein

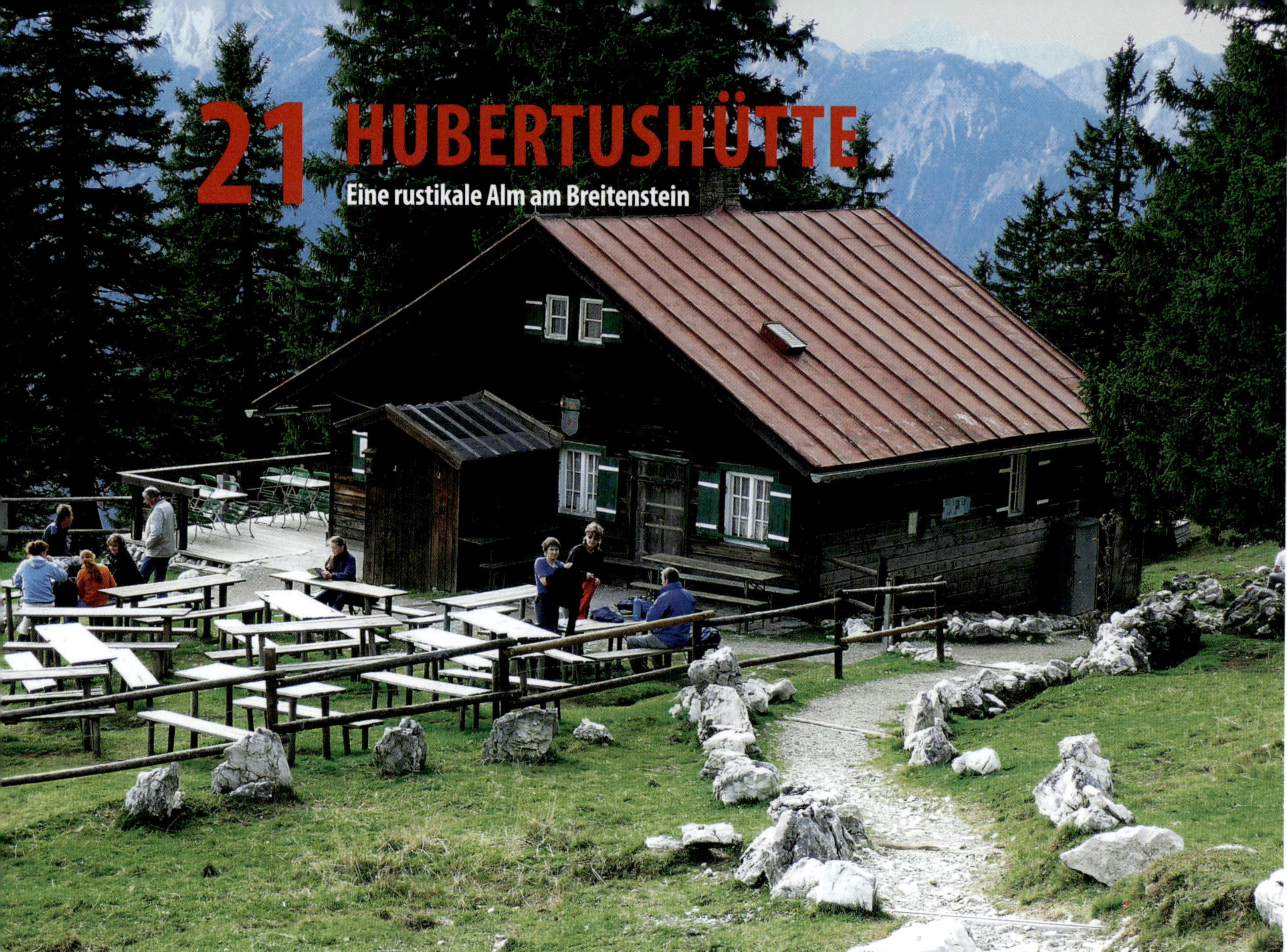

Die Hubertushütte ist eigentlich eine bewirtschaftete Alm.

Die Hubertushütte ist ein Mitteldding zwischen einer urigen Alm und einer „ganz normalen" Berghütte. Auf alle Fälle ist sie ein idealer Stützpunkt für Wanderer, die auf den Breitenstein steigen wollen, denn dieser aussichtsreiche Gipfel ist nur eine Viertelstunde Gehzeit von der Hütte entfernt. Im Sommer wird hier Jungvieh aufgetrieben, das, wenn es nicht gerade auf der Bergweide ist, in einem Nebengebäude untergebracht ist. Auf der kleinen Terrasse vor der Hütte lässt es sich – mit Blick auf den Breitensteingipfel – gut aushalten. Leider kann man dort oben nicht mehr übernachten. Falls wir also nicht nur einen Tagesausflug geplant haben, können wir zur Kesselalm absteigen, die diese Möglichkeiten bietet, oder zur Aiblinger Hütte hinüberwandern, die allerdings nur am Wochenende bewartet ist.

DER FAMILIENTIPP

Je nach Alter der Kinder können wir nur bis zur Wirtsalm wandern, dort gibt es Kühe und viel Auslauf sowie einen kleinen Kinderspielplatz. Mit den größeren Kindern schaffen wir es auch bis zur Hubertushütte. Und am Abstiegsweg liegt noch mal eine Alm. Also drei Einkehrmöglichkeiten, die ganz bestimmt Gefallen finden.

Der Anstieg aus dem Jenbachtal

Von Alm zu Alm könnte diese Tour auch überschrieben sein: Vom Parkplatz wandern wir auf einer Almstraße zur Maieralm und weiter zur bewirtschafteten Wirtsalm. Wenn wir dann am Talschluss auf eine Weggabelung treffen, entscheiden wir uns für die linke Strecke: Wir überqueren eine Brücke, gehen kurz danach wieder nach rechts und folgen dem Fahrweg bis zu seinem Ende. Ein Serpentinenweg führt uns hinauf in die Einsattelung zwischen dem Breitenstein und dem Schweinsberg. Von links her mündet der Weg ein, der von Birkenstein heraufführt. Wir halten uns aber rechts, marschieren auf den markanten Breitenstein zu und erreichen die Hütte, zuletzt ein wenig anstrengend, über einen steilen Steig.

Die Rückkehr über die Bucheralm

Von der Hubertushütte wandern wir links am Breitenstein vorbei (wir können den kleinen Gipfel auch überschreiten) und wandern auf einem Bergwanderweg teilweise recht steil hinab zur Bucheralm, wo wir eigentlich nochmals einkehren könnten. Dort folgen wir rechts dem ausgeschilderten Almfahrweg ein Stück; wo er links abzweigt, gehen wir geradeaus weiter; anschließend auf Bergwanderweg durch Wald hinüber zur Steingrabneralm. Von dort leitet

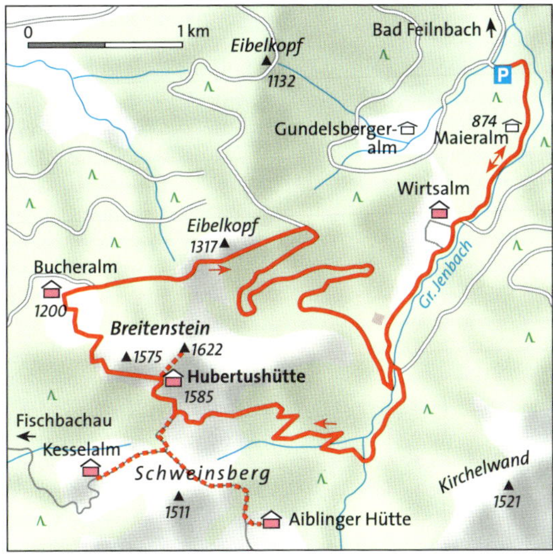

uns ein Wirtschaftsweg rechts am Eibelkopf vorbei und, bei der folgenden Wegverzweigung rechts haltend, wieder hinab ins Jenbachtal.

Kurzer Abstecher auf den Breitenstein

Breitenstein, 1622 m: Von der Hubertushütte sind es nur noch 15 Minuten bis zum Gipfel. Der kurze Weg beginnt praktisch vor der Hüttentür. Und am Gipfel erwartet uns neben der freien Sicht ein großes Gipfelkreuz mit Gipfelbuch, was immer mehr zur Seltenheit wird.

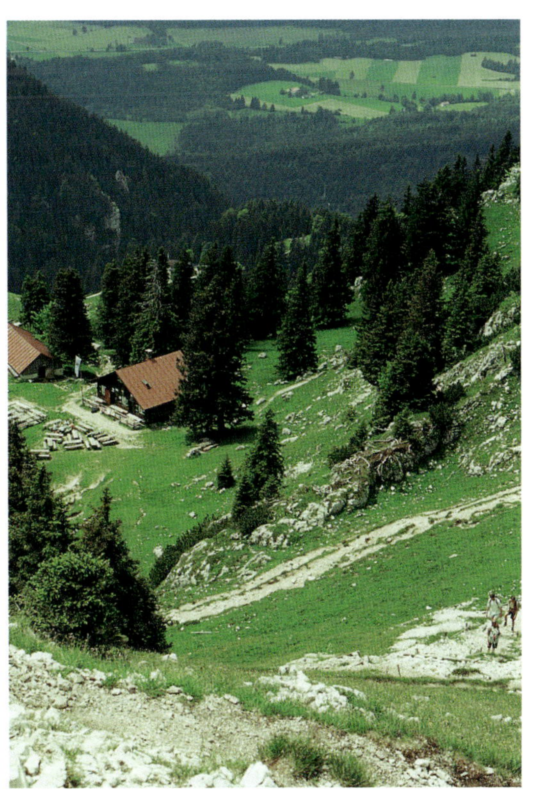

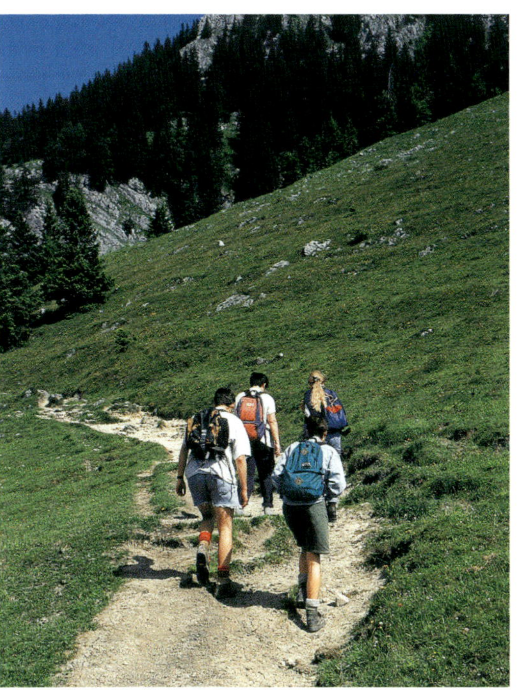

Bis zum Gipfelaufbau des Breitensteins bieten die Anstiegswege keinerlei Probleme (links). Rückblick von knapp unterhalb des Gipfels zur Hubertushütte (unten).

DER KÜCHENTIPP

Es gibt zwei verschiedene Suppen, z. B. Linsensuppe oder Pfannenkuchensuppe, evtl. einen Eintopf sowie die üblichen Brotzeiten, also Speck- und Käsebrot, Wiener mit Brot. Kaffee und Kuchen.

UND SONST NOCH …

Bad Feilnbach ist ein Ort mit starker Obstanbautradition, vor allem Zwetschgen und Äpfel, daraus werden unter anderem diverse Brände hergestellt.

HÖCHSTE PUNKTE

Hubertushütte, 1585 m; Breitenstein, 1622 m.

ANFAHRT

Mit PKW: Auf der Salzburger Autobahn (A 8) bis zur Ausfahrt Bad Aibling und weiter bis zur Ortsmitte von Bad Feilbach; dort in die Wendelsteinstraße und auf dieser ins Jenbachtal bis zum Ende der Fahrstraße (6 km); dort mehrere Wanderparkplätze (gebührenpflichtig).

Bahn & Bus: Mit der Deutschen Bahn in Richtung Salzburg bis Bad Aibling, von dort mit RVO-Bus nach Bad Feilnbach. Dann weiter zu Fuß (1½ Std. bis zum Ausgangspunkt).

AUSGANGSPUNKT

Wanderparkplatz im Jenbachtal (830 m).

GEHZEITEN

Hüttenweg: Aus dem Jenbachtal: 2½ Std., Rückweg über die Bucheralm 2 Std. Gesamtgehzeit: 4½ Std.

Gipfelweg: Von der Hubertushütte 15 Minuten.

ANFORDERUNG

Hüttenweg: Im Talbereich jeweils Wirtschaftswege, dann Bergwanderwege, im Schlussaufstieg recht steil. Trittsicherheit erforderlich. Der Abstieg erfolgt im letzten Tal vorwiegend auf Wirtschaftsweg.

Gipfelweg: Bergpfad, am Gipfel Vorsicht!

EINKEHR & ÜBERNACHTUNG

Hubertushütte, 1585 m, privat, von Ende Mai bis Anfang November bewirtschaftet, Montag und Dienstag sind Ruhetage (Hinweisschild am Parkplatz), Tel. 0172/862 00 80.

Aiblinger Hütte, 1311 m, Selbstversorgerhütte des DAV, 50 Lager, geöffnet von April bis November, Übernachtung nur Samstag/Sonntag, bewartet von Samstag 12 Uhr bis Sonntag 15 Uhr.

Kesselalm, 1278 m, privat, bewirtschaftet von Mai bis Mitte November, auch im Winter geöffnet, aber besser vorher anfragen, 20 Betten und Lager; Tel. 08028/26 02 (Übernachtung nur nach Voranmeldung).

Wirtsalm, 890 m, privat, von Mai bis Ende Oktober bewirtschaftet.

Bucheralm, 1200 m, privat, während der Weidezeit bewirtschaftet.

KARTE

Topographische Karte 1 : 50 000, Blatt „Mangfallgebirge" (LDBV).

TOURIST-INFO

Gästeinformation Bad Feilnbach, Rathausplatz 1, 83075 Bad Feilnbach, Tel. 08066/88 74 40, www.feilnbach.de

22 HIRSCHBERGHAUS

Anlaufstelle im Sommer wie im Winter

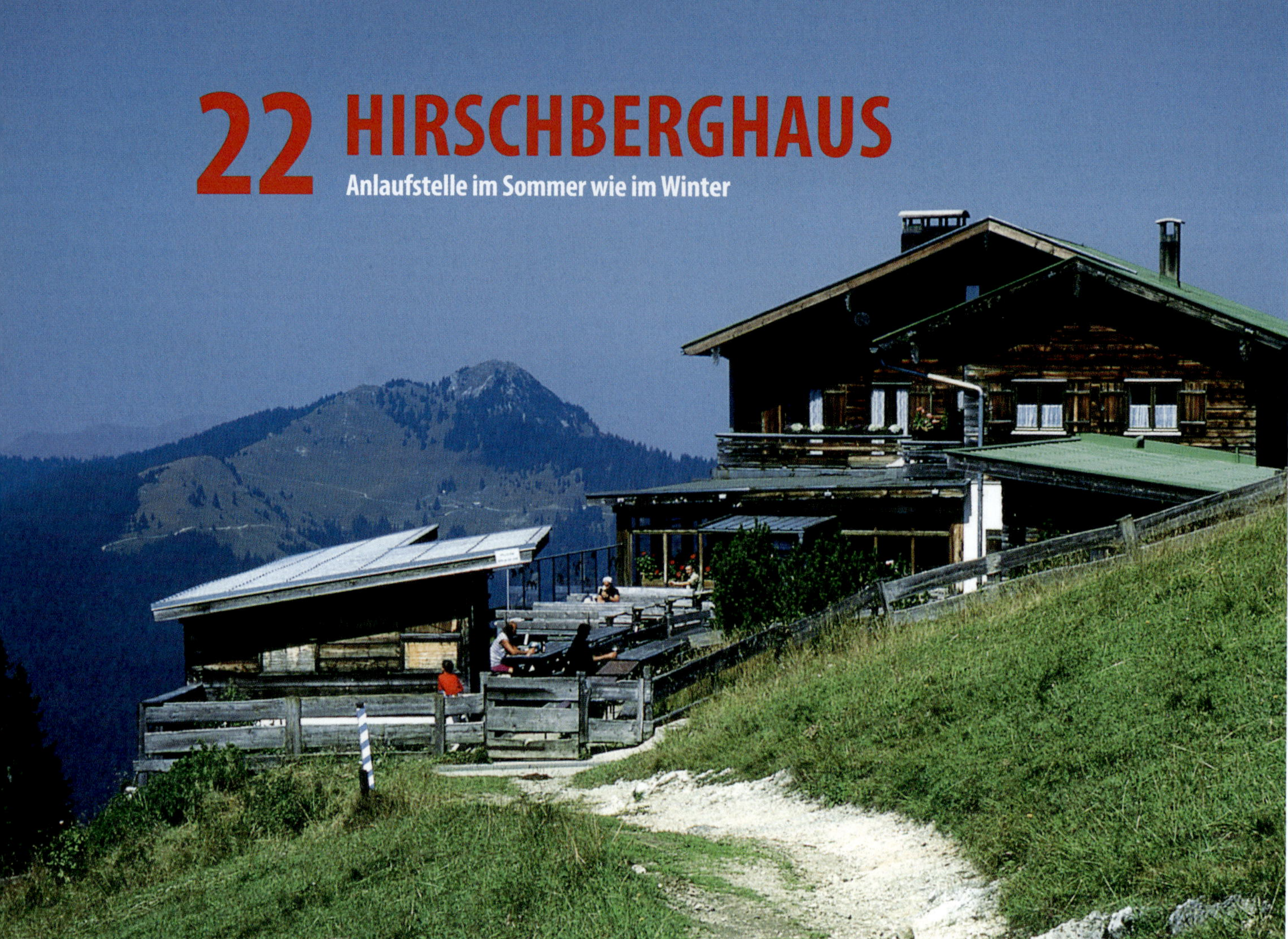

Das Hirschberghaus ist ein sehr beliebtes Bergwanderziel im Tegernseer Tal. Die Wirtsleute sind selbst häufig in den heimischen Bergen unterwegs und können daher gute Tipps geben.

Es ist ganz einfach ein Muss, hinaufzusteigen zum Hirschberghaus unterm gleichnamigen Gipfel und die Ausblicke auf Ludwig Thomas Tegernseer Landschaft zu genießen. Das wusste schon der sogenannte Hirschbergverein, der sich 1897 formierte und sogleich eine gemütliche Hütte in idealer Lage errichten ließ.

Die heutige Hütte allerdings ist moderner. 1967 wurde sie errichtet und nach und nach den wachsenden Anforderungen an Komfort und Ausstattung angepasst.

Der Hüttenwirt Peter Maier gibt sich alle Mühe, den Bergwanderern die Einkehr zu einem erfreulichen Erlebnis zu machen. Es gibt abwechslungsreiche Kost mit pfiffigen Variationen. Und als begeisterter Bergsteiger weiß er auch so manchen guten Tipp für Touren in der näheren und ferneren Umgebung.

Der Hüttenweg von Scharling

Am Parkplatz am Nordrand von Scharling zeigt die Hinweistafel „Zum Hirschberghaus" ganz genau, wo es langgeht: zunächst auf asphaltiertem Sträßchen am Gasthaus Hirschberg vorbei und weiter zum Weiler Leiten.

Bei einer Wegverzweigung halten wir uns rechts; ein breiter Fahrweg führt in Serpentinen zum Lagerschuppen des Materiallifts. Und hier wird der Steig alpiner: Es geht nun linker Hand in vielen Kehren hinauf, ganz schön steil im exponierten Latschenhang. Dabei wird die Aussicht immer famoser – auch die Aussicht auf eine baldige genussvolle Hüttenrast.

Der Abstieg über die Rauheckalm

Da wir voraussetzen, dass kaum ein Besucher des Hirschberghauses auf den leichten Gipfelerfolg verzichten wird, biegen wir also am Abstiegsweg vom Gipfel im Latschengelände rechts auf einen Bergpfad ab, der uns über einige Kehren hinab zur Rauheckalm (1480 m) bringt. Dort folgen wir der Mark. 607a erst über Almwiesen, dann durch Wald hinab zur Gründhütte bei der Bergstation des Schlepplifts. Oberhalb des Gschwendgrabens durch Wald bzw. am Rand der Piste hinab, kurz auf einer Forststraße, dann in einem Linksbogen hinab nach

DER FAMILIENTIPP

Alljährlich Anfang November findet im nahe gelegenen Kreuth die Leonhardifahrt mit historischen Kutschen und stattlichen Pferdegespannen statt.

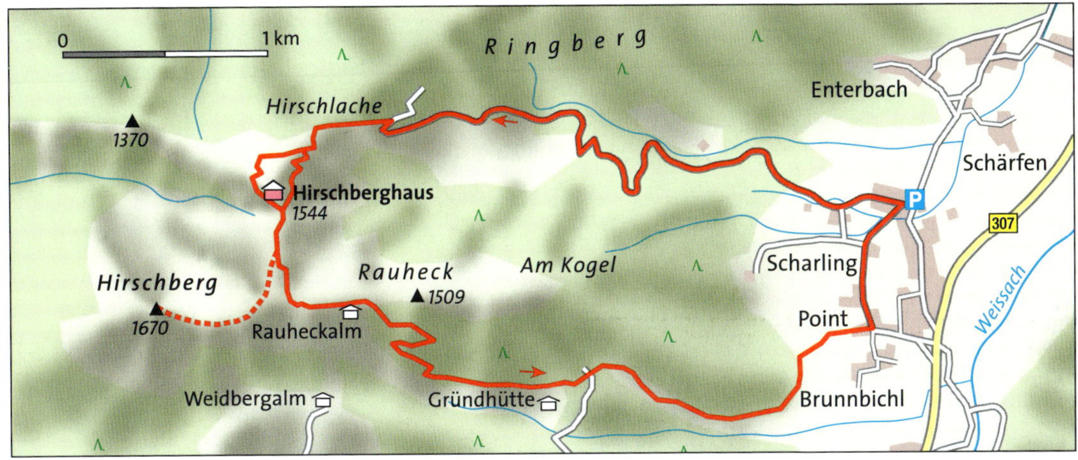

Den besten Ausblick auf das Tegernseer Tal haben wir von der Erhebung oberhalb des privaten Unterkunftshauses. Am Gipfel des Hirschbergs (unten).

DER KÜCHENTIPP

Es gibt eine wechselnde Tageskarte, auf der Gerichte wie Linseneintopf, Fleischpflanzerl oder Leberkäs mit Kartoffelsalat sowie diverse Brotzeiten auftauchen. Als Spezialitäten gibt es geräucherten Hirschbergkäse und geräucherte Gamswürstel. Beliebt sind auch die schmackhafte Speckknödelsuppe und die klassische Erbsensuppe.

UND SONST NOCH ...

Der Aufstiegsweg zum Hirschberghaus wird im Winter auch als Rodelbahn genutzt. Achtung: Am Vormittag darf nicht abgefahren werden (bitte die Regeln beachten).

Point. Auf einem Ortssträßchen zurück zum Ausgangspunkt.

Der Hüttengipfel

Hirschberg, 1670 m: Wir starten an der Hütte und wandern in einem großen Rechtsbogen auf gutem Weg mit schöner Aussicht. Der Vorgipfel ist mit Latschen bedeckt. Über dessen Osthang gelangen wir schließlich zum Gipfel des Hirschbergs.

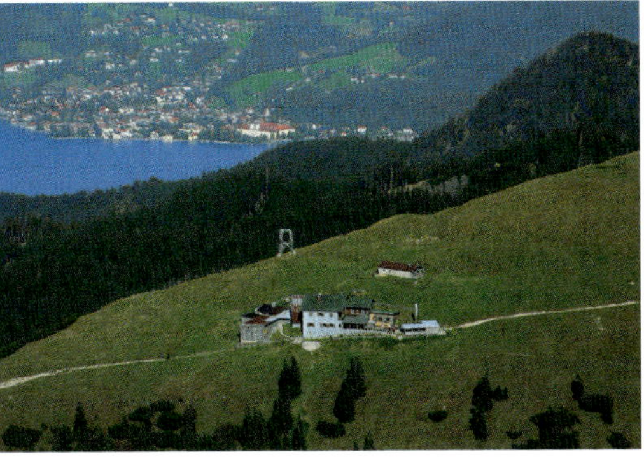

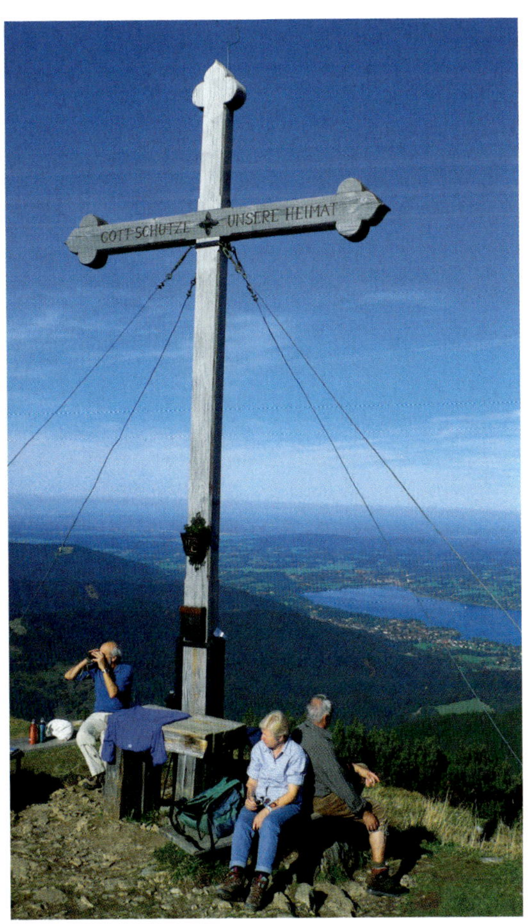

HÖCHSTE PUNKTE

Hirschberghaus, 1544 m; Hirschberg, 1670 m.

ANFAHRT

Mit PKW: Auf der Salzburger Autobahn (A 8) bis Ausfahrt Holzkirchen, dann auf der B 318 über Gmund, Bad Wiessee und weiter in Richtung Kreuth, bis bei Reitrain die Zufahrt nach Scharling rechts abzweigt.
Parkplatz (gebührenpflichtig) am nördlichen Ortsrand.
Mit Bahn & Bus: Mit der Bayerischen Oberlandbahn (BOB) bis Tegernsee, dort weiter mit RVO-Bus nach Scharling.

AUSGANGSPUNKT

Wanderparkplatz am Ortsanfang in Scharling (760 m).

GEHZEITEN

Hüttenweg: Aufstieg von Scharling 2 Std., Abstieg über die Rauheckalm 2 Std. Gesamtgehzeit: 4 Std.
Gipfelweg: Vom Hirschberghaus ½ Std., Rückkehr zur Hütte 20 Minuten; insgesamt: eine knappe Stunde.

ANFORDERUNG

Bis zur Talstation gehen wir auf einem schmalen Wirtschaftssträßchen bis zum Materiallift (Talstation), dann leichter, aber steiler Bergsteig. Der Abstieg über die Rauheckalm erfolgt auf Bergwanderweg bzw. auf Wirtschaftsweg.

EINKEHR & ÜBERNACHTUNG

Hirschberghaus, 1544 m, privat, nahezu ganzjährig bewirtschaftet, von Anfang Mai bis Ende November durchgehend, bis Weihnachten geschlossen, vor und nach Ostern einige Wochen geschlossen, Dienstag Ruhetag; Übernachtung nach Voranmeldung möglich, 30 Betten, 25 Lager; Tel. 08029/465.
Gaststätten in Scharling und in Kreuth.

KARTE

Topographische Karte 1 : 50 000, Blatt „Mangfallgebirge" (LDBV).

TOURIST-INFO

Tourist-Information Bad Wiessee, Lindenplatz 6, 83707 Bad Wiessee, Tel. 08022/92 73 80, www.tegernsee.com

23 TEGERNSEER HÜTTE

Der „Adlerhorst" in den Tegernseer Bergen

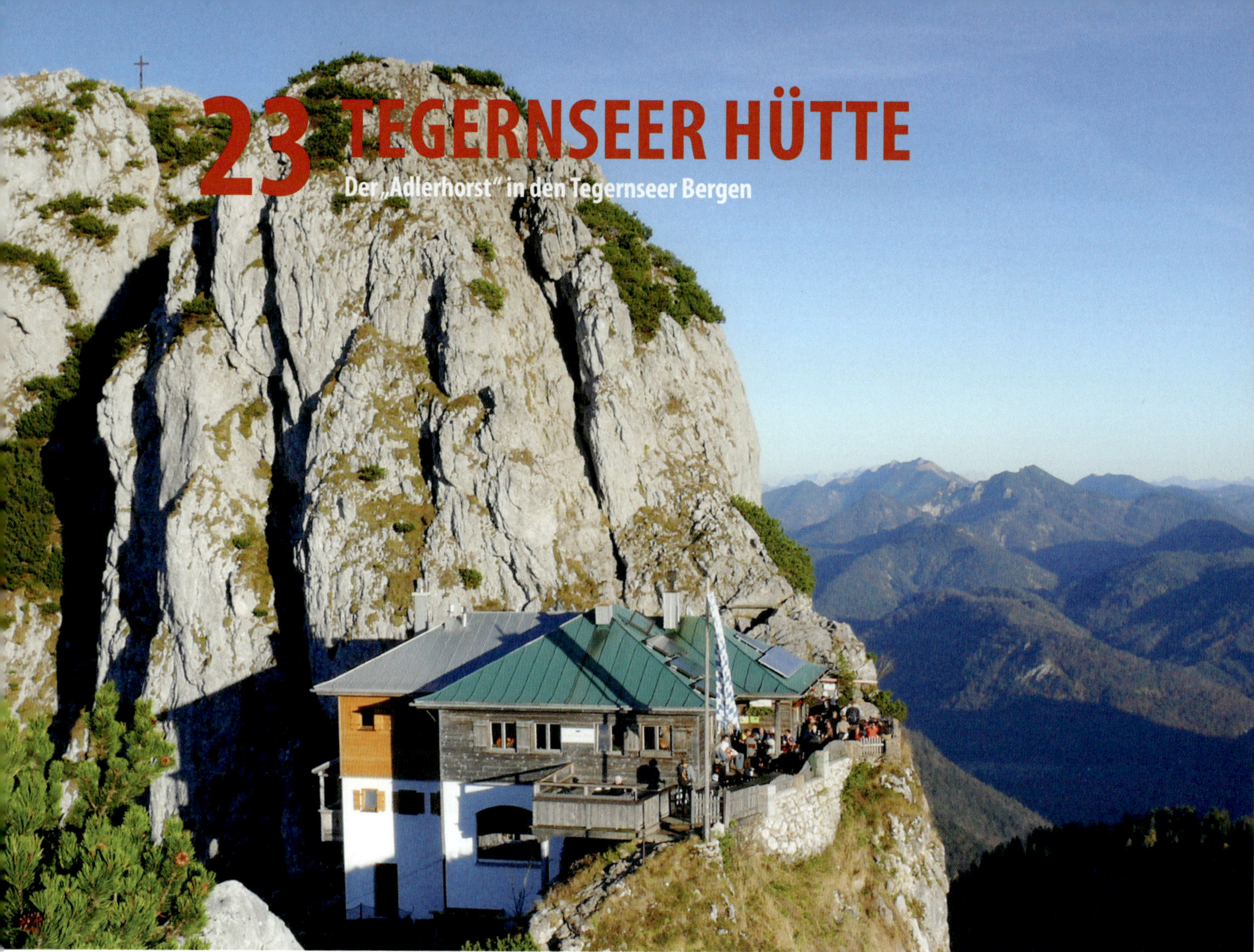

Die Tegernseer Hütte schmiegt sich an die Felsen des Buchsteins. Die Felsen an diesem rassigen kleinen Hüttengipfel sind allerdings schon etwas abgeschliffen, also nicht bei nassen Felsen hinaufsteigen.

DER FAMILIENTIPP

Wer mit kleineren oder mehreren Kindern unterwegs ist, sollte für den Hüttenaufstieg nicht den leichten Klettersteig ab dem Brotzeitfelsen nehmen, sondern um den Roßstein herumwandern und über die leichten Serpentinen auf der Nordseite die Hütte ansteuern.

Die Lage der 1968 vom Alpenverein erbaute Tegernseer Hütte ist atemberaubend. Platziert in der Scharte zwischen Buch- und Roßstein sitzt sie wie in einem Adlerhorst. Jeder Bergwanderer, der in den Bayerischen Alpen unterwegs ist und etwas auf sich hält, muss diese Hütte einmal besucht haben. Auch diese Hütte geht mit der Zeit, wie z. B. die Solarstromanlage zeigt. Durchaus ein Problem ist in dieser Lage die Wasserversorgung, die sich im Wesentlichen aus Schmelz- und Regenwasser speist. Bevorratet wird das kostbare Wasser in einer Zisterne, natürlich mit angeschlossener Entkeimungsanlage. Wer diese Hütte besucht, hat unterschiedliche Ziele und Ansprüche. Wer den Nervenkitzel sucht und entsprechend trainiert ist, probiert sein Glück an der Roßsteinnadel. Auch der Buchstein ist durchaus anspruchsvoll. Manche besteigen allerdings nur den relativ einfachen Roßstein und lassen es dabei bewenden. Und dann gibt es natürlich diejenigen, die einfach ganz entspannt auf der Hüttenterrasse sitzen und es sich gut gehen lassen.

Der Hüttenweg von Bayerwald

Am kleinen Parkplatz an der Achenseestraße geht es gleich „gach" los. Auf ausgeschildertem steilem Steig wandern wir schnaufend in Serpentinen durch Wald hinauf zum Sonnbergalm-Niederleger (1144 m). Erst hier oben ist uns eine erste Aussicht vergönnt, dann geht es zwischen den Hütten hindurch und weiter bergan. Der Wald lichtet sich dann allmählich. Die letzten Meter vor dem Sonnbergalm-Hochleger sind dann nicht mehr ganz so steil und recht bald ist dann auch schon die Almhochfläche erreicht. Von hier oben genießen wir einen unverstellten und sehr reizvollen Einblick in die Tegernseer Berge. Gegenüber erblicken wir den Schildenstein, linker Hand streckt der kecke Leonhardstein seine Felsen in den Himmel. Über Bergwiesen geht es nun links haltend in leichtem Anstieg hoch zum Fuß des Roßsteins. Am „Brotzeitfelsen" rechts beginnt ein relativ einfacher Klettersteig, der uns etwas ausgesetzt aber gut gesichert direkt hinauf zur Tegernseer Hütte führt.

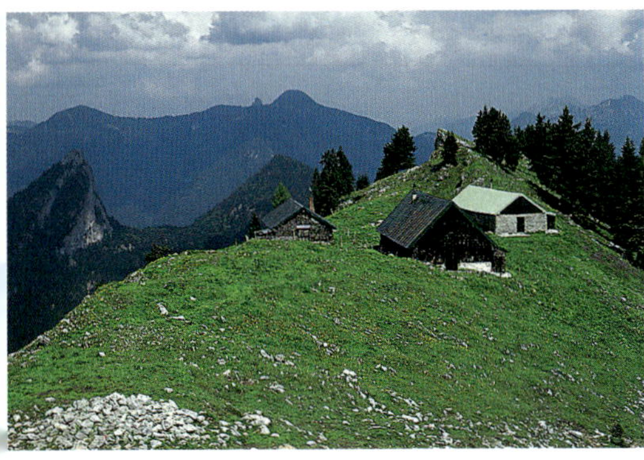

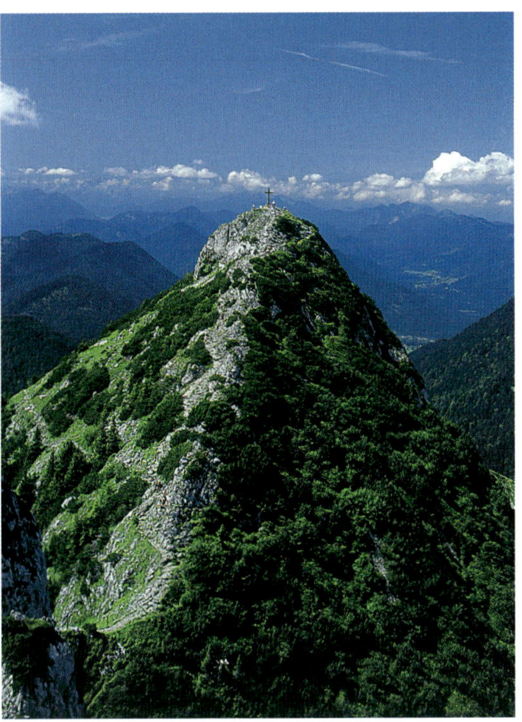

Beim Sonnbergalm-Hochleger haben wir das steilste Stück geschafft (links). Roßsteingipfel (rechts).

Der Abstieg durchs Schwarzenbachtal

Von der Tegernseer Hütte steigen wir dann nordseitig über Serpentinen hinab, bei der Wegverzweigung halten wir uns rechts und wandern weiter zur privaten Buchsteinhütte. Von dort leitet uns der schmale Hüttenfahrweg hinab in Richtung Schwarzenbachtal. Wir stoßen auf eine breitere Forststraße, der wir nun folgen (Abkürzung der weiten Serpentinen möglich). Im Tal angekommen gehen wir über eine kleine Brücke und wandern dann rechts haltend hinaus zur Achenpassstraße. Auf der gegenüberliegenden Straßenseite führt dann ein breiter Wanderweg zurück zum Ausgangspunkt.

Die Hüttengipfel

Roßstein, 1698 m: Eigentlich hat die Tegernseer Hütte gleich zwei Hüttengipfel vorzuweisen, doch der eine, der Buchstein, setzt bereits etwas Kletterfertigkeit voraus, außerdem ist der Fels ziemlich abgespeckt. Vorsicht! Also besser hinauf zum Roßstein: Von der Tegernseer Hütte führt ein schmaler Pfad hinauf zum leicht erreichbaren Gipfel mit Gipfelkreuz. Idealer Platz auch für eine Brotzeit, denn die Alpenvereinshütte ist gerade am Wochenende oft voll bis auf den letzten Platz.

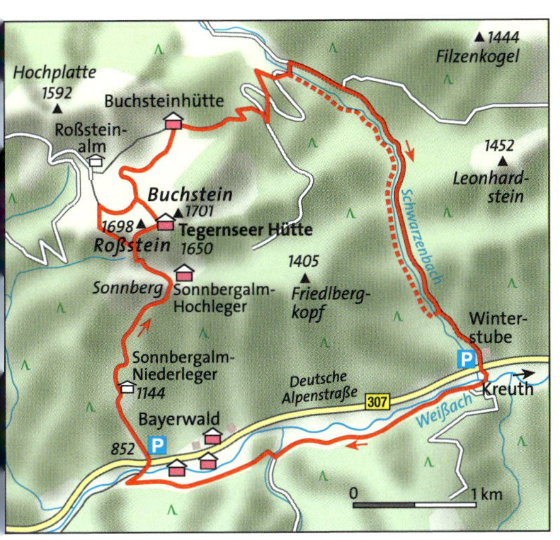

DER KÜCHENTIPP

Neben diversen Brotzeiten wie belegten Broten und Suppen mit oder ohne Wiener gibt es auch Maultaschen, Spiegeleier mit Speck oder auch Kässpatzen.

UND SONST NOCH ...

Wer am Wochenende auf der Tegernseer Hütte übernachten will, sollte sich unbedingt vorher anmelden, denn die Hütte ist klein und verfügt nur über 23 Schlafplätze, da kann es schnell eng werden.

HÖCHSTE PUNKTE

Tegernseer Hütte, 1650 m; Roßstein, 1698 m und Buchstein, 1701 m.

ANFAHRT

Mit PKW: Salzburger Autobahn (A 8) bis Ausfahrt Holzkirchen, dann über Gmund, Bad Wiessee und Kreuth zum Parkplatz etwa 700 m hinter dem Gasthaus Bayerwald an der Achenseepassstraße.
Mit Bahn & Bus: Mit der Bayerischen Oberlandbahn (BOB) bis zum Endbahnhof Tegernsee, dann mit RVO-Bus ins Kreuther Tal bis zur Haltestelle Bayerwald.

AUSGANGSPUNKT

Wanderparkplatz Bayerwald (850 m).

GEHZEITEN

Hüttenweg: Anstieg vom Parkplatz Bayerwald 2½ Std., Abstieg zur Buchsteinhütte ¾ Std., Rückkehr durch das Schwarzenbachtal 2½ Std. (falls wir mit dem Bus unterwegs nur 1½ Std. bis zur Achenseestraße).
Gesamtgehzeit: 5 Std.
Gipfelwege: Zum Buchsteingipfel 15 Minuten; zum Rosssteingipfel 10 Minuten.

ANFORDERUNG

Hüttenwege: Vom Parkplatz Bayerwald steiler und schmaler Bergwanderweg hinauf zum Sonnbergalm-Hochleger, ab Brotzeitfelsen Trittsicherheit und Schwindelfreiheit erforderlich (einige Seilsicherungen).
Abstieg zur Buchsteinhütte auf Bergweg. Ab Buchsteinhütte und durchs Schwarzenbachtal Almfahrwege.
Gipfelwege: Zum Rossstein leicht; zum Buchstein leichte Kletterei (I), abgespeckter Fels, nicht bei Nässe.

EINKEHR & ÜBERNACHTUNG

Tegernseer Hütte, 1650 m, Alpenvereinshütte der Kat. I, 23 Lager, bewirtschaftet von Mitte Mai bis Anfang November; Tel. 08029/997 92 62 sowie mobil 0175/411 58 13.
Buchsteinhütte, 1240 m, privat, ganzjährig bewirtschaftet, Montag und Dienstag Ruhetag, 40 Betten; Tel. 08029/244.
Sonnbergalm-Hochleger, Juni bis September bewirtschaftet.
Drei Einkehrstellen an der Achenseestraße (inklusive Gasthaus Bayerwald).

KARTE Topographische Karte 1 : 50 000, Blatt „Mangfallgebirge" (LDBV).

TOURIST-INFO Tourist-Information Bad Wiessee, Lindenplatz 6, 83707 Bad Wiessee, Tel. 08022/92 73 80, www.tegernsee.com

24 LENGGRIESER HÜTTE

Die Hüttenoase im Isarwinkel

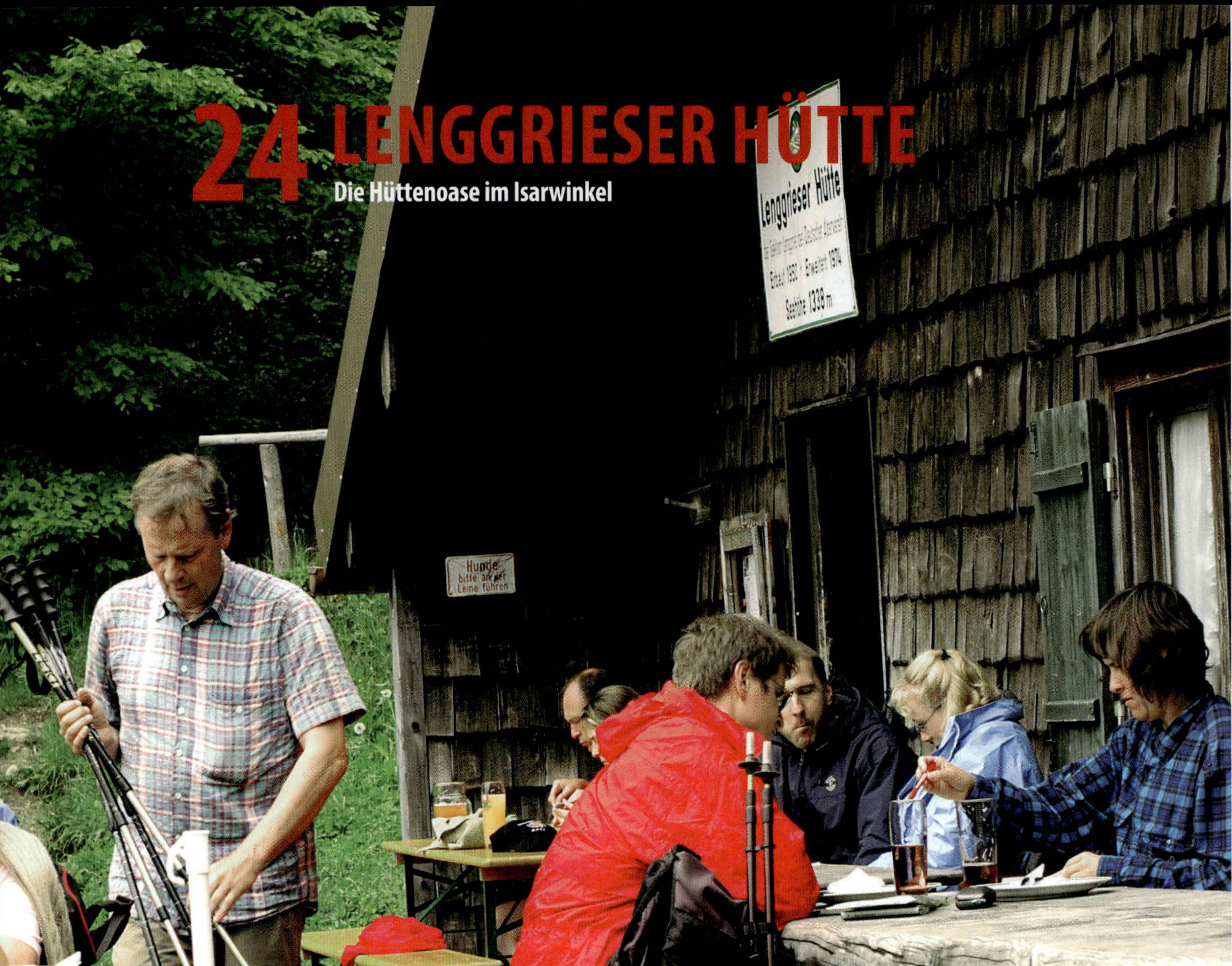

Auch die Lenggrieser Hütte hat rund ums Jahr geöffnet. Die gemütliche Alpenvereinshütte setzt auf bodenständige Küche.

DER FAMILIENTIPP

Für entspannende Stunden nach einer Tour bietet sich der reizvolle Ort Lenggries an: Neben dem Freibad finden wir dort auch die „Isarwelle", ein Hallenbad mit zahlreichen Attraktionen.

Die Lenggrieser Hütte wurde 1948 von der Alpenvereinssektion Lenggries erbaut und letztmals im Jahr 1993 erweitert. Von der Hüttenterrasse hat man einen herrlichen Blick in Richtung Süden auf das Karwendelgebirge und hinüber zur Benediktenwandgruppe, der große Rest ist allerdings von Nadelwald eingeschlossen. Neben einem gemütlichen Ambiente bietet die Hütte bodenständige Kost und sie hat einen leichten, aber mehr als lohnenden Hüttengipfel aufzuweisen. Ein weiteres Plus: Die Hütte ist nahezu ganzjährig bewirtschaftet.

Von Fleck über die Grasleite

Vom Wanderparkplatz in Fleck folgen wir zunächst dem Teerweg bergwärts, queren dann nach links den Almbach und halten uns sofort wieder rechts. Wir folgen einem Wirtschaftsweg, der uns in einer Links-, dann einer Rechtskehre durch Wald und Wiesen höher führt. Bei der sogenannten Bauernrast, einem markanten Wiesenflecken, zweigt unser Hüttenweg ab. Wir steigen durch Wald geradewegs bergan, machen dann einen Linksbogen und treffen nach einem kurzen steilen Stück auf den Grasleitenweg (Mark.-Nr. 621), der allerdings heutzutage nicht mehr durch Gras, sondern durch Wald führt. Auf schön angelegtem Steig rechts haltend hinauf zur Lenggrieser Hütte.

Die Abstiegsrunde um den Schönberg herum

Von der Lenggrieser Hütte folgen wir dem Anstiegsweg zum Seekarkreuz durch Wald hinauf zu einem Wiesensattel. Dort verzweigen sich die Wege; wir halten uns rechts und wandern auf der Kammhöhe weiter (Mark.-Nr. 621). Bald stoßen wir auf einen felsigen Gratabschnitt, den wir mit etwas Vorsicht gut bewältigen können. Dann geht es hinab zum Sattel am Marieneck (1469 m). Hier halten wir uns links und wandern auf guten Pfadspuren eine weite Mulde aus und erreichen bald wieder die Kammhöhe. Eine Weile weiter auf einem teilweise schro-

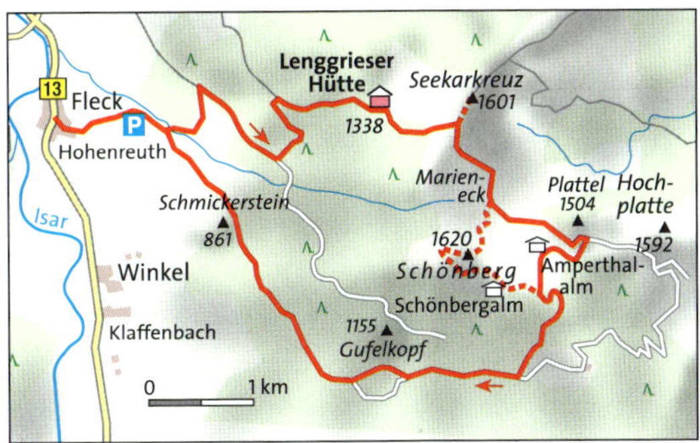

figen Kamm, dann rechts hinab zur Almstraße, die vom Röhrlmoos hinauf zur Schönbergalm führt. Auf ihr rechts weiter, vorbei an der Amperthalalm und bis zu einer scharfen Kehre. Hier zweigt rechts unser Bergwanderweg (Mark.-Nr. 624) ab, der die vorher erwähnte Almstraße abkürzt. Auf dieser schließlich hinaus zum Weiler Fleck.

Variante über den Schönberg

Am Marieneck bietet sich die Möglichkeit, einem weiteren Gipfel einen Besuch abzustatten. Am Sattel folgen wir dem schmalen Bergsteig in Richtung Süden und wandern durch schrofiges Gelände zum grasigen Gipfel des Schönbergs (1620 m) hinauf. Vom Gipfelkreuz folgen wir im spitzen Winkel dem links führenden Pfad hinab zur Schönbergalm, wo wir auch auf eine Almstraße stoßen. Dieser folgen wir ein Stück bis zu einer scharfen Kehre; dort treffen wir wieder auf unseren „Normalweg".

Der Hüttengipfel

Seekarkreuz, 1601 m: Von der Lenggrieser Hütte wandern wir in Richtung Osten (Wegtafeln, Mark.-Nr. 621/622). Der Weg führt uns bald durch Wald zum östlichen Gipfelkamm. Auf diesem freien und aussichtsreichen Höhenzug links hinauf zum eindrucksvollen Kreuz.

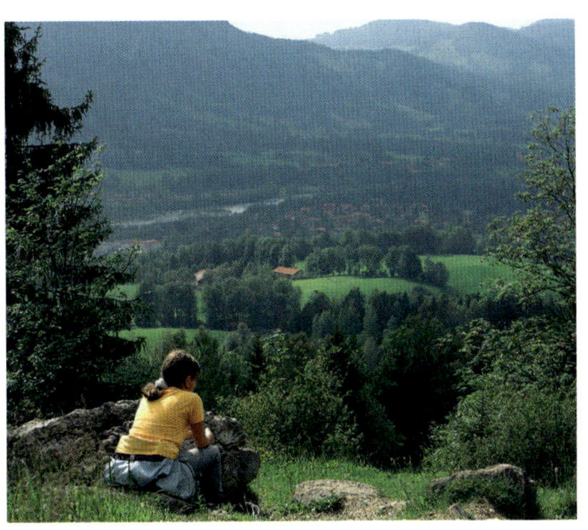

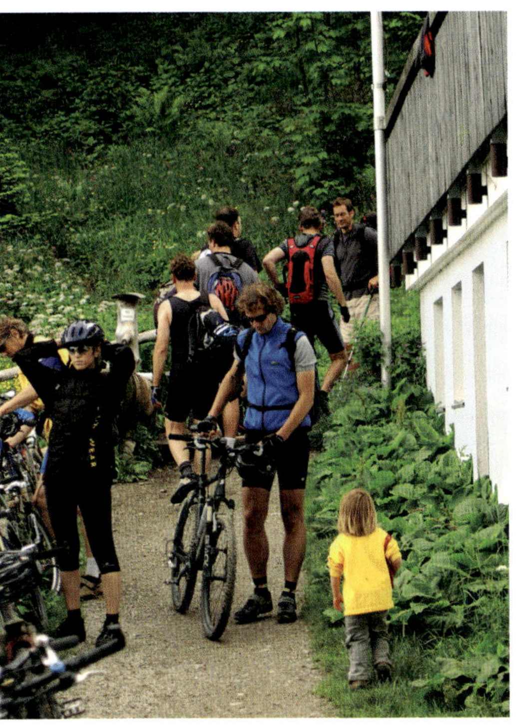

Auch Mountainbiker schätzen diese gut über den Hirschtalsattel erreichbare Hütte (links). Blick ins Isartal (unten).

DER KÜCHENTIPP

Der Wirt ist gelernter Metzgermeister und Koch und setzt auf bodenständige Küche, so gibt es Schweinekrustenbraten (nur am Sonntag), Wildgerichte, Speckknödelsuppe oder Oberpfälzer Kartoffelsuppe und natürlich typische Brotzeiten.

UND SONST NOCH ...

Ein Besuch der St.-Jakobs-Kirche in Lenggries; dieser Barockbau aus den Jahren 1721/22 dominiert das Ortsbild; seine beide hinteren Seitenaltäre stammen noch aus der Entstehungszeit des Gotteshauses.

HÖCHSTE PUNKTE

Lenggrieser Hütte, 1338 m; Seekarkreuz, 1601 m, und Schönberg, 1620 m.

ANFAHRT

Mit PKW: Auf der Salzburger Autobahn (A 8) bis zur Ausfahrt Holzkirchen, dann auf der B 13 über Bad Tölz und Lenggries zum Ortsteil Fleck. Im Ort links auf Wirtschaftsweg zum Wanderparkplatz am Waldrand, 1 km außerhalb.
Mit Bahn & Bus: Mit der Bayerischen Oberlandbahn (BOB) bis zur Endstation Lenggries, dann evtl. mit Bus weiter nach Fleck.

AUSGANGSPUNKT

Wanderparkplatz bei Fleck (730 m).

GEHZEITEN

Hüttenweg: Von Lenggries über die Grasleite 2 Std.; Rückkehr über Mariaeck und Schönberg 3½ Std.
Gesamtgehzeit: 5½ Std.
Gipfelwege: Seekarkreuz: ab Hütte ¾ Std., Abstieg zur Hütte ½ Std.; insgesamt: 1¼ Std. Variante über Schönberg – eine halbe Stunde länger.

ANFORDERUNG

Hüttenweg: Überwiegend Wirtschaftswege und leichte Bergwanderwege. Der Übergang zum Schönberg setzt Trittsicherheit voraus.
Gipfelwege: Leichte, aber manchmal lehmige Passagen am Seekarkreuz. Kurz vor Mariaeck und am Schönberg einige Schrofen, die Trittsicherheit und Schwindelfreiheit voraussetzen.

EINKEHR & ÜBERNACHTUNG

Lenggrieser Hütte, 1338 m, AV-Hütte, Kat. I, 52 Betten und Lager, Selbstversorgerraum mit 7 Plätzen, ganzjährig bewirtschaftet, im Frühjahr und vor Weihnachten jeweils 3-4 Wochen geschlossen, im Winter Montag und Dienstag Ruhetag; Tel. 08042/563 30 96.

KARTE

Topographische Karte 1 : 50 000, Blatt „Tölzer Land – Starnberger See" (LDBV).

TOURIST-INFO

Tourist-Information Lenggries, Rathausplatz 2, 83661 Lenggries, Tel. 08042/500 88 00, www.lenggries.de

25 BRAUNECK-GIPFELHAUS

Der Ganzjahresstützpunkt hoch über Lenggries

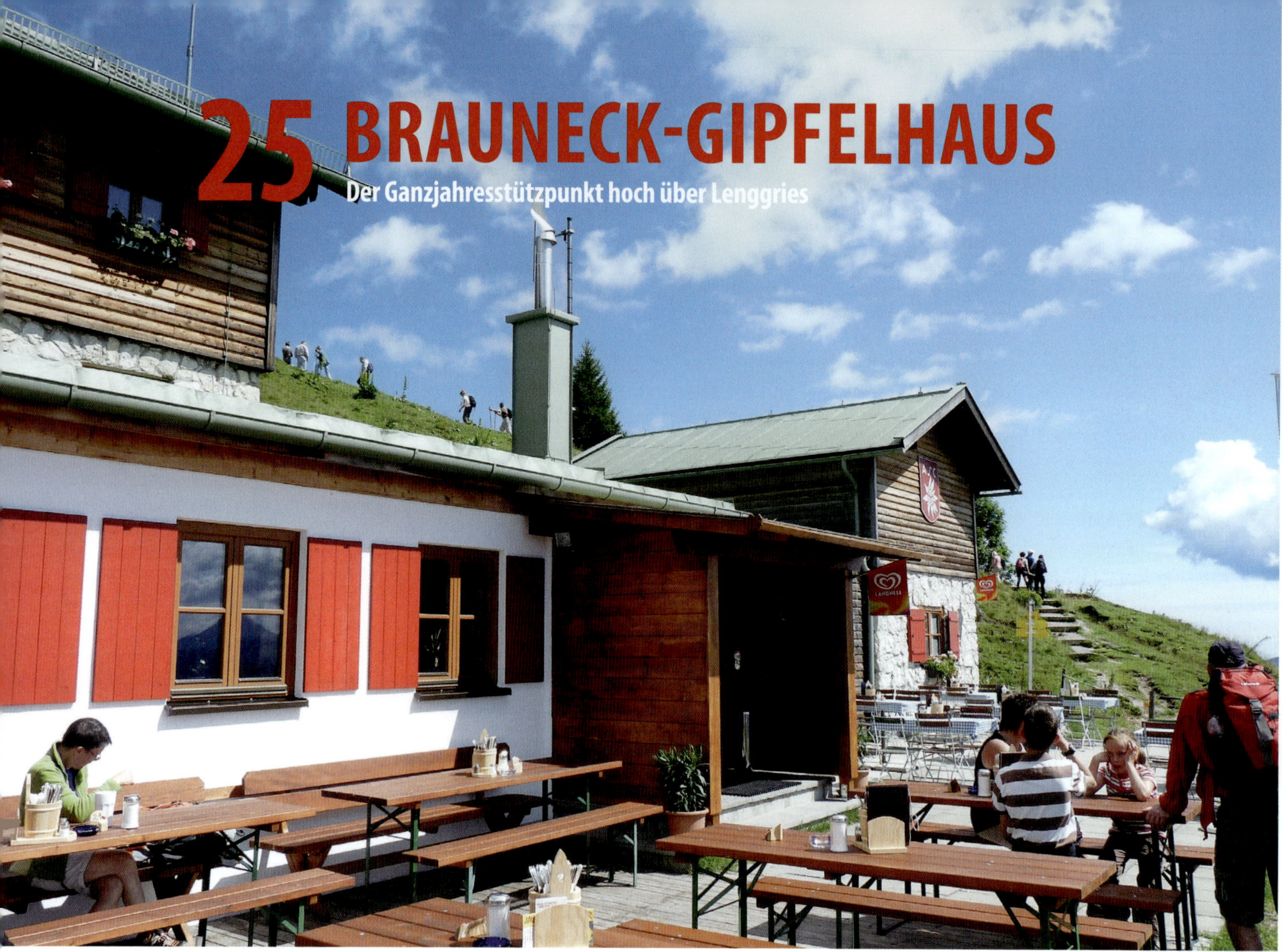

Von der Bergstation der Brauneckbahn sind es nur wenige Minuten bis zum Brauneck-Gipfelhaus, doch ein geübter Bergwanderer überwindet die Differenz zwischen Tal und Höhenkamm in zweieinhalb Stunden, da ist auch noch genug Energie vorhanden für einen Gipfelabstecher.

DER FAMILIENTIPP

Am Brauneck ist für alle Altersgruppen etwas geboten. Für einen Ausflug mit kleinen Kindern eignet sich der Panoramaweg am Gipfelkamm mit Rückkehr zur Bergstation über die Tölzer Hütte. Der direkte Weg zur Tölzer Hütte ist auch ideal für Sportkinderwägen. Ebenso der Weiterweg bis zur Stiealm.

Das Brauneck-Gipfelhaus heißt zwar so, steht aber doch nicht ganz auf dem Gipfel des Braunecks. Wie die Gondelbahn nahelegt, sind wir hier in einem Ganzjahresausflugsgebiet. Und so können wir selbst als Bergwanderer im Winter auftauchen und werden bestens versorgt. Auch wer hier etwas mehr Zeit verbringen will, ist gut bedient, denn die Hütte bietet vom Doppelzimmer über Vierbett- und Achtbettzimmer auch Gruppenlager an. Sogar ein Seminarraum ist vorhanden. Von der Vereinsfeier bis zum Geburtstagsfest für kleine und große Gruppen findet hier heroben alles statt. Das im Jahre 2005 komplett renovierte Haus bietet – neben einer Panoramaterrasse mit tollem Fernblick aufs Karwendelgebirge – im Inneren einen gemütlichen Kachelofen, falls es draußen mal stürmt oder die Temperaturen am Fallen sind. Und nicht selten spielen Musikanten auf und sorgen für allerbeste Stimmung.

Der Anstieg von Lenggries

Falls wir die bequeme Auffahrt mit der Gondelbahn verschmähen, folgen wir vom großen Parkplatz knapp unterhalb der Talstation dem rechts an dieser vorbeiführenden Wirtschaftsweg bis zum Bergfuß; wir bleiben auf diesem Weg, der nun in Kehren – jetzt aber im Wald – hinaufführt zur bewirtschafteten Reiseralm. Unser breiter Weg ist weiterhin gut ausgeschildert (Mark.-Nr. 451), endet aber an der Garlandalm. Von hier führt ein guter Bergwanderweg hinauf zur Bergstation der Brauneckbahn. Und dann sind es nur mehr fünf Minuten zum Brauneck-Gipfelhaus.

Der Abstieg über die Kotalm

Vom Brauneck-Gipfelhaus wandern wir zunächst hinauf zum Gipfel und folgen dann auf der Kammhöhe dem oberen Panoramaweg. Der Weg senkt sich wieder und trifft auf den breiten unteren Panoramaweg, der uns rechts haltend zur Tölzer Hütte bringt. Bei dieser gemütlichen Hütte können wir schon mal vorzeitig einkehren. Wir folgen danach dem steilen Fahrweg (besser links den guten Fußweg nehmen) hinab zur Quenger- und zur ebenfalls bewirtschafteten Strasseralm. Von hier geht's weiter

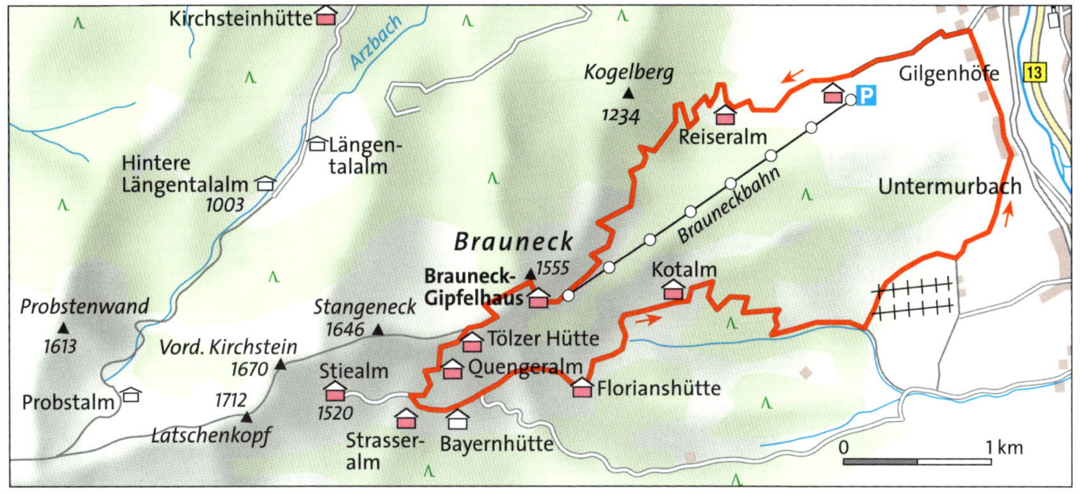

Am kreuzgeschmückten Gipfel des Braunecks (unten).

DER KÜCHENTIPP

Neben diversen Brotzeiten wie Presssack in Essig und Öl sowie einer Brotzeitplatte gibt es natürlich auch warme Gerichte, die nach Saison wechseln können, z. B. Ente zu Kirchweih oder Wildgerichte. Oder auch Süßspeisen wie Germknödel mit Vanillesauce und Apfelstrudel.

UND SONST NOCH ...

Auf dem Gipfel des Braunecks können wir die bunten Geräte der Gleitschirmpiloten und der Drachenflieger begutachten und den Akteuren bei ihrem waghalsigen Tun zusehen.

auf der links talwärts führenden Sandstraße, wir passieren die Bayernhütte und folgen dann bei einer Kurve geradeaus einem schmalen, ausgeschilderten Bergweg, der uns – seitlich vorbei an der Florianshütte – über einen Sattel hinab zur Kotalm bringt. Von dort wandern wir auf einem steilen und auch steinigen Wirtschaftsweg durch Wald hinab. Bei den ersten Wiesen queren wir links – oberhalb der Skilifte – hinüber zum bewirtschafteten „Milchhäusl". Ein schmales Teersträßchen bringt uns dann immer links haltend an den Bergfuß. Hier biegen wir links ab in die Zufahrtsstraße zur Brauneckbahn und kehren so zum Ausgangspunkt zurück.

Der Hüttengipfel

Brauneck, 1555 m: Unser Hüttengipfel ist die östlichste Erhebung der langen Hauptkette, die sich bis zur Benediktenwand erstreckt. Er zählt zu den beliebtesten Ausflugsgipfeln im Isarwinkel. Der Anstieg vom Brauneckhaus erfolgt auf breitem, völlig unschwierigem Wanderweg.

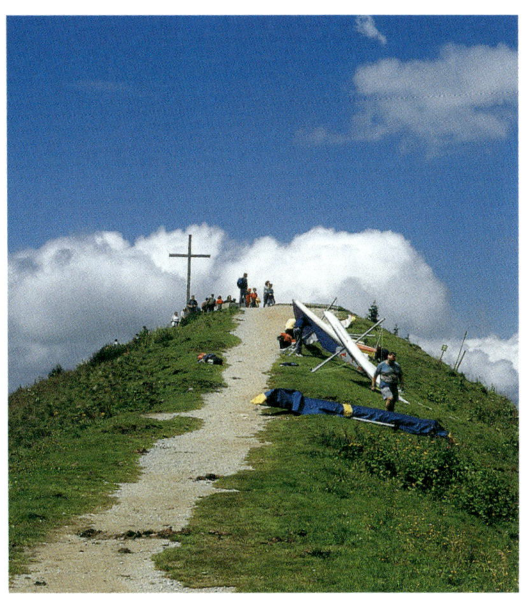

HÖCHSTE PUNKTE

Brauneck-Gipfelhaus, 1540 m; Brauneckgipfel, 1555 m.

ANFAHRT

Mit PKW: Auf der Salzburger Autobahn (A 8) bis Ausfahrt Holzkirchen, dann auf der B 13 über Bad Tölz nach Lenggries; dort über die Isarbrücke und weiter zur Talstation der Brauneckbahn. Großer Wanderparkplatz.
Oder über die Garmischer Autobahn (A 95) bis Ausfahrt Penzberg/Iffeldorf, dann weiter über Penzberg, Bad Heilbrunn und Bad Tölz nach Lenggries.
Mit Bahn & Bus: Mit der Oberlandbahn (BOB) bis Endstation Lenggries, dann mit Bus zur Talstation der Brauneckbahn.

AUSGANGSPUNKT

Wanderparkplatz an der Brauneckbahn (695 m).

GEHZEITEN

Hüttenweg: Von der Talstation über die Reiseralm 2½ Std., Abstieg über die Kotalm zur Talstation 2½ Std.
Gesamtgehzeit: 5 Std. Von der Bergstation der Brauneckbahn sind es 10 Minuten zum Alpenvereinshaus.
Gipfelweg: Vom Brauneck-Gipfelhaus 10 Minuten, Abstieg zum Haus 5 Minuten; insgesamt:15 Minuten.

ANFORDERUNG

Hüttenweg: Im Aufstieg z. T. breite Wirtschaftswege, dann breiter Bergwanderweg, im Abstieg zunächst Wirtschaftswege, dann teilweise schmale Wanderwege, von der Kotalm wieder Wirtschaftswege.
Gipfelweg: Bergwanderweg.

EINKEHR & ÜBERNACHTUNG

Brauneck-Gipfelhaus, 1540 m, Alpenvereinshaus der Kat. I, 80 Betten und Lager, nahezu ganzjährig bewirtschaftet, im November geschlossen, im Sommer Dienstag Ruhetag, im Winter Dienstag und Mittwoch; Tel. 08042/87 86.
Reiseralm, 920 m, nahezu ganzjährig bewirtschaftet.
Tölzer Hütte, 1500 m, privat, nahezu ganzjährig bewirtschaftet.
Quengeralm, 1440 m, privat, nahezu ganzjährig bewirtschaftet, Dienstag Ruhetag, 27 Betten; Tel. 08042/507 92 05.
Stiealm, 1520 m, nahezu ganzjähriger Betrieb, Dienstag und Mittwoch Ruhetag, 100 Betten bzw. Lager; Tel. 08042/23 36.
Kotalm, 1210 m, privat, nahezu ganzjährig bewirtschaftet, im Sommer Montag Ruhetag, 6 Betten, 34 Lager; Tel. 08042/25 95.

KARTE

Topographische Karte 1 : 50 000, Blatt „Tölzer Land – Starnberger See" (LDBV).

TOURIST-INFO

Tourist-Information, Rathausplatz 2, 83661 Lenggries, Tel. 08042/500 88 00, www.lenggries.de

26 TUTZINGER HÜTTE

Die Bio-Hütte am Fuße der Benediktenwand

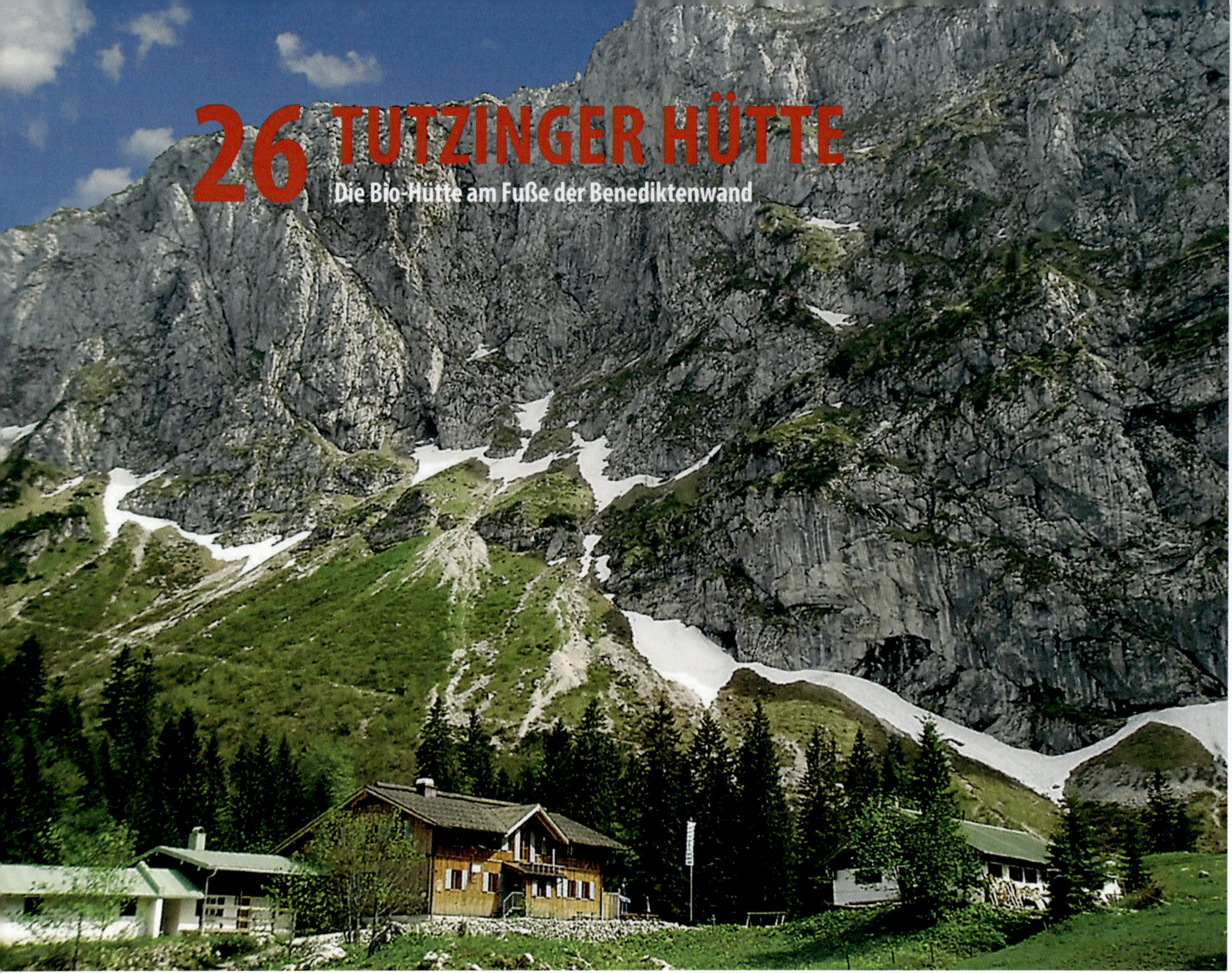

Die neu errichtete Tutzinger Hütte am Fuße der Benediktenwand bietet allen Komfort, den viele heute von einer Bergsteigerhütte erwarten.

DER FAMILIENTIPP

Auf der Tutzinger Hütte hat man sich auf besondere Bedürfnisse eingestellt. So gibt es Zustellbetten für Kleinkinder und extralange Betten für erwachsene „Riesen". Außerdem gibt es eine große Terrasse und davor einen kleinen Kinderspielplatz mit Schaukel.

Nachdem die alte, 1908 errichtete Urhütte – der Vorgängerbau gehörte ursprünglich dem königlich-bayerischen Heer – nicht mehr renovierungsfähig war, entschloss man sich zu einem kompletten Neubau. Seit dem Jahr 2000/2001 (Einweihung) steht nun am Fuß der Benediktenwand ein neues, allen modernen Erfordernissen gerecht werdendes Alpenvereinshaus, ganz aus Holz gebaut. Die Energie kommt von einem Blockheizkraftwerk, das mit einem Wärmetauscher gekoppelt ist. Das vorgefertigt gelieferte Haus wurde komplett neu möbliert, um Hausmilben und Sporen aus dem früheren Bau nicht zu übertragen. Es gibt Fußbodenheizung, Duschen und Warmwasser. In einem der zwei Aufenthaltsräume können wir uns bei niedrigen Temperaturen auch an einem Kachelofen wärmen. Aus allen Hähnen der Hütte kommt zudem Wasser in Trinkwasserqualität. Seit dem Jahre 2006 kann sich die Hütte mit dem Umweltgütesiegel des deutschen Alpenvereins schmücken. Die aktuellen Hüttenpächter sind Sabine und Thomas Jauernig mit Tini Seemüller.

Unsere hier vorgeschlagene Route ist etwas für Einsamkeitssucher, sie ist zudem auch etwas lang, aber reizvoll. Wer den schnellsten Zugang zur Hütte haben will, startet seine Tour am besten in Benediktbeuern und wandert durch das Lainbachtal hinauf. Auch wer lieber öffentlich anreist, nimmt diese Strecke.

Der Hüttenweg von Arzbach aus

Vom Wanderparkplatz im Längental folgen wir einem Wirtschaftsweg (Mark.-Nr. 466 sowie „Neulandhütte"). Zunächst wandern wir am Arzbach, dann am Lettenbach entlang. Bei der folgenden Wegverzweigung halten wir uns rechts. Nach etwa 20 Minuten folgen wir links dem Almweg zur Dudlalm. Über Wiesen geht es zur Längenbergalm (rechts ab geht es zur Neulandhütte). Über die Böden der Längenbergalm folgen wir dem markierten

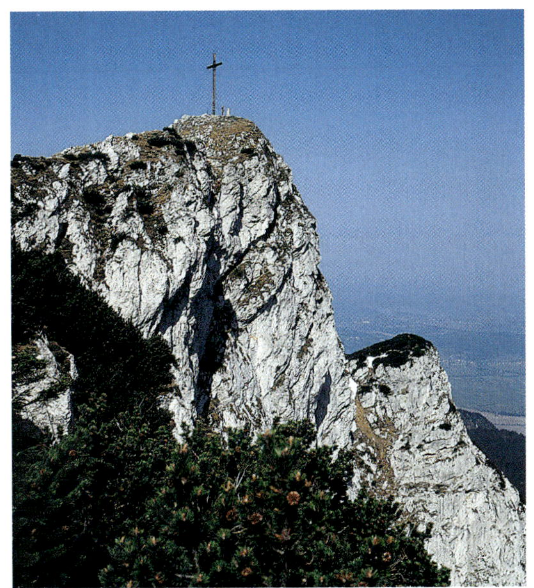

Der Gipfelfelsen der Benediktenwand vom Rotohrsattel.

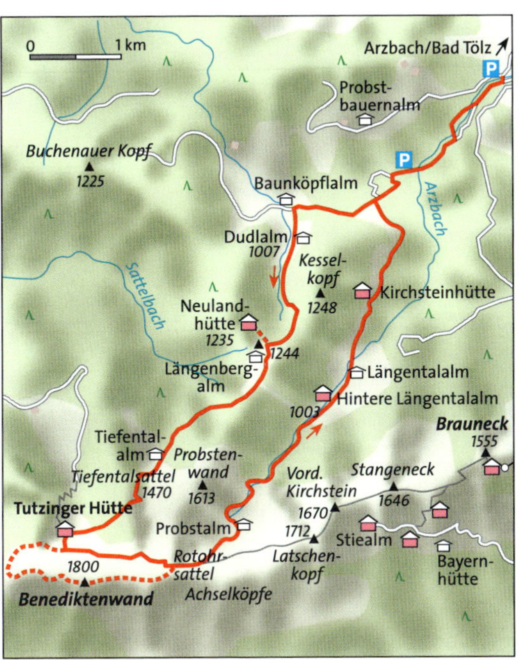

Wanderweg (Nr. 460) zur Tiefentalalm. Hier müssen wir nun die steilen Serpentinen zum Tiefentalsattel (1480 m) erklimmen, von dem es dann jenseits hinab zur bald sichtbaren Tutzinger Hütte geht.

Der Rückweg über den Rotohrsattel

Von der Tutzinger Hütte folgen wir links dem markierten Wanderweg, der dann in einen gesicherten Steig zum Rotohrsattel übergeht. Dort erreichen wir die Kammhöhe. Wir folgen dem „Maximiliansweg" (E 4) und wandern dann bald auf dem links abzweigenden Bergsteig hinab zur Probstalm. Auf unserem Weiterweg erreichen wir dann die Hintere Längentalalm. Ab hier schlendern wir auf einem Wirtschaftsweg – vorbei an der Kirchsteinhütte – hinaus zu unserem Ausgangspunkt.

Der Hüttengipfel

Benediktenwand, 1800 m: Wir folgen dem von der Tutzinger Hütte Richtung Westen führenden Bergweg (Wegtafeln). Er führt unter den Felsabstürzen der Nordwand hindurch. Bei einer Wegverzweigung (rechts ginge es zur Glaswandscharte und zum Rabenkopf) halten wir uns weiter geradeaus und steigen im zunehmend karstiger anmutenden Gelände von West nach Ost an und dem Gipfel entgegen. Knapp unterhalb steht ein kleines Hüttchen. Den Gipfel können wir auch auf unserem Rückweg einplanen. Am Rotohrsattel treffen wir dann wieder auf den Hüttenweg.

Der Abstieg erfolgt ostwärts auf einem bald mit Drahtseilen gesicherten Steig (Vorsicht: Der Fels ist sehr abgespeckt!). Beim Rotohrsattel halten wir zur Probstalm und sind damit auf unserem Abstiegsweg.

DER KÜCHENTIPP

Deftige Brotzeiten wie z. B. Speck- und Käseplatten, Bayerischer und Schweizer Wurstsalat, Suppen, Schinkennudeln, Kässpatzen und natürlich Kuchen, selbstverständlich selbst gemacht.

UND SONST NOCH ...

Für Hundehalter wurde auf der neuen Tutzinger Hütte ein eigener Schlafraum eingerichtet. Da bleiben kaum Wünsche offen.

HÖCHSTE PUNKTE

Tutzinger Hütte, 1327 m; Benediktenwand, 1800 m.

ANFAHRT

Mit PKW: Auf der Salzburger Autobahn (A 8) bis zur Ausfahrt Holzkirchen, dann auf der B 13 nach Bad Tölz; dort auf die B 472 in Richtung Bad Heilbrunn, jedoch gleich nach Überquerung der Isar rechts ab und weiter nach Arzbach. Im Ort der Ausschilderung „Blaika" und „Unternberg" folgen und weiter bis zum Ende der öffentlichen Fahrstraße (4 km von Arzbach); dort oberster Wanderparkplatz.

Mit Bahn & Bus: Mit der Bayerischen Oberlandbahn (BOB) bis Bad Tölz, dann mit Bus nach Arzberg.

Zu Fuß weiter zum Ausgangspunkt: ¾ Std.

AUSGANGSPUNKT

Wanderparkplatz im Längental (790 m).

GEHZEITEN

Hüttenweg: Vom Parkplatz Arzbach zur Tutzinger Hütte 3¾ Std., Rückweg über das Längental 4 Std.

Gesamtgehzeit: knapp 8 Std.

Gipfelweg: Von der Tutzinger Hütte 1½ Std., Abstieg zur Hütte 1 Std.; insgesamt: 2½ Std.

ANFORDERUNG

Zu Beginn Wirtschaftswege, dann überwiegend leichte Bergwanderwege; der Übergang über den Längenberg kann nach Regentagen feucht und matschig sein. Steile Passage am Tiefentalsattel. Der Rückweg über den Rotohrsattel und das Längental erfordert an einigen Passagen Trittsicherheit und Schwindelfreiheit.

EINKEHR & ÜBERNACHTUNG

Tutzinger Hütte, 1338 m; Alpenvereinshütte der Kat. I, 91 Betten und Lager, von Mitte April bis Anfang November und in den Weihnachts- und Osterferien bewirtschaftet; Tel. 0175/164 16 90.

Neulandhütte, 1235 m, Selbstversorgerhütte des Alpenvereins, im Sommer an Wochenenden bewartet, 25 Lager.

Hintere Längentalalm, 1003 m, während der Weidezeit einfach bewirtschaftet.

Kirchsteinhütte, 1050 m, privat, nahezu ganzjährig bewirtschaftet, im Sommer Dienstag/Mittwoch Ruhetage, 41 Betten, Übernachtung nur auf Anfrage; Tel. 0172/852 77 95.

KARTE

Topographische Karte 1 : 50 000, Blatt „Tölzer Land – Starnberger See" (LDBV).

TOURIST-INFO

Tourist-Information, Max-Höfler-Platz 1, 83646 Bad Tölz, Tel. 08041/786 70, www.bad-toelz.de

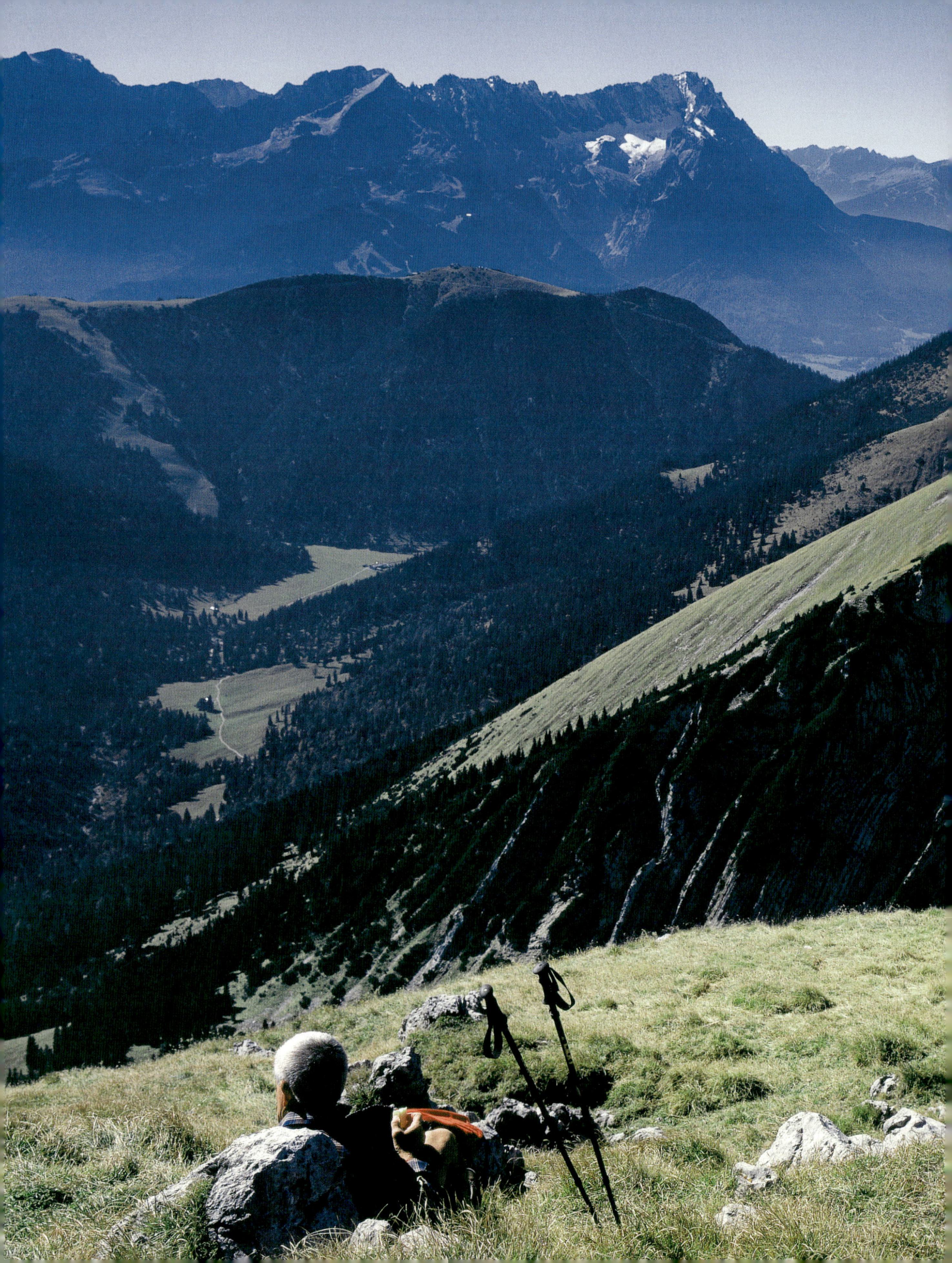

ESTERGEBIRGE

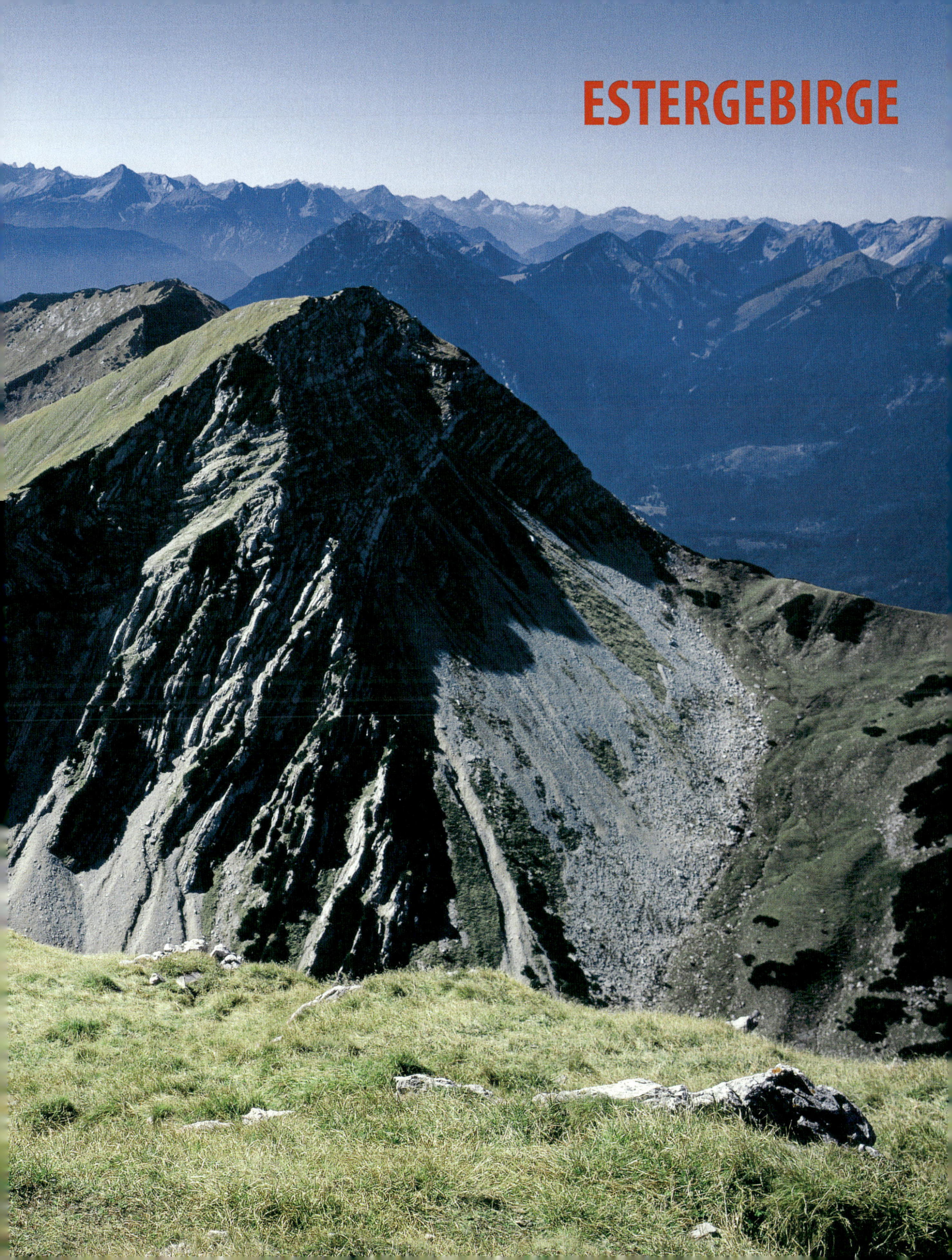

27 WEILHEIMER HÜTTE

Im einsamsten Gebirge der bayerischen Voralpen

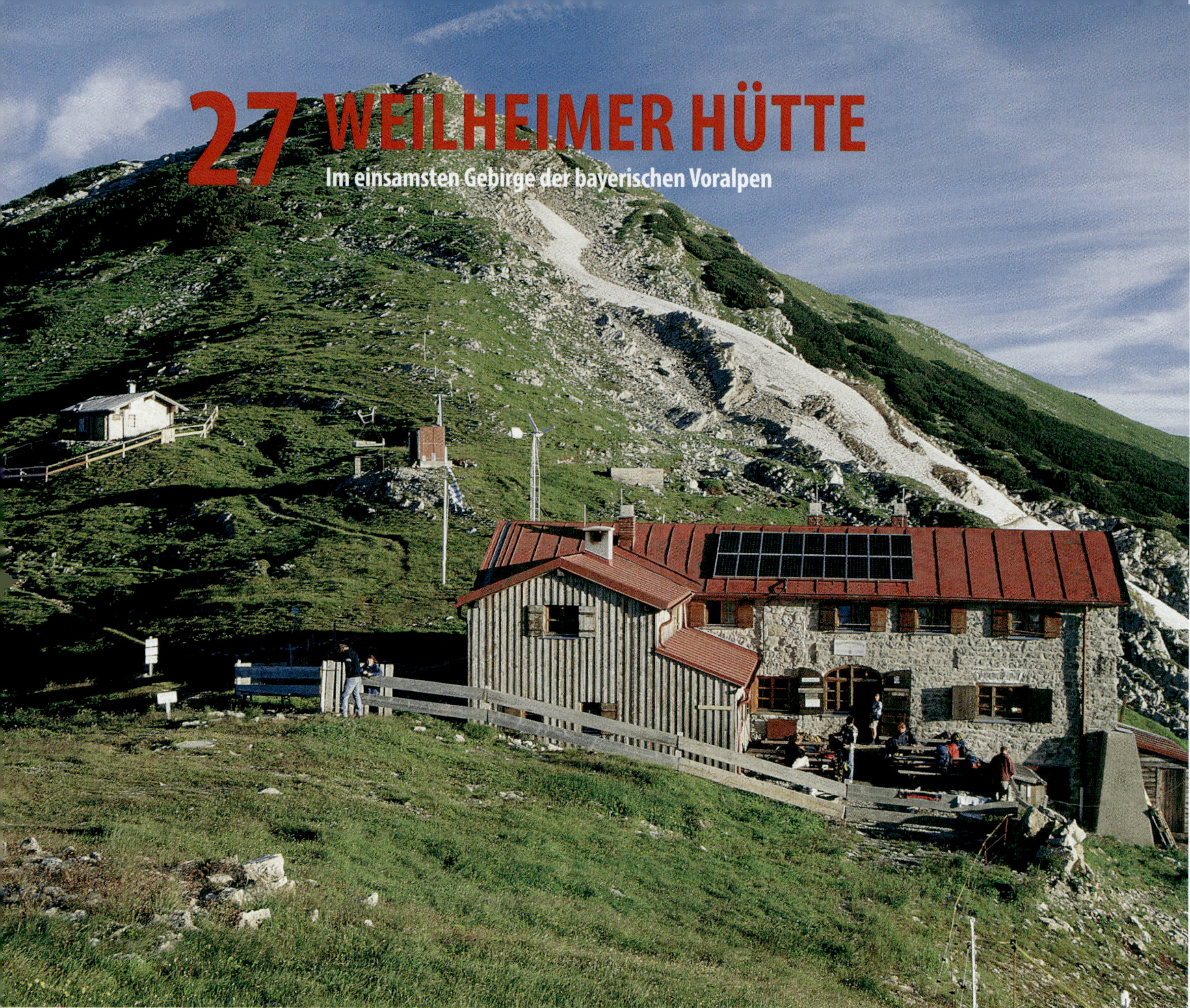

Die Weilheimer Hütte – auch Krottenkopfhütte genannt – ist die höchst gelegene Alpenvereinshütte in den bayerischen Voralpen.

Vorangehende Doppelseite: Blick vom Krottenkopf im Estergebirge über den Bischof auf Alpspitze und Zugspitze.

DER FAMILIENTIPP

Nicht weit von Krün gibt es zwei Badeseen, den Barmsee und den Grubsee. Zu beiden ist ein kleiner Spaziergang erforderlich. Der Barmsee ist ein naturbelassener See ohne Bebauung mit reizvollen buckeligen Liegewiesen an seinem Nordwestufer, am Grubsee finden wir eine kleine Badeanstalt vor (Eintrittsgebühr).

Trotz der Nähe zu Garmisch-Partenkirchen ist das Estergebirge ein einsames Gebirge geblieben. Zu stark ist die Konkurrenz der umliegenden Gebirgsgruppen wie Wettersteingebirge oder Karwendel. Dies drückt sich auch in der Zahl der bewirtschafteten Hütten aus.

Die 1884 errichtete Weilheimer Hütte ist nicht nur die höchst gelegene Unterkunftshütte in den bayerischen Voralpen, sie gehört auch zu den ältesten. Da alle Hüttenanstiege recht lang sind, empfiehlt sich dort oben eine Übernachtung – auch wegen der herrlichen Stimmungen des letzten Abendlichtes und ganz früh am Morgen. Im Sommer weiden rund um die Hütte 30 Stück Jungvieh, in Gipfelnähe kommen gerne mal Gämsen in den Blick, und mit etwas Geduld können wir dort oben auch Schneehühner, Birkwild und Auerhähne beobachten.

Von Wallgau auf dem Krüner Steig

Beim Kurgästehaus von Wallgau beginnt unser Weg. Zunächst als breite Forststraße, die gut ausgeschildert Richtung Krüner Alm führt. Nach einer halben Stunde zweigen wir links ab, ein Waldweg, nun etwas steiler, aber auch interessanter. Er berührt die Forststraße weiter oben noch einmal; wir aber bleiben so lange auf unserem Waldsteig, bis wir dort auf eine weitere Forststraße stoßen, wo sie eine scharfe Linkskehre beschreibt. Auf dieser Forststraße bleiben wir, bis an ihrem Ende ein kleiner, markierter Steig hinaufführt zur Krüner Alm (1621 m).

Von der Alm geht es auf dem „Krüner Steig" weiter: an den waldigen Ausläufern des Klaffen entlang zur Lochtalalm und um den Angerlboden herum. Prachtvoll wird die Aussicht, wo wir den Höhenweg erreichen, der die Hohe Kisten am Nordende

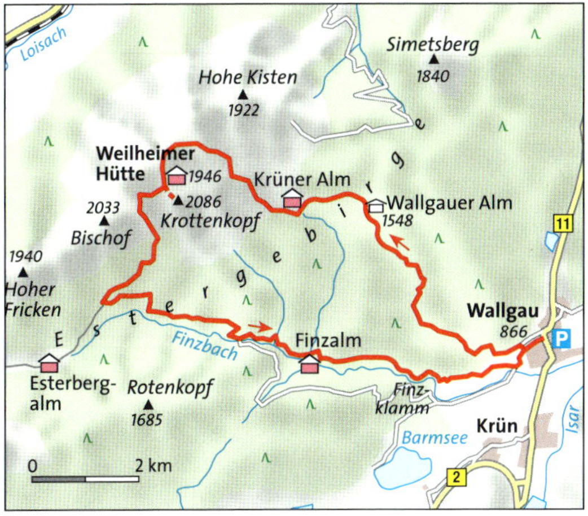

des Estergebirges mit dem Krottenkopf im Süden verbindet. Auf dem Höhenweg gehen wir links und bummeln den Tag genießend hinüber zur Weilheimer Hütte.

Der Rückweg über die Finzalm

Von der Weilheimer Hütte folgen wir dem ausgeschilderten Wanderweg durch die Westhänge des Krottenkopfs hinab zur Waldgrenze und weiter Richtung Esterbergalm. Wir stoßen dann auf den Wirtschaftsweg, der von der Esterbergalm über die Finzalm hinaus nach Wallgau führt (aber die bewirtschaftete Esterbergalm wäre schon auch noch einen Abstecher wert …).

Der Hüttengipfel

Krottenkopf, 2086 m: Es ist nur eine halbe Stunde von der Hütte zum Gipfel – eine halbe Stunde, die sich mehr als lohnt! Von der Hüttentür steigt man unübersehbar zum Gipfelgrat und auf diesem unschwierig zum Kreuz. Die Aussicht: Karwendel,

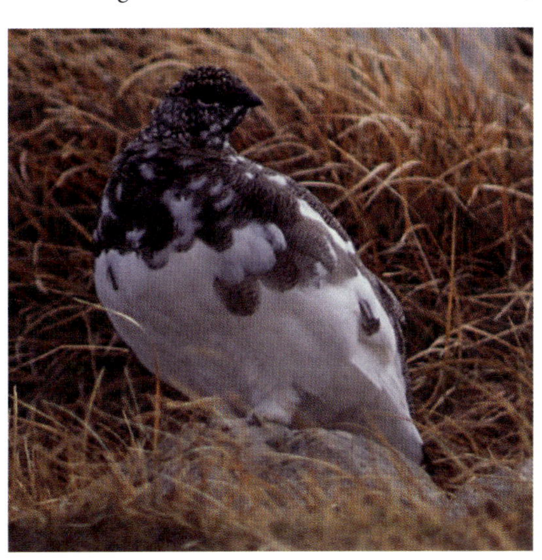

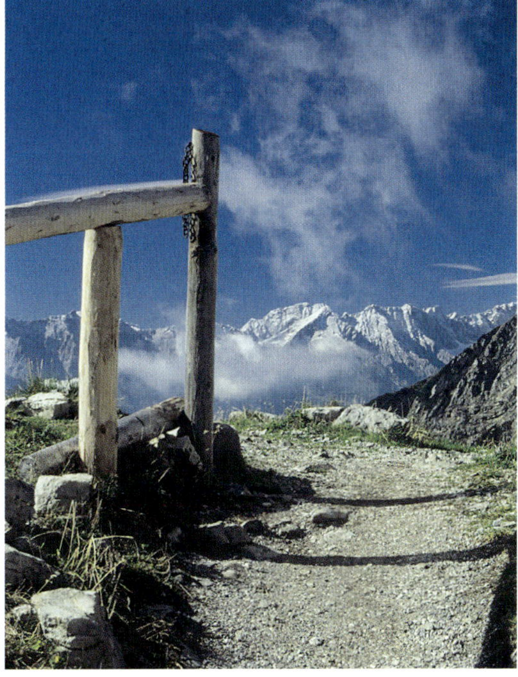

Wetterstein, Ammergauer Alpen, bayerische Voralpen und, ganz im Süden, die Gletscherberge des Stubais. Stundenlang möchte man verweilen.

Blick auf das Karwendel (links). In Hüttennähe können wir mit etwas Glück Schneehühner zu Gesicht bekommen (unten).

DER KÜCHENTIPP

Die Weilheimer Hütte ist Mitglied der Aktion des Deutschen Alpenvereins „So schmecken die Berge“. Es gibt keine feste Speisekarte. Es kommt auf den Tisch, was gerade im Angebot ist. Das können dann ein Gamsgulasch, Spinatknödel oder Speck-Kas-Knödel sein. Selbst gemachte Suppen sind eine weitere Spezialität: z. B. Selleriesuppe, Knödelsuppe oder Lauchsuppe. Für die „Süßen“ unter uns sind hausgemachte Kuchen oder auch Nussecken dabei.

UND SONST NOCH …

Im Ortszentrum von Wallgau können wir die vielleicht schönsten Lüftlmalereien im bayerischen Oberland bewundern. In einem dieser Häuser, in der „Alten Post“, einem Bau aus dem Jahre 1621, können wir am Ende unserer Tour sogar einkehren.

HÖCHSTE PUNKTE

Weilheimer Hütte, 1946 m; Krottenkopf, 2086 m.

ANFAHRT

Mit PKW: Auf der Garmischer Autobahn (A 95) bis zur Ausfahrt Murnau/Kochel und über die Kesselbergstraße nach Wallgau (oder über Garmisch), parken im Ort.
Mit Bahn & Bus: Mit der Bayerischen Oberlandbahn (BOB) über Weilheim nach Kochel; von dort mit RVO-Bus nach Wallgau (bzw. von Garmisch mit dem Bus dorthin).

AUSGANGSPUNKT

Ortsmitte von Wallgau (866 m).

GEHZEITEN

Hüttenweg: Von Wallgau über die Krüner Alm 4½ Std., Abstieg über die Finzalm 4 Std. Gesamtgehzeit: 8½ Std.
Gipfelweg: Von der Weilheimer Hütte ½ Std., Abstieg zur Hütte 20 Min.; insgesamt: 50 Minuten.

ANFORDERUNG

Langer, aber leichter Hüttenanstieg von Wallgau. Vor allem der Weg über die Finzalm verläuft zum großen Teil auf Wirtschaftswegen. Der Gipfelanstieg ist leicht und verläuft über einen Bergpfad.

EINKEHR & ÜBERNACHTUNG

Weilheimer Hütte, 1946 m, AV-Hütte, Kat. I, 10 Betten, 50 Lager, 5 Notlager, von Mitte Mai bis Mitte Oktober bewirtschaftet; Tel. 0170/270 80 52. Winterraum mit AV-Schlüssel zugänglich.
Krüner Alm, 1621 m, privat, im Juli und August einfach bewirtschaftet.
Finzalm, 1100 m, Niederleger der Krüner Alm, von Ende Mai bis Ende Juni und von Ende August bis Mitte September bewirtschaftet.

KARTE

Topographische Karte 1 : 50 000, Blatt „Werdenfelser Land – Ammergebirge“ (LDBV).

TOURIST-INFO

Tourist-Information, Mittenwalder Str. 8, 82499 Wallgau, Tel. 08825/92 50 50, www.wallgau.de

28 WANKHAUS

Das Gipfelhaus über dem Werdenfelser Land

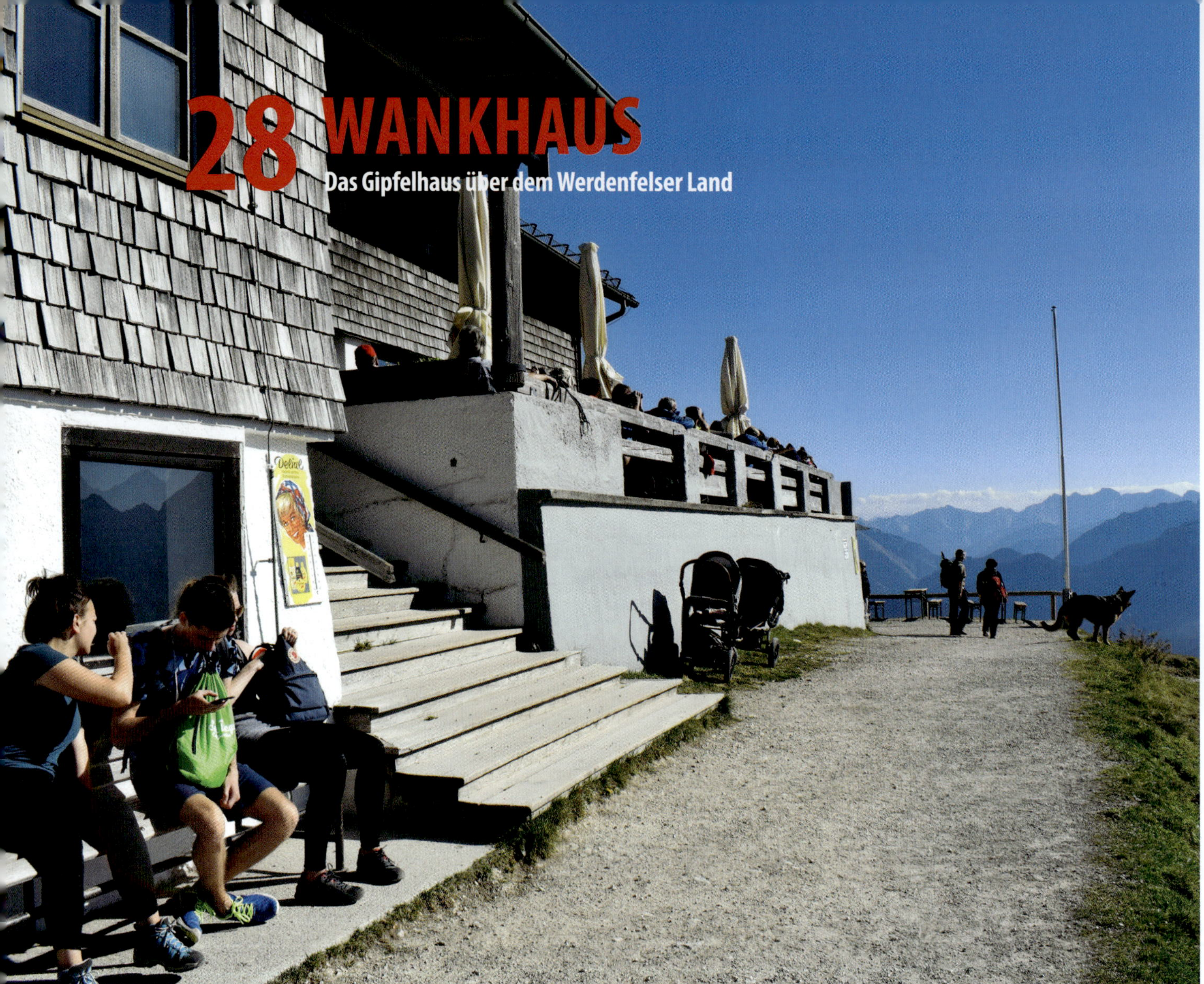

Das Wankhaus ist seit ein paar Jahren wieder ein Unterkunftshaus für Bergwanderer.

DER FAMILIENTIPP

Auf dem kleinen Plateau des Wank-Gipfels mit seinen Erhebungen wie Ameisberg und Roßwank haben wir breite Wanderwege zu verschiedenen Aussichtspunkten und Rast- bzw. Picknickplätzen. Ein ideales Terrain also für Kinder, um Entdeckungen zu machen. Die Strecke aus dem Tal zur Esterbergalm kann mit Sportkinderwägen bewältigt werden.

Der Wank liegt den steil und mächtig aufragenden Felsgipfeln des Wettersteingebirges direkt gegenüber. Zudem genießt er eine Insellage, da er dem Krottenkopf, dem höchsten Gipfel des Estergebirges, dem ja auch der Wank angehört, vorgelagert ist. Ideale Bedingungen also für einen aussichtsreichen Panoramablick. Und in der Tat: Der Blick reicht vom Alpenvorland über die Vorberge, das Karwendel und das Wetterstein bis hinüber zu den Ammergauer Alpen.

Das Alois-Huber-Haus, so der korrekte Name des Alpenvereinshauses auf dem Wank, ist in den Bayerischen Alpen eine der ganz wenigen Hütten, die tatsächlich direkt auf einem Gipfel platziert ist. Erbaut wurde es im Jahre 1911. Initiator war der Schatzmeister der Alpenvereinssektion Garmisch, dem dieses Haus dann auch gewidmet wurde. Nach dem Bau der Wankbahn war das Wankhaus über Jahrzehnte nur mehr Einkehrstelle für Tagesausflügler, die bequem heraufgondelten. Seit einigen Jahren können wir im Wankhaus aber auch wieder übernachten. Somit bietet es aufgrund seiner Lage einen idealen Stützpunkt, um filmreife Sonnenuntergangs- und Sonnenaufgangserlebnisse hoch über dem Talbecken von Garmisch-Partenkirchen zu genießen. Im Sommer grast das Jungvieh von der Esterbergalm bis hinauf zum Wankgipfel und begleitet den Schlaf der dort nächtigenden Wanderer mit sanftem Kuhglockengeläute.

Ein guter Tipp: Auf dem Wank gibt es gleich mehrere klimatherapeutische Höhenwege, die sich bestens in diese Wanderung integrieren lassen!

Der Hüttenweg von der Mittelstation

Ein markierter Wanderweg führt von der Mittelstation am Schafkopf zunächst eben, dann anstei-

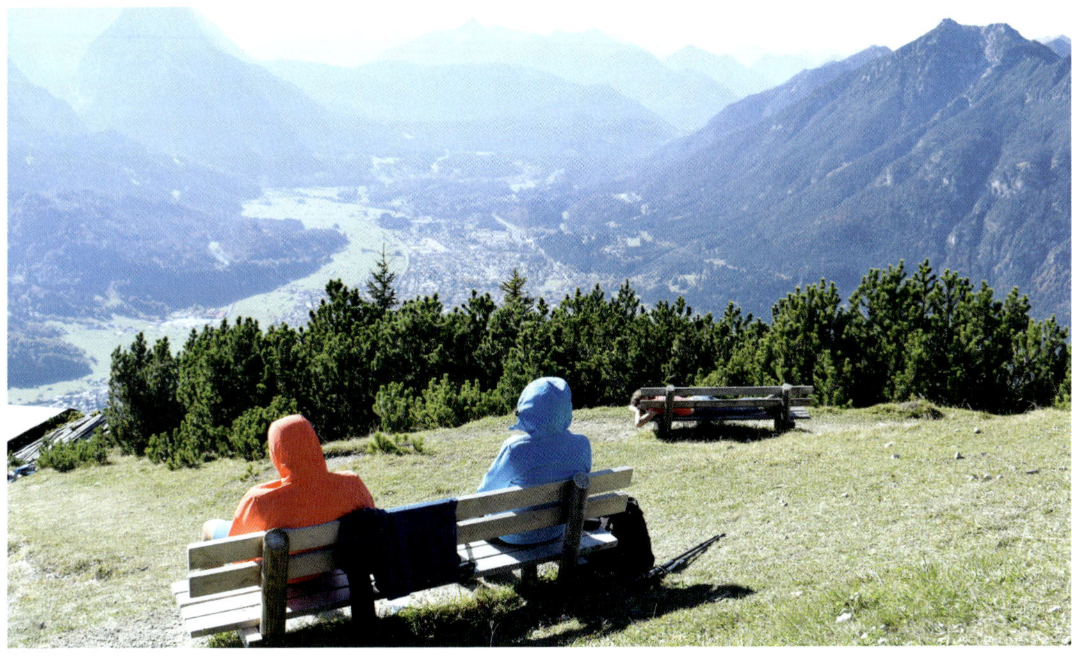

Auf dem Gipfelplateau des Wank gibt es reizvolle Spazierwege.

gend durch Wald in einen Bachgraben, den wir ausgehen, und folgen dann weiterhin dem Weg zur Eckenhütte; bei der Wegverzweigung halten wir uns jedoch links und folgen nun dem ausgeschilderten Weg (Mark.-Nr. 411) weiter bergan in weiten Kehren durch Wald, zuletzt durch Latschen, hinauf zum weitläufigen Gipfelplateau des Wank mit dem Wankhaus auf dessen höchsten Punkt.

Abstieg über die Esterbergalm

Vom Wankhaus folgen wir zunächst dem westlich ziehenden Höhenkamm, bis steile Serpentinen (Mark.-Nr. 413) hinabführen Richtung Esterbergalm. Bei einer Wegverzweigung halten wir uns gemäß der Ausschilderung rechts zur bewirtschaften Alm. Hier lohnt noch eine Almbrotzeit, und dann geht's gut beschildert aber ganz schön steil an der Daxkapelle vorbei zur Wankbahn-Talstation.

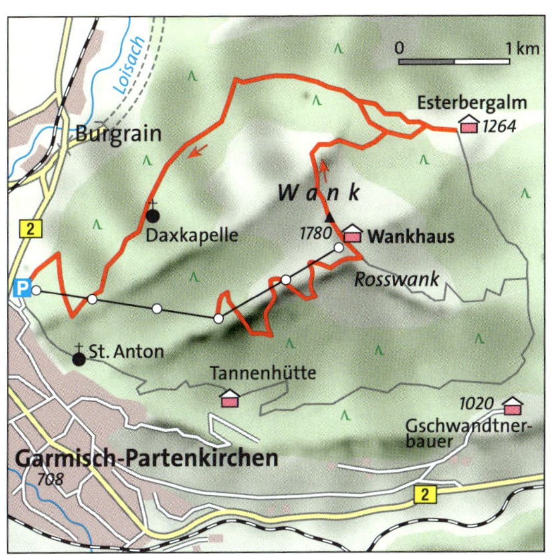

DER KÜCHENTIPP

Die Küche ist ganz auf die Bedürfnisse der Wanderer eingestellt. Eine Besonderheit ist der Buchweizenkuchen, der selbst gemacht auf den Tisch kommt.

UND SONST NOCH …

Ein Besuch des Heimatmuseums (Werdenfelser Museum) im Ortsteil Partenkirchen, in der Ludwigstraße 47. Das in einem alten Bürgerhaus aus dem 17./18. Jahrhundert untergebrachte Museum hat seinen Schwerpunkt in der bürgerlichen und bäuerlichen Kultur der ehemaligen Grafschaft Werdenfels. Öffnungszeiten: Dienstag bis Sonntag von 10–17 Uhr.

HÖCHSTER PUNKT

Wankhaus, 1780 m; Wank, 1780 m

ANFAHRT

Mit PKW: Auf der Garmischer Autobahn (A 95) bis zu deren Ende, dann auf der B 2 nach Garmisch-Partenkirchen und weiter in Richtung Mittenwald, bis links die Straße zur Talstation der Wankbahn abzweigt.
Mit Bahn & Bus: Mit dem Werdenfels-Takt nach Garmisch-Partenkirchen, dann mit Bus zur Talstation der Wankbahn im Ortsteil Partenkirchen.

AUSGANGSPUNKT

Wanderparkplatz an der Talstation der Wankbahn (740 m) bzw. an der Mittelstation (1745 m).

GEHZEITEN

Hüttenweg: Von Garmisch über Esterbergalm: 3 Std.; Abstieg über Gschwandtnerbauer: 3 Std.;
Anstieg über die Gamshütte: 2½ Std.; Anstieg von Wallgau: 4½ Std.
Gipfelweg: Mehrere kleine Erhebungen, die in wenigen Minuten erreicht werden können.

ANFORDERUNG

Hüttenweg: Überwiegend Bergwanderwege und -steige.
Gipfelwege: Breite Wanderwege auf dem abgeflachten Gipfel des Wank.

EINKEHR & ÜBERNACHTUNG

Wankhaus, 1780 m, AV-Haus, Kat. II, ganzjährig bewirtschaftet, 20 Betten und Lager; Tel. 08821/562 01.
Esterbergalm, 1265 m, ganzjährig bewirtschaftet, im November geschlossen, Dienstag und Mittwoch Ruhetag.

KARTE

Topographische Karte 1 : 50 000, Blatt „Werdenfelser Land – Ammergebirge" (LDBV).

TOURIST-INFO

Tourist-Information, Richard-Strauß-Platz 2, 82467 Garmisch-Partenkirchen,
Tel. 08821/180 700, www.gapa.de

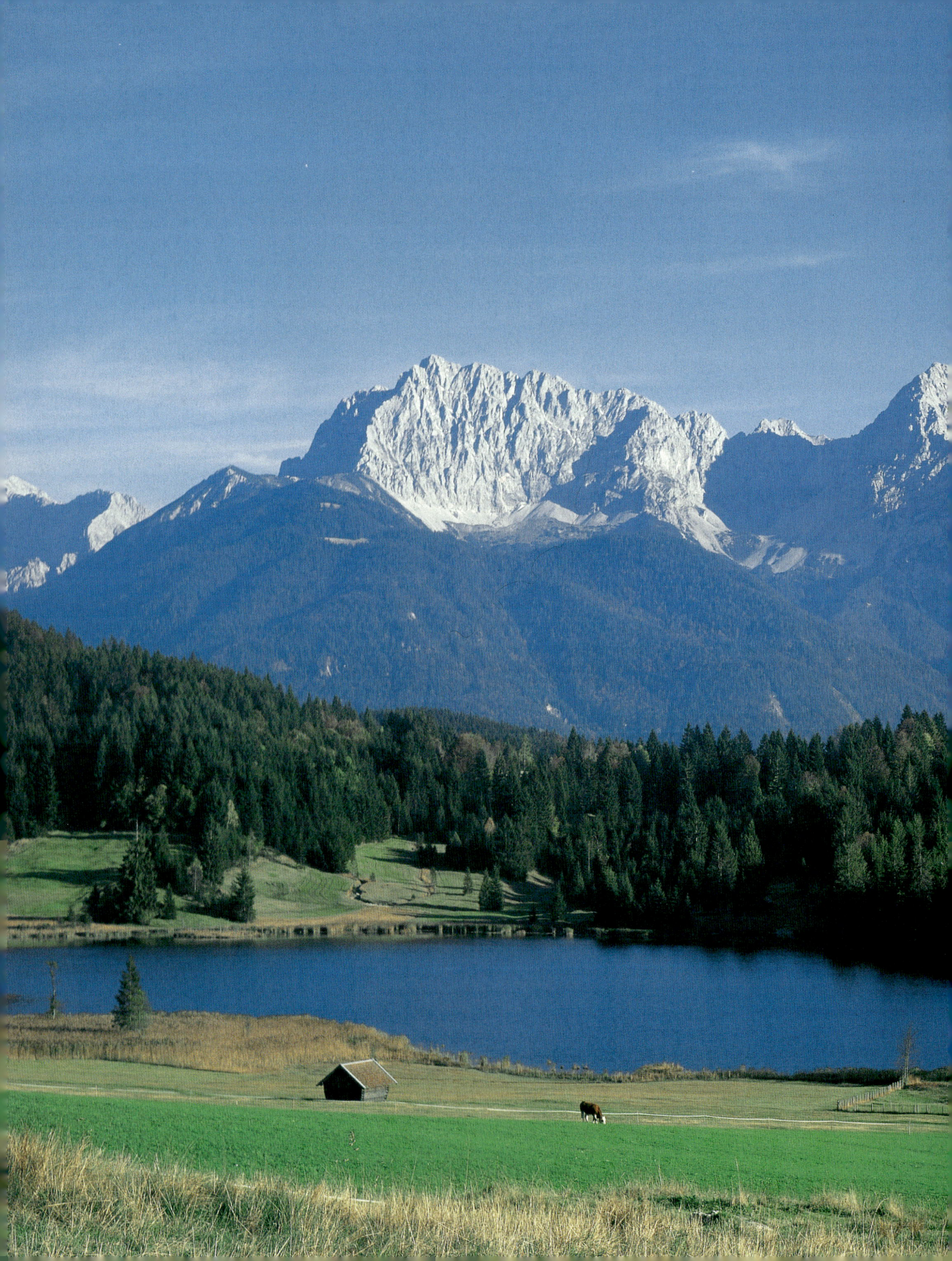

KARWENDELGEBIRGE

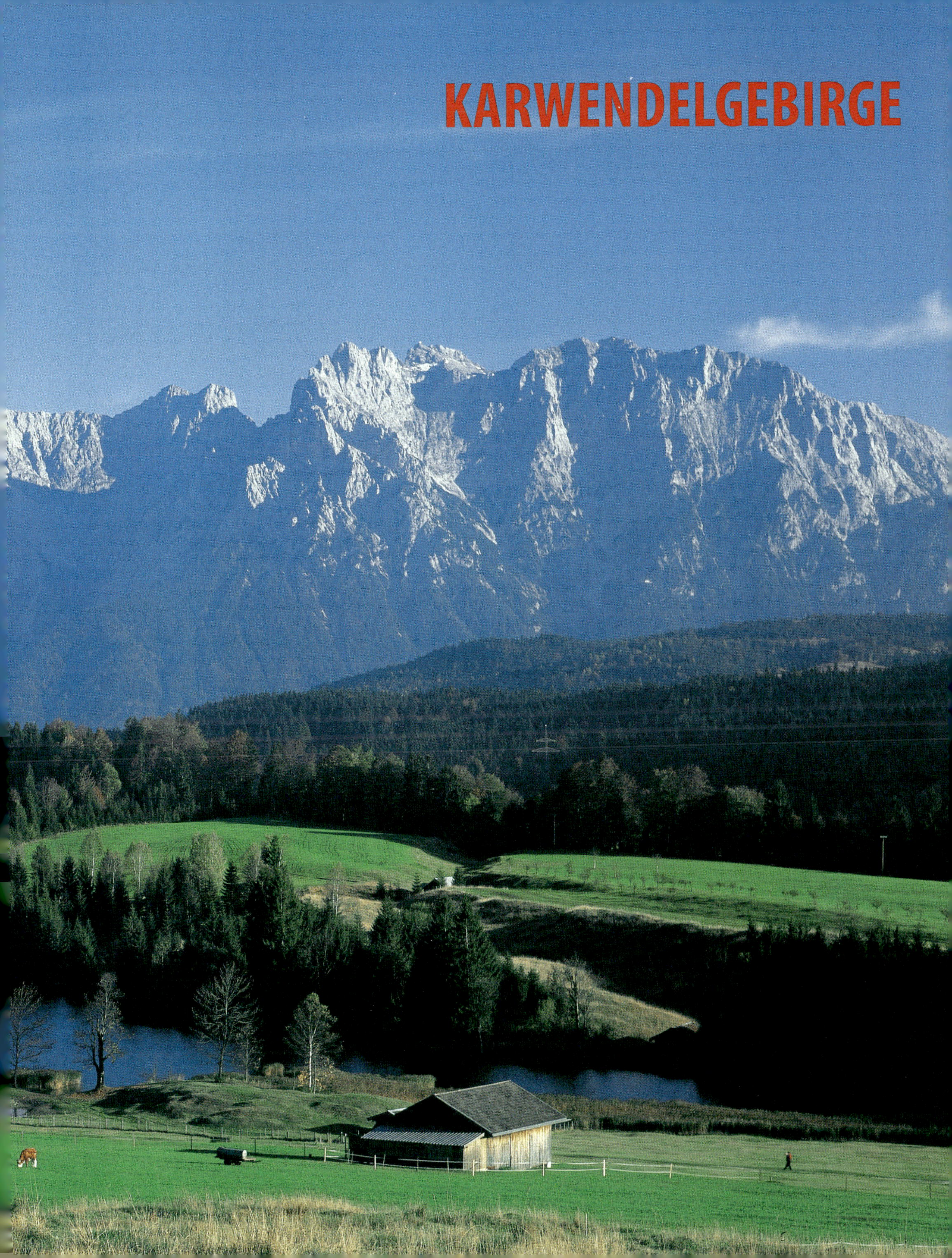

29 TÖLZER HÜTTE

Der Tourenklassiker in den Voralpen

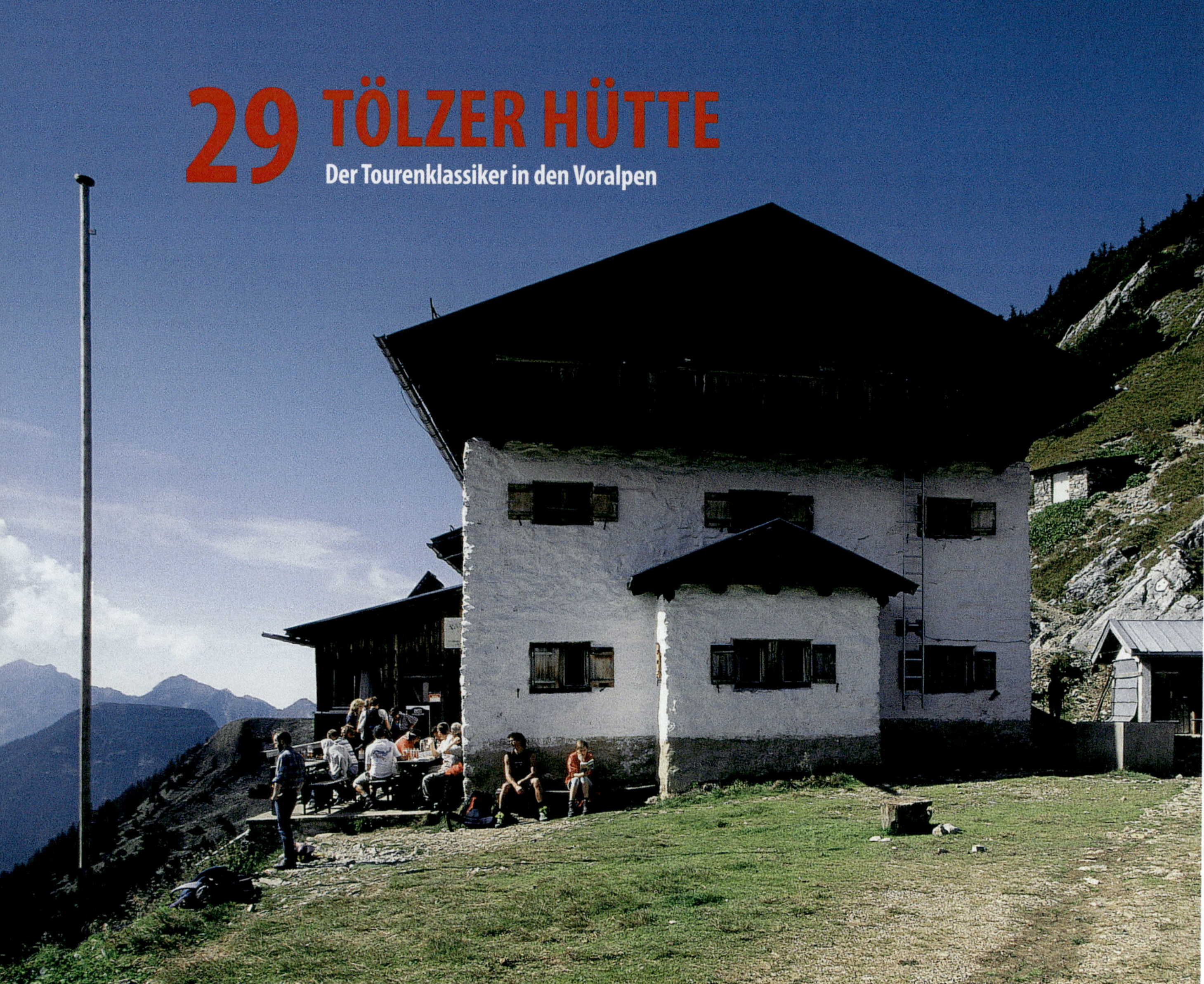

Die Tölzer Hütte liegt hoch über dem Rißbachtal auf der Westseite des Schafreuters.

Vorangehende Doppelseite: Das Karwendelgebirge mit Wörner und Westlicher Karwendelspitze; im Vordergrund der Geroldsee.

DER FAMILIENTIPP

Gepäcktransport für Familiengruppen ist möglich. Ein Nebenraum der Tölzer Hütte ist für Familien reserviert. Eine Aufstiegsrally sowie Geocaching rund um die Hütte bringen Abwechslung für Kinder.

Würde man nicht wissen, dass es sich hier um eine Berghütte handelt, könnte man die Tölzer Hütte für einen hochgelegenen Bergbauernhof halten. Bei seiner Erbauung Anfang der zwanziger Jahre des vergangenen Jahrhunderts hat offenbar ein solcher Pate gestanden. In der Zwischenzeit wurde die veritable „Hütte" mehrmals erweitert, umgebaut und saniert. Heute verfügt dieses Unterkunftshaus der Sektion Tölz des Deutschen Alpenvereins über eine moderne, sprich umweltfreundliche Energieversorgung durch eine Wind- und Solaranlage. Die Hütte steht an aussichtsreicher Position am steilen Gipfelhang des Schafreuters, mit herrlichem Blick auf das Karwendelgebirge.

Alljährlich im Juni findet ein großes Sonnwendfeuerfest statt und am zweiten Sonntag im Oktober eine Bergmesse, um das Ende der Hüttensaison zu begehen.

Der Aufstieg vom Parkplatz Leckbach

Der Steig, der beim Parkplatz an der Einmündung des Leckbaches beginnt, ist ganz schön steil (Mark.-Nr. 239)! Lange zieht er im Wald bergan, bis er beim Pfannlochgraben lichteres Gelände erreicht. Von zwei Wegvarianten nehmen wir hier die linke und steigen in weitem Rechtsbogen durch Latschenfelder hinauf zur Tölzer Hütte.

Der Abstieg über die Moosenalm

Von der Tölzer Hütte führt ein leichter Höhenweg (Mark.-Nr. 237 und S 1) durch freies Gelände und Latschenhänge hinüber zur Moosenalm. Von dort führt dann ein schmaler Steig hinab zur Oßwaldhütte im Rißtal (alternativ gibt es auch noch eine neue Almstraße hinab ins Tal). Nun entweder zu Fuß in einer Dreiviertelstunde zurück zum Ausgangspunkt oder mit dem Bus nach Bad Tölz.

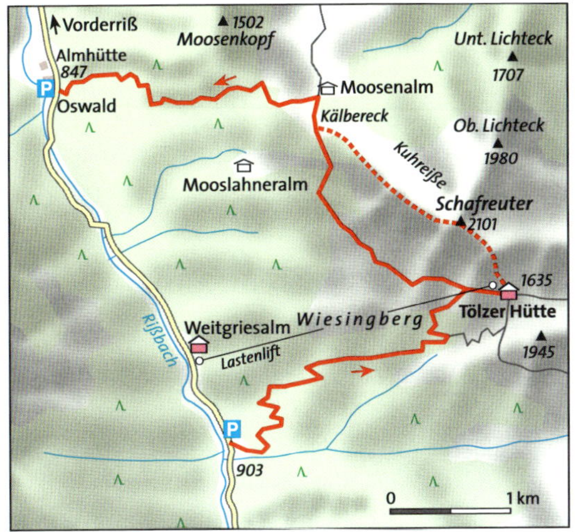

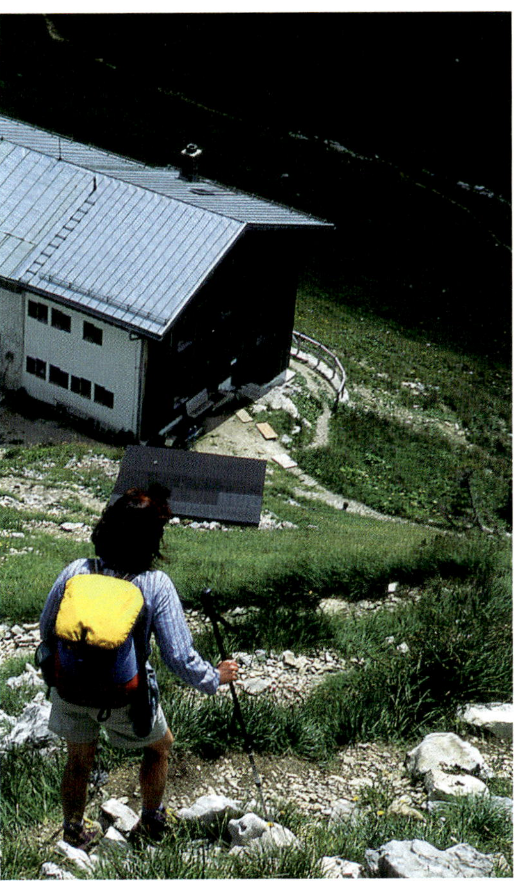

Abstieg vom Schafreuter zur Tölzer Hütte (links). Der Blaue Eisenhut wächst bevorzugt auf den Karfluren der höheren Lagen (unten).

Der Hüttengipfel

Schafreuter, 2101 m: Dieser Gipfel über der Tölzer Hütte ist ein wunderbarer Aussichtsberg, denn er liegt den großen Karwendelgipfeln direkt gegenüber. Von der Tölzer Hütte führt uns ein guter Bergsteig in Serpentinen zunächst im freien Gelände über seinen südlichen Gratrücken, dann durch Latschen zu den Gipfelfelsen. Über eine gesicherte Schrofenrinne erreichen wir den höchsten Punkt, den seit kurzem ein neues Gipfelkreuz aus Eichenholz schmückt. Abstiegsvariante: Vom Gipfel können wir dann direkt über den Nordwestrücken absteigen, wo wir beim Kälbereck wieder auf unseren Hüttenweg stoßen.

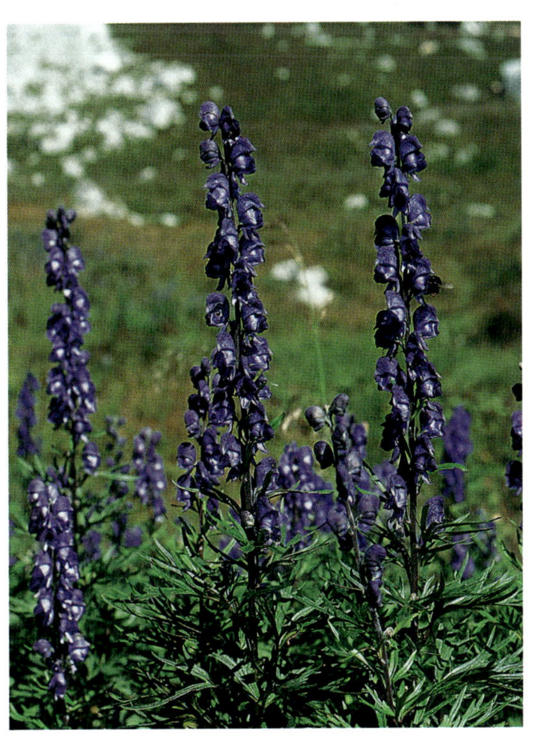

DER KÜCHENTIPP

Für hungrige Bergsteiger gibt es täglich zwei frische Suppen (z. B. Kaspressknödel), Pfannenschnitzel, Gulasch, Schweinsbraten und Kuchen sowie diverse Brotzeiten. Und selbstverständlich ist fast alles selbst gemacht.

UND SONST NOCH ...

Die Tölzer Hütte liegt im „Naturpark Karwendel". Er umfasst – zusammen mit dem bayerischen Teil eine Gesamtfläche von etwa 920 km². Es ist damit das größte zusammenhängende Schutzgebiet der Nördlichen Kalkalpen. In Hinterriß befindet sich dazu ein Besucherzentrum mit informativer Dia-Show. Öffnungszeiten: täglich von 11–18 Uhr; Tel. 0043/52 45-289 14, www.karwendel.org

HÖCHSTE PUNKTE

Tölzer Hütte, 1635 m; Schafreuter, 2101 m.

ANFAHRT

Mit PKW: Auf der Salzburger Autobahn (A 8) bis Ausfahrt Holzkirchen, dann weiter über Bad Tölz, Lenggries, Fall und Vorderriß zum Wanderparkplatz Leckbach im Rißtal.
Mit Bahn & Bus: Mit der Bayerischen Oberlandbahn (BOB) bis Lenggries, dann mit dem RVO-Bergsteigerbus zum Parkplatz Leckbach.

AUSGANGSPUNKT

Wanderparkplatz Leckbach (963 m).

GEHZEITEN

Hüttenweg: Vom Parkplatz Leckbach 3 Std., Abstieg ins Rißtal über die Moosenalm 3 Std.
Gesamtgehzeit: 6 Std. Gipfelweg: Von der Tölzer Hütte 1 Std., Abstieg zur Hütte ½ Std.; insgesamt: 1½ Std.

ANFORDERUNG

Überwiegend steile, aber gut markierte Wanderwege und Bergsteige. – Der Anstieg auf den Schafreuter erfordert Trittsicherheit und Schwindelfreiheit, ist aber für den geübten Bergwanderer machbar.

EINKEHR & ÜBERNACHTUNG

Tölzer Hütte, 1635 m, Alpenvereinshütte der Kat. I, bewirtschaftet von Mitte Mai bis Mitte Oktober, 35 Betten, 38 Lager, Winterraum 4 Lager; Reservierung nur über die Homepage, toelzer-huette.at.
Gasthaus Kaiserhütte, 885 m, im Rißtal, privat, Zimmer, von Mai bis Oktober bewirtschaftet, Tel. 0043/5245/224.

KARTE

Topographische Karte 1 : 50 000, Blatt „Karwendelgebirge" (LDBV).

TOURIST-INFO

Tourist-Information, Mittenwalder Str. 8, 82499 Wallgau, Tel. 08825/92 50 50, www.wallgau.de

30 HOCHLANDHÜTTE

Im Herzen des Westkarwendels

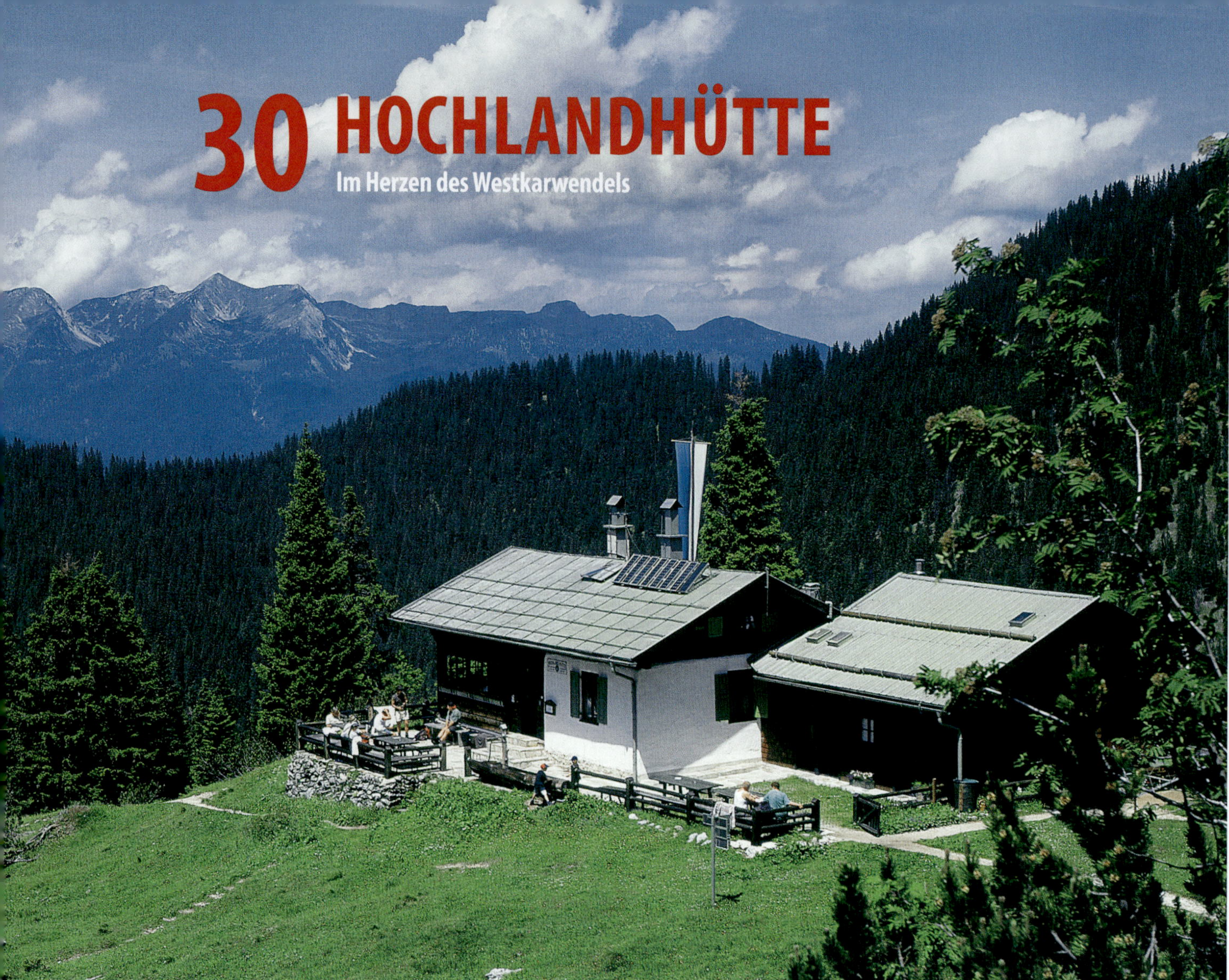

Die Hochlandhütte im westlichsten Teil des Karwendels; im Hintergrund erkennen wir das Estergebirge.

DER FAMILIENTIPP

Das Geigenbaumuseum in Mittenwald (Ballenhausgasse 3), das 1931 gegründet wurde, gehört zu den weltweit bedeutendsten Spezialsammlungen. Es führt uns in die Geschichte des Geigenbaus ein und demonstriert in einer historischen Geigenbauwerkstätte alle Schritte zur Herstellung einer Geige. Öffnungszeiten: von Mitte Dezember bis Anfang November von 10–17 Uhr, in der Nebensaison bis 16 Uhr, Montags geschlossen; Tel. 08823/25 11.

Die Hochlandhütte ist noch eine richtige Unterkunft für Bergsteiger und Bergwanderer. Dementsprechend ist sie auch ausgestattet: schlicht, aber doch mit allem Notwendigen versehen. Und draußen wartet eine unverfälscht, wunderbare Natur. Die Hütte wurde im Jahre 1909 in Eigeninitiative von einer Gruppe von Bergsteigern und Kletterern im oberen Kälberbachtal am Fuße der Großkarspitze erbaut. Auch wenn die Gipfel rund um die Hütte sich nur für erfahrene Berggänger eignen, gibt es doch für den Normalwanderer einiges zu entdecken. Hase, Reh und Gams sagen sich „gute Nacht". Und wer im Frühsommer kommt, der kann die Birkhahnbalz miterleben. Als Rundwanderweg für Nicht-Gipfelaspiranten ist die Tour über den Wörnersattel und den Zunderweidkopf zu empfehlen. Im Frühjahr ziehen wir natürlich den Anstiegsweg von Mittenwald vor, denn die hier vorgeschlagene Route ist für den Sommer und Herbst gedacht. Auf alle Fälle genießen wir hier oben ein phantastisches Panorama, das sich über das Vorkarwendel, das Estergebirge und die Ammergauer Alpen bis zum mächtigen Wettersteingebirge erstreckt.

Abstiegsrunde über das Dammkar

Bevor wir den Abstieg zur Hochlandhütte in Angriff nehmen, machen wir den obligatorischen Höhenweg von der Bergstation aus, indem wir die Karwendelgrube umrunden. Von diesem Höhenweg zweigt ein Steig ab, der uns zum Gipfel der Westlichen Karwendelspitze leitet (Achtung: Der kurze Anstieg ist ausgesetzt und mit Drahtseilen gesichert).

Der Beginn des Abstiegs ist mehr als außergewöhnlich: Durch einen langen Tunnel geht es zum Beginn des Dammkars. Im Winter eine beliebte Skitourenabfahrt, ist es jetzt eine faszinierende Wüste aus Fels und Geröll. Auf einer befestigten Steiganlage geht es hinunter zur bewirtschafteten, von Felstürmen

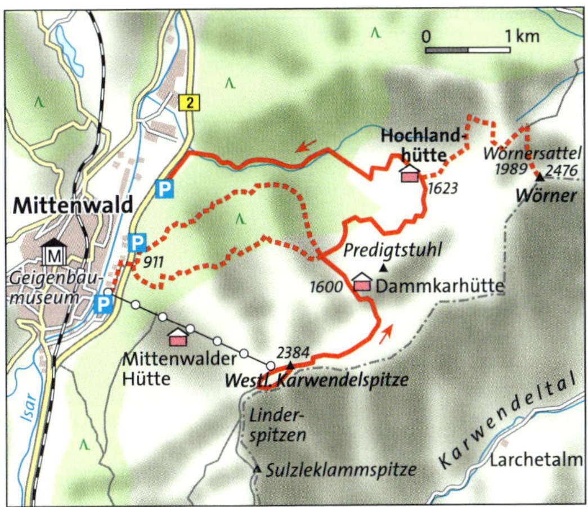

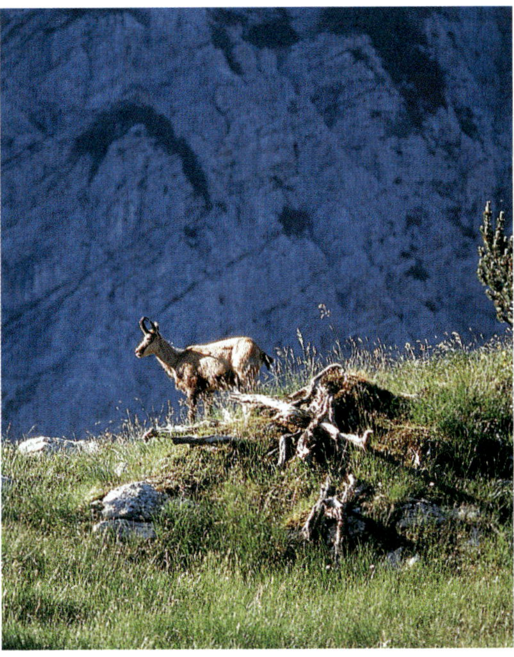

Gämsen sind in den ausgedehnten Karen des Karwendels immer wieder anzutreffen.

umrahmten Dammkarhütte. Ein unschwieriger Bergsteig bringt uns hinunter zum Weg, der von Mittenwald zur Hütte führt. Bei der Talstation der Materialseilbahn biegen wir rechts ab. Zunächst durch Wald, bald schon über ein weites Kar erreichen wir die Hochlandhütte.

Abstieg von der Hochlandhütte

Wir folgen nun dem ausgeschilderten Weg zur Oberen Kälberalm und nehmen dann einen steilen Steig durch Wald hinab. Wir treffen auf den Gassellahnbach und folgen diesem auf der rechten Seite durch Wald bergab. Kurz vor Erreichen des Talgrundes zweigen wir nochmals nach links ab, treffen auf einen parallel zur Straße führenden breiten Weg und folgen diesem bis zum Wanderparkplatz an der B 2 bzw. weiter bis zur Unterführung. Über die Isarbrücke gelangen wir hinein nach Mittenwald.

Der Hüttengipfel

Wörner, 2476 m: Der beliebteste Gipfel in der Umgebung der Hochlandhütte ist dank seiner exponierten Lage ein phantastischer Aussichtsberg. Doch Vorsicht: Die Besteigung setzt unbedingte Trittsicherheit und Schwindelfreiheit voraus. – Von der Hütte geht es zuerst fast eben bis an eine Weggabelung, wo wir uns rechts halten. Von dort steigen wir hinauf zum Wörnersattel. Südwestlich vom Grat geht es in Trittspuren durch felsige Landschaft und bald steigen wir hinab zu einer Rinne. Wir queren diese. Unsere Route ist nur spärlich markiert, zusätzlich geben einige Steinmänner den Weg vor.
Wir kommen an die schwierigste Stelle, die mit einem „W" gekennzeichnet ist. Wir steigen auf der rechten Seite einer Rinne steil bergan. Vor der Grathöhe queren wir nach links und „kraxeln" durch einen Riss hinauf zum Gipfel, den ein Gipfelkreuz schmückt.

DER KÜCHENTIPP

Die Hochlandhütte ist für Transporte schwer zugänglich, die Küche fällt daher – auch aus lebensmitteltechnischen Gründen – sparsam aus, aber satt werden dort oben alle. Mittags gibt es traditionell Erbsensuppe und Brotzeiten. Abends wird das Bergsteigeressen aufgetischt.

UND SONST NOCH ...

Der Zugang zur Hochlandhütte eignet sich nicht für Mountainbiker. Die Wege sind zu eng und beeinträchtigen die Bergwanderer inmitten einer traumhaften Kulisse.

HÖCHSTE PUNKTE

Hochlandhütte, 1623 m; Wörner, 2476 m.

ANFAHRT

Mit PKW: Auf der Garmischer Autobahn (A 95) bis zum Ende, dann auf der B 2 über Garmisch-Partenkirchen nach Mittenwald. Parkplatz kurz vor der Karwendelbahn-Talstation, direkt an der B 2, Abfahrt Mittenwald-Mitte. Oder weiter bis zur Talstation der Karwendelbahn (der Ausschilderung folgen).
Mit Bahn & Bus: Mittenwald liegt an der Bahnlinie München – Garmisch – Innsbruck. Von dort weiter zu Fuß zur Talstation der Karwendelbahn bzw. zum Parkplatz an der B 2.

AUSGANGSPUNKTE

Talstation der Karwendelbahn (933 m) bzw. Wanderparkplatz an der B 2.

GEHZEITEN

Hüttenweg: Abstiegsweg von der Karwendelbahn-Bergstation zur Dammkarhütte 1¾ Std., Übergang zur Hochlandhütte 2 Std., Abstieg nach Mittenwald 1½ Std. Gesamtgehzeit: 5¼ Std.
Gipfelweg: Von der Hochlandhütte zum Wörnersattel 1 Std., Gipfelanstieg vom Wörnersattel 2 Std., Abstieg zur Hochlandhütte 2¼ Std.

ANFORDERUNG

Hüttenweg (von Mittenwald): Schmaler Bergweg, jedoch leicht, eine seilgesicherte Stelle. Der Abstieg von der Bergstation der Karwendelbahn über das Dammkar ist steil und lang, einige drahtseilgesicherte Stellen, evtl. mit Schnee gefüllte Rinnen (manchmal bis in den Sommer hinein). Nur für Geübte.
Gipfelweg: Trittsicherheit und Schwindelfreiheit unbedingt erforderlich. Eine Passage im Schwierigkeitsgrad II.

EINKEHR & ÜBERNACHTUNG

Hochlandhütte, 1623 m, Alpenvereinshütte der Kat. I, 41 Lager, bewirtschaftet von Ende Mai bis Mitte Oktober; Tel. 0174/989 78 63.
Dammkarhütte, 1600 m, privat, 10 Lager, von Anfang Mai bis Ende September bewirtschaftet, Übernachtung nur nach schriftlicher Anmeldung bei Andrea Reindl, Klausnerweg 14, 82481 Mittenwald; Tel. Hütte 0173/351 46 59 (nur 7-9 und von 19 – 21 Uhr erreichbar) oder Tel.Tal 08823/38 26.
Karwendelbahn-Bergstation, 2244 m, Gaststätte, während der Betriebszeit der Bahn bewirtschaftet.

KARTE

Topographische Karte 1 : 50 000, Blatt „Karwendelgebirge" (LDBV).

TOURIST-INFO

Tourist-Information, Dammkarstraße 3, 82481 Mittenwald, Tel. 08823/339 81, www.mittenwald.de

31 SOIERNHAUS

Eine Paradetour durchs Vorkarwendel

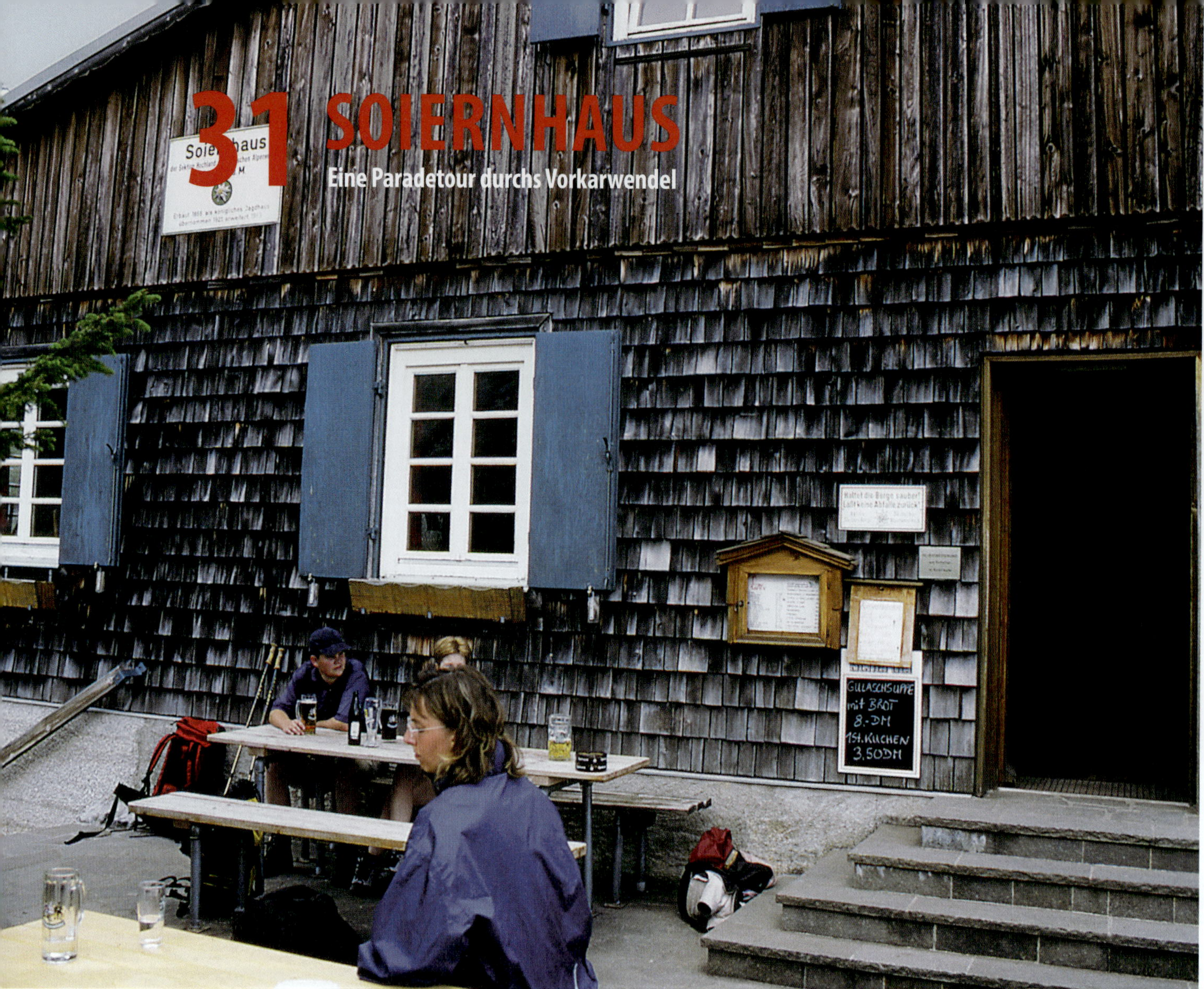

Das Soiernhaus liegt versteckt im Wald auf einem Riegel über den Soiernseen. Das ehemalige Königshaus ist heute Unterkunftshaus des Deutschen Alpenvereins.

König Ludwig II. liebte auch das Vorkarwendel, wie er die Ammergauer Alpen und den Chiemgau liebte. So waren denn auch die Soiernhäuser, errichtet im Jahr 1867, ursprünglich königliche Jagdhäuser. Und die Geschichte scheint wahr zu sein, dass sich König Ludwig II. auf dem etwas tiefer gelegenen Soiernsee bei Vollmond und bei Fackelschein herumrudern ließ. Nun, das Boot und der König sind leider passé. Aber wenn wir im Hochsommer hier heraufkommen, können wir unsere Füße zumindest im See kühlen. Verwegene haben darin auch schon gebadet – das Wasser erreicht nur zwischen 16 und 19 Grad Celsius. Die aus zwei Gebäuden bestehenden Jagdhäuser, das Königshaus und das Bedienstetenhaus, wurden von der Sektion Oberland des Deutschen Alpenvereins zunächst gepachtet und später sogar erworben. Das ehemalige Königshaus ist heute das Unterkunftshaus des Alpenvereins, während das Bedienstetenhaus zu einem Stützpunkt der Bergwacht ausgebaut wurde.

Die reizvolle Lage des Soiernhauses über dem Soiernsee machen es zu einem besonderen Bergwanderziel. Doch auch die Mountainbiker haben sich dieses Idyll erobert. Auf der Terrasse tummeln sich also neben müden Wanderern auch zahlreiche Bergradler mit ausgeprägtem Durst.

Der Hüttenweg von Krün

Vom Wanderparkplatz beim Sägewerk in Krün wandern wir zunächst rechts haltend vor zur Isar, queren diese auf einem Steg und folgen dann jenseits der links abzweigenden Forststraße. Wir steigen in nordöstlicher Richtung durch Wald hinauf zur Fischbachalm, bei der wir im Sommer auch einkehren können. Kurz dahinter verzweigen sich die Wege. Wir wandern nun entweder auf dem

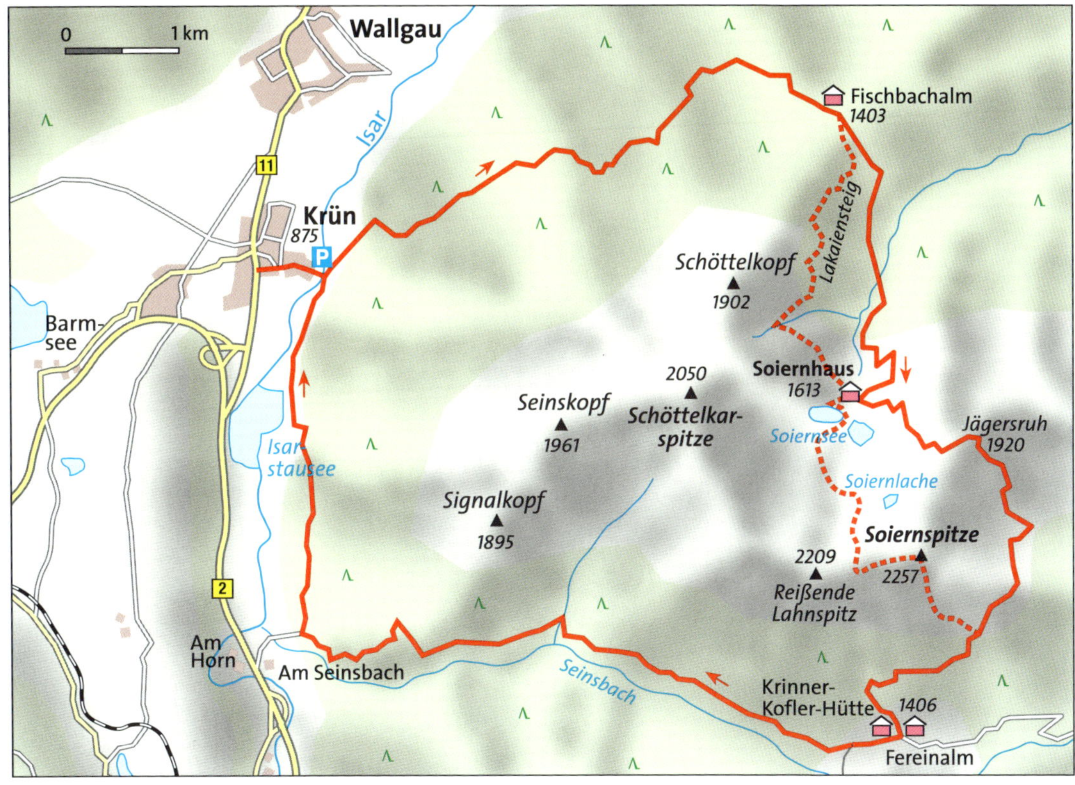

DER KÜCHENTIPP

Warme Küche gibt es von 10–20 Uhr, Frühstück von 7–8.30 Uhr. Falls jemand nach einer Erbsensuppe verlangt, die gibt es hier oben nicht, dafür aber so einiges andere: wie z. B. Kartoffelsuppe mit Wienerl, Speckknödel auf Kraut, Bergsteigeressen (z. B. Nudeln mit Soße), hausgemachte Kuchen.

leichten, ehemaligen Reitweg durch den Hundsstall (1238 m, mit Höhenverlust) und über den Wasserfall hinauf zum Soiernhaus oder wir nehmen die etwas schwierigere, aber interessantere Variante über den sogenannten Lakaiensteig. Dieser zweigt beim Brunnen der Fischbachalm vom Hauptweg ab und führt uns hinauf in die steile Bergflanke. Lange halten wir vergebens Ausschau nach der Hütte: Sie liegt etwas versteckt – erst wenn wir bei der Gämsscharte eine starke Linkskurve gemacht und eine markante Geländeschulter erreicht haben, entdecken wir das im Wald gelegene Soiernhaus.

Der Übergang zur Fereinalm

Vom Soiernhaus folgen wir links haltend dem ausgeschilderten Steig, der uns über zahlreiche Serpentinen und die mit großen Latschenflecken durchsetzte Südwestflanke der Krapfenkarspitze hinauf in den Steinkarsattel (auch Jägersruh, 1920 m) führt. Jenseits in Kehren wieder hinab und auf dem ohne große Höhenunterschiede zum Hirzeneck hinüberführenden Höhenweg weiter. Hier mündet auch der Abstiegsweg von der Soiernspitze ein. Das restliche Stück wandern wir dann durch Wald hinab zur Fereinalm.

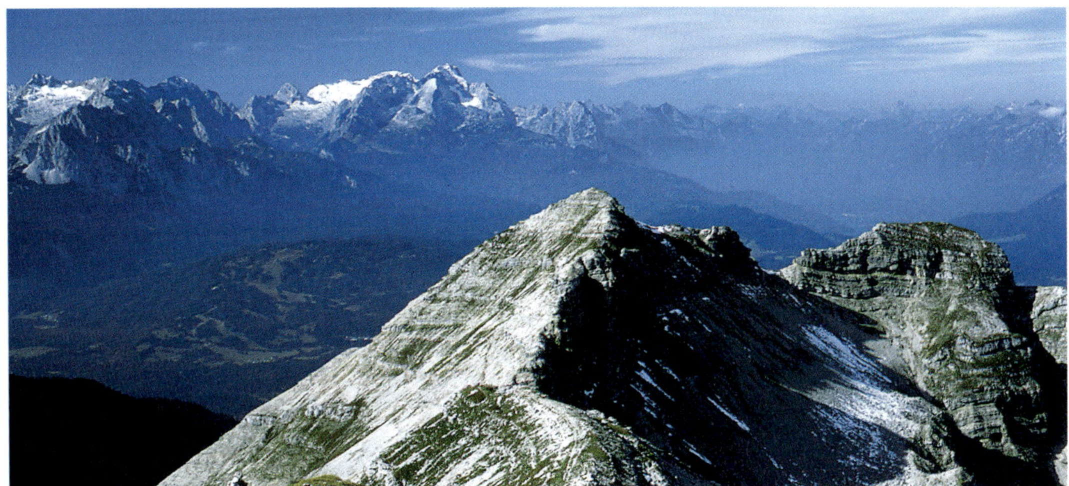

Blick auf die kahle Schöttelkarspitze. Links im Hintergrund erkennen wir das Wettersteingebirge, mit der Zugspitze als höchstem Gipfel.

Der Soiernkessel mit seiner felsigen Umrahmung, in deren Mitte sich die beiden Soiernseen befinden. Auf einem dieser Seen soll sich König Ludwig II. bei Fackelschein im Ruderboot herumfahren haben lassen.

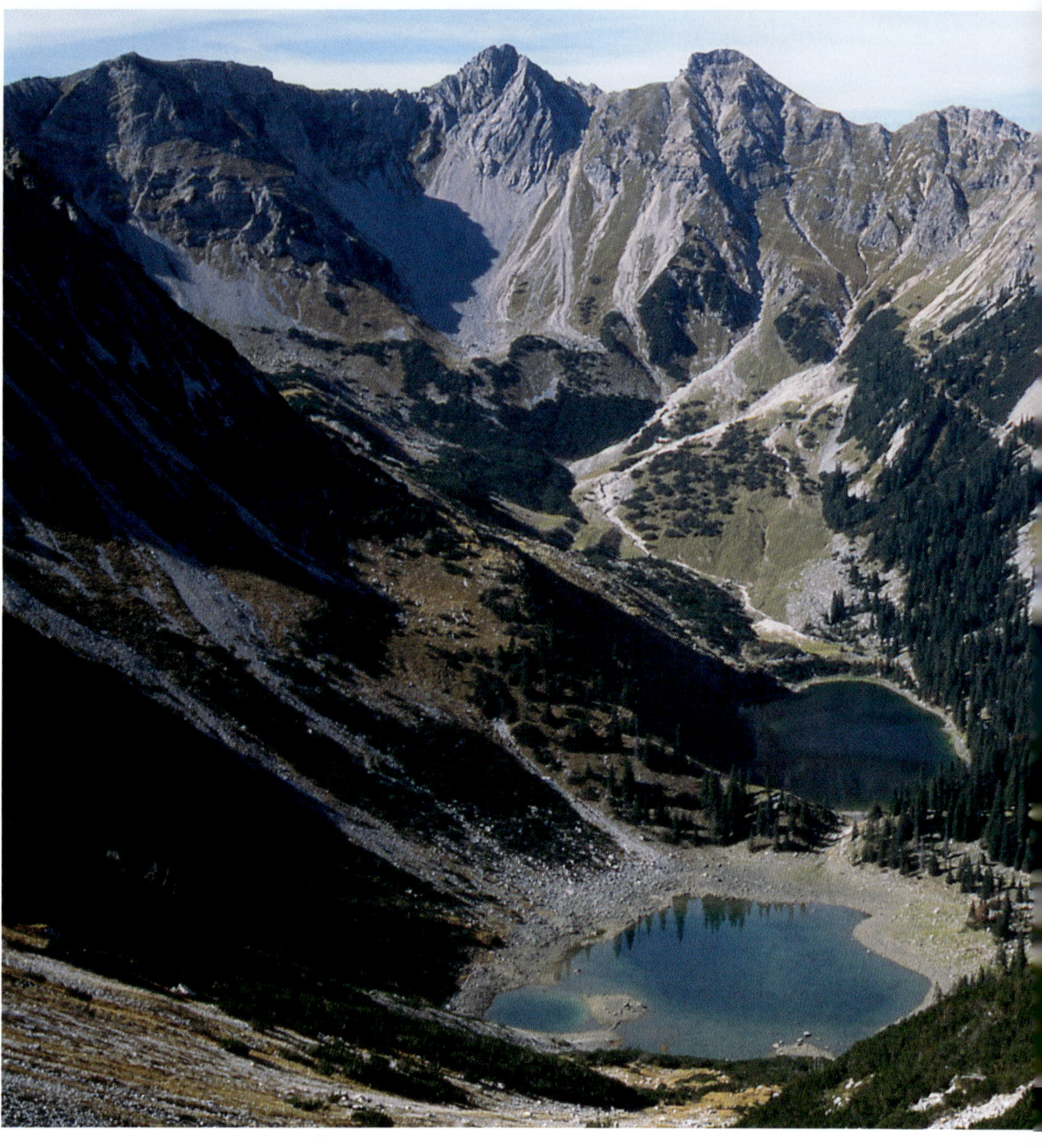

DER FAMILIENTIPP

Das Umfeld der Hütte ist auch für Familien mit Kindern sehr reizvoll: die beiden Seen, auch wenn kein Ruderboot mehr vorhanden ist. Auch die Schwäne aus des Märchenkönigs Zeiten fehlen. Doch der leichte, wenn auch etwas lange Anstieg zur Hütte hat sogar schon Fünfjährige herausgefordert. Die Lager für die Übernachtung sind allerdings nicht groß, da müssen wir zusammenrücken. Im Gastraum gibt es einen Spielkoffer, wenn das Wetter uns zum Aufenthalt in die Hütte verdonnert.

Der Abstieg nach Mittenwald

Von der Fereinalm führt ein breiter Wirtschaftsweg durch den teilweise tief eingeschnittenen Seinsgraben hinab, wobei wir uns bei der unterhalb befindlichen Wegverzweigung rechts halten. Kurz bevor wir die B 2 erreichen, verzweigt sich unsere Forststraße erneut. Wir halten uns erneut rechts und wandern oberhalb der Isar und des Isar-Stausees zurück nach Krün. Wir kommen wieder zur Brücke, die wir zu Beginn unserer Wanderung überschritten haben und kehren links über diese zurück zu unserem Wanderparkplatz.

Der Hüttengipfel

Soiernspitze, 2257 m: Der höchste Gipfel der Soierngruppe kann über einen guten Steig vom Soiernhaus erreicht werden. Vom Soiernhaus steigen wir zunächst einmal hinab in den Soiernkessel mit den beiden Seen, halten uns dort links und gehen zwischen den beiden Seen hindurch. Jenseits dann durch die steile, mit Latschen durchsetzte grasige Flanke und über Geröll hinauf in den Sattel zwischen Soiernspitze und Reißende Lahnspitze. Dort führt linker Hand ein schmaler Pfad über viel Geröll hinauf zum höchsten Punkt der Soiernspitze. Anschließend folgen wir dem vom Gipfel südwärts führenden steilen Steig hinab zum Verbindungsweg Soiernhaus – Fereinalm, den wir beim Hirzeneck nach einer guten Dreiviertelstunde erreichen.
Oder – falls wir auf dem Soiernhaus übernachten wollen – auf dem Anstiegsweg zurück zum Alpenvereinshaus.

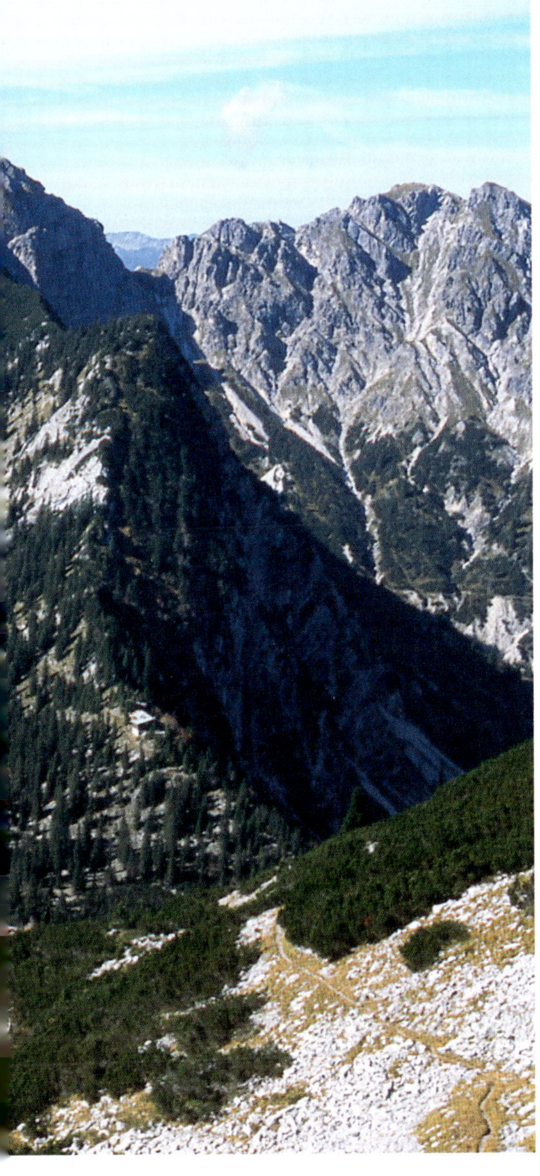

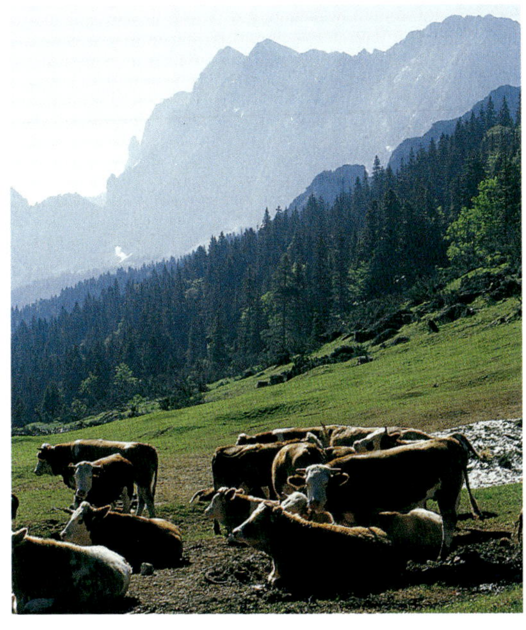

Auf der Fereinalm grast im Sommer das Jungvieh (links). Dort befindet sich auch die wieder aufgebaute Krinner-Kofler-Hütte, die Bergsteigern Unterkunft bietet.

Auf der Terrasse des Soiernhauses treffen sich Bergbegeisterte aller Couleur (unten).

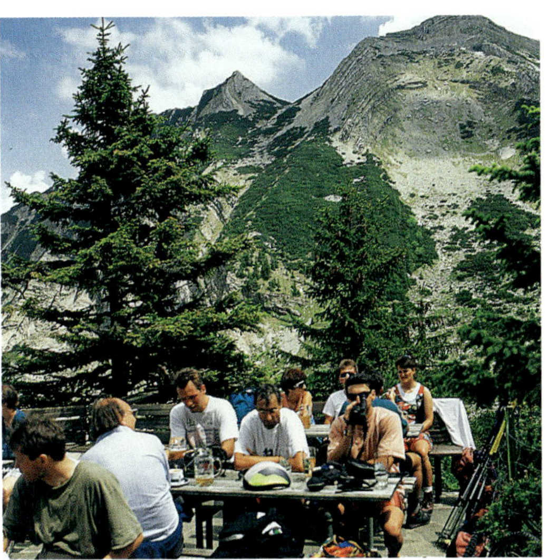

UND SONST NOCH ...

Mehrere Naturbadeseen laden nach der Tour zur Erfrischung ein: Bei Krün liegen der Barmsee und der Wagenbrüchsee, bei Mittenwald der Lautersee, der Ferchensee und der kleine Wildsee.

HÖCHSTE PUNKTE

Soiernhaus, 1613 m; Soiernspitze, 2257 m.

ANFAHRT

Mit PKW: Auf der Garmischer Autobahn (A 95) bis zum Ende, dann auf der Landstraße nach Garmisch-Partenkirchen und weiter in Richtung Mittenwald; bei Klais dann Abfahrt von der B 2 nach Krün. In Ortsmitte bei der Kirche rechts ab und über die Fischbachstraße zum Wanderparkplatz kurz vor der Isar (Gebühr).

Mit Bahn & Bus: Mit der Bahn bis Garmisch-Partenkirchen bzw. Klais, dann weiter mit RVO-Bus nach Krün. Oder mit der Bahn nach Kochel am See und über die Kesselbergstraße und den Walchensee weiter mit dem RVO-Bus nach Krün.

AUSGANGSPUNKT

Wanderparkplatz kurz vor dem Isarufer in Krün (875 m).

GEHZEITEN

Hüttenweg: Von Krün über die Fischbachalm und den Versorgungsweg 3½ Std., Abstieg über die Fereinalm 4 Std.
Gesamtgehzeit: 7½ Std.

Gipfelweg: Vom Soiernhaus zur Soiernspitze 2½ Std., Abstieg zum Soiernhaus 1½ Std., Abstieg zum Höhenweg in Richtung Fereinalm 1 Std.

ANFORDERUNG

Hüttenweg: Von Krün ist der Anstieg über den Hundsstall (Versorgungsweg) recht leicht, der Lakaienweg (Variante) hingegen erfordert Schwindelfreiheit und Trittsicherheit. Der Abstieg zur Fereinalm erfordert Trittsicherheit. Der Abstieg von dort ins Tal erfolgt auf Wirtschaftsweg.

Gipfelweg: Leichte Bergwanderung, allerdings viel Geröll. Im Gipfelbereich Trittsicherheit Voraussetzung.

EINKEHR & ÜBERNACHTUNG

Soiernhaus, 1613 m, Alpenvereinshaus der Kat. I, bewirtschaftet von Mitte Mai bis Anfang/Mitte Oktober, 45 Lager; Tel. 0171/546 58 58.

Krinner-Kofler-Hütte, 1406 m, Selbstversorgerhütte des Alpenvereins, von Anfang Mai bis Ende Oktober, 30 Lager; Tel. 08823/55 84 (Hüttenwart).

Fereinalm, 1406 m, Jägerhaus mit einfacher Bewirtschaftung im Sommer. Mehrere Gasthäuser in Krün.

KARTE

Topographische Karte 1 : 50 000, Blatt „Karwendelgebirge" (LDBV).

TOURIST-INFO

Tourist-Information, Dammkarstraße 3, 82481 Mittenwald, Tel. 08823/339 81, www.mittenwald.de

32 BRUNNSTEINHÜTTE

Die Aussichtswarte über Mittenwald

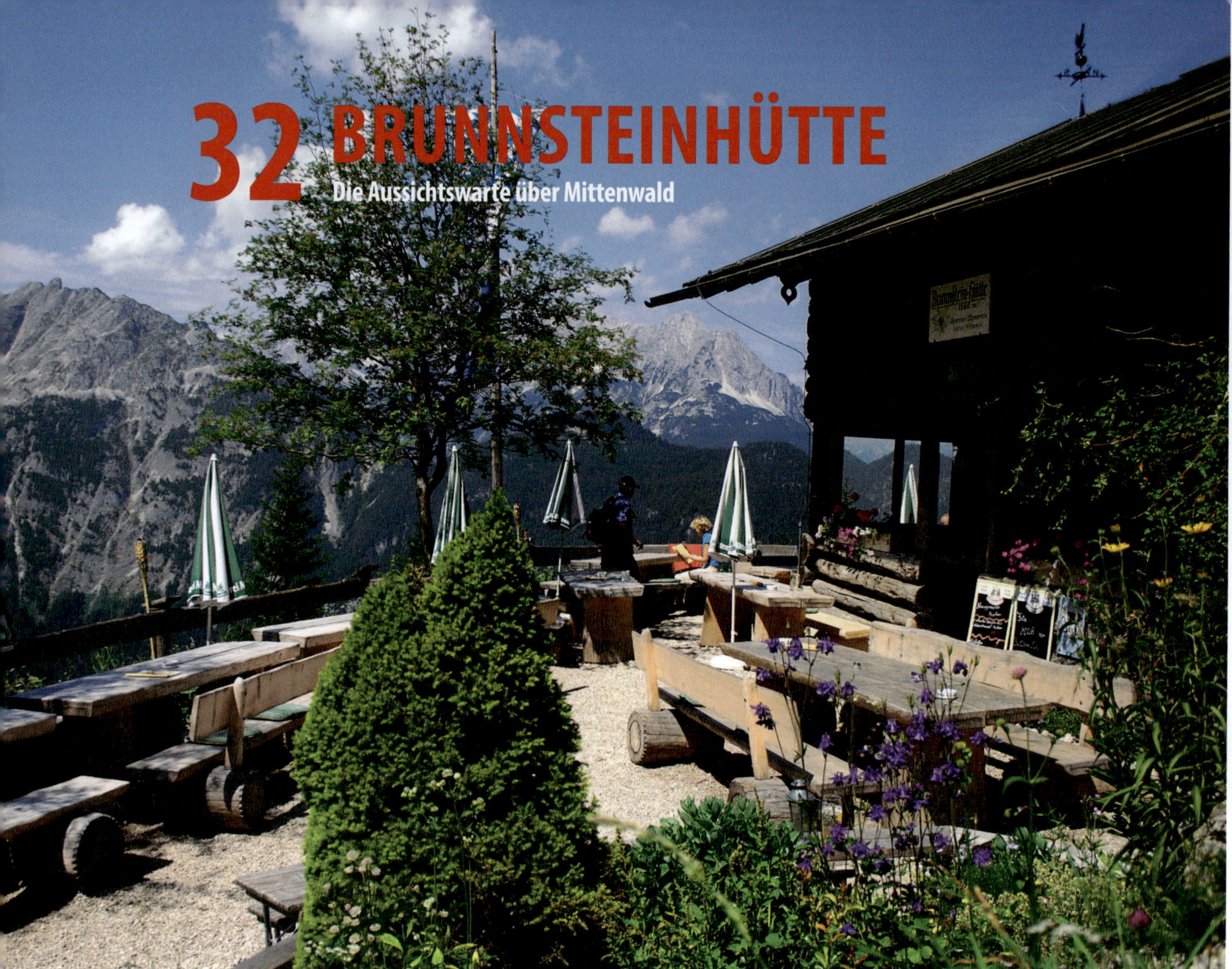

Die Brunnsteinhütte weist eine kleine, aber aussichtsreiche Terrasse auf. Ein freier Tiefblick auf Mittenwald ist garantiert.

DER FAMILIENTIPP

Auf der Hütte sind zwei Zimmer für Familien vorgesehen, in denen jeweils bis zu fünf Leute Platz haben. Außerdem gibt es halbe Portionen für Kinder. Vor der Hütte gibt es eine Schaukel und andere Spielgeräte. Und um das Hüttenensemble voll zu machen laufen 10 Hühner, ein Gockel, ein Hund, ein Pfau und zwei Hasen rum.

Die Brunnsteinhütte liegt hoch über dem oberen Isartal gleich hinter Mittenwald. Sie gilt damit als der westlichste Bergsteigerstützpunkt des gesamten Karwendels. Die Hütte wurde 1935 auf einer steilen Bergwiese errichtet. Dank ihrer exponierten Lage bietet sie fantastische Ausblicke in das Wetterstein- und Estergebirge und in die Ammergauer Alpen. Auf der kleinen, windgeschützten Sonnenterrasse mit Holztischen lässt es sich zudem gut rasten, bevor der steile Anstieg zur Brunnsteinspitze oder der Abstieg ins Tal beginnt. Die Hütte war eine der ersten Hütten des Deutschen Alpenvereins, die mit vorbildlicher Umwelttechnik ausgestattet waren und daher mit dem Umweltgütesiegel ausgezeichnet werden konnten. So wird z. B. die Materialseilbahn mit Rapsöl betrieben, die Abwässer werden mit einer neuen Kläranlage entsorgt. Trockentoiletten und Grauwasseranlage gehören ebenfalls zur Öko-Ausstattung. In der Regel ist die Brunnsteinhütte Station für die Begeher des Mitterwalder Höhenwegs auf ihrem Abstieg ins Tal. Wir wollen die Strecke jedoch im Aufstieg angehen und über den Pürzlgrat nach Scharnitz absteigen. Eine Bergwanderung, die ebenfalls Kondition erfordert, aber für den normalen Wanderer keine anspruchsvollen Passagen bereit hält, obwohl auch diese Route Trittsicherheit und Schwindelfreiheit erforderlich macht.

Der Hüttenanstieg von Mittenwald

Das gefährlichste Stück gleich zu Beginn: beim Wanderparkplatz an der B 2 sind die Bundesstraße und die Bahnlinie zu überqueren, damit man auf einem Wirtschaftsweg zuerst ein Stück Richtung Scharnitz, dann links der Markierung folgend zur Brunnsteinhütte aufbrechen kann (allerdings käme man auch vom Bahnhof über die von unzähligen Heustadeln bestandenen Weidewiesen unter dem Karwendelmassiv gut hierher).

Zunächst wandern wir durch Mischwald bergauf. Am sogenannten Leitersteig überqueren wir die

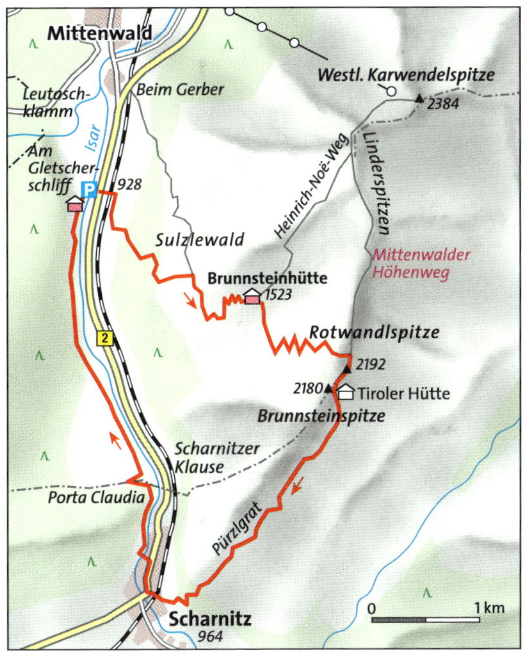

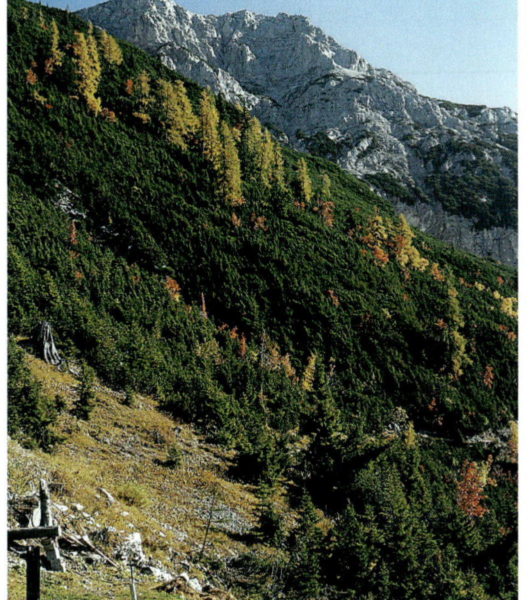

Am Aufstiegsweg zur Rotwandl- und zur Brunnsteinspitze. Zwischen beiden Gipfeln erwartet uns dann die kleine Tiroler Hütte.

Sulzleklamm, um bald über zahlreiche Serpentinen in angenehmer Steigung zur Brunnsteinhütte hinauf zu gelangen.

Der Übergang nach Scharnitz

Bis zur kleinen, leider nicht mehr bewirtschafteten Tiroler Hütte wandern wir in zahlreichen Serpentinen – Kurzweil ist allein schon aufgrund der faszinierenden Ausblicke gewährleistet (siehe auch die Beschreibung unter „Der Hüttengipfel").

Schon vom Tiroler Hütterl genießen wir grandiose Einblicke ins Herz des Karwendels. Zur Rotwandlspitze – richtiger Gipfel mit Rundblick – ist's jetzt nur mehr eine Viertelstunde. Und dann führt der Weg südwärts hinunter, am Brunnsteinkopf (1924 m) vorbei und steil am Pürzlgrat durch Wald. Zu guter Letzt werden die Knie auf zahlreichen Serpentinen müde – aber dann ist man ja auch schon in Scharnitz (Bahnhof).

Wer noch nicht genug hat, kann nach Mittenwald zurückwandern: In Scharnitz hinüber zur gegenüberliegenden Bergseite, über die Isar und dann nach rechts. Ein ausgeschilderter Weg führt zur Porta Claudia. Und bei der ehemaligen Grenzstation erreichen wir dann einen Wirtschaftsweg. Der Rest ist ein Bummel an der Isar entlang mit Bergriesen zu beiden Seiten des Tales.

Der Hüttengipfel

Rotwandlspitze, 2192 m: Der Anstieg von der Brunnsteinhütte zur Rotwandlspitze erfolgt beim Übergang nach Scharnitz, er deckt sich also mit dem oben beschriebenen Weg. Bei der Hütte halten wir uns rechts und wandern auf markiertem Steig in Richtung Süden, dann in steilen Serpentinen durch Latschen hinauf zum Brunnsteinanger (2069 m) auf der Kammhöhe. Dort halten wir uns erneut rechts, machen noch einmal Rast vorm leider verschlossenen Tiroler Hüttchen, und steigen dann zum Gipfelkreuz der Rotwandlspitze hinauf.

DER KÜCHENTIPP

Die Hüttenwirte setzen auch hier auf regionale Erzeuger; das Fleisch kommt von Metzgern vor Ort, der Käse von der Schaukäserei in Ettal. Die Küche ist ganztägig in Betrieb und bietet Folgendes an: verschiedene Suppen, Brotzeiten, Schinkennudeln, Kässpatzen, Rehbratwürste mit Kraut, Kaiserschmarrn, auf Anfrage (für Gruppen) auch Schweinsbraten oder Käsefondue.

UND SONST NOCH …

In Nähe des Ausgangspunktes befindet sich der Eingang zur Leutaschklamm, die mittlerweile mit großem Aufwand komplett begehbar gemacht wurde. Wir können also bis in die Leutasch hinüber- und zurückwandern.

HÖCHSTE PUNKTE

Brunnsteinhütte, 1523 m; Rotwandlspitze, 2192 m.

ANFAHRT

Mit PKW: Auf der Garmischer Autobahn (A 95) bis zum Ende, dann auf der B 2 über Garmisch-Partenkirchen nach Mittenwald, auf der Ortsumgehungsstraße weiter in Richtung Scharnitz; Parkplatz 3 km hinter Mittenwald.
Mit Bahn & Bus: Mittenwald und Scharnitz liegen an der Bahnlinie München – Garmisch – Innsbruck.

GEHZEITEN

Hüttenweg: Von Mittenwald: 2 Std.; Abstieg über den Pürzlgrat nach Scharnitz: 3½ Std.
Gesamtgehzeit: 5½ Std.
Gipfelweg: Von der Brunnsteinhütte 1½ Std., Abstieg zur Hütte 1 Std.; insgesamt: 2½ Std.

ANFORDERUNG

Hüttenweg: Der Anstieg zur Hütte ist leicht zu bewältigen.
Gipfelweg und Abstiegsweg: Der Anstieg zur Rotwandlspitze sowie der Abstieg über den Pürzlgrat sind objektiv nicht schwierig, setzen aber Trittsicherheit und Schwindelfreiheit voraus (einige Seilsicherungen).

EINKEHR & ÜBERNACHTUNG

Brunnsteinhütte, 1523 m, Alpenvereinshütte der Kat. I, von Ende April bis Mitte Oktober bewirtschaftet, im Winter und im Frühjahr an schönen Wochenenden, 42 Lager; Tel. 08823/326 951.

KARTE

Topographische Karte 1:50 000, Blatt „Karwendelgebirge" (LDBV).

TOURIST-INFO

Tourist-Information, Dammkarstraße 3, 82481 Mittenwald, Tel. 08823/339 81, www.mittenwald.de

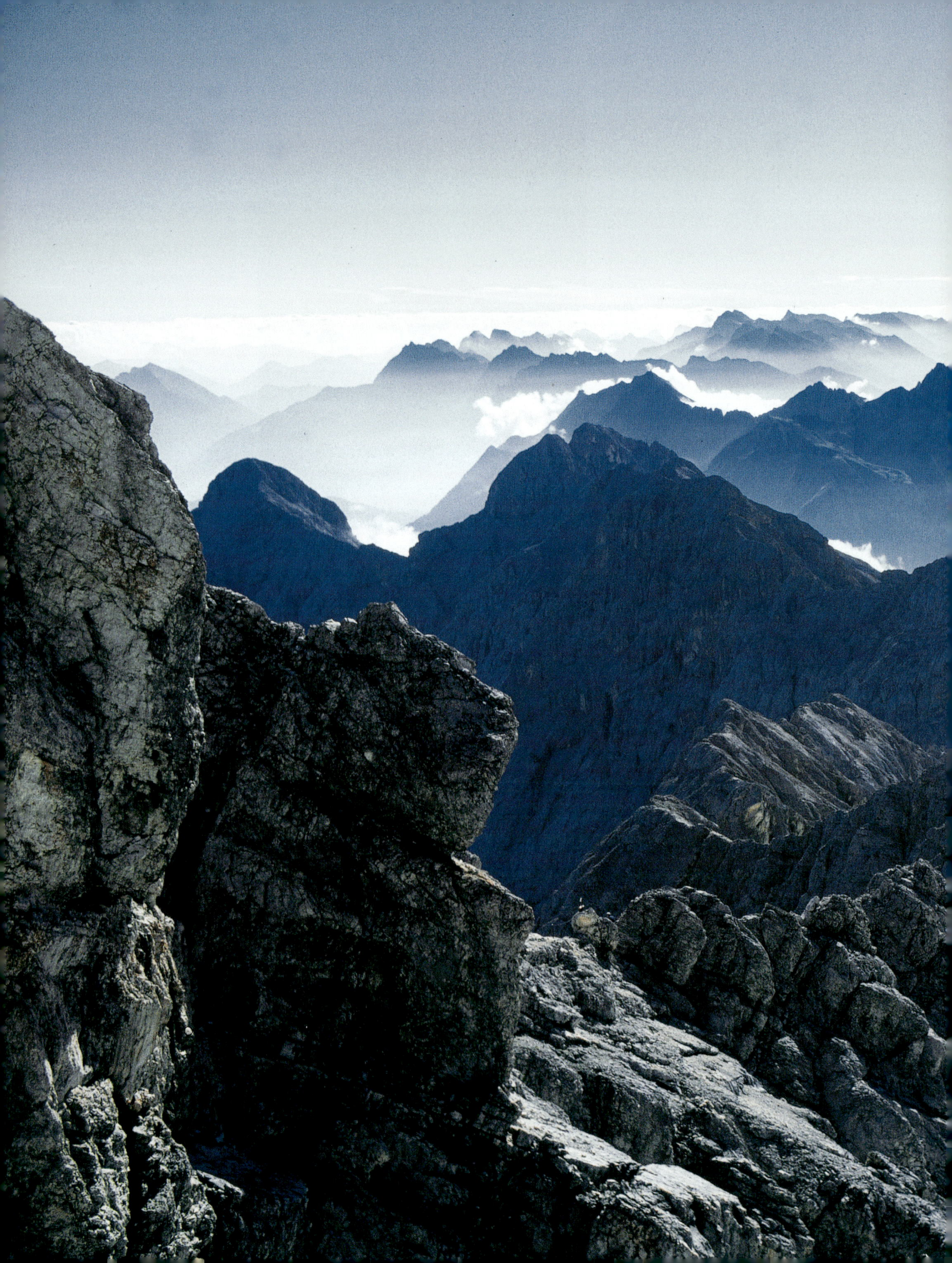

WETTERSTEINGEBIRGE

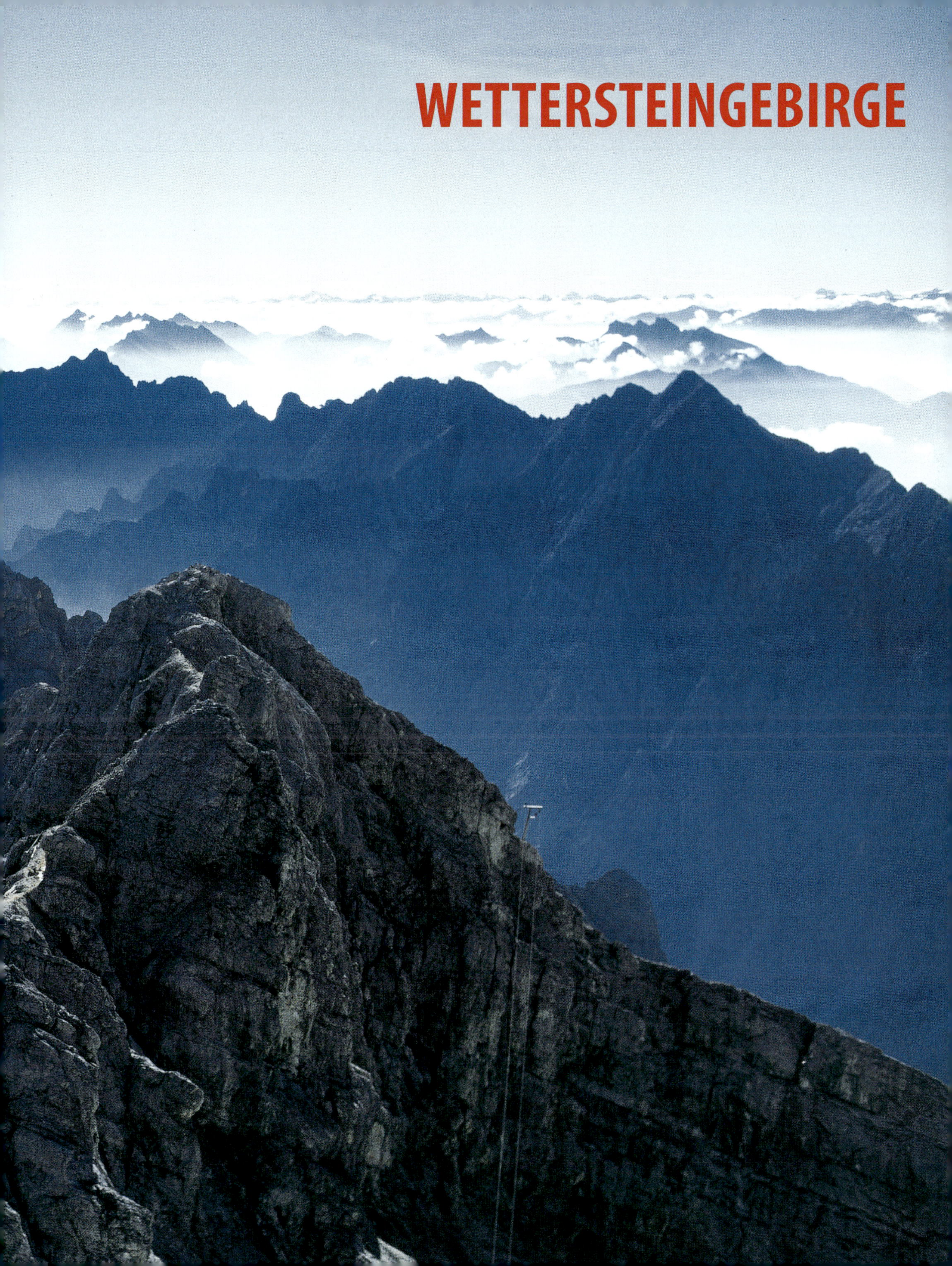

33 HÖLLENTALANGERHÜTTE

Stützpunkt für alle Zugspitz-Aspiranten

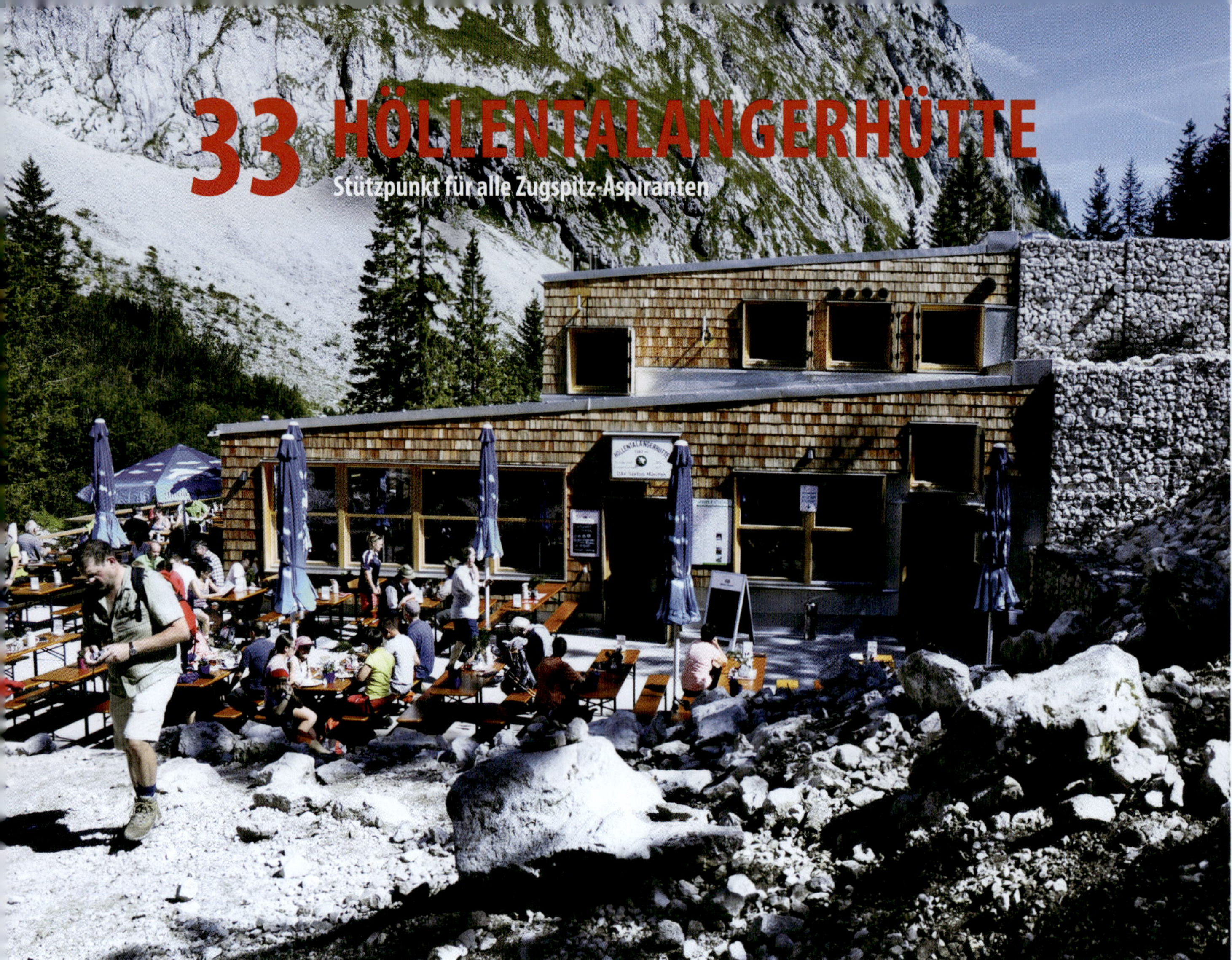

Die neue Höllentalangerhütte am Fuße der Zugspitze.

Vorangehende Doppelseite: Panoramablick von der Zugspitze; im Mittelgrund die Mieminger Kette.

DER FAMILIENTIPP

Am Höllentalanger oberhalb der Alpenvereinshütte gibt es gute Spielmöglichkeiten für Kinder. Der Oberlauf des Hammerbaches fließt hier gemächlich dahin und ist somit ideal zum Bauen von kleinen Dämmen, zum Sammeln von Steinen etc. An unserem Ausgangspunkt am Eibsee haben wir Gelegenheit ein Ruder- oder Tretboot zu mieten. Im Sommer ist auch das Wasser warm genug, um im Eibsee zu baden. Am Südufer gibt es zudem eine Badeanstalt.

Für den „normalen" Bergwanderer gibt es im Umfeld der Höllentalangerhütte keine leichten Gipfelziele. Doch allein der Zustieg zur Hütte durch die Höllentalklamm ist bereits ein landschaftlicher Höhepunkt für sich. Urprünglich als Zustiegsweg für die Bergknappen geplant, die am Höllentalanger Erzabbau betrieben, erwies sich die zu Beginn des 20. Jahrhunderts angelegte, gesicherte Steiganlage durch die Klamm als touristischer Hit. Das ist kein Wunder, denn die Hütte liegt strategisch günstig am klassischen Zugspitzaufstiegsweg. Dieser wurde schon 1890 als Klettersteig ausgebaut. Etwa zur gleichen Zeit wurde auch die Alpenvereinshütte erbaut, seither geht es dort oben bei gutem Wetter gewaltig zu. Pro Saison müssen an die 40 000 Tagesbesucher und zahlreiche Übernachtungsgäste versorgt werden. Da der bauliche Zustand für eine Modernisierung zu schlecht war, wurde eine komplett neue Hütte erbaut, die im Sommer 2015 eröffnet wurde.

Der Hüttenweg vom Eibsee

Vom großen Parkplatz gehen wir den breiten Weg hinauf zur Bahnstation Eibsee der Zugspitzbahn. Dann folgen wir dem Wirtschaftsweg (Wegweiser „Höllentalklamm") durch den Riffelwald. Nach etwa einer halben Stunde Gehzeit zweigt ein weiterhin ausgeschilderter Höhenweg links ab und führt uns leicht abwärts zu einer Wegverzweigung. Hier halten wir uns rechts, wandern durch das Kuhwaldl, passieren ein paar Wegverzweigungen und treffen auf eine weitere Forststraße. Hier kurz links, dann sogleich rechts auf dieser weiter durch den Stangenwald in das Höllental hinein. Anschließend rechts in steilen Serpentinen bis unter die Felsen der Waxensteinwand und weiter zum 73 Meter hohen Klammsteg, bis der Stangensteig oberhalb der Höllentalklamm auf den von Hammersbach heraufführenden Weg trifft. Auf diesem wandern wir dann weiter zur Höllentalangerhütte, wobei wir jedoch noch einige steile Serpentinen überwinden müssen.

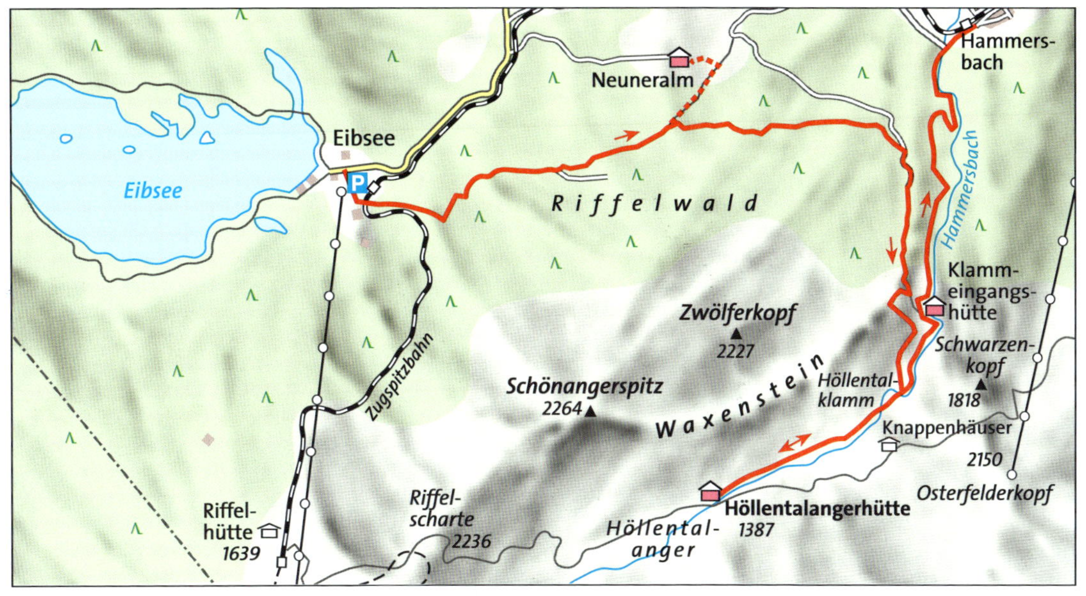

Die Höllentalklamm ist der reizvollste Teil unserer Wanderung (unten).

Der Abstieg durch die Höllentalklamm

Von der Höllentalangerhütte wandern wir auf dem Anstiegsweg zurück bis zur Wegverzweigung, halten uns rechts und lassen uns dann vom gut gesicherten Steig durch die zahlreichen Tunnels und über die kühn durch die Klamm gebauten Stege und Brücken talwärts führen. Am Ende der Klamm treffen wir auf die Klammeingangshütte (1045 m; Entrichtung des Wegobulus; Alpenvereinsmitglieder bekommen Ermäßigung). Dann auf Bergwanderweg rechts haltend in Serpentinen hinab zu einem gesperrten Fahrweg. Auf diesem dann hinaus nach Hammersbach.

Anstatt eines Hüttengipfels

Die Höllentalklamm (gebührenpflichtig) gehört zu den Wander-Highlights im Werdenfelser Land, und so ist der Gang durch diese mit zahlreichen Brücken und Felstunnel erschlossene Schlucht ein beeindruckendes Erlebnis, das nicht einmal durch die Ersteigung eines Gipfels übertroffen werden könnte. Wer jedoch etwas Aussicht wünscht, steigt über die Knappenhäuser (Trittsicherheit und Schwindelfreiheit erforderlich!) hinauf zum Schwarzenkopf und weiter zur Bergstation der Kreuzeckbahn, mit der man bequem wieder ins Tal schweben kann.

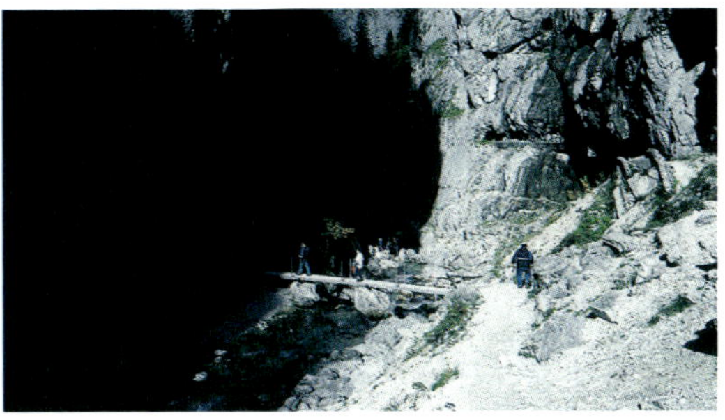

DER KÜCHENTIPP

Die Küche liefert die übliche Bergsteigerkost mit Suppen, Bergsteigeressen und Brotzeiten. Die Hüttenwirtin Silvia ist gelernte Köchin – da gibt es natürlich auch die eine oder andere Tiroler Spezialität.

UND SONST NOCH …

Das Gebiet rund um die Höllentalklamm war vom 15. Jahrhundert bis nach Ende des Ersten Weltkrieges vom Bergbau (Eisenerz, Zinkspat und Molybdän) geprägt. Die mittlerweile geschlossenen Knappenhäuser oberhalb, der Stangensteig, aber auch der Klammweg selbst stammen aus dieser Zeit.

HÖCHSTER PUNKT

Höllentalangerhütte, 1387 m

ANFAHRT

Mit PKW: Auf der Garmischer Autobahn (A 95) bis zum Ende, dann auf der B 2 nach Garmisch-Partenkirchen; dort der Ausschilderung in Richtung Griesen folgen, wo dann links die Straße zum Eibsee abzweigt. Dort großer gebührenpflichtiger Parkplatz (allerdings nur für Tagesbesucher). Falls wir auf der Hütte übernachten wollen, parken wir besser am Parkplatz in Hammersbach und fahren mit der Zugspitzbahn nach Eibsee.
Mit Bahn & Bus: Im Werdenfels-Takt nach Garmisch-Partenkirchen, dann mit der Zugspitzbahn zum Bahnhof Eibsee. Stadtbus nur bis Talstation der Kreuzeckbahn.

AUSGANGSPUNKT

Wanderparkplatz am Eibsee (950 m).

GEHZEITEN

Hüttenweg: vom Eibsee 3½ Std. Anstieg nach Hammersbach 1½ Std. Gesamtgehzeit: 5 Std.

ANFORDERUNG

Hüttenweg: Der erste Teil der Strecke verläuft auf Wirtschaftsweg, dann Bergwanderweg durch den Stangenwald. Trittsicherheit erforderlich; der Weg durch die Klamm ist mit Geländern und Stegen gesichert.

EINKEHR & ÜBERNACHTUNG

Höllentalangerhütte, 1387 m, Alpenvereinshütte der Kat. I, 82 Betten, 46 Lager, von Mitte Mai bis Mitte Oktober bewirtschaftet; Tel. 08821/943 85 48; Reservierung nur online.
Höllentaleingangshütte, 1045 m, Alpenvereinshütte, von Mitte Mai bis Mitte Oktober bewirtschaftet, keine Übernachtungsmöglichkeit.
Neuneralm, 880 m, privat, ganzjährig bewirtschaftet, von Ende Oktober bis Weihnachten Betriebsurlaub, Mittwoch und Donnerstag Ruhetag; Tel. 08821/812 25. – Liegt etwas unterhalb unseres Wanderwegs vom Eibsee.

KARTE

Topographische Karte 1 : 50 000, Blatt „Werdenfelser Land – Ammergauer Alpen" (LDBV).

TOURIST-INFO

Tourist-Information, Richard-Strauß-Platz 2, 82467 Garmisch-Partenkirchen,
Tel. 08821/180 700, www.gapa.de

34 KNORRHÜTTE

Älteste Bergsteigerunterkunft in den Bayerischen Alpen

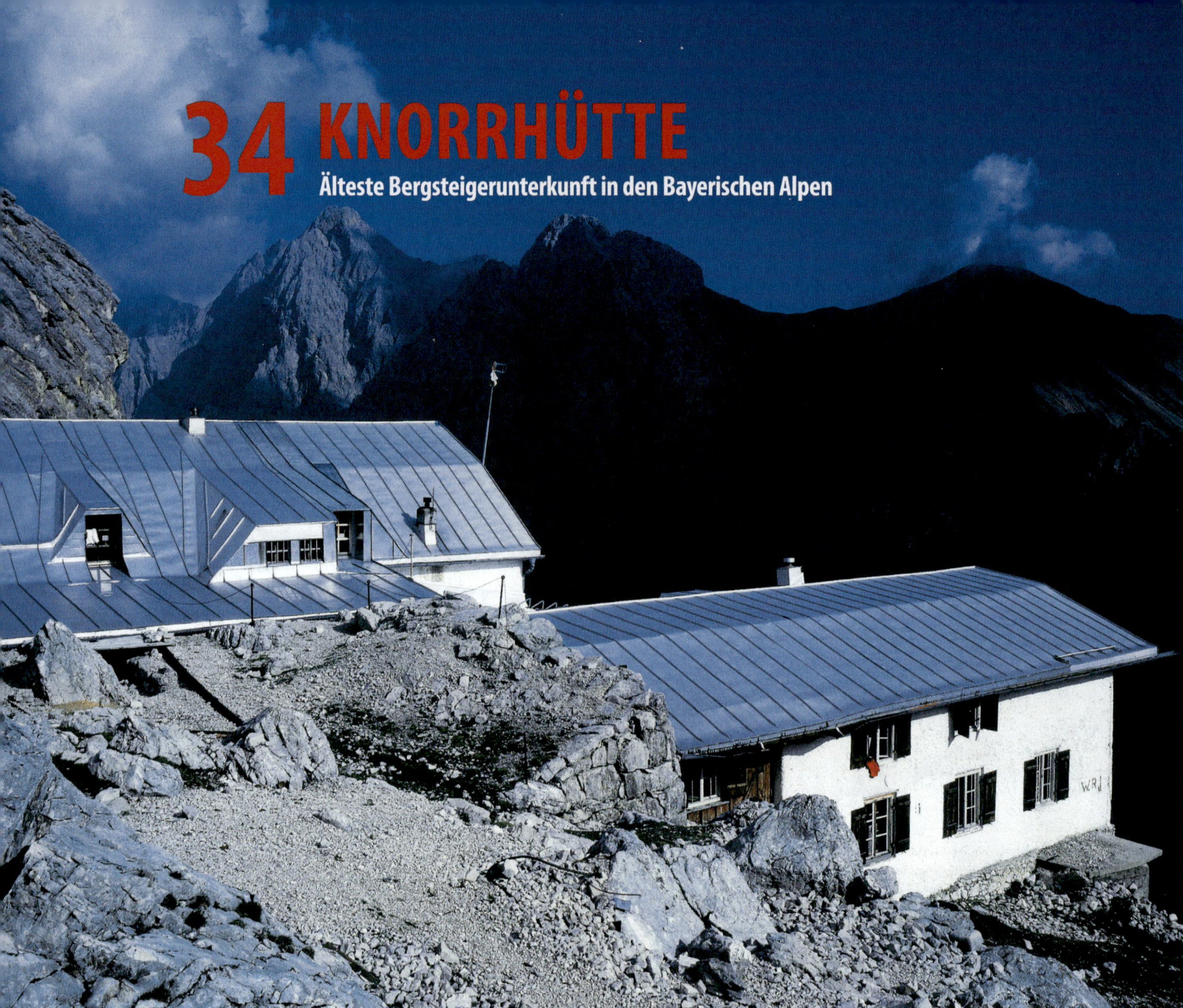

Die Knorrhütte mit ihren geduckten Dächern. Diese Konstruktion soll sie vor Lawinen schützen. Sie ist die älteste Bergsteigerunterkunft in den bayerischen Bergen.

Die Hütte ist benannt nach dem Münchner Angelo Knorr, der einen großen Anteil der Baukosten der 1855 errichteten Hütte auf sich genommen hatte. Man wollte den Tourismus ein bisschen ankurbeln und den Zugspitzbesteigern auf ihrem langen, dem klassischen Anstiegsweg durch das Reintal und über das Platt eine Unterkunftsmöglichkeit verschaffen. Die Hütte mit nur drei Schlafplätzen verfiel leider mit der Zeit und diente zwischenzeitlich sogar als Stall. In späteren Jahren nahm die Sektion München des Alpenvereins die Hütte wieder in Betrieb, so dass sie einer kleinen Anzahl von Bergsteigern und Tourengehern Quartier bot. Im Jahre 1929 erhielt die Knorrhütte ihr heutiges Aussehen; die geduckte Form ist gewollt, sie soll helfen, alljährlich niedergehende Lawinen über die Hütte hinwegrauschen zu lassen. Und im Großen und Ganzen hat sich dieses System bewährt. Heute finden hier – am unteren Rande des Zugspitzplatts – über 100 Bergsteiger eine sichere Unterkunft. Bei einem immer wieder mal fälligen Pächterwechsel, kam im Jahre 1989 auch der Bluesbarde Willy Michl zum Zug, der zusammen mit seiner Frau vier Jahre lang die Hütte bewirtschaftete. Das bietet noch heute Gesprächsstoff bei den kurzweiligen Hüttenabenden. In den letzten Jahren wurde die Hütte grundlegend saniert, die sanitären Einrichtungen verbessert und Zimmerlager eingerichtet. Mit über 150 Jahren auf dem Buckel, ist die Knorrhütte die älteste Bergsteigerunterkunft in den Bayerischen Alpen. Und da die Hütte an der Schnittstelle zweier überaus reizvoller Aufstiegswege liegt, dem von Garmisch und dem von Ehrwald, gibt es über mangelnden Besucherstrom nichts zu berichten.

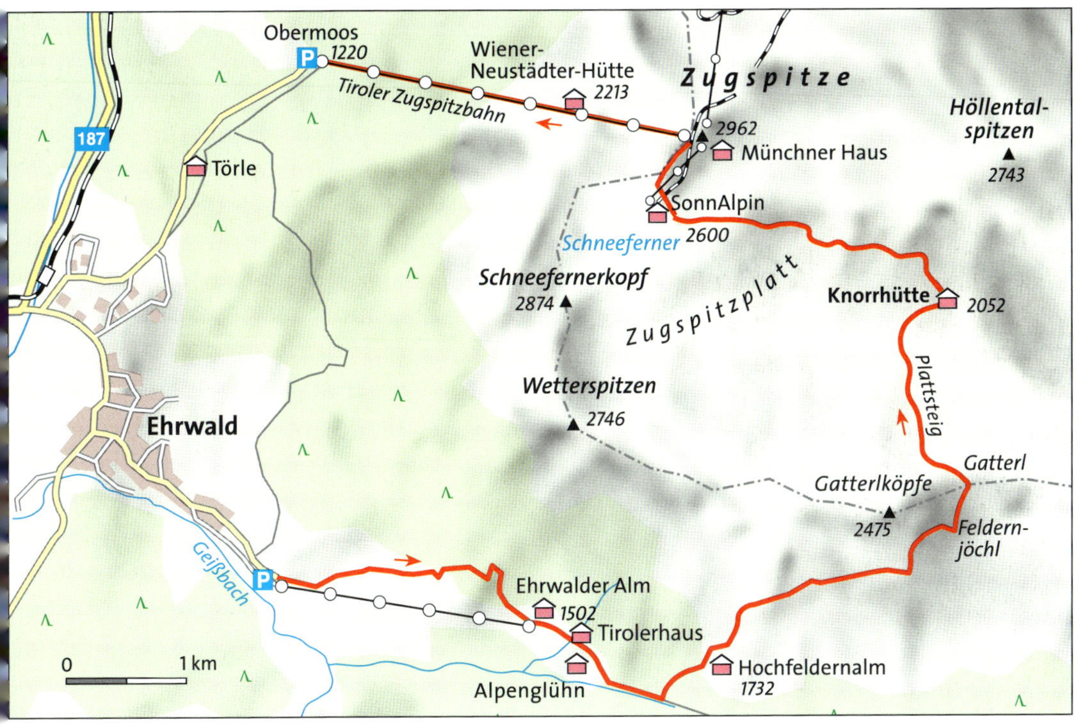

DER KÜCHENTIPP

Auf der Knorrhütte ist immer reger Betrieb, daher ist auch die Küche auf schnellen Durchlauf eingestellt. Da die Hütte mit dem Hubschrauber versorgt wird, ist es auch kein Problem mit größeren Anforderungen fertig zu werden. Neben den üblichen Suppen gibt es natürlich auch zahlreiche warme Gerichte (z. B. Gulasch, Spaghetti mit Sauce). Da auf dieser Hütte auch richtige Bergsteiger übernachten, gibt es auch ein frühes Frühstück, denn die Wege rund um die Knorrhütte sind lang.

Der Hüttenaufstieg von Ehrwald

Vom großen Parkplatz an der Talstation der Ehrwalder Almbahn wandern wir entweder auf dem gesperrten Fahrweg hinauf zur Ehrwalder Alm (1500 m) oder wir nehmen den parallel dazu angelegten Wanderweg. Hier können wir schon mal eine Rast beim Berggasthaus Ehrwalder Alm oder beim Berggasthaus Alpenglühn einlegen. Dann folgen wir geradeaus dem Fahrweg weiter, der in Richtung Gaistal führt. Oberhalb der weiten Weideflächen gehen wir ein Stück durch Wald, passieren die Pestkapelle und erreichen eine Weggabelung; dort links steil hinauf zur aussichtsreich gelegenen, bewirtschafteten Hochfeldernalm. Auf schmalem Bergweg steigen wir dann weiter durch Weidehänge steil hinauf, bei den nächsten beiden Wegverzweigungen halten wir uns jeweils rechts und erreichen den sogenannten Brand (2120 m), höchster Punkt dieses Hüttenwegs. Anschließend führt der Weg abschüssig zum Feldernjöchl (2045 m). Bei der nächsten Wegverzweigung geht es links ab zum Gatterl (2045 m), dem Übergang ins Reintal und der Grenze zwischen Tirol und Bayern. Wir passieren eine drahtseilgesicherte Stelle und wandern dann beinahe eben durch latschenbewachsene Hänge zur schon sichtbaren Knorrhütte.

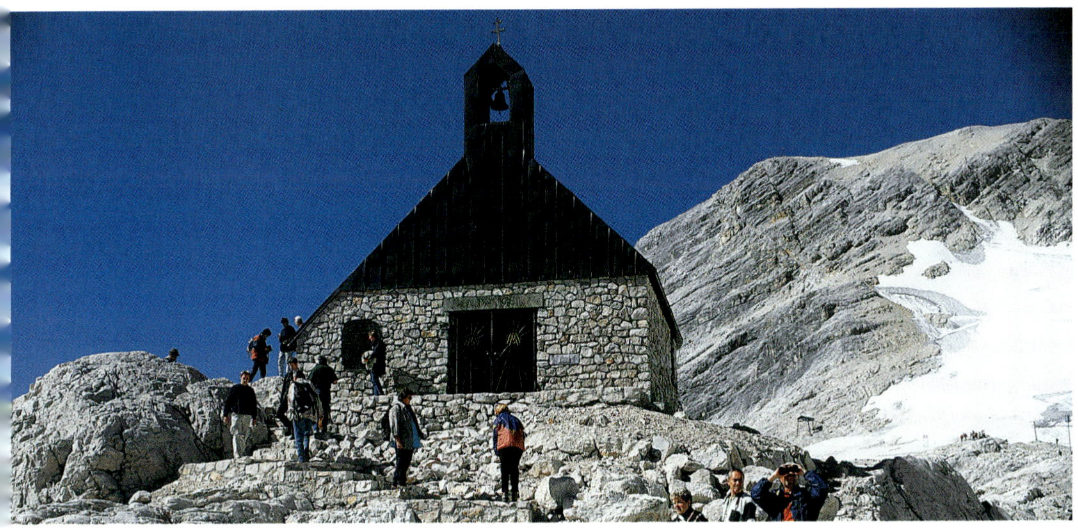

In der Kapelle am oberen Rand des Zugspitzplatts wurde schon so mancher Bund fürs Leben geschlossen.

Der Abstieg über das Platt zur Knorrhütte unterhalb erfolgt über große Gletschermoränen und Schuttablagerungen. Um bei Nebel nicht die Orientierung zu verlieren, wurden Stangen angebracht. Das Gebiet des ehemaligen Gletschers gehört zu den wildesten Landschaften in den Bayerischen Alpen. Noch bevor wir die Knorrhütte erreichen, stoßen wir dann wieder auf das erste Grün. Und auf die ersten hier oben weidenden Schafe.

Auf der Terrasse der Knorrhütte lässt sich aussichtsreich rasten (rechts oben).

Panoramaaussicht von der Gipfelplattform auf der Terrasse der Zugspitze (rechts unten).

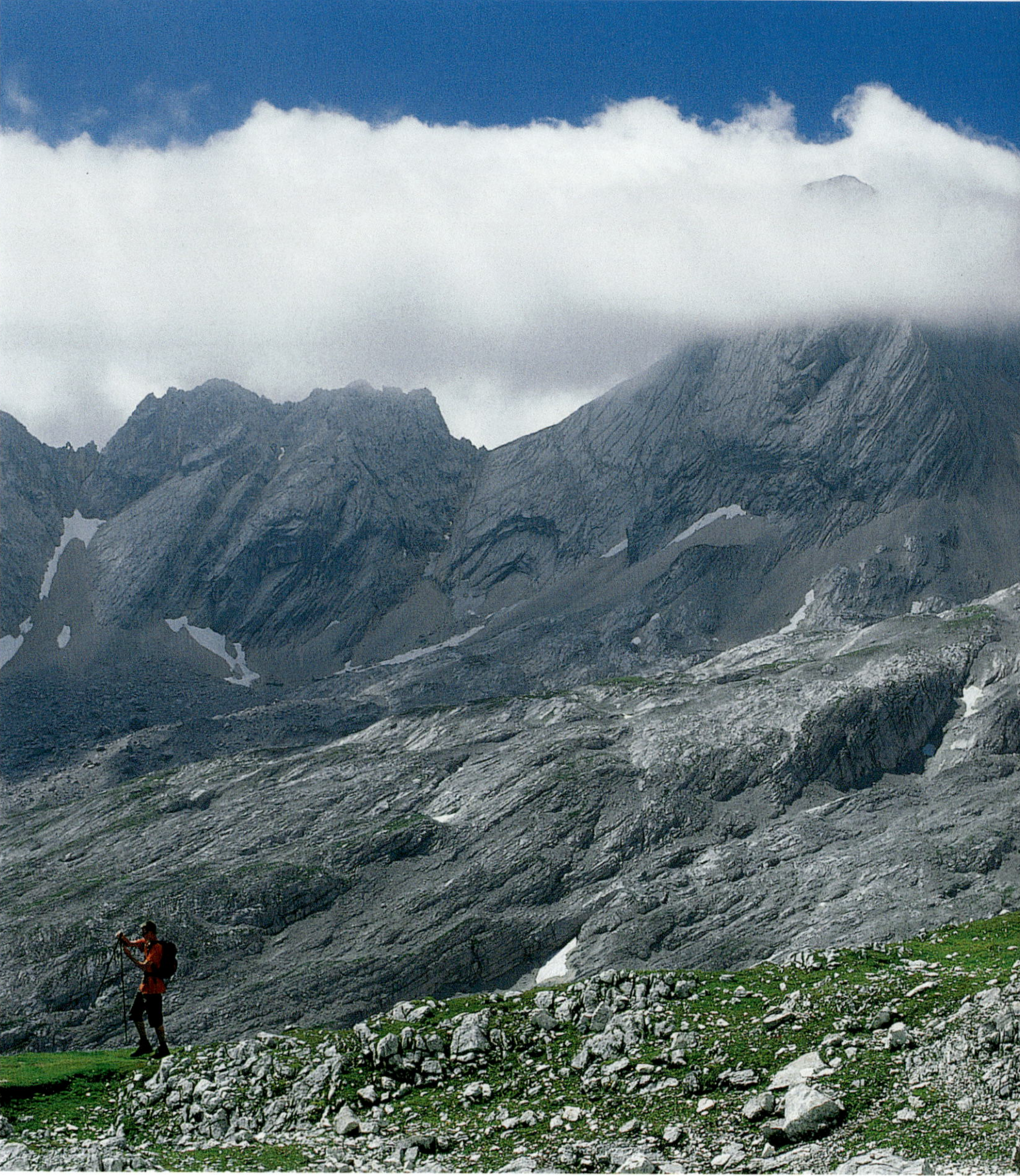

DER FAMILIENTIPP

Auch auf der Knorrhütte hat man sich auf gesteigerte Ansprüche eingestellt, und so wurden die großen Matratzenlager verkleinert zu Zimmerlagern. Das ist auch Familien mit Kindern ganz recht und den Bergsteigern ebenso. Der Schlaf ist somit nicht so sehr vom Schnarchen des Nachbarn abhängig und man hat mehr Privatsphäre. Rund um die Hütte gibt es im Sommer Schafe zu bestaunen, die hier nach kärglichen Grashalmen suchen. Das Gelände rund um die Hütte ist ungefährlich und eignet sich auch für Kinder zu kleinen Ausflügen.

Der Hüttengipfel

Zugspitze, 2962 m: So viel vorweg: Unser Weg auf Deutschlands höchsten Gipfel ist zwar eindrucksvoll, aber auch ein bisschen mühsam. Wir gehen von der Knorrhütte auf dem einfachsten der verschiedenen Wege, die zum Fastdreitausender hinaufführen.

Dabei lohnt sich zeitiger Aufbruch – die Schotterfläche des etwas unübersichtlichen Zugspitzplatts käme einem in der Mittagshitze wie die Wüste Gobi vor! Vorsicht aber auch bei Nebel!

Von der Knorrhütte führt ein markierter und mit Stangen und Steinmanndln zusätzlich versehener Steig hinauf zur Bergstation der Zugspitz-Zahnradbahn. Dabei muss bis in den Sommer hinein immer auch mit Schneefeldern gerechnet werden! Nun könnte man mit der Gondelbahn das letzte Stück bewältigen – und die Verlockung ist groß. Aber wir Gipfelstürmer lassen uns auch von einem steilen Geröllfeld nicht abhalten. Und auch nicht von den leichten, aber etwas mühseligen Klettersteigpassagen, die vor dem „Gipfelsieg“ noch bewältigt werden müssen…

Endlich oben angekommen, erwartet uns – natürlich – Massentourismus. Aber auch der Gipfel: Am östlichen Ende der Aussichtsplattform beginnt der Weg zum Zugspitz-Ostgipfel. Dort geht es auf einem gesicherten Steig hoch zum Gipfelkreuz.

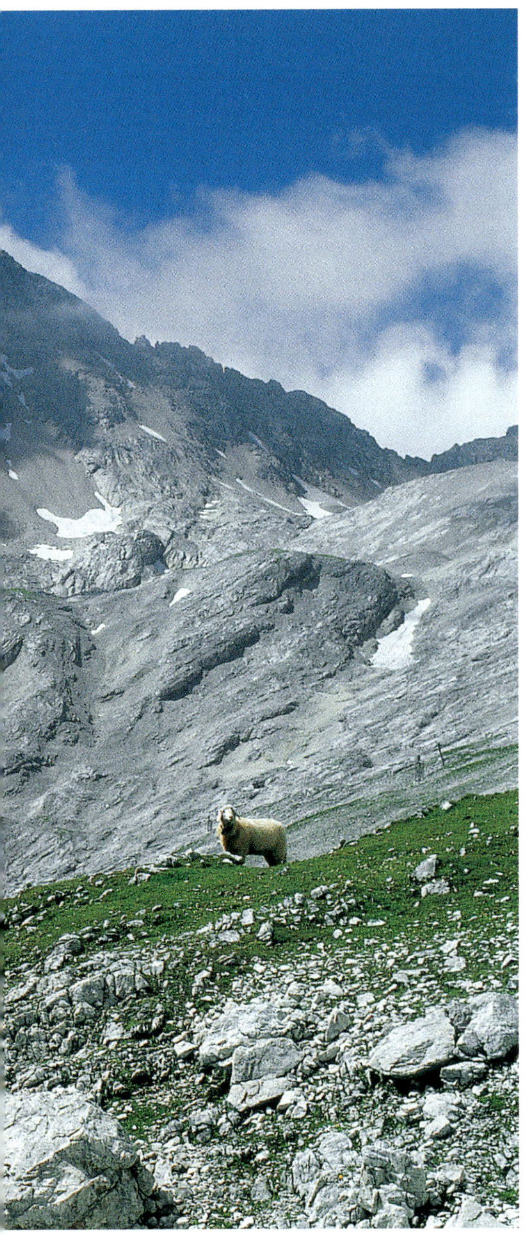

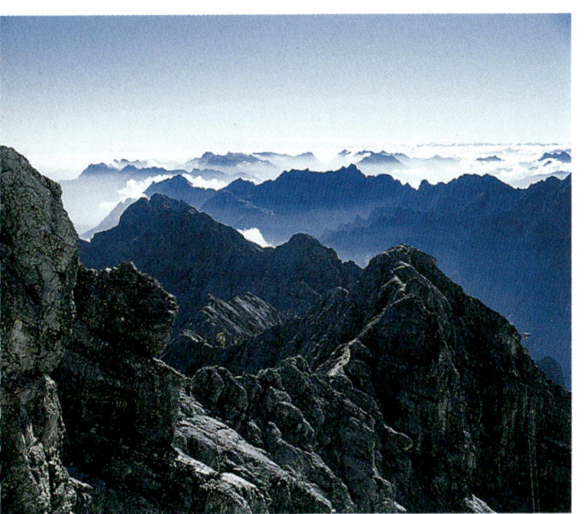

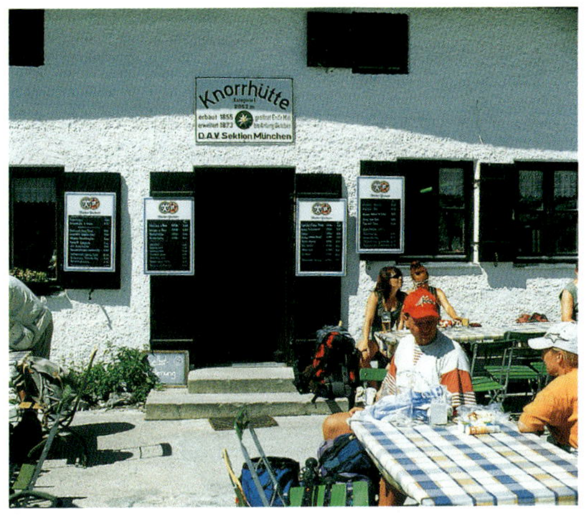

UND SONST NOCH ...

Für diese Tour bieten die Bergbahnen (Ehrwalder Almbahn und Ehrwalder Zugspitzbahn) ein Kombiticket an, egal, in welcher Richtung man die Tour unternehmen will. Dieses Ticket beinhaltet auch den Bustransfer zwischen den beiden Talstationen. Da der Bus nicht so häufig verkehrt, bietet sich auch die Alternative mit dem Taxi an.

HÖCHSTE PUNKTE

Knorrhütte, 2052 m; Zugspitze, 2962 m.

ANFAHRT

Mit PKW: Auf der Garmischer Autobahn (A 95) bis zu deren Ende, dann über Oberau, Garmisch-Partenkirchen und Griesen nach Ehrwald in Tirol. In Ortsmitte der Ausschilderung zur Talstation der Ehrwalder Almbahn folgen; dort großer Parkplatz.

Mit Bahn & Bus: Im Werdenfels-Takt nach Garmisch-Partenkirchen, dort umsteigen in die Außerfernbahn nach Ehrwald, dann weiter zu Fuß (Bahnstation etwa 20 Minuten von der Ortsmitte). Busverbindung (eher selten) zur Talstation der Ehrwalder Almbahn bzw. zur Talstation der Ehrwalder Zugspitzbahn.

AUSGANGSPUNKT

Wanderparkplatz an der Talstation der Ehrwalder Almbahn (1100 m).

GEHZEITEN

Hüttenweg: Von Ehrwald 5½ Std. (bzw. 3 Std. bei Benutzung der Almbahn). Anstieg zur Bergstation der Ehrwalder Zugspitzbahn 2½ Std. Gesamtgehzeit: 8 Std. (bzw. 5 Std. bei Benutzung der Almbahn).

Gipfelweg: Von der Knorrhütte zum Münchner Haus 2½ Std., zum Gipfelkreuz sind es dann noch mal 15 Minuten; insgesamt: 2¾ Std.

ANFORDERUNG

Hüttenweg: Anstieg zur Ehrwalder Alm auf Wirtschaftsweg oder Bergwanderweg. Der Weiterweg über die Hochfeldernalm bis zum Gatterl ist leicht, im Sommer aber stark der Sonne ausgesetzt. Am Gatterl dann ein paar Stellen, die Trittsicherheit und Schwindelfreiheit voraussetzen. Der weitere Weg zur Knorrhütte ist leicht.

Gipfelweg: Der Anstieg von der Knorrhütte zur Bergstation der Zugspitz-Zahnradbahn (Sonn-Alpin) ist leicht, erfordert aber etwas Orientierungssinn (am besten an den langen Stangen orientieren). Der direkte Anstieg vom Platt zur Zugspitze erfordert jedoch Trittsicherheit und Schwindelfreiheit (einige Sicherungen). Der letzte Abschnitt ist anspruchsvoller als die kurzen Passagen am Gatterl. Als Ausweg bietet sich hier die Gletscherbahn zum Gipfel an.

EINKEHR & ÜBERNACHTUNG

Knorrhütte, 2052 m, Alpenvereinshütte der Kat. I, 26 Betten, 86 Lager, von Ende Mai bis Anfang Oktober bewirtschaftet; Tel. 0049/0151/144 43 49 6.

Ehrwalder Alm, 1502 m, privat, ganzjährig bewirtschaftet; Tel. 0043/5673/21 25 5.

Tirolerhaus, 1510 m, privat, ganzjährig bewirtschaftet; Tel. 0043/5673/24 68/180

Berggasthof Alpenglühn, 1500 m, auf der Ehrwalder Alm, privat, nahezu ganzjährig bewirtschaftet.

Hochfeldernalm, 1732 m, privat, nahezu ganzjährig bewirtschaftet, Übernachtungsmöglichkeit; Tel. 0043/664/156 33 39.

Sonn-Alpin, 2600 m, Restaurant am Gletscherbahnhof der Zugspitz-Zahnradbahn.

KARTE

Topographische Karte 1 : 50 000, Blatt „Werdenfelser Land – Ammergauer Alpen" (LDBV).

TOURIST-INFO

Tourist-Information, Richard-Strauß-Platz 2, 82467 Garmisch-Partenkirchen, Tel. 08821/18 07 00, www.gapa.de

35 SCHACHENHAUS

Auf königlichen Spuren in den Orient

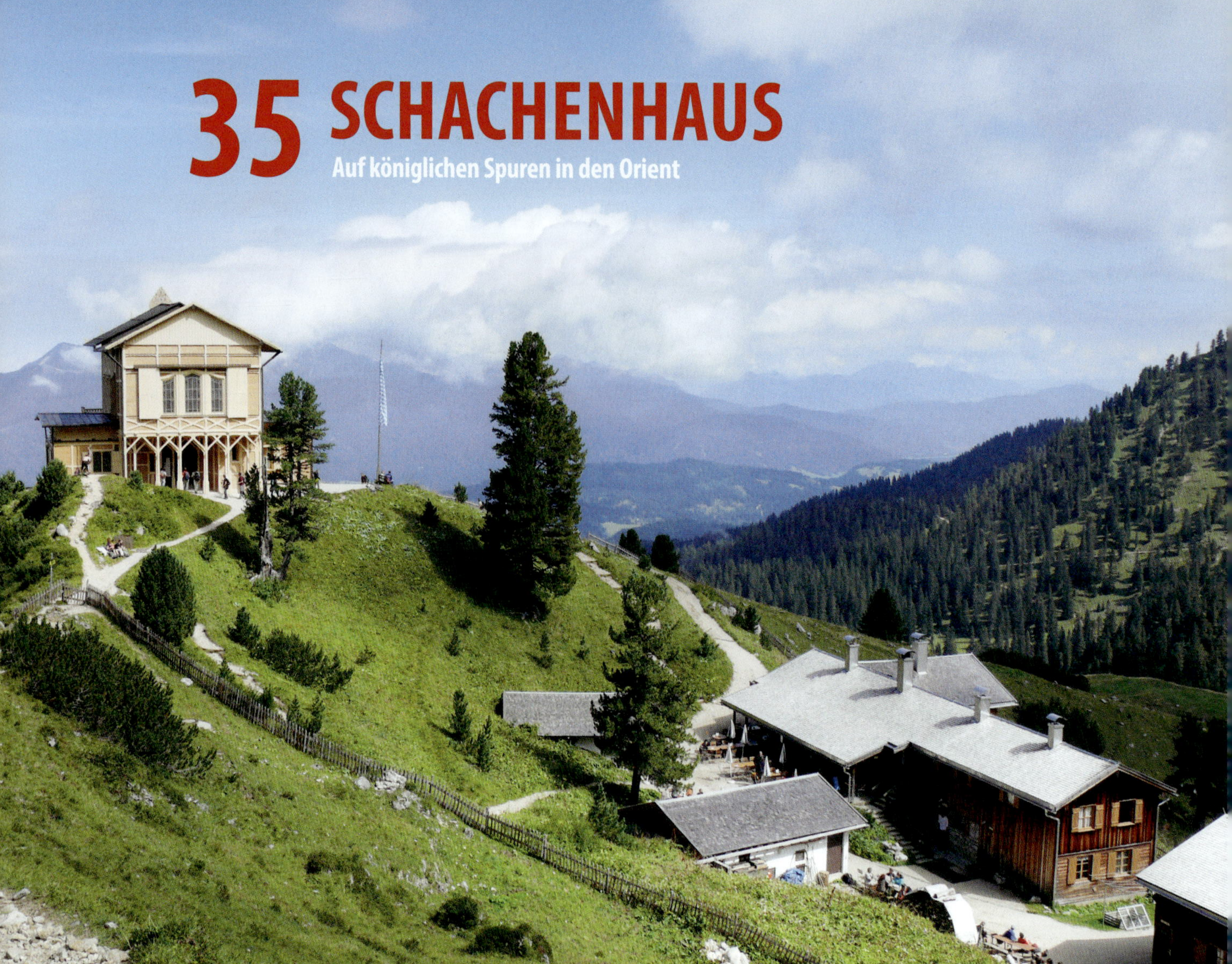

Das Schachenschloss hat natürlich einen königlichen Hintergrund. Dort oben verwirklichte sich König Ludwig II. seinen Traum von einer orientalischen Behausung. Rechts unten das Schachenhaus.

DER FAMILIENTIPP

Wir könnten hinaufwandern zur Meilerhütte, obschon diese Route nur für ältere Kinder geeignet ist, wir können das Schachenschloss bewundern oder dem botanischen Alpengarten einen Besuch abstatten. Falls wir im Schachenhaus übernachten wollen, gibt es eine Vergünstigung für Kinder bis 10 Jahre, denn sie zahlen im Lager nur 5 Euro. Es gibt aber auch ein Vierbett- und zwei Dreibettzimmer.

Ein türkischer Saal im Wettersteingebirge? Nun, König Ludwig II., unser aller Märchenkönig, hatte so seine Vorstellungen, was ihm und den Bayerischen Alpen gut täte. So ließ er im Jahre 1877 auf dem Schachen ein Jagdschloss errichten. Das Besondere daran ist neben den Wohnräumen im Parterre der türkische Saal im ersten Stock, der historischen Stichen nachempfunden wurde und der Orientbegeisterung des Königs – und seiner Zeit – Rechnung tragen sollte. Gegen Eintritt kann man das Schachenhaus besichtigen. In den Touristenhäusern unterhalb kann man übernachten. Früher waren dies die Wirtschaftsgebäude des königlichen Personals. Heute bieten sie Wanderern urige Unterkunft. Am Rande eines Steilabbruchs ins Reintal steht der Schachenpavillon, der fantastische Tiefblicke und Einblicke ins zur Zugspitze führende Reintal gewährt. ergeben. Darüber erheben sich die beeindruckenden Wettersteingipfel wie der Hochblassen, der Hochwanner, der Schneefernerkopf und die Partenkirchener Dreitorspitze.

Der Anstieg von Elmau

Von Schloss Elmau geht es auf einem guten Wirtschaftsweg (ausgeschildert) in südwestlicher Richtung hoch zum Schachenhaus. Zu Beginn sind wir auf dem Königsweg, dann gewinnen wir langsam Höhe und steigen den steilen Pfad zum Steilenberg hinauf. Links von uns erhebt sich der lange Kamm der Wettersteinwand. Auf etwa der Hälfte des Weges gibt es noch die Möglichkeit, einen schönen Abstecher zur Wettersteinalm zu machen.

Über die Fortsetzung des Weges – den sogenannten Schachenweg – erreichen wir schließlich das Schachenhaus. Achtung: Auf dieser Strecke sind zahlreiche Mountainbiker unterwegs.

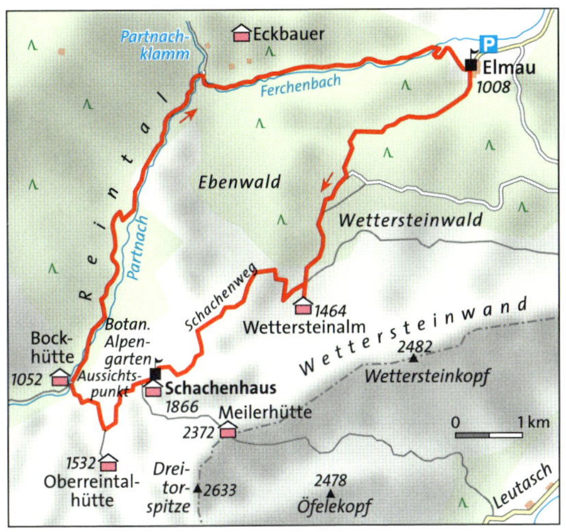

Die Rückkehr über das Reintal

Vom Schachenhaus folgen wir nun dem ausgeschilderten Weg hinab ins Reintal und steigen über zahlreiche Serpentinen zunächst hinab ins Oberreintal (Mark. E 4a). Links oberhalb liegt die hauptsächlich von Kletterern frequentierte Oberreintalhütte. An der Wegverzweigung gehen wir rechts und wandern über einen steilen Geländeabsatz hinab ins Reintal. Im Talgrund angekommen können wir noch einmal einkehren, wenn wir links den Weg in Richtung Reintalangerhütte und zur nahen Bockhütte nehmen, denn auf unserem weiteren Abstiegsweg sieht es damit schlecht aus. Wir folgen nun dem talwärts führenden Wanderweg, der parallel zur Partnach verläuft. Eine Brücke führt uns auf die andere Seite. Wir erleben nun die tosende Hintere Partnachklamm mit spektakulären Tiefblicken, bevor wir den Materiallagerplatz der Reintalangerhütte erreichen. Unser weiterer Weg verläuft nun auf einer breiten Forststraße, die zunächst oberhalb der Partnach, dann an dieser entlang talwärts zieht. Über das Tal des Ferchenbachs erreichen wir mit einem zum Schluss noch ganz ordentlichen Gegenanstieg wieder unseren Ausgangspunkt in Elmau.

Der botanische Garten

Es ist ein weiter Weg bis Transkaukasien, um die dort blühende Kesselring-Lilie zu betrachten. Für manche ambitionierte Botaniker vielleicht kein zu langer Weg. Aber es geht einfacher. Im alpinbotanischen Garten beim Schachenhaus können wir diese seltene Blume finden.

Im Jahre 1900 hat man auf Veranlassung des Münchner Botanikprofessors von Göbel – der auch für den Alten Botanischen Garten in München verantwortlich zeichnete – am Schachen einen Alpengarten angelegt und ein Jahr später eröffnet. Der

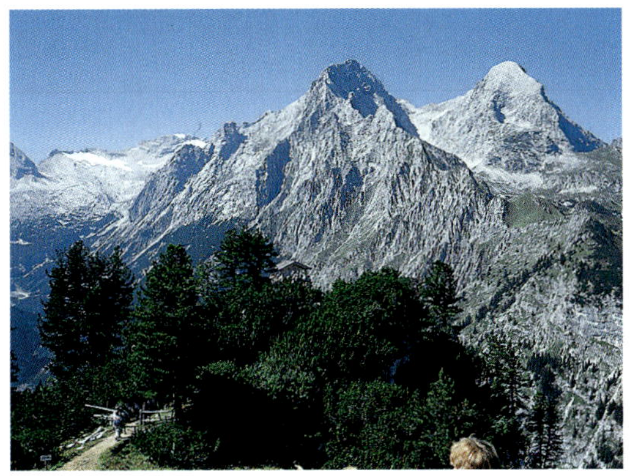

Blick vom Schachen auf den Hochblassen (links) und die Alpspitze (rechts).

etwa einen Hektar große „Garten“ liegt auf einer Höhe von 1850 Metern, die Arten sind nun nach geographischen Aspekten geordnet und nicht wie früher nach Familienzugehörigkeit. Der Schachengarten ist von Anfang Juli bis Mitte September täglich von 8–17 Uhr geöffnet.

DER KÜCHENTIPP

Die Familien Leitenbauer, die das Schachenhaus im Auftrag der Bayerischen Schlösserverwaltung betreibt, setzt ganz auf regionale Küche. Es gibt ein Frühstücksbüfett, tagsüber und abends präsentiert die Küche wechselnde Gerichte, wie z. B. Spinatspätzle und Schachen-Nudeln.

UND SONST NOCH ...

Das malerisch gelegene Schachenschloss kann natürlich besichtigt werden. Öffnungszeiten: Ende Mai/Anfang Juni bis Ende September täglich von 11–14 Uhr.

HÖCHSTER PUNKT

Schachenhaus, 1866 m.

ANFAHRT

Mit PKW: Auf der Garmischer Autobahn (A 95) bis zum Ende, dann auf der B 2 nach Garmisch-Partenkirchen und weiter in Richtung Mittenwald. Bei Klais rechts ab und auf Mautstraße über Kranzbach bis zum Ende der befahrbaren Straße beim ehemaligen Gasthaus Elmau. Dort befindet sich ein Wanderparkplatz.

Mit Bahn & Bus: Mit dem Werdenfels-Takt nach Garmisch-Partenkirchen und weiter nach Krün. Nach Elmau gibt es leider keine Busverbindung. Weiter zu Fuß. Man kann allerdings der Fahrstraße nach Elmau größtenteils ausweichen (über unbefestigte Wirtschaftswege und Wanderwege; Mark.-Nr. 843).

AUSGANGSPUNKT

Wanderparkplatz in Elmau, am Ende der öffentlichen Fahrstraße (1000 m).

GEHZEITEN

Hüttenweg: Anstieg von Elmau 3½ Std., Rückweg durch das Reintal 3 Std. Gesamtgehzeit: 6½ Std.

ANFORDERUNG

Hüttenweg: Leichtester Zustieg zum Schachenhaus, er erfolgt auf einem breiten Wirtschaftsweg. Der Abstieg ins Reintal setzt sich dann in einem, mit zahlreichen Stufen durchsetzten Bergsteig fort. Der Weg zurück zum Ausgangspunkt verläuft dann wieder auf Wirtschaftsweg.

EINKEHR & ÜBERNACHTUNG

Schachenhaus, 1866 m, privat, 16 Betten und 50 Lager, von Anfang Juni bis Anfang Oktober bewirtschaftet, Tel. 0172/876 88 68.

Wettersteinalm, 1464 m, privat, im Sommer bewirtschaftet. – Kurzer Abstecher vom Königsweg.

Oberreintalhütte, 1532 m, Alpenvereinshütte der Kat. I, Selbstversorgerhütte für Kletterer, von Pfingsten bis Anfang Oktober bewartet, Getränke, 60 Lager.

Die Hütte befindet sich 20 Minuten oberhalb von unserem Abstiegsweg ins Reintal.

Bockhütte, 1052 m, privat, nur wenige Meter linker Hand von dem Punkt, auf dem wir auf dem Weg im Reintal stoßen.

KARTE

Topographische Karte 1 : 50 000, Blatt „Werdenfelser Land – Ammergauer Alpen“ (LDBV).

TOURIST-INFO

Tourist-Information, Richard-Strauß-Platz 2, 82467 Garmisch-Partenkirchen,
Tel. 08821/18 07 00, www.gapa.de

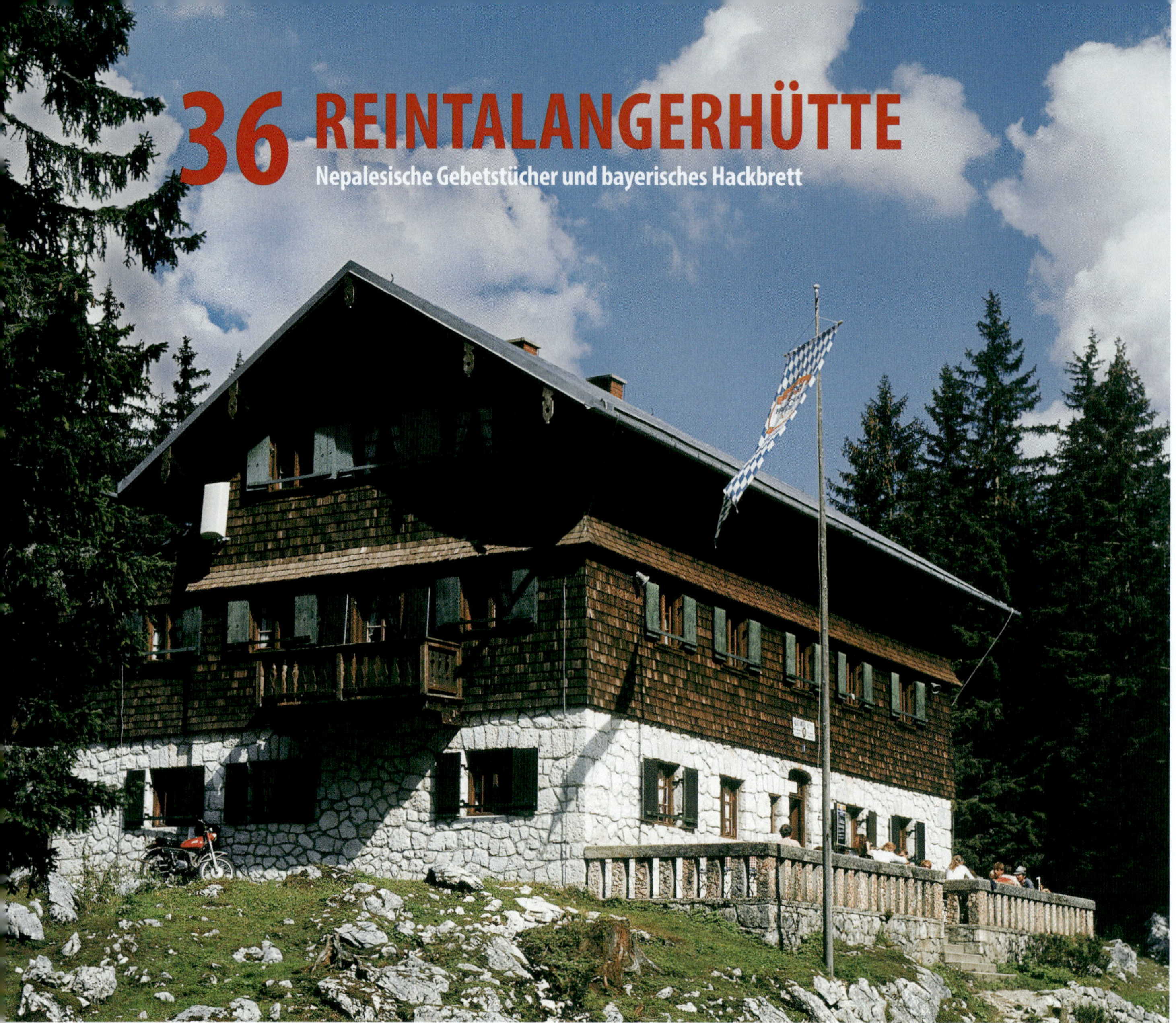

36 REINTALANGERHÜTTE

Nepalesische Gebetstücher und bayerisches Hackbrett

Die Reintalangerhütte wurde am Platz einer alten Hirtenhütte erbaut. Heute flattern tibetische Gebetsfahnen über der Hütte und zeugen vom internationalen Geist seiner Belegschaft.

Diese Alpenvereinshütte ist wirklich etwas ganz besonderes. Das wird einem spätestens dann klar, wenn man pünktlich um 6 Uhr am Morgen einen Weckruf musikalischer Art erhält. Doch auch nach dem Weggang von Charly Wehrle und Simon Neumann hat die Hütte ihren kosmopolitischen Touch behalten. Frühmorgens weckt Musik die meist noch schlafenden Gäste, am Abend kommt eine spontane musikalische Truppe zum Zug. Diese Hütte macht wirklich Spaß und für das Urlaubsfeeling ist auch die Lage und das Ambiente der Hütte verantwortlich. Idyllisch an der Partnach gelegen, kann man es sich am „Lido“ unter Sonnenschirmen bequem machen, zusehen wie die tibetischen Gebetsfahnen im Wind flattern und ein kühles Bier genießen. Das hat man sich dann auch verdient, denn der Anstieg zur Hütte ist ein langer Hatsch. Aber es lohnt, bekommt man dafür doch Eindrücke geboten, die man sonst eher in den hochalpinen Regionen der Schweiz oder in Österreich findet. Die Reintalangerhütte wurde im Jahre 1912 erbaut und sieht fast noch so aus wie damals. Im frühen 20. Jahrhundert war die Hütte ein beliebter Treffpunkt hochklassiger Kletterer, die von hier aus die Hochwanner-Nordwand erkundeten. Mittlerweile muss mit Überfüllung gerechnet werden. Jährlich sind inzwischen 10 000 Übernachtungen zu verzeichnen.

Der Hüttenzugang über den Bernadeinsteig

Wir fahren mit der Umlaufbahn aufs Kreuzeck und folgen zuerst dem Wanderweg in Richtung Hochalm. Bei der Wegverzweigung folgen wir dem

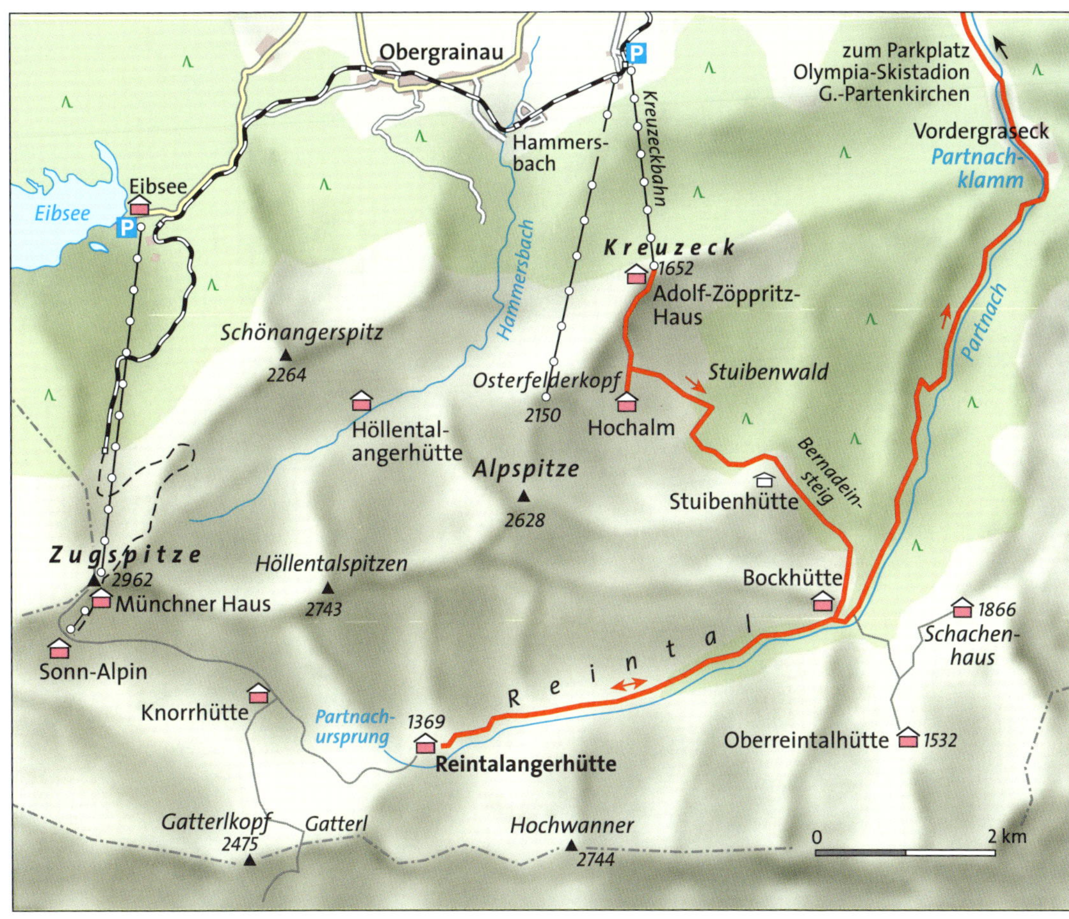

DER KÜCHENTIPP

Neben den üblichen Brotzeiten, Suppen und Eintöpfen kommt eine abwechslungsreiche Kost aus der Küche. Die jeweiligen Tagesgerichte werden auf den Tafeln vor der Hütte angezeigt. Schweinsbraten, Kraut- und Kasnudeln sowie Kaspressknödel gehören zum Angebot. Beliebt ist auch der Kaiserschmarrn. Bei großer Hitze im Sommer wird das Bier direkt am „Lido" ausgeschenkt. Falls man den Weg zur Theke nicht mehr schafft, einfach die Hand ausstrecken.

untersten Weg in leichtem Ab und Auf zur Bernadeinhütte (privat) hinüber. Der weitere Weg führt durch Wald im oberen Bereich des Gassentals links um die Ausläufer der Stuibenwand. Nun folgt der Bernadeinsteig mit einer kurzen Seilsicherung hinunter ins Reintal, das bei der Bockhütte beginnt.

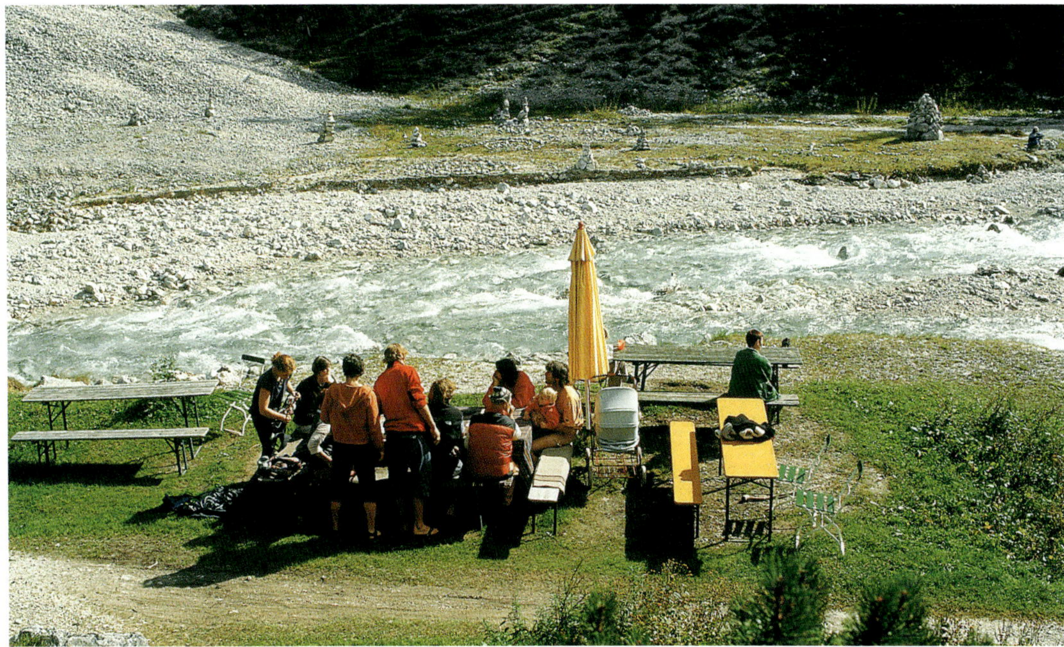

Unterhalb der Hütte fließt die Partnach vorbei und lädt bei hohen Temperaturen zur Abkühlung ein.

Am Ausgangspunkt unserer Wanderung, beim Kreuzeck, zeigt sich die Alpspitze von ihrer markantesten Seite. Dieser pyramidenförmige Gipfel ist mit Klettersteigen gut erschlossen, also auch dem geübten Berggänger trotz seiner abweisend wirkenden Felsen zugänglich.

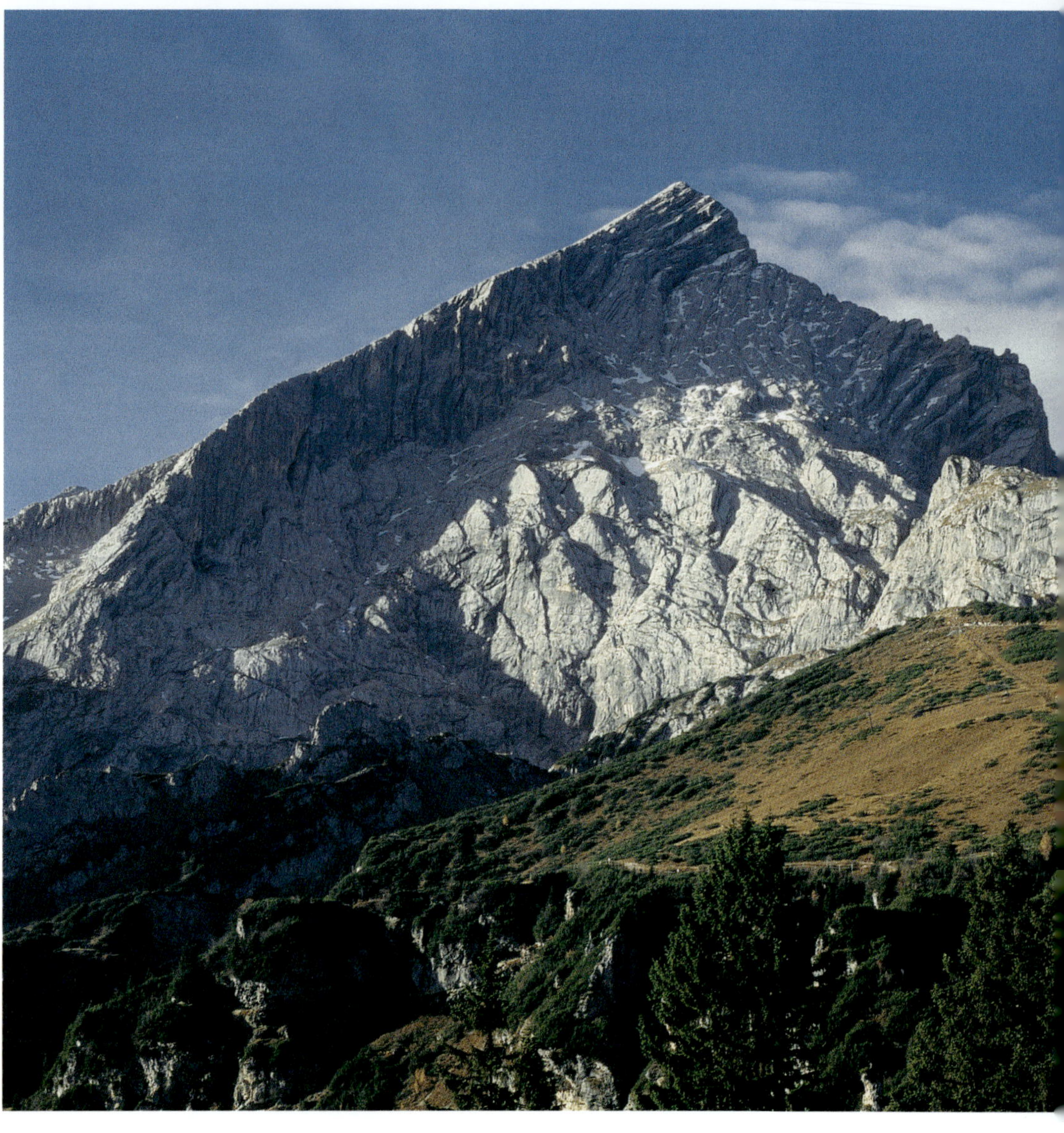

Der Abstieg nach Garmisch-Partenkirchen

Von der Reintalangerhütte folgen wir dem zunächst schmalen Hüttenfahrweg (Mark.-Nr. 801) talwärts. Hier entlang fährt der Hüttenwirt mit dem Motorrad bis zu seinem alpinen Domizil. Für Normalsterbliche ist das nicht erlaubt, aber auch nicht unbedingt empfehlenswert. Wir überwinden den Talriegel vor uns mit ein paar Kehren, wandern an einem schönen Wasserfall vorbei und können bald ahnen, wo bis vor kurzer Zeit die Blauen Gumpen Wahrzeichen des Reintals waren – bis die Hochwasser alles vermurt und die Gumpen verschüttet haben. Unser Weg wird nun deutlich breiter und führt dann nahezu eben durch lichten Wald hinaus zur Bockhütte. Hier ist´s auch im Hochsommer unter den Bäumen angenehm schattig und kühl, es gibt Brotzeiten und erfrischende Getränke. Kurz hinter der Bockhütte queren wir die Partnach nach rechts und folgen dem Wanderweg, der weiter an ihr entlangführt. Die Partnach schneidet sich immer tiefer ins Gelände ein und rauscht nun tief unter uns durch die Hintere Partnachklamm. Nach kurzem Anstieg erreichen wir den Materiallagerplatz der Hütte. Unser Weiterweg verläuft nun auf einer breiten Forststraße. Es geht in großen Kehren bergab, bis man wieder an den Lauf der Partnach kommt, die man an ihrem linken Ufer flussabwärts begleitet. Beim Steg über den Ferchenbach halten wir uns links und kommen so zur eindruckvollen Partnachklamm. Die enge Steiganlage sorgt für einen grandiosen Abschluss der an hochalpinen Eindrücken reichen Wanderung. Die letzte halbe Stunde auf Teerstraße zum Olympiastadion könnte man auch im Fiaker fahren.

DER FAMILIENTIPP

Nicht weit von der Reintalangerhütte entfernt, tritt aus dem Fels eine Quelle, die landläufig als Partnachursprung bezeichnet wird. Tatsächlich handelt es sich um das Schmelz- und Sickerwasser des Schneefernergletschers auf dem Zugspitzplatt. Zu diesem Partnachursprung führt ein ausgeschilderter leichter Weg. Ideal für einen kleinen Ausflug von der Hütte, wenn wir dort übernachten. Viele Spiel- und Beobachtungsmöglichkeiten am Weg.

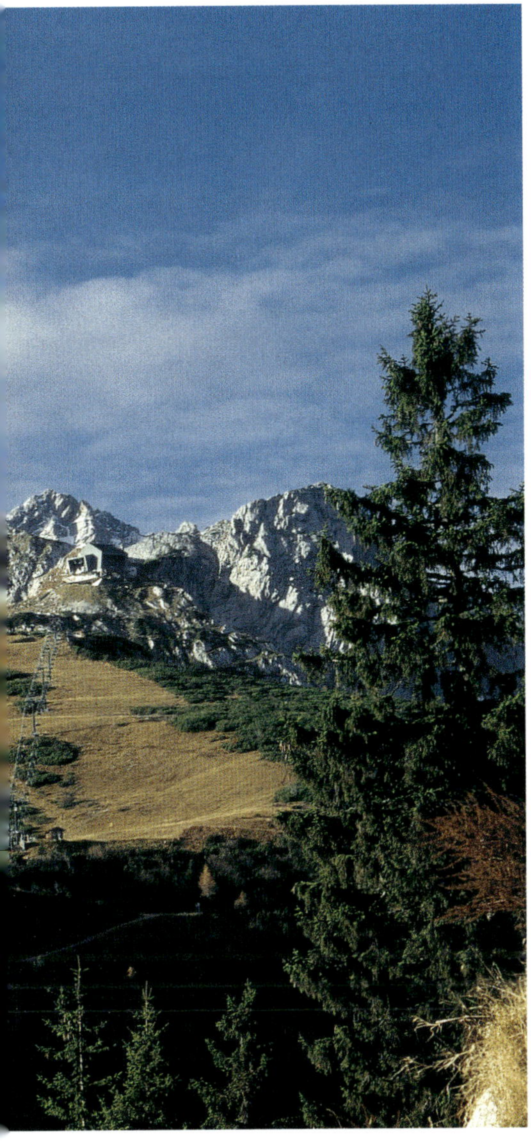

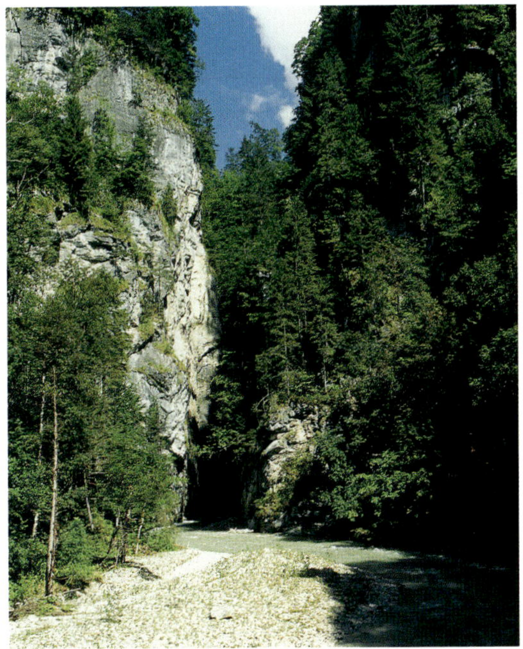

*Der obere Eingang zur Partnachklamm wirkt noch relativ unspektakulär (links).
Am Abstiegsweg von der Reintalangerhütte nach Garmisch-Partenkirchen. Wir befinden uns hier in Nähe der Blauen Gumpe (unten).*

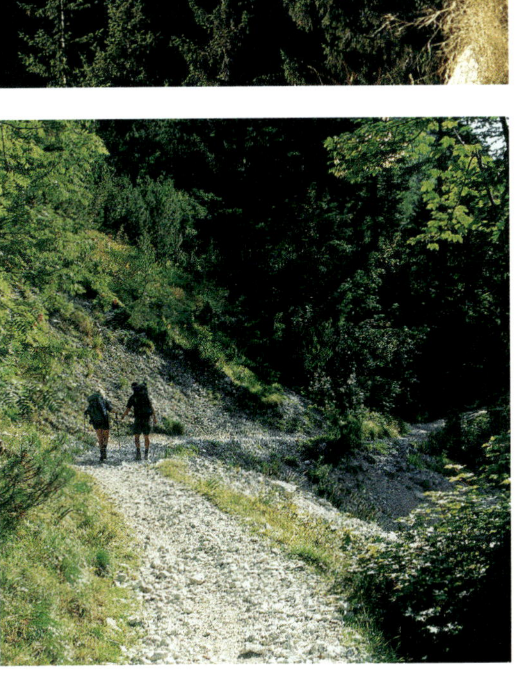

UND SONST NOCH ...

Allmorgendlich werden die Bergwanderer und Bergsteiger von der Hüttencrew mit sanfter Live-Musik geweckt. Und auch abends wird im Gastraum oft musiziert.

HÖCHSTE PUNKTE

Reintalangerhütte, 1369 m; Hochalm, 1703 m.

ANFAHRT

Mit PKW: Auf der Garmischer Autobahn (A 95) bis zum Ende, dann über Oberau nach Garmisch-Partenkirchen, dort der Ausschilderung zur Talstation der Kreuzeckbahn folgen; großer Parkplatz.
Mit Bahn & Bus: Mit dem Werdenfels-Takt nach Garmisch-Partenkirchen, von dort weiter mit der Zugspitzbahn bis zum Haltepunkt Kreuzeckbahn.

AUSGANGSPUNKT

Talstation der Kreuzeckbahn (760 m).

GEHZEITEN

Hüttenweg: Übergang über den Bernadeinsteig zur Reintalangerhütte 5 Std.; Abstieg von der Reintalangerhütte nach Garmisch-Partenkirchen 3½ Std. Gesamtgehzeit: 8½ Std.

ANFORDERUNG

Hüttenweg: Der Hüttenzugang über den Bernadeinsteig erfordert Trittsicherheit und Schwindelfreiheit (eine felsige Stelle, die jedoch mit Drahtseil gesichert ist); der Anstieg durch das Reintal ist jedoch leicht, wer also einen leichten aber langen Weg sucht, nimmt den Abstiegsweg zugleich als Anstiegsweg.

EINKEHR & ÜBERNACHTUNG

Reintalangerhütte, 1369 m, Alpenvereinshütte der Kat. I, von Mitte Mai bis Mitte Oktober bewirtschaftet, 20 Betten, 73 Lager, Winterraum mit 15 Lagern – nur mit AV-Schlüssel zugänglich; Tel. 08821/708 97 43.
Kreuzeckhaus, 1652 m, Alpenvereinshütte der Kategorie II, bewirtschaftet von Mitte Mai bis Anfang November und Mitte Dezember bis Mitte April, 72 Betten, 43 Lager; Tel. 08821/2202.
Hochalm, 1705 m, privat, von Pfingsten bis Ende Oktober sowie von Mitte Dezember bis Ostern bewirtschaftet; Tel. 08821/2907.
Bockhütte, 1052 m, im Sommer einfach bewirtschaftet, Brotzeiten.
Mehrere Gaststätten am Ausgang der Partnachklamm.

KARTE

Topographische Karte 1 : 50 000, Blatt „Werdenfelser Land – Ammergauer Alpen" (LDBV).

TOURIST-INFO

Tourist-Information, Richard-Strauß-Platz 2, 82467 Garmisch-Partenkirchen, Tel. 08821/18 07 00, www.gapa.de

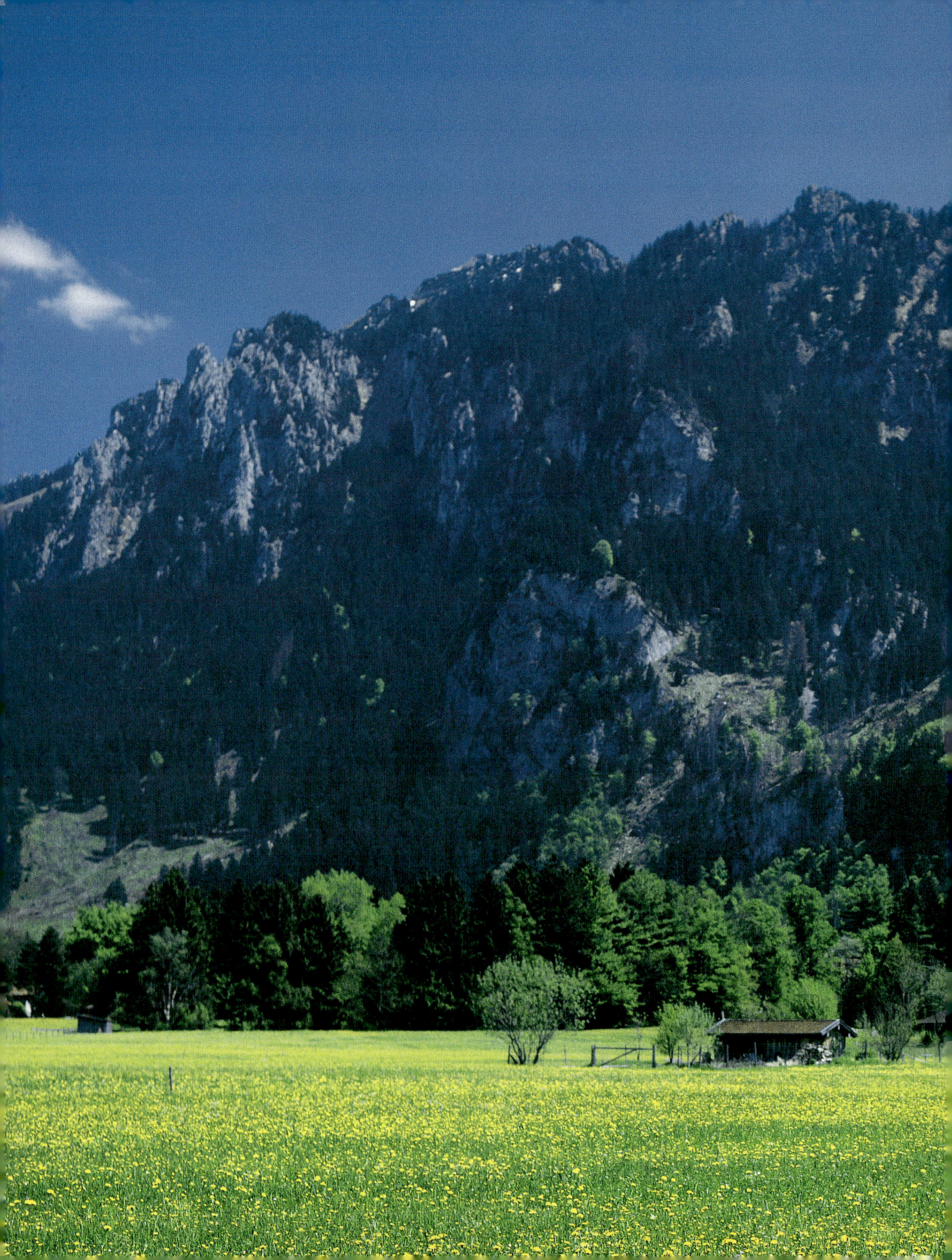

AMMERGAUER ALPEN

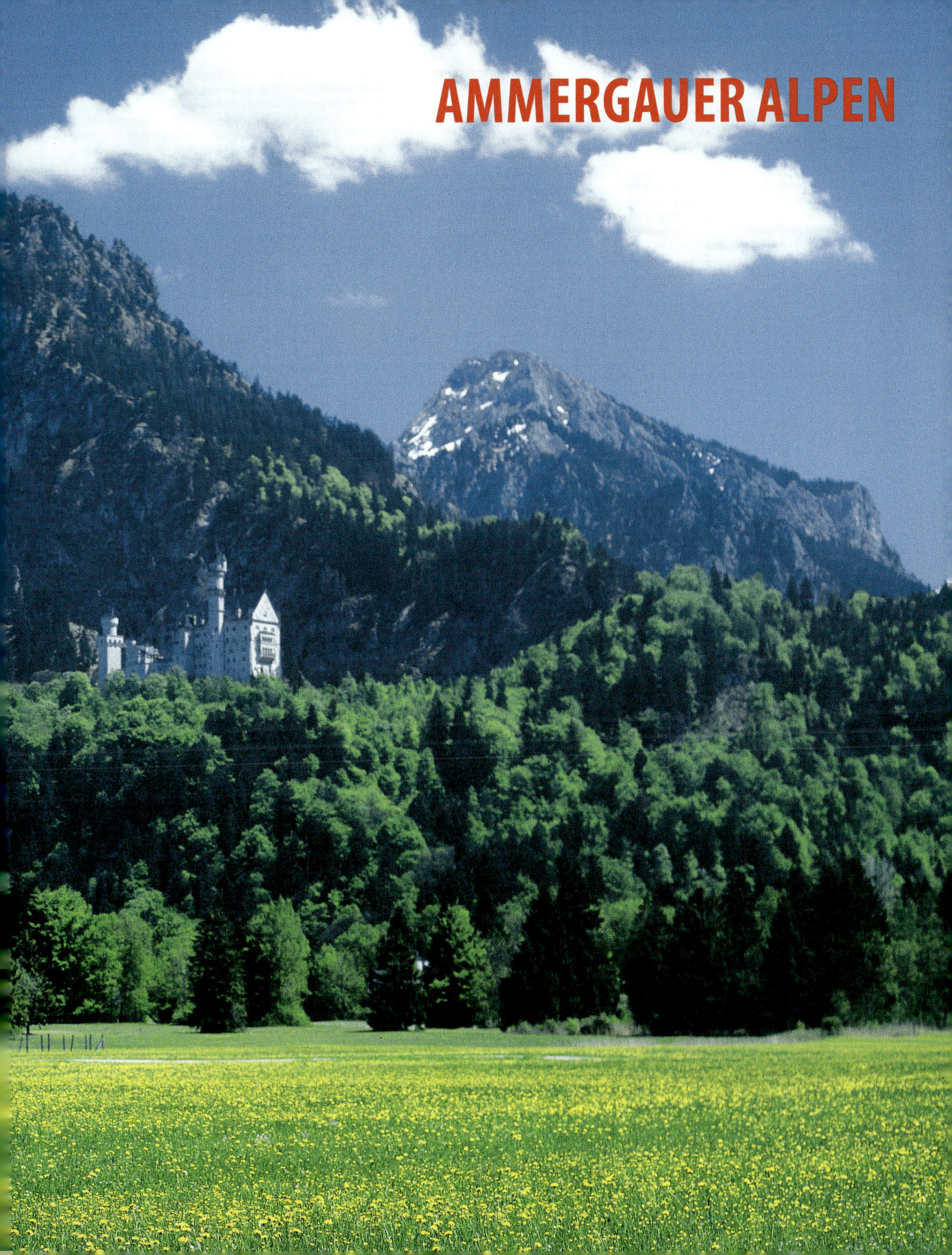

37 HÖRNLEHÜTTE

Wandererstützpunkt im Alpenvorland

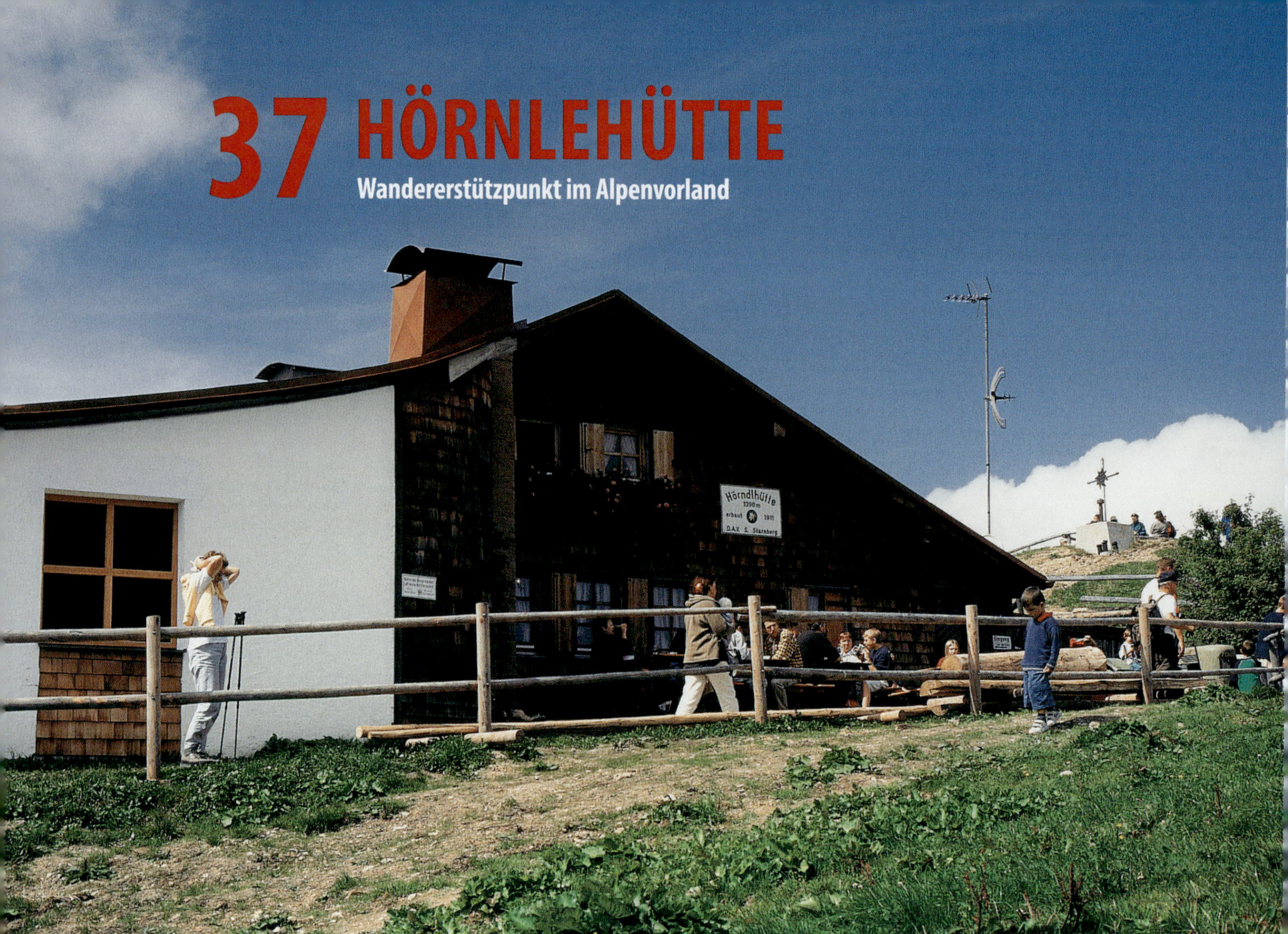

Die Hörnlehütte der Alpenvereinssektion Starnberg hat rund ums Jahr Betrieb. Dazu trägt natürlich auch der Sessellift bei, der knapp unterhalb endet.

Vorangehende Doppelseite: Schloss Neuschwanstein am steilen Hang des Tegelbergs; recht im Hintergrund der Säuling.

DER FAMILIENTIPP

Vor der Hütte gibt es einen Sandkasten für die Kleinen, ansonsten ist nicht so viel Platz. Rundum die Hütte weiden aber im Sommer die Kühe und das Jungvieh der Hörnlealm sowie etwa 15 Pferde bzw. Haflinger.

Dass die Hörnlehütte ganzjährig bewirtschaftet ist, als eine der ganz wenigen Alpenvereinshütten, liegt an der Hörnlebahn und am Skibetrieb, der sich am gemütlichen Vorberg gewisser Beliebtheit erfreut. Die 1911 erbaute Hütte wurde kürzlich innen und außen umfassend renoviert. Die Umgebung der Hütte sowie die leichten Wanderwege und Gipfel sind besonders auch für Familien mit kleinen Kindern das ideale Revier. An den breiten Wanderwegen befinden sich zahlreiche Sitzbänke zum Verweilen und Schauen. Das große Übernachtungslager der Hörnlehütte mit seinen 24 Schlafplätzen eignet sich besonders gut für geschlossene Gruppen. Daher ist es auch kein Zufall, dass hier oben gerne größere Familien-, Geburtstags- oder Betriebsfeiern stattfinden.

Der Hüttenaufstieg von Bad Kohlgrub

Man braucht nur einige wenige Minuten von der Bergstation der Hörnlebahn (1380 m) hinüber zur Hörnlehütte. Zu Fuß erreicht man die Hütte von Bad Kohlgrub. Ausgangspunkt ist der Parkplatz bei der Talstation, dann geht es den Hörnle-Sommerweg (ausgeschildert) entlang. Wir queren die Trasse des Lifts und einen Wirtschaftsweg, dann geht es durch Wald und in Serpentinen hoch zur Hörnlehütte.

Der Abstieg nach Bad Kohlgrub

Wir folgen zunächst der Route zum Hinteren Hörnle bis kurz vor der Gipfelabzweigung auf dessen Nordostseite. Hier beginnt in nördlicher Richtung ein markierter Pfad, der uns über den bewaldeten Elmauberg hinab zu einer Forststraße bringt. Dieser folgen wir dann nach links, halten uns bei der Weggabelung rechts und schlendern weiter bis zur Trasse der Sesselbahn. Hier nun rechts hinab auf dem Wirtschaftsweg nach Guggenberg, wo wir nochmals einkehren können, bevor wir zu unserem Ausgangspunkt zurückkehren.

Der Abstieg nach Unterammergau

An der Hörnlehütte zeigen uns Wegweiser (unsere Route folgt überdies dem Europäischen Fernwanderweg E 4 sowie dem „Maximiliansweg“) sogleich

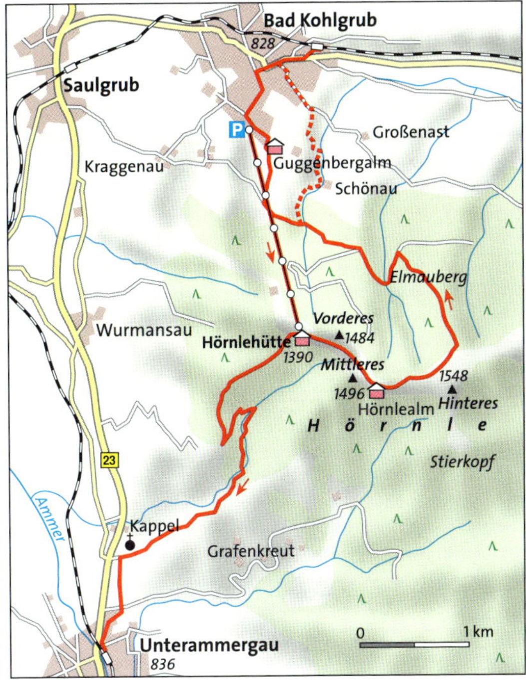

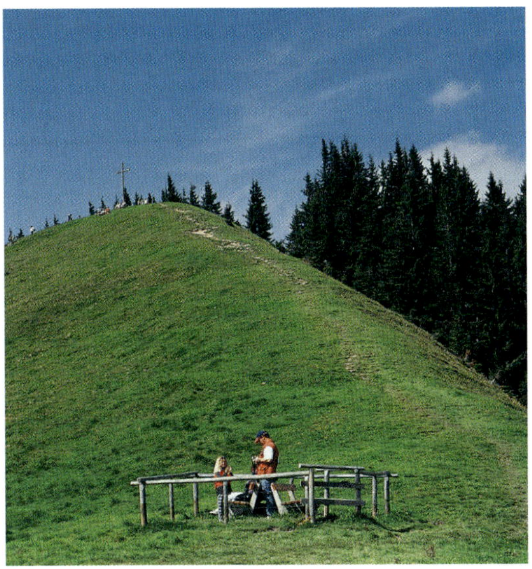

Das Vordere Hörnle ist der erste aussichtsreiche Gipfel, den wir auf unserer Wanderung besteigen können.

den richtigen Weg in Richtung Unterammergau/Kappel. Wir wandern zunächst auf dem bewaldeten Kamm hinab zu einem Vorgipfel, passieren die Aiblehütte (1293 m). Dann folgen wir dem Wanderweg in südlicher Richtung hinab, bis wir auf eine Wegverzweigung treffen. Hier halten wir uns links und erreichen so das Bachtal der Kappellaine. Unser Weg folgt nun dem Bachverlauf talwärts, wobei wir den Bach ein paar Mal queren. Wir stoßen auf ein Wirtschaftssträßchen und folgen diesem hinab zum Weiler Kappel mit der kleinen Kirche rechts oberhalb. Kurz bevor wir die B 23 erreichen, zweigt unser Weg links ab und führt uns durch Wiesen direkt auf die ersten Häuser von Unterammergau zu. Bald ist dann auch der Bahnhof erreicht.

Der Hüttengipfel

Hinteres Hörnle, 1548 m: Wir könnten auf das Vordere Hörnle steigen – das wär nur ein Katzensprung. Oder aufs Mittlere – da ist's am einsamsten. Aber nein, wir machen uns auf den Weg zum Hauptgipfel: von der Hörnlehütte leicht ansteigend auf dem breiten Almweg in östlicher Richtung, zwischen Vorderem und Hinterem Hörnle hindurch zur neu erbauten Hörnlealm. Hier hat im Sommer ein Hirte sein kleines Reich und schenkt auch Milch aus. Dann geht es in gleicher Richtung weiter, bis rechts der Pfad auf das Hintere Hörnle abzweigt. Der übliche Weg führt jedoch weiter auf dem Fahrweg um das Hintere Hörnle herum, wo uns dann der Gipfelweg über die Nordostseite auf den höchsten Punkt des Hinteren Hörnles führt, den ein schlichtes Holzkreuz schmückt. Falls wir den Abstieg nach Bad Kohlgrub vorhaben, steigen wir über diesen Weg ab und erreichen so die Route über den Elmauberg.

DER KÜCHENTIPP

Die Hörnlehütte ist natürlich wegen des Sessellifts auf einen regen Betrieb eingestellt: Es gibt Kässpatzen, Wiener Schnitzel, Schweinsbraten, Spaghetti, Kaiserschmarrn, Knödel mit Sauce, Schupfnudeln mit Kraut sowie u. a. Erbsen- und Gulaschsuppe.

UND SONST NOCH ...

Ein Abstecher zum nahen Staffelsee mit Badeanstalt und Ruderbootverleih mit anschließender Einkehr in einer der beliebten Dorfwirtschaften.

HÖCHSTE PUNKTE

Hörnlehütte, 1390 m; Hinteres Hörnle, 1548 m.

ANFAHRT

Mit PKW: Auf der Garmischer Autobahn (A 95) bis Ausfahrt Murnau/Kochelsee, dann auf der Landstraße über Murnau nach Bad Kohlgrub; im Ort ist der Weg zur Hörnlebahn ausgeschildert; dort großer Parkplatz.
Mit der Bahn: Über Weilheim und Murnau bis zum Bahnhof Bad Kohlgrub. In Bad Kohlgrub Busverbindung zur Talstation der Hörnlebahn (oder zu Fuß). Rückkehr mit der Bahn von Unterammergau.

AUSGANGSPUNKT

Talstation der Hörnlebahn (932 m).

GEHZEITEN

Hüttenweg: Von Bad Kohlgrub 1½ Std., Abstiegsrunde über die Hörnlealm 2 Std. Gesamtgehzeit: 3½ Std.; Hüttenanstieg von Unterammergau 2½ Std. (Falls wir den Anstieg von dort unternehmen wollen).
Gipfelweg: Von der Hörnlehütte 1 Std., Rückweg 1 Std.; insgesamt: 2 Std.

ANFORDERUNG

Hüttenweg: Leichte, gut beschilderte Bergwanderwege.
Gipfelweg: Breiter Almweg sowie leichter Bergwanderweg, nach Regen jedoch einige rutschige Stellen.

EINKEHR & ÜBERNACHTUNG

Hörnlehütte, 1390 m, Alpenvereinshütte der Kat. II, 24 Lager (in einem großen Raum), nahezu ganzjährig bewirtschaftet, November geschlossen, Übernachtung am Wochenende nur nach Voranmeldung; Tel.: 08845/229.
Hörnlealm, 1440 m, im Sommer einfach bewirtschaftet, Milch erhältlich.
Guggenbergalm, 900 m, Berggasthof, nahezu ganzjährig bewirtschaftet.

KARTE

Topographische Karte 1 : 50 000, Blatt „Pfaffenwinkel – Ammergauer Alpen Nord" (LDBV).

TOURIST-INFO

Kur- und Tourist-Information im Haus des Gastes, Hauptstraße 27, 82433 Bad Kohlgrub, Tel. 08845/742 20, www.bad-kohlgrub.de

38 AUGUST-SCHUSTER-HAUS

Zu den Pürschlinghäusern hoch über dem Graswangtal

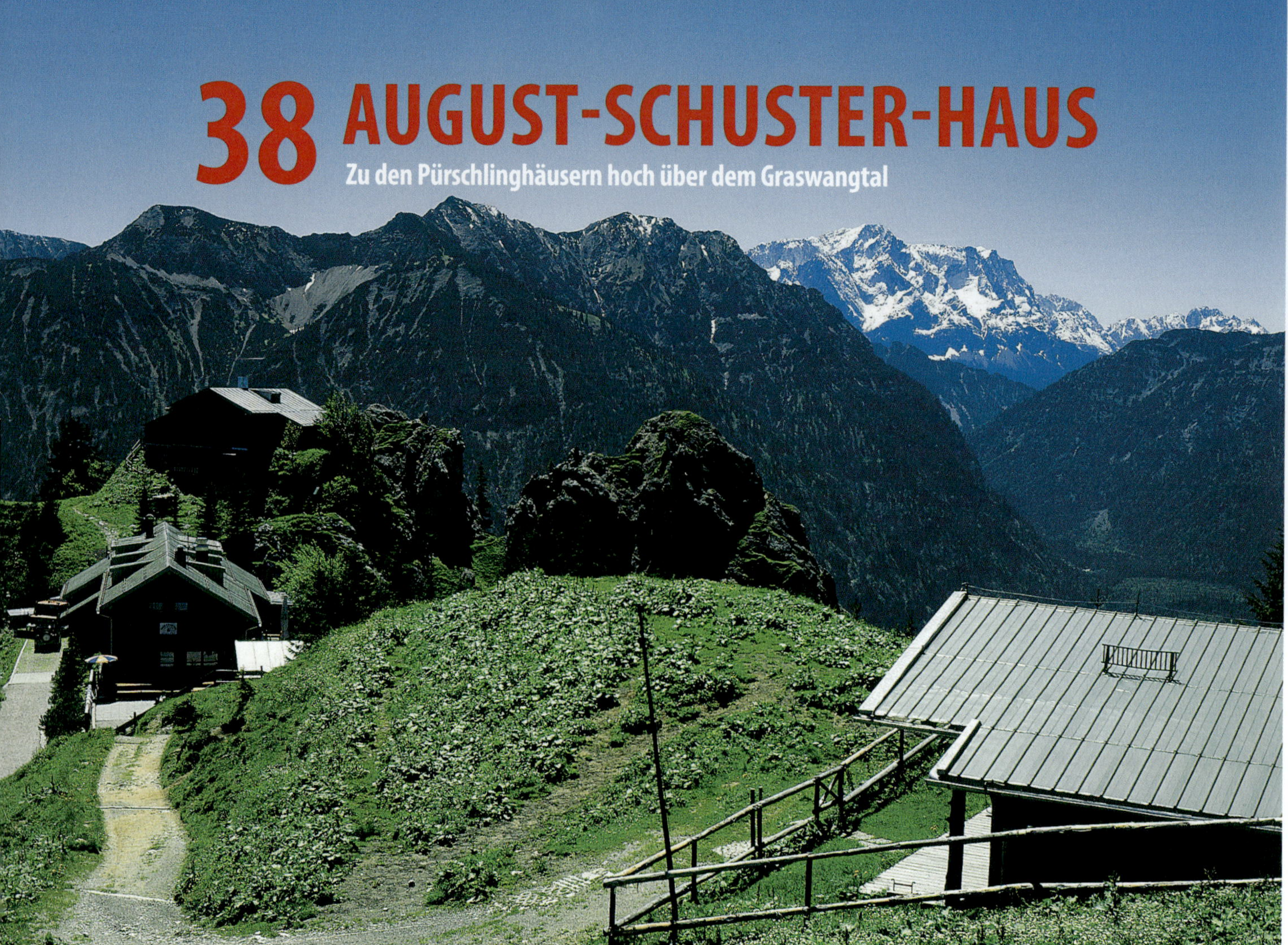

Ein bekannter Münchner Bergpionier, August Schuster, hat der Hütte am Pürschling seinen Namen gegeben.

Das erst im Jahr 1972 erbaute August-Schuster-Haus – früher stand hier eine Jagdhütte von König Max II. – gehört zu den beliebtesten Anlaufstationen für Bergwanderer in den Bayerischen Voralpen. Die Alpenvereinshütte der Sektion Bergland wurde benannt nach dem Bergsportausrüster in München, der bis heute durch ein großes Sportgeschäft in der Münchner Innenstadt vielen ein Begriff ist. Die Bergwanderer sprechen aber nur von den Pürschlinghäusern. Denn der Pürschling, jene Kammerhebung auf dem langen Bergzug, der sich von Oberammergau bis Füssen erstreckt, ist der Standort der Hütte. Ihre Pluspunkte sind gewichtig: Sie steht aussichtsreich über dem Graswangtal, sie ist ganzjährig geöffnet und sie hat mit dem Teufelstättkopf einen reizvollen Hüttengipfel. Überdies liegt sie am „Maximiliansweg", der den Bodensee mit dem Berchtesgadener Land verbindet.

Und was nicht ganz unwichtig ist: Die Küche bereitet die aufgetischten Gerichte frisch zu. Die große windgeschützte Terrasse ist daher meist voll. Und an kälteren Tagen oder an den Abenden bullert drinnen der Ofen – und für die Kinder und die jung gebliebenen steht ein Kasten voller Spiele bereit.

Der Anstieg von Oberammergau

Die Beschilderung zur Kolbenalm weist uns am Parkplatz des Kolbensessellifts den vorläufigen Weg. Vorbei am Gasthaus Kolbenalm, bald oberhalb links – der markierte Bergweg (Nr. 201) bringt uns zum Kofelsteig, auf dem wir, uns rechts haltend, die Bergstation des Doppelsessellifts erreichen. Der Kofelsteig verläuft (Nr. 233) nun in flachem Gelände, zieht durch Wald und stößt dann auf den Fahrweg, der von Unterammergau heraufkommt. Dieses Sträßchen führt zuletzt steil hinauf zum August-Schuster-Haus.

Die Rückkehr

Der Abstieg erfolgt auf dem Anstiegsweg, wobei wir uns – schon der Knie zuliebe – gerne vom Kolbensessellift bergab tragen lassen.

DER FAMILIENTIPP

Falls wir einmal im Winter wiederkommen wollen: Der Anstieg von Unterammergau ist eine beliebte und auch lange Rodelstrecke. Und da die August-Schuster-Hütte auch im Winter bewirtschaftet ist, fehlt es auch nicht an der Einkehr zum Aufwärmen.

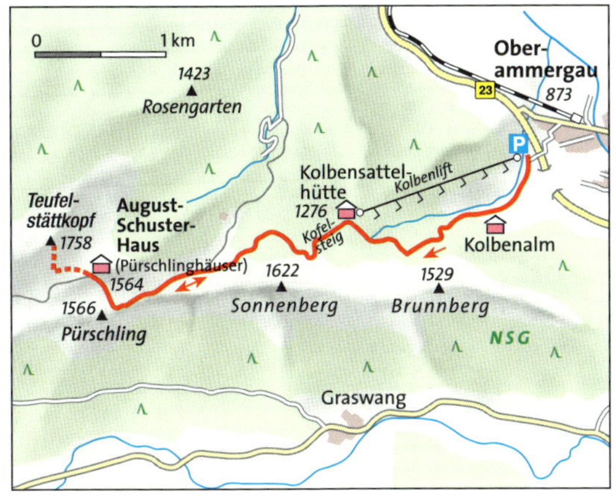

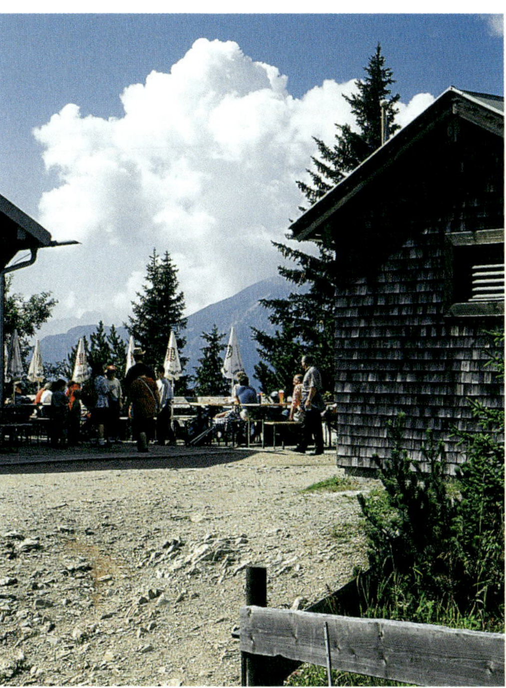

Auf der geschützten Terrasse lässt es sich gut rasten (links). Am Weg zum Teufelstättkopf (unten).

Der Hüttengipfel

Teufelstättkopf, 1758 m: Der markante Felsgipfel auf dem Pürschlingkamm ist der eigentliche Hüttenberg des August-Schuster-Hauses. Vom Alpenvereinshaus folgen wir zunächst dem ausgeschilderten, steil ansteigenden Weg über einen Grashang weiter bergwärts, gehen seitlich an der Bergwachthütte vorbei und gelangen so auf den bald flacher werdenden Kammrücken. Auf dessen Südseite nun auf schmalem Pfad zum Fuße des Teufelstättkopfs. Rechts geht es über Blockwerk zum felsigen Gipfelaufbau. Auf seiner Ostseite führt ein seilgesicherter Steig durch eine Rinne hinauf zum Gipfelkreuz.

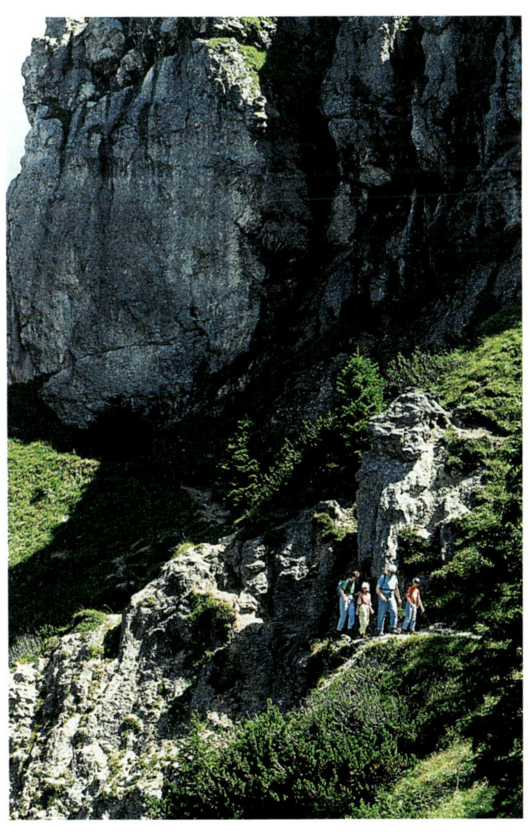

DER KÜCHENTIPP

Warme Küche gibt es von 8–19 Uhr, dann noch kalte Platten wie Wandererbrotzeit, Wurstsalat oder auch Wiener bis 21 Uhr. Frühstück ab 6 Uhr. Am Wochenende gibt es oft auch Schweinebraten.

UND SONST NOCH ...

Natürlich machen wir noch einen Bummel durch Oberammergau mit seinen mit Lüftlmalereien geschmückten Häusern, schauen kurz beim Festspielhaus vorbei oder besuchen einen Laden mit Oberammergauer Holzschnitzereien.

HÖCHSTE PUNKTE

August-Schuster-Haus, 1564 m; Teufelstättkopf, 1758 m.

ANFAHRT

Mit PKW: Auf der Garmischer Autobahn (A 95) bis Ausfahrt Murnau/Kochel, dann über Murnau, Bad Kohlgrub und Unterammergau nach Oberammergau. Die Talstation der Kolbensesselbahn befindet sich am südwestlichen Ortsrand.

Mit Bahn & Bus: Mit der Bahn über Weilheim und Murnau nach Oberammergau. Dort weiter zu Fuß zur Talstation der Kolbensesselbahn.

AUSGANGSPUNKT

Wanderparkplatz bei der Kolbensesselbahn-Talstation (874 m).

GEHZEITEN

Hüttenweg: Von Oberammergau 2½ Std., Abstieg ins Tal 2 Std. Gesamtgehzeit: 4½ Std. (bei Benutzung des Sessellifts 1½ Std. weniger).

Gipfelweg: Vom August-Schuster-Haus 1 Std., Rückweg zur Hütte ¾ Std.; insgesamt: 1¾ Std.

ANFORDERUNG

Hüttenweg: Gute Bergwander- und Wirtschaftswege. Nach längeren Regenperioden ist am Übergang von der Kolbensattelbahn der Weg oft matschig.

Gipfelweg: Der Teufelstättkopf setzt Trittsicherheit und Schwindelfreiheit voraus. Drahtseilsicherung am Gipfelfelsen.

EINKEHR & ÜBERNACHTUNG

August-Schuster-Haus (Pürschlinghäuser), 1564 m, Alpenvereinshaus der Kat. II, 54 Betten, 12 Lager, ganzjährig bewirtschaftet, April und November geschlossen; Tel. 08822/35 67.

Gasthof Kolbenalm, 1000 m, privat, nahezu ganzjährig bewirtschaftet, Übernachtung auf Anfrage.

Kolbensattelhütte, 1276 m, privat, nahezu ganzjährig bewirtschaftet; nur Einkehr.

KARTE

Topographische Karte 1 : 50 000, Blatt „Pfaffenwinkel – Ammergauer Alpen Nord" (LDBV).

TOURIST-INFO

Tourist-Information, Eugen-Papst-Str. 9a, 82487 Oberammergau, Tel. 08822/922 740, www.ammergauer-alpen.de

39 BRUNNENKOPFHÄUSER

Königliche Jagdhäuser über Schloss Linderhof

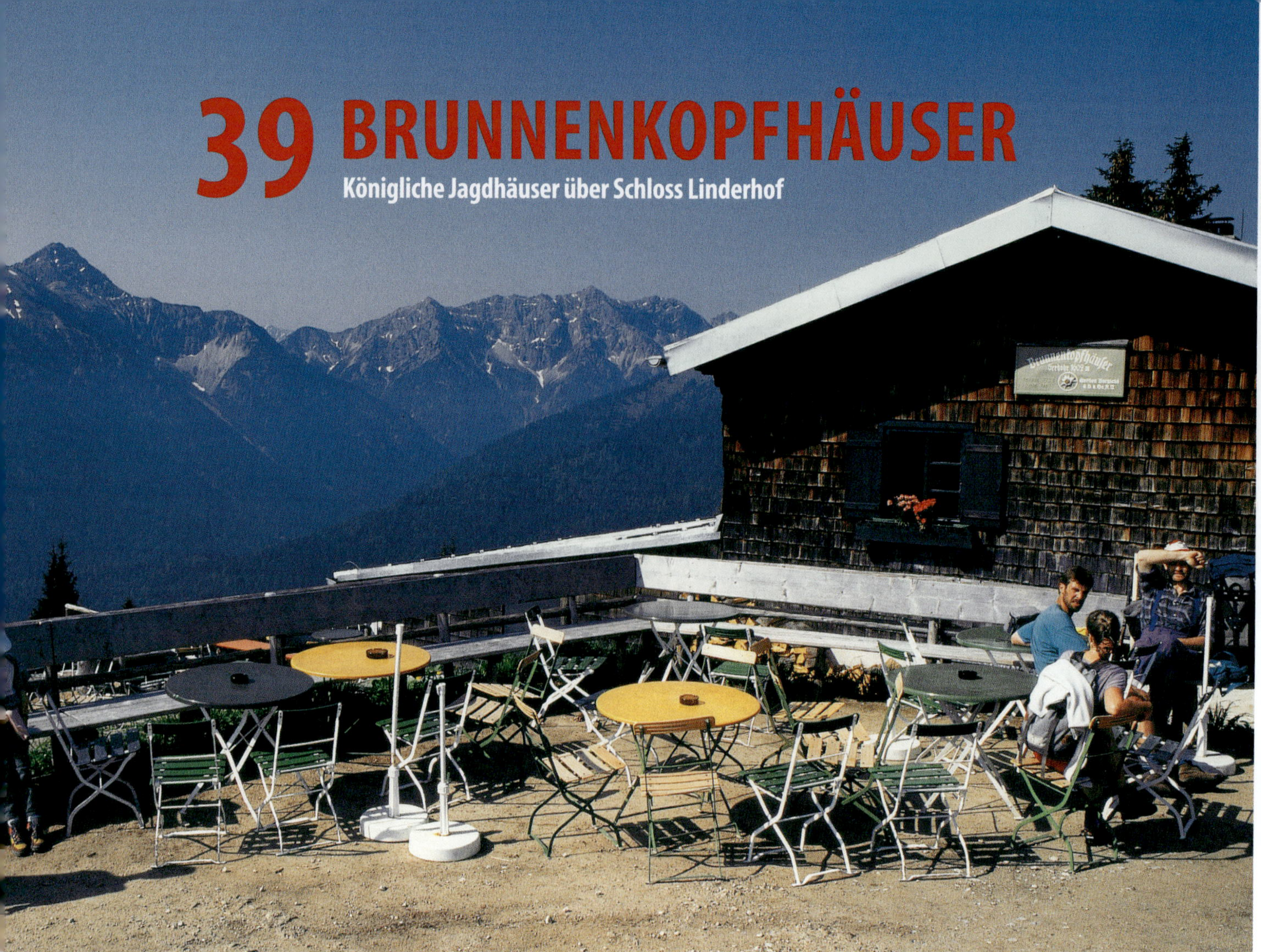

Die Brunnenkopfhäuser waren ursprünglich königliche Jagdhäuser. Links im Hintergrund erkennen wir die Kreuzspitze.

DER FAMILIENTIPP

Ein Besuch von Schloss Linderhof: Sehenswert sind neben der Innenausstattung die Gartenanlage mit der 32 Meter hohen Fontäne, die Venusgrotte und der Maurische Kiosk, der zuvor auf der Pariser Weltausstellung von 1837 zu sehen war und nun seinen Platz in den Bayerischen Alpen gefunden hat. Öffnungszeiten: Von April bis Oktober täglich von 10–17 Uhr.

Die hoch über dem Graswangtal gelegenen Brunnenkopfhäuser waren bereits im Jahre 1856 von König Max II. als Jagdhütten errichtet worden. Besondere Aufmerksamkeit aber brachte König Ludwig II. diesen Berghäusern entgegen. Unter seiner Regentschaft wurde ein Reitweg dort hinauf angelegt. Und angeblich soll er im bescheidenen Quartier hoch überm Graswangtal bisweilen sogar die Regierungsgeschäfte geführt haben. Da war Schloss Linderhof noch im Bau ...

Nach dem Ersten Weltkrieg fielen die Hütten zunächst an das Forstamt Oberammergau, bis im Jahre 1922 die Alpenvereinssektion Bergland die beiden Hütten erwarb. Die untere Hütte ist die Privathütte der Sektion, die obere, größere Hütte steht Bergwanderern zur Verfügung. Die Hütten sind seit einiger Zeit denkmalgeschützt. Doch auch dort oben war der Fortschritt nicht aufzuhalten, die Hütten verfügen heute nicht mehr über die traditionellen Schindeldächer, sondern sind mit Blech gedeckt, und eine Photovoltaikanlage liefert Strom fürs Licht. Überdies wurden die Sanitäranlagen saniert. Die Hütte ist beliebter Stützpunkt am Europäischen Fernwanderweg E 4 und dem „Maximiliansweg“, der den Bodensee mit Berchtesgaden verbindet.

Der Hüttenweg von Linderhof

Wir starten an der Westseite von Schloss Linderhof, am oberen Ende des großen Parkplatzes. Auf dem ausgeschilderten ehemaligen königlichen Reitweg steigen wir zuerst gemächlich durch den Linderwald an, dann wird die Route steiler und bringt uns in zahlreichen Kehren hinauf bis unter den Dreisäulerkopf. Von da ab links weiter und hinauf zur Kammhöhe. Nach einer Querung erreichen wir die letzten Brunnenkopfhäuser.

Der Übergang zum August-Schuster-Haus

Eine besonders genussvolle Wanderung führt luftig von den Brunnkopfhäusern zum August-Schuster-Haus. Wir gehen ein Stück zurück auf unserem

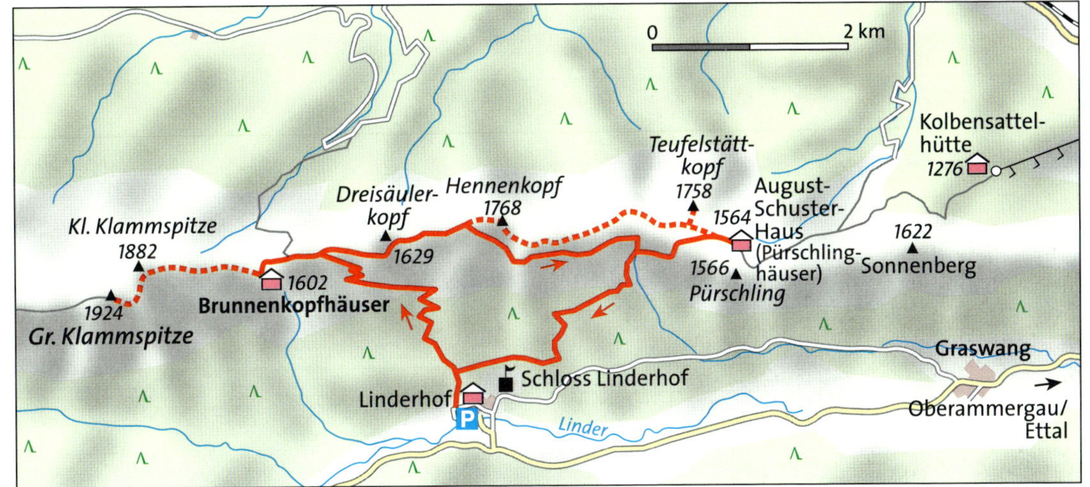

Anstiegsweg, dann aber nicht hinab Richtung Linderhof, sondern links, wo ein Bergpfad den weiteren Weg vermittelt. Dieser Bergpfad führt, beste Aussichten bietend, unter Dreisäulerkopf und Hennenkopf hindurch. Die wenig spektakulären Gipfel lassen wir links liegen; wir bleiben auf dem südlich an ihnen vorbeiziehenden Weg, dem „Maximiliansweg". Wo wir die Kälberhütte erreichen, wird später unser Abstiegsweg nach Linderhof sein. Doch zunächst steigen wir durch die Hänge des Latschenkopfs hinauf zur Kammhöhe, halten uns ostwärts, um dann, absteigend, zu den Pürschlinghäusern zu gelangen.

Der Abstieg ins Graswangtal

Von den Pürschlinghäusern folgen wir unserem Herweg ein Stück zurück, bis links ein markierter Wanderweg (Mark. E 4) abzweigt. Auf der Südseite des Latschenkopfs steigen wir hinab zur Kälberalm. Dort erneut Wegverzweigung nach links. Zunächst queren wir den Kälbergraben, dann wandern wir auf einem bewaldeten Rücken seitlich des Grabens steil hinab. Der Weg schwenkt dann rechts in Richtung Westen, quert zweimal eine Forststraße und führt dann rechts an einem Zaun entlang zurück zum Aufstiegsweg, dem ehemaligen Reitweg. Dort links hinab zum Ausgangspunkt.

Der Hüttengipfel

Große Klammspitze, 1924: Von den Brunnenkopfhäusern zunächst in Richtung Westen. Die steilen Hänge des Brunnenkopfes durchzieht ein schmaler Bergwiesenpfad. Auf ihm gelangen wir ins wildromantische „Wintertal" und in einem Linksbogen an die Gipfelfelsen der Klammspitze. Ein steiler Steig führt in einigen Kehren hinauf zum Südgrat. Den Markierungen folgend, gelangen wir in einem Rechtsbogen über gestuften Fels hinauf zum mächtigen Gipfelkreuz mit seinem außergewöhnlichen Strahlenkranz.

DER KÜCHENTIPP

Es gibt deftige Brotzeiten, Gulaschsuppe, Kartoffel-Zucchini-Suppe und ein Bergsteigeressen, das meist ein Nudelgericht ist. Und nicht zu vergessen: Kaiserschmarrn.

UND SONST NOCH ...

In Oberammergau gibt es mit dem WellenBerg ein ideales Plätzchen, um nach der Tour die Füße auszustrecken und zu entspannen. Besonderheit: Ein 90 Meter langes Naturbecken mit klarem Gebirgswasser. Öffnungszeiten: Mai bis September von 9.30–21 Uhr, in der zweiten Jahreshälfte von 10–21 Uhr.

HÖCHSTE PUNKTE

Brunnenkopfhäuser, 1602 m; Große Klammspitze, 1924 m.

ANFAHRT

Mit PKW: Auf der Garmischer Autobahn (A 95) bis zu deren Ende, dann weiter auf der B 2 bis Oberau, dort rechts ab nach Ettal und weiter ins Graswangtal bis Schloss Linderhof; dort großer Parkplatz.
Mit Bahn & Bus: Mit der Bahn über Weilheim und Murnau nach Oberammergau; von dort weiter mit RVO-Bus bis Schloss Linderhof.

AUSGANGSPUNKT

Großer Parkplatz (gebührenpflichtig) bei Schloss Linderhof (935 m).

GEHZEITEN

Hüttenweg: Von Schloss Linderhof zu den Brunnenkopfhäusern 2 Std., Übergang zu den Pürschlinghäusern 2–3 Std. je nach Route, Rückkehr ins Tal 2 Std. Gesamtgehzeit: 7 Std.
Gipfelweg: Von den Brunnenkopfhäusern zur Klammspitze: 1½ Std. Abstieg zur Hütte: 1¼ Std.; insgesamt: 2¾ Std. Die anderen Gipfel können vom Höhenweg aus „mitgenommen" werden.

ANFORDERUNG

Hüttenweg: Von Linderhof breiter Wanderweg (ehemaliger Reitweg). Für den Übergang zu den Pürschlinghäusern auf dem Gipfel-Höhenweg ist Trittsicherheit erforderlich (Variante); die parallele Strecke auf der Südseite (Europäischer Fernwanderweg E 4), die wir nehmen wollen, ist die leichtere Strecke.
Gipfelweg: Im Bereich der Klammspitze einige Drahtseilsicherungen und ausgesetzte Stellen. Trittsicherheit und Schwindelfreiheit erforderlich. Bis in den Frühsommer muss mit Schneefeldern gerechnet werden.

EINKEHR & ÜBERNACHTUNG

Brunnenkopfhäuser, 1602 m, Alpenvereinshaus der Kat. I, 36 Lager, bewirtschaftet von Mitte Mai bis Mitte Oktober; Tel. 0175/654 01 55.
August-Schuster-Haus (Pürschlinghäuser), 1564 m, Alpenvereinshaus der Kat. II, 54 Betten, 12 Lager, ganzjährig bewirtschaftet, April und November geschlossen; Tel. 08822/35 67.

KARTE

Topographische Karte 1 : 50 000, Blatt „Pfaffenwinkel – Ammergauer Alpen Nord" (LDBV).

TOURIST-INFO

Tourist-Information, Eugen-Papst-Str. 9a, 82487 Oberammergau, Tel. 08822/922 74 0, www.ammergauer-alpen.de

40 TEGELBERGHAUS

In Deutschlands größtem Waldgebirge

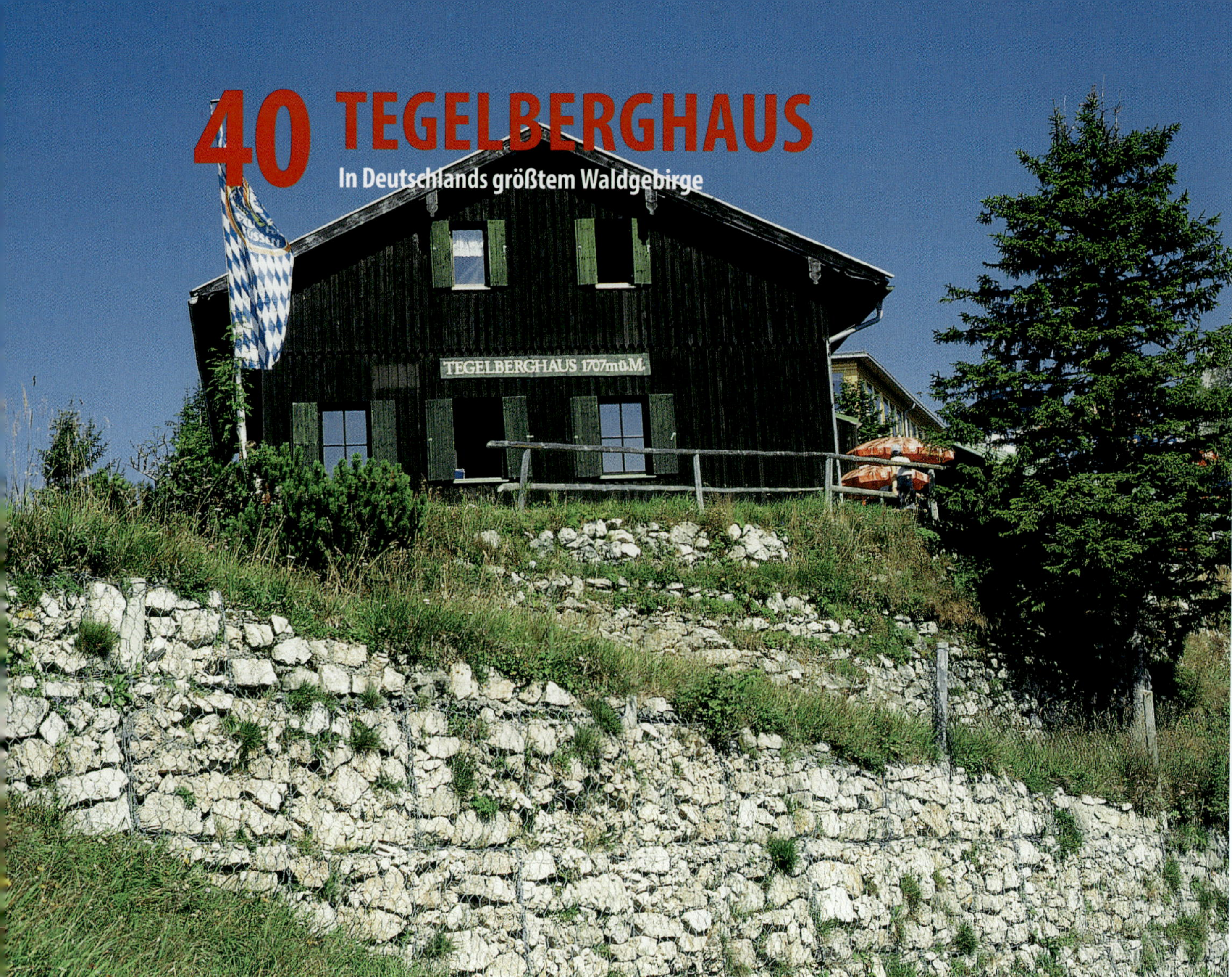

Auch das Tegelberghaus war früher ein königliches Jagdhaus; Heute ist es Ausgangspunkt für herrliche Wanderungen in Deutschlands größtem Waldgebirge.

Das Tegelberghaus blickt zurück auf eine wahrhaft königliche Vergangenheit: Es wurde als Jagdhaus von König Max II. errichtet, und es erfreute sich bei Ludwig II. großer Beliebtheit (die Ammergauer Berge waren ihm wohl die liebsten – Schloss Linderhof und Schloss Neuschwanstein stehen als Beleg dafür).

Heutzutage ist das Tegelberghaus Anlaufstelle für Alpinsportler aller Art: Wanderer, Skifahrer, Mountainbiker, Gleitschirmflieger tummeln sich dort oben das ganze Jahr. Und wer nur mal schnell einen herrlichen Panoramablick auf die Oberallgäuer Seenplatte werfen will, lässt sich von der Tegelbergbahn hinaufbefördern. Wer das Tegelberghaus als Stützpunkt nutzt, kann herrliche Wanderungen in Deutschlands größtes Waldgebirge unternehmen. Wer den Anstieg über die Marienbrücke wählt, erhält einen fantastischen Tiefblick auf Schloss Neuschwanstein, das „Märchenschloss" im Königswinkel. In der Regel ist der Hüttenbetrieb auf Tagesgäste eingestellt, aber man kann auch gut übernachten dort oben. Es gibt vier Lager zu fünf, sechs, acht und neun Schlafplätzen.

Der Hüttenaufstieg über die Rohrkopfhütte

Am schnellsten geht es natürlich mit der Tegelbergbahn hinauf zum Tegelberghaus. Wer einen etwas anspruchsvollen Hüttenweg sucht, nimmt den Steig über die Gelbe Wand. Wir wandern jedoch auf dem leichten, wenn manchmal auch steilen Weg über die Rohrkopfhütte hinauf zu unserem Hüttenziel. Vom Parkplatz an der Talstation der Tegelbergbahn gehen wir kurz links und wandern dann rechts haltend auf zunächst geteertem Wirtschaftsweg bergwärts. Unser Weg führt am Rautbach entlang, dann links von diesem weg und steigt schließlich steil an (hier könnten wir einen kleinen Abstecher auf die Hornburg unternehmen). In einem leichten Rechtsbogen

DER FAMILIENTIPP

An der Hütte gibt es einen Sandkasten, für die Größeren nur einen Kiosk mit Souvenirs. Der Hüttenanstiegsweg ist aber interessant, denn es handelt sich dabei um einen Themenweg („Schutzengelweg") mit interessanten Hinweistafeln. Und an der Talstation gibt es eine rasante Sommerrodelbahn.

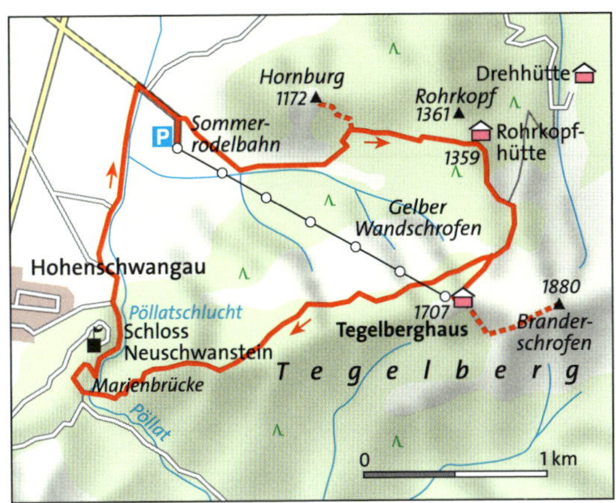

erreichen wir die Rohrkopfhütte. Rechts haltend wandern wir dann – bald in zahlreichen Serpentinen – an der Lifttrasse entlang hinauf zu einer Mulde, dem sogenannten Grüble. Rechts geht es weiter hinauf zu einer Wegverzweigung, wo der Weg von der Marienbrücke bzw. der Gelbe-Wand-Steig einmünden. Nun links auf dem breiten Wanderweg hinauf zum Tegelberghaus.

Der Abstieg zur Marienbrücke

Erst einmal wandern wir auf dem Weg zurück, auf dem wir gekommen sind. Wo aber ein Wegweiser Richtung „Ilgmösle, Drehhütte, Bannwaldsee" zeigt, nehmen wir diese Empfehlung an: Bald geht es unter der Seilbahn hindurch durch einen Latschenhang. Durch die Nordflanke des Tegelbergs nehmen wir eine ausgedehnte Querung vor. Danach steigen wir in steilen Serpentinen hinab zur Marienbrücke, wo sich ein aufregender Blick hinab in die Pöllatschlucht bietet. Das ist nur der Vorgeschmack, denn nach der Brücke geht es rechts und dann auf ausgeschildertem Weg hinunter in die eindrucksvolle Pöllatschlucht (ab Frühjahr 2018 wieder begehbar). Vom Schluchtausgang ist der Weg zurück zur Talstation der Tegelbergbahn nicht zu verfehlen.

Der Hüttengipfel

Branderschrofen, 1880 m: Tegelberg ist der Name des gesamten Bergmassivs, in dem wir uns bewegen, der höchste Punkt jedoch hat seinen eigenen Namen: Es ist der Branderschrofen. Am Tegelberghaus wandern wir rechts vorbei und folgen dem zunächst breiten Wanderweg („Ahornweg") nach Osten. Der Gipfel mit seinem leuchtenden Kreuz liegt immer direkt vor uns. Bald verlassen wir den Hauptweg nach links (WW) und folgen dem schmalen Steig, der uns an die Gipfelfelsen heranführt. Drahtseilgesichert geht es dann über die steilen Schrofen hinauf zum höchsten Punkt des Tegelbergs.

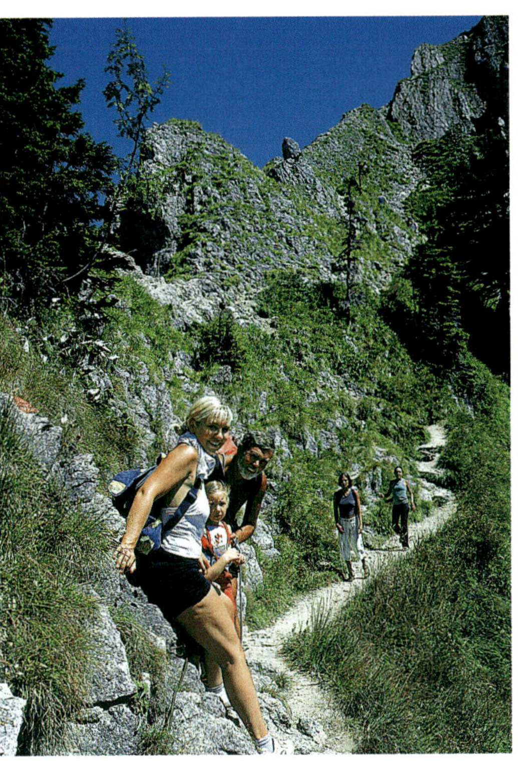

Am Weg zum Branderschrofen. Der Weg im oberen Bereich ist schmal und ausgesetzt.

DER KÜCHENTIPP

Die Küche für Tagesgäste bietet Warmes zwischen 8 und 16 Uhr, für Übernachtungsgäste von 18–20 Uhr. Es gibt gutbürgerliche Küche, also: Schnitzel, Kässpatzen, Leberkäs mit Ei und Salat und natürlich Germknödel. Und so einiges mehr wie z. B. Kaiserschmarrn und und und ...

UND SONST NOCH ...

Schloss Neuschwanstein und Schloss Hohenschwangau befinden sich fast am Abstiegsweg, sind aber wohl bekannt. Weniger bekannt ist, dass sich an der Talstation der Tegelbergbahn eine römische Ausgrabungsstätte befindet. Teile der „Villa rustica", so z. B. das Badehaus, können besichtigt werden.

HÖCHSTE PUNKTE

Tegelberghaus, 1707 m; Branderschrofen, 1880 m.

ANFAHRT

Mit PKW: Auf der Autobahn (A 7) von Ulm über Kempten nach Füssen und auf der Landstraße weiter nach Schwangau. Oder über Schongau und Halblech auf der B 17 in Richtung Hohenschwangau; kurz vorher links ab zur Talstation der Tegelbergbahn.

Mit Bahn & Bus: Mit der Bahn bis Füssen und weiter mit dem Bus bis zur Talstation der Tegelbergbahn.

AUSGANGSPUNKT

Großer Wanderparkplatz an der Talstation der Tegelbergbahn (830 m).

GEHZEITEN

Hüttenweg: Von Hohenschwangau über die Rohrkopfhütte 3½ Std.; Abstieg über die Marienbrücke 2½ Std.
Gesamtgehzeit: 6 Std.
Gipfelwege: Vom Tegelberghaus zum Branderschrofen ½ Std., Abstieg zum Haus ½ Std.; insgesamt: eine knappe Stunde. Abstecher vom Abstiegsweg zur Hornburg ½ Std.

ANFORDERUNG

Hüttenwege: Bergwanderwege, die jedoch an einigen Stellen Trittsicherheit erfordern.
Gipfelwege: Der Anstieg auf den Branderschrofen erfordert Trittsicherheit und Schwindelfreiheit, einige Seilsicherungen.

EINKEHR & ÜBERNACHTUNG

Tegelberghaus, 1707 m, privat, 28 Lager, ganzjährig bewirtschaftet, mit Ausnahme der Revisionszeiten der Tegelbergbahn; Tel. 08362/8980.
Rohrkopfhütte, 1359 m, privat, im Sommer bewirtschaftet.
Einkehrstelle an der Talstation sowie Panoramarestaurant an der Bergstation der Tegelbergbahn.

KARTE

Topographische Karte 1 : 50 000, Blatt „Füssen" (LDBV).

TOURIST-INFO

Tourist-Information, Münchener Straße 2, 87645 Schwangau, Tel. 08362/819 80, www.schwangau.de

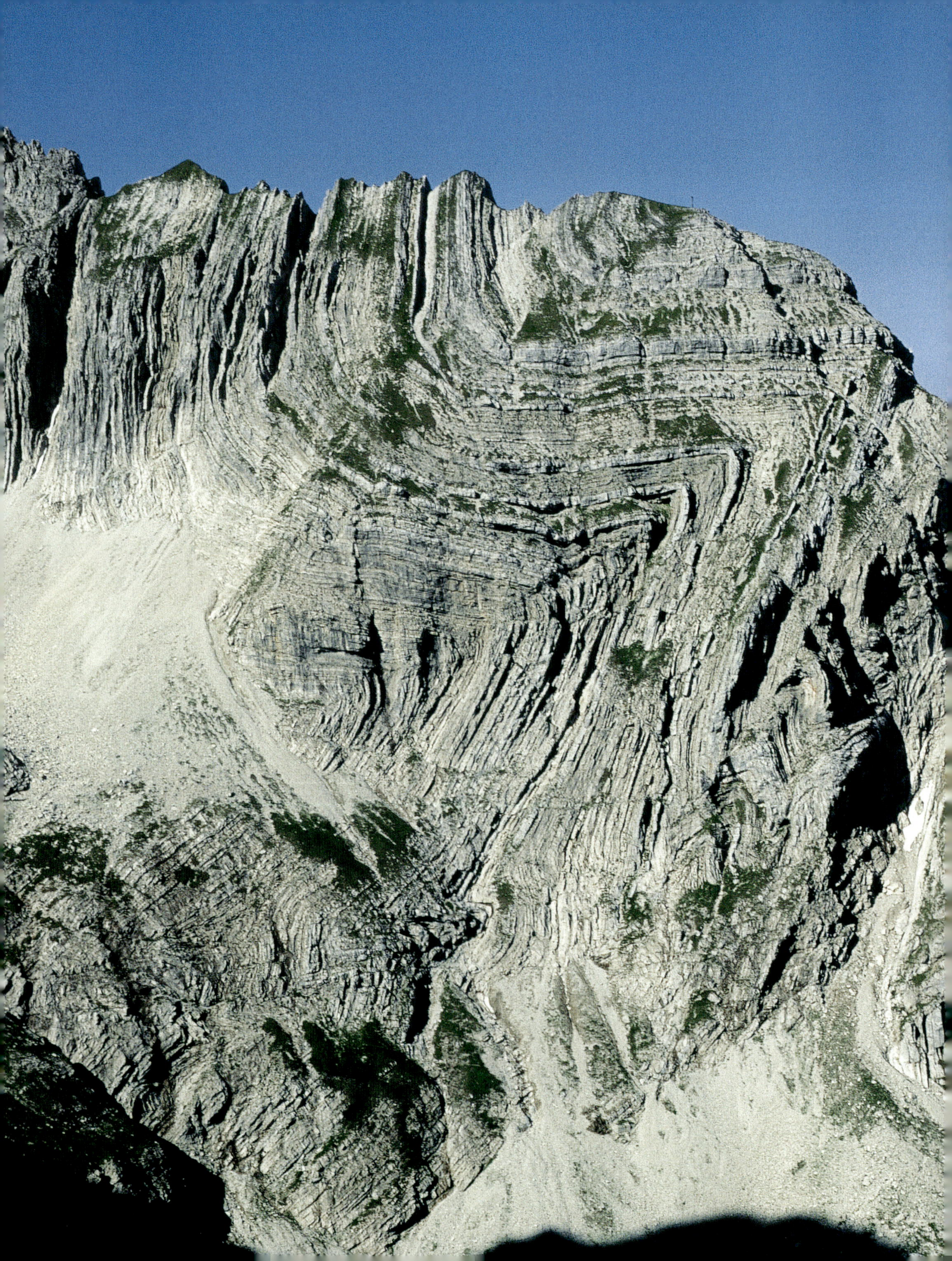

ALLGÄUER ALPEN

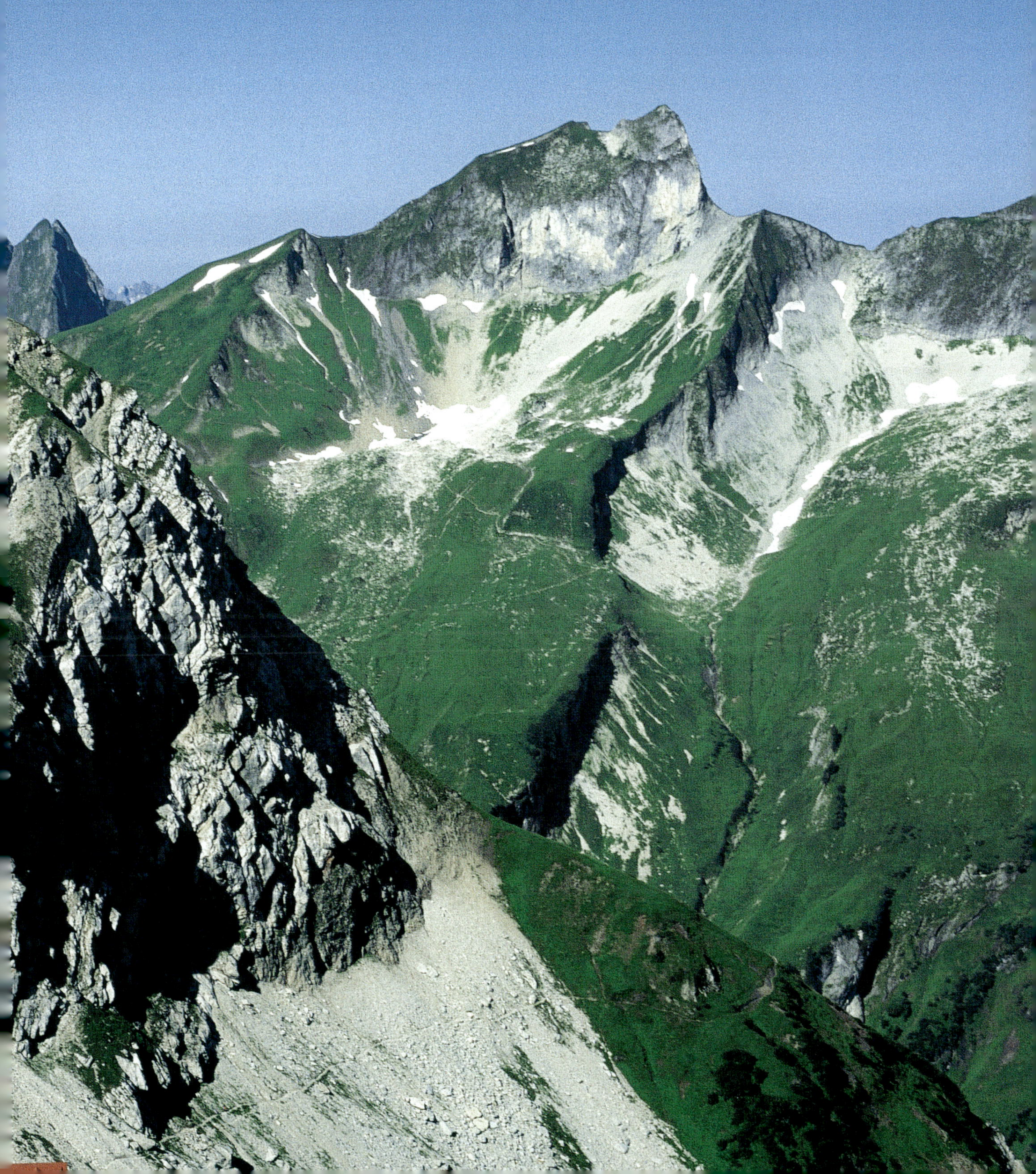

41 BAD KISSINGER HÜTTE

Die Gipfelhütte am Aggenstein

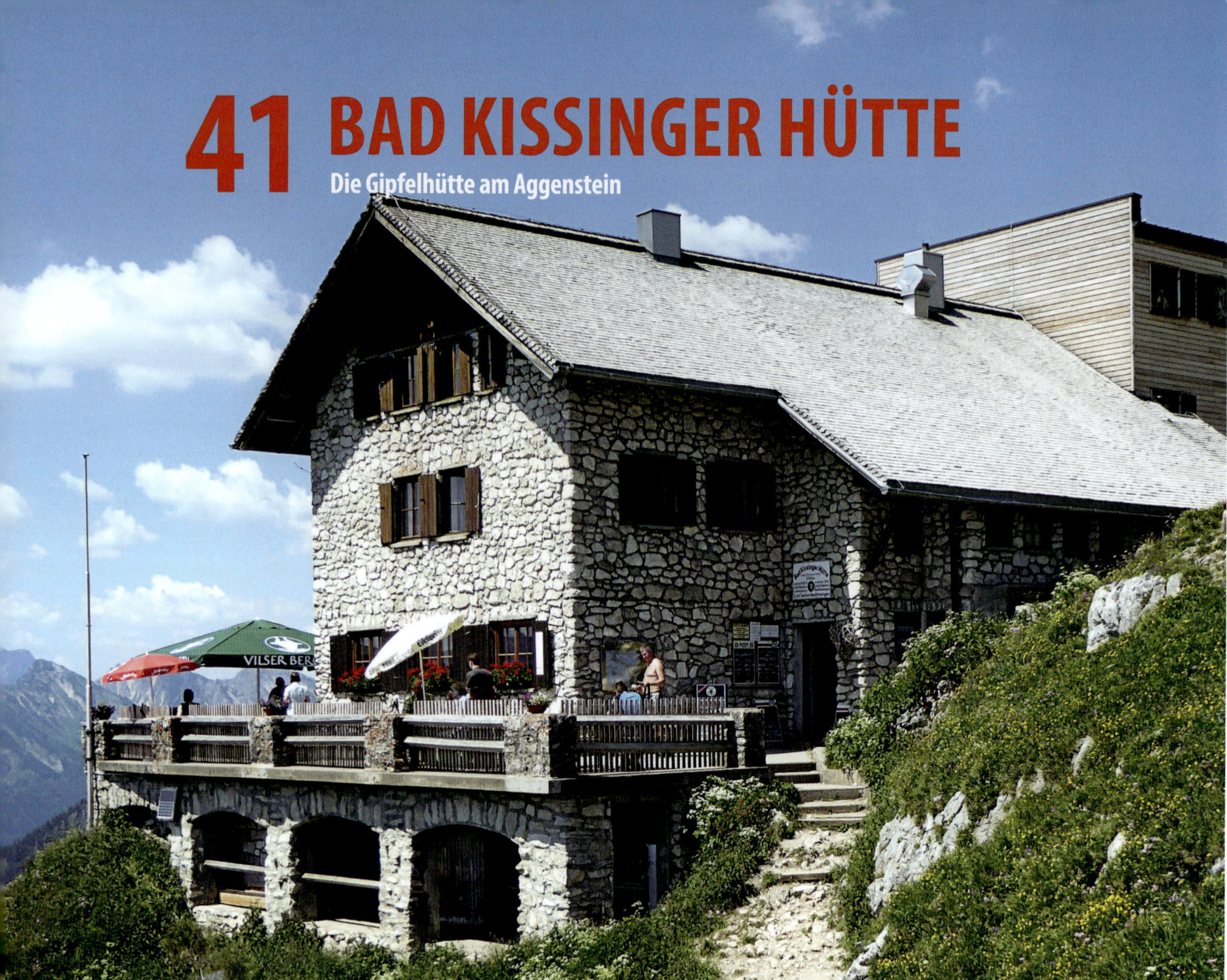

Die Bad Kissinger Hütte hat sich einen neuen Anbau verpasst.

Vorangehende Doppelseite: Über dem Prinz-Luitpold-Haus erheben sich beeindruckenden Schichten des Wiedemer Kopfs, an dem sich deutlich die Gebirgsbildung ablesen lässt; im Hintergrund lugt die Höfats hervor.

DER FAMILIENTIPP

Es gibt auf der Hütte Lager ab 6 Personen, sodass größere Familien auch unter sich sein können. In Nähe der Bad Kissinger Hütte befinden sich zwei Spielwiesen für Kletterer, die Klettergärten „Geißstein" und „Böser Tritt". Die leichtesten Routen gibt es an den Südwandplatten.

Wie eine Trutzburg klebt die Bad Kissinger Hütte am Gipfel des Aggensteins, und wie eine alte Burg hat sie auch eine lange Geschichte. Eine erste Erwähnung findet sie im Jahre 1880, da hieß sie allerdings noch Aggensteinhütte, dann wird sie 1889 neu in Blockhüttenbauweise erstellt und von da an ist sie auch eine Alpenvereinshütte und heißt nun Pfrontner Hütte. 1901 wird ein Anbau errichtet. Die Hütte brennt 1921 ab, eine Nothütte tritt an ihre Stelle, die dann bis ins Jahr 1960 halten muss. Die Alpenvereinssektion Ludwigsburg kauft die Hütte, reißt sie ab und stellt einen Neubau hin, der 1962 eingeweiht wird. 1970 entsteht ein Anbau und dann erfolgen mehrere Renovierungen im Inneren. 1994 geht die Hütte in den Besitz der Sektion Bad Kissingen über und erhält auch gleich einen neuen Namen. 2014 kam ein Anbau hinzu, der gleich einem Rucksack auf die Hütte gepackt wurde. Alljährlich im August findet hier der Aggensteinlauf statt, der in Grän seinen Ausgang nimmt und an der Bad Kissinger Hütte endet. Da die Hütte nahezu auf der bayerisch-tirolerischen Grenze liegt, kommen die Bergwanderer von beiden Seiten hinauf. Von der großen Terrasse haben wir einen freien Blick ins Tannheimer Tal. Bewirtschaftet wird die Hütte von Sabine Wirth aus Grän, die für eine gute Bewirtung und eine gemütliche Hüttenatmosphäre sorgt.

Der Hüttenweg von Pfronten

Zuerst geht es mit der Breitenbergbahn auf 1509 Meter Höhe und dann auf einem Wirtschaftsweg (unbefestigt) hoch zur Einsattelung zwischen Aggenstein und Breitenberg. Nun halten wir uns links und gehen über die Weiden hinab und dann zum Bergfuß des Aggensteins. Zahlreiche Serpentinen führen uns von dort zur Ostschulter hinauf. Dann geht es etwas ausgesetzt hinauf zum Gipfel

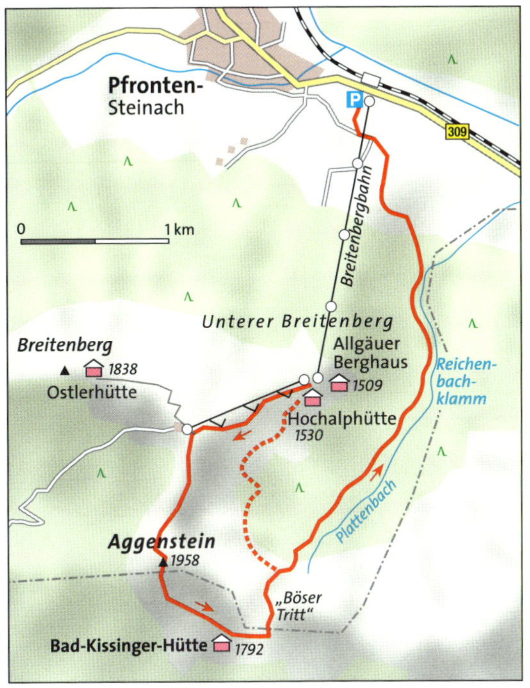

(dort sind Eisenketten zur Sicherung angebracht). Jenseits dann auf leichterem Bergwanderweg (einige weitere Sicherungen) 200 Höhenmeter hinab zur Bad Kissinger Hütte.

Der Abstieg über den „Bösen Tritt“

Von der Bad Kissinger Hütte folgen wir kurz der Route in Richtung Füssener Jöchl (Mark.-Nr. 414), bis links der Weg über den „Bösen Tritt“ abzweigt. Steile Serpentinen führen uns hinab an den Fuß des Ostgrats. Wir gelangen zu einer Diensthütte und nehmen rechts den Weg Richtung Reichenbachklamm vorbei an der Talstation eines Lifts, kommen wir auf einem Wirtschaftsweg zur neuerlichen Rechtsabzweigung „Reichenbachklamm“.

Auf bestens gesichertem Steig durchschreiten wir die beeindruckende Schlucht mit ihren tosenden Wassern und ihren jähen Felswänden. Spektakulär! Beim Ende der Klamm treffen wir auf eine Forststraße, und auf der bummeln wir gemütlich zurück zur Talstation, wo unsere Tour ihren Anfang genommen hat.

Der Hüttengipfel

Aggenstein, 1958 m: Von der Bad Kissinger Hütte zum Gipfel des Aggensteins sind es nur 200 Höhenmeter. Für etwas geübte Bergwanderer ein kurzes und sehr lohnendes Ziel. – Von der Hütte zunächst eben durch die freie Südflanke des Berges, dann rechts hinauf – bald in zahlreichen Serpentinen – zur Schulter des Aggensteins. Drahtseile geben ab jetzt den Weg vor. Mit etwas Vorsicht erreicht man den Gipfel ohne Probleme.

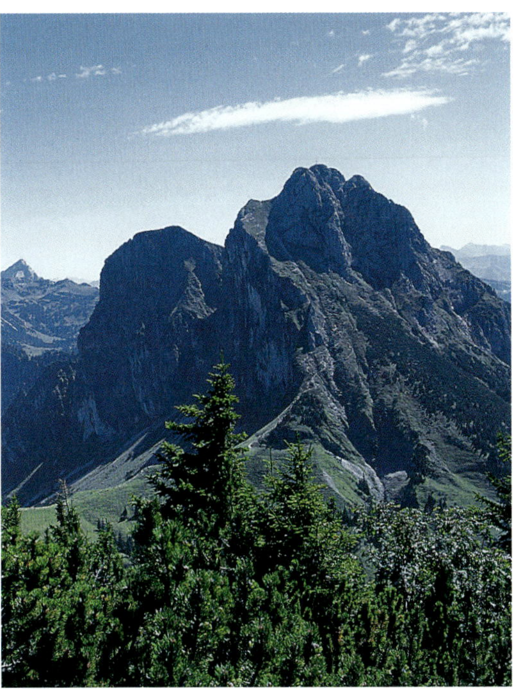

Der Aggenstein ist der markante Hüttenberg der Bad Kissinger Hütte.

DER KÜCHENTIPP

Warme Küche gibt es ab etwa 10 Uhr: Gulaschsuppe, Erbsensuppe, Nudelsuppe, frische Speckknödelsuppe, Hauswürste mit Kraut, Speckknödel mit Kraut oder Spaghetti. Außerdem Apfelstrudel und frische Kuchen. Für Übernachtungsgäste gibt es ab etwa 18 Uhr ein Halbpensionsmenü. Alles zubereitet mit regionalen Produkten.

UND SONST NOCH …

Die Anstiegsroute über den Aggenstein ist als Geo-Lehrpfad erschlossen. Eine Broschüre dazu gibt es in der Bergstation der Breitenbergbahn.

HÖCHSTE PUNKTE

Bad Kissinger Hütte, 1792 m; Aggenstein, 1958 m.

ANFAHRT

Mit PKW: Auf der A 7 über Kempten oder auf der B 12 nach Marktoberdorf, dann über Seeg nach Pfronten bzw. über Füssen nach Pfronten-Steinach zur Talstation der Breitenbergbahn; dort großer Wanderparkplatz.
Mit Bahn & Bus: Mit der Außerfernbahn bis Pfronten-Steinach, der Bahnhof liegt direkt gegenüber der Talstation der Bergbahn.

AUSGANGSPUNKT

Wanderparkplatz an der Talstation der Breitenbergbahn (850 m).

GEHZEITEN

Hüttenweg: Von der Bergstation der Breitenbergbahn über den Aggenstein 2 Std., Abstieg über den „Bösen Tritt“ und die Reichenbachklamm 2 Std. Gesamtgehzeit: 4 Std.
Gipfelweg: Von der Bad-Kissinger-Hütte ¾ Std., Abstieg zur Hütte 20 Minuten; insgesamt: eine gute Stunde.

ANFORDERUNG

Hüttenweg: Der Aufstieg setzt Trittsicherheit und Schwindelfreiheit voraus, einige Sicherungen (Eisenketten) im Gipfelbereich. Nicht Schwindelfreie können jedoch auch den Abstiegsweg über den „Bösen Tritt“ als Anstiegsweg benützen.
Gipfelweg: Der Gipfel liegt direkt am Hüttenweg.

EINKEHR & ÜBERNACHTUNG

Bad Kissinger Hütte, 1792 m, Alpenvereinshütte der Kat. I, von Anfang Mai bis Ende Oktober bewirtschaftet, Winterraum mit 34 Plätzen, 27 Betten, 19 Lager; Tel. 0043/676/373 11 66.
Hochalphütte, 1530 m, privat, bei der Bergstation der Breitenbergbahn; Übernachtung möglich.

KARTE

Topographische Karte 1 : 50 000, Blatt „Füssen“ (LDBV).

TOURIST-INFO

Pfronten Tourismus, Vilstalstraße 2, 87459 Pfronten, Tel. 08363/698 88, www.pfronten.de

42 GRÜNTENHAUS

Ein Vorreiter des alpinen Tourismus

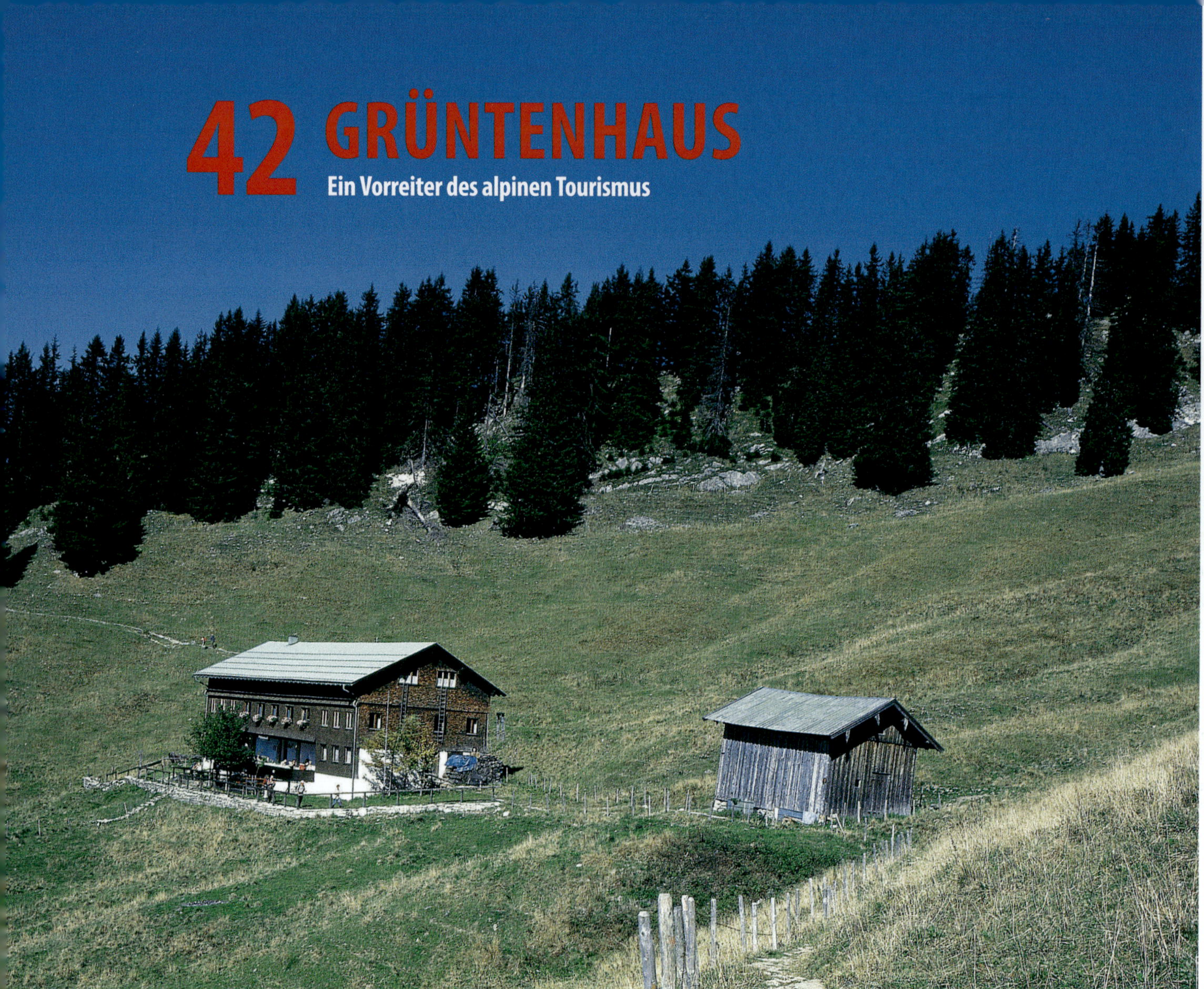

Das Grüntenhaus war das erste alpine Unterkunftshaus in den Allgäuer Alpen. Der Grünten selbst bietet dank seiner vorgeschobenen Lage ein herrliches Panorama der Allgäuer Alpen.

DER FAMILIENTIPP

Auf den Weiden rund um das Grüntenhaus gibt es noch das Allgäuer Braunvieh sowie eine kleine Herde von Ouessantschafen, die als die kleinste Schafrasse der Welt gelten.

Auf dem Grünten, dem gerne zitierten „Wächter" des Allgäus – er liegt unübersehbar am Eingang ins Oberallgäu – wurde im Jahre 1852 die erste touristisch ausgerichtete Unterkunftshütte in den Allgäuer Alpen errichtet. Mittlerweile ist sie jedoch nur mehr eine unter vielen. Auffällig – auch für den Nichtwanderer – ist der 92 Meter hohe Sendeturm des Bayerischen Fernsehens knapp unterhalb des Gipfels, der nun schon seit dem Jahr 1951 eine unübersehbare Landmarke darstellt. Vom Grünten genießen wir dank seiner exponierten Lage natürlich einen umfassenden Panoramablick. Zuallererst erschließt sich uns nahezu das gesamte Allgäu, doch der Blick reicht weiter bis zum Bodensee und hinaus ins Alpenvorland.

Das Grüntenhaus steht allen Besuchern tagsüber als Einkehrstelle zur Verfügung, für die nächtliche Aufnahme haben sich die Wirte jedoch auf Gruppen eingestellt, doch auch Einzelwanderer werden aufgenommen. Dort droben werden also öfter Familienfeiern oder auch Betriebsfeiern abgehalten.

Der Hüttenanstieg

Gleich beim Parkplatz „Auf dem Ried" stoßen wir auf den Gasthaus Alpenblick. Auf der hier ansetzenden Forststraße wandern wir in ein Hochtal hinein und zur Alpe Kehr. Dort beginnt ein gut ausgebauter Wanderweg, der uns links haltend über offenes Weideland zur bewirtschafteten oberen Schwandalpe führt. Ein kurzes Stück weiter oben nehmen wir bei einer Weggabelung den linken Steig. Dort halten wir uns links und erreichen im weiteren Aufstieg den vom Übelhorn herabziehenden Höhenzug. Rechts herum, und schon sehen wir das Grüntenhaus, zu dem der Weg nun ohne große Steigung hinüber führt.

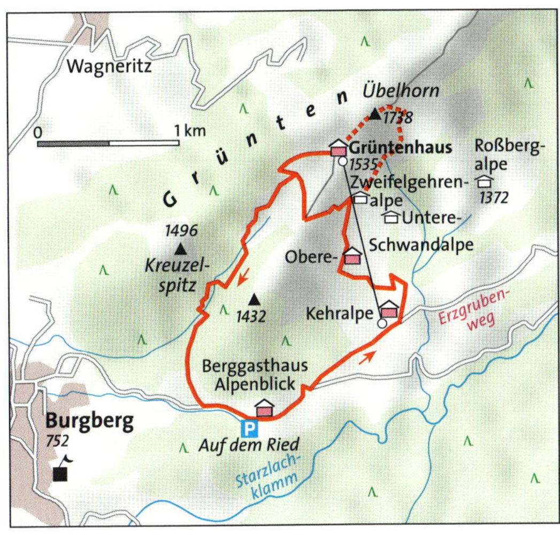

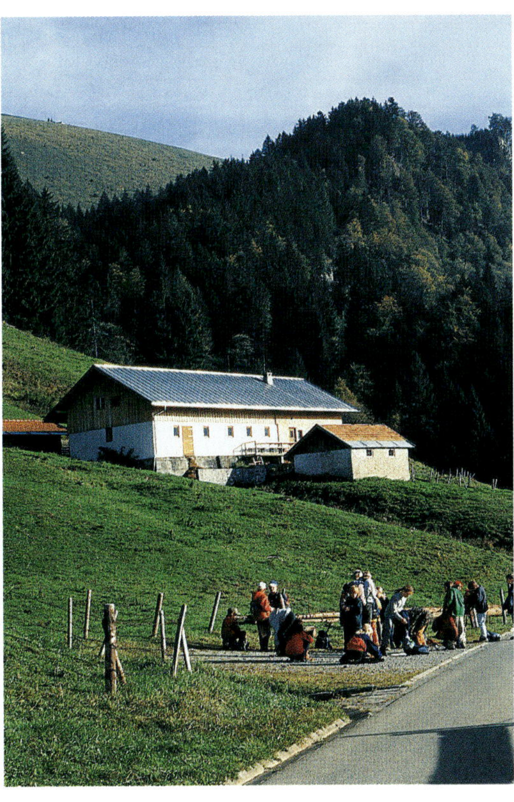

Die Alpe Kehr am Beginn unseres Aufstiegswegs (links). Am höchsten Punkt des Grünten (unten).

DER KÜCHENTIPP

Übernachtungsgäste haben die Wahl: Ab etwa fünf Personen wird auf Wunsch gekocht, so gibt es dann Wiener Schnitzel, Krustenbraten, Jägerschnitzel, Gulasch, Leberkäs mit Spiegelei, Kässpatzen usw. Für Tagesgäste gibt es Käseplatten, Schmalzbrote, Leberwurstbrote, Schinkenbrot, Wiener und diverse Suppen. Hüttenruhe ab 23 Uhr!

UND SONST NOCH ...

Bei Burgberg wurde vor Kurzem ein Schaustollen eröffnet, der uns Einblick in Jahrhunderte langen Erzabbau am Grünten gibt. Gleich in der Nähe unseres Ausgangspunktes zum Grüntenhaus haben wir die Möglichkeit, am Erzgrubenweg, Reste eines oberirdischen Erzabbaugebietes kennenzulernen.

Der Hüttengipfel

Übelhorn, 1738 m: Grünten ist der Name des Bergmassivs am Eingang ins Oberallgäu, sein höchster Punkt jedoch heißt unheilerweckend Übelhorn. Aber man sollte sich vom Namen nicht täuschen lassen – der Weg vom Grüntenhaus herauf lohnt sich allemal. Er führt, zunächst über Wiesen, nach einer Gabelung rechts steiler bergauf bis zum bewaldeten Höhenzug. Weiter geht es links vorbei am Sendeturm des Bayerischen Fernsehens, schließlich über steilere Wiesenhänge zum Gipfel. Eigenwillig das Monument hier oben: Es heißt Jägerdenkmal und erinnert an die Gefallenen des Ersten Weltkriegs.

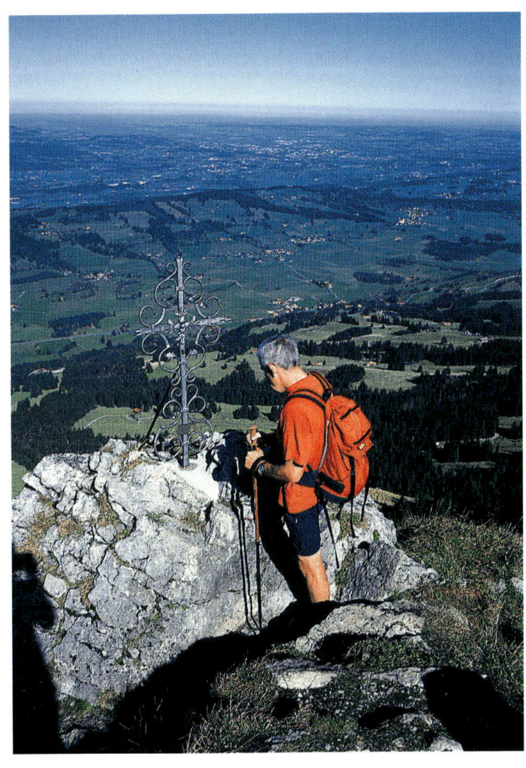

HÖCHSTE PUNKTE

Grüntenhaus, 1535 m; Übelhorn, 1738 m.

ANFAHRT

Mit PKW: Auf der A 7 bis zum Autobahndreieck Allgäu, dann weiter auf der A 980 bis Waltenhofen und auf der B19 nach Sonthofen; dort der Ausschilderung nach Burgberg folgen; über die Grüntenstraße hinauf zum Wanderparkplatz „Auf dem Ried", knapp vor dem Gasthaus Alpenblick.
Mit Bahn & Bus: Mit dem Allgäu-Schwaben-Takt nach Sonthofen, von dort weiter mit dem Bus nach Burgberg. Den Ausgangspunkt erreichen wir dann zu Fuß in einer halben Stunde.

AUSGANGSPUNKT

Wanderparkplatz auf dem Ried (1050 m).

GEHZEITEN

Hüttenweg: Vom Wanderparkplatz „Auf dem Ried": 2½ Std. Rückkehr durch den Wustbachgraben 2 Std.
Gesamtgehzeit: 4½ Std.
Gipfelweg: Hin- und Rückweg knapp 1 Std.

ANFORDERUNG

Bergwanderwege, die an einigen Stellen jedoch Trittsicherheit voraussetzen; auf der Nordseite des Übelhorns eine Drahtseilsicherung, falls wir diese Variante bevorzugen.

EINKEHR & ÜBERNACHTUNG

Grüntenhaus, 1535 m, privat, bewirtschaftet von Mai bis Mitte November, im Winter an schönen Wochenenden, 44 Betten und Lager, Übernachtung für Gruppen nach Voranmeldung; Tel. 08321/33 72.
Kehralpe, 1060 m, privat, im Sommer bewirtschaftet.
Obere Schwandalpe, 1300 m, privat, im Sommer bewirtschaftet.

KARTE

Topographische Karte 1 : 50 000, Blatt „Allgäuer Alpen" (LDBV).

TOURIST-INFO

Tourist-Information, Rathausplatz 1, 87527 Sonthofen, Tel. 08321/61 52 91, www.alpsee-gruenten.de

43 PRINZ-LUITPOLD-HAUS

Eine königliche Schlafstatt in den Allgäuer Hochalpen

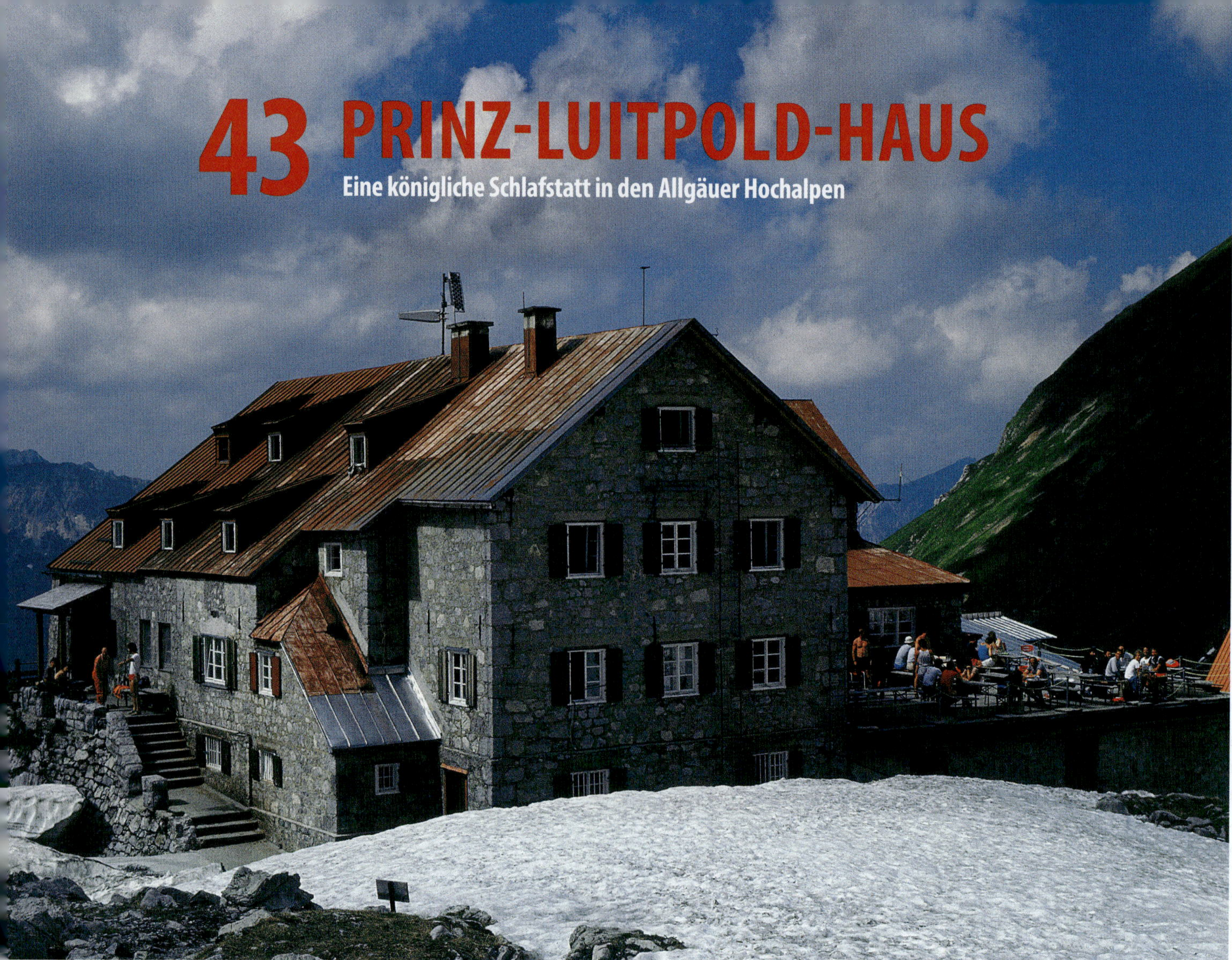

Das Prinz-Luitpold-Haus am Jubiläumsweg gehört zu den beliebtesten Unterkunftshäusern in den Bayerischen Alpen; es ist unter anderem Ausgangspunkt für die Besteigung des Hochvogels.

DER FAMILIENTIPP

Im Bereich des Prinz-Luitpold-Hauses gibt es einen Klettergarten und einen kleinen Bergsee. Am Anstiegsweg passieren wir das Bärgündele, das uns mit seinen Quellbächen und kleinen Wasserfällen überrascht.

Auch dieser Ausflug hinauf zum Prinz-Luitpold-Haus führt uns in ein ehemaliges königliches Jagdrevier. Prinzregent Luitpold von Bayern hatte dort oben sein Jagdhaus Schrattenberg. Und die Zahl der Gämsen, die wir mit etwas Glück zu sehen bekommen spricht für sich. Das Alpenvereinshaus wurde bereits in den Jahren 1880/81 erbaut und wiederholt erweitert, letztmals in den Jahren 1974/75. Seit 1994 wird das Abwasser biologisch gereinigt. Es ist eine der populärsten Bergsteigerunterkünfte in den Bayerischen Alpen, was man auch an der Zahl der Übernachtungsplätze ablesen kann. Prinzregent Luitpold stiftete dereinst den Bauplatz für den Hüttenneubau und so trägt der eindrucksvolle Bau nicht zu Unrecht seinen Namen. Das Haus liegt mit bester Aussicht auf einem Felsriegel und ist umgeben von der Kreuzspitze, der Fuchskarspitze und dem Wiedemerkopf. Das Prinz-Luitpold-Haus liegt am Jubiläumsweg und ist Ausgangspunkt für Touren auf den Hochvogel.

Für diejenigen, die keine Gipfelambitionen haben, gibt es in Hüttennähe einen kleinen Bergsee und zahllose Alpenblumen zu entdecken. Geologisch bemerkenswert sind die Gesteinsfaltungen am Wiedemerkopf – allen Anzeichen nach war dies alles hier vor Zeiten einmal Meeresboden …

Vom Giebelhaus zum Prinz-Luitpold-Haus

Eigentlich muss man ja nur der Beschilderung „Luitpoldhaus“ folgen: über die Ostrach und gleich danach rechts bergan. Wir wandern auf dem Bergweg unterm Giebel hindurch, bis wir wieder auf einen Wirtschaftsweg stoßen. Nun geht's in weiten Serpentinen nahe dem Bärgündelesbach höher hinauf, ehe wir die Talstation des Materiallifts erreichen. Weiter in Kehren zur bewirtschafteten Unteren Bärgündelealp. Immer reizvoller wird nun der Anstieg. An Wasserfällen vorbei windet sich ein Bergsteig mit guten Ausblicken hinauf zum Prinz-Luitpold-Haus.

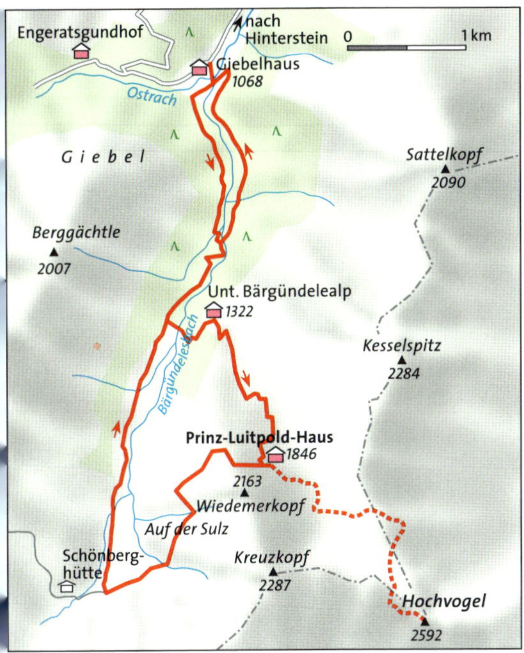

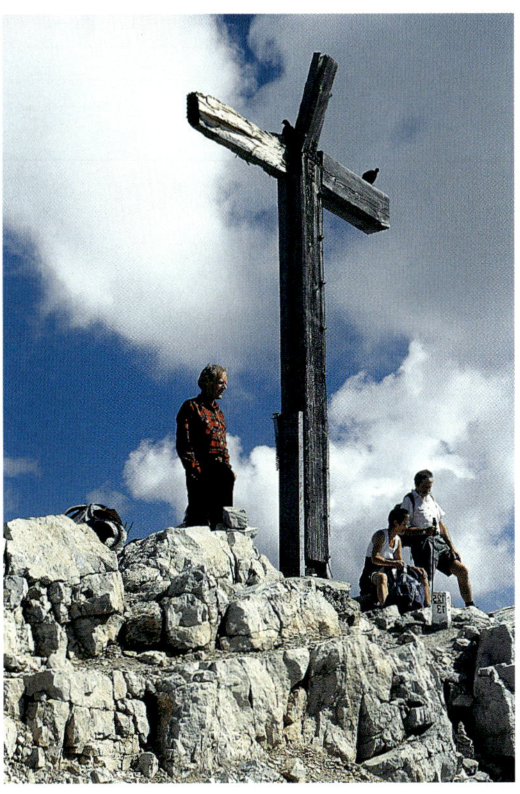

Auf dem Gipfel des Hochvogels mit seinem verwitterten Holzkreuz.

Rückweg durch das Stierbachtal

Wir gehen auf Steig Nr. 428 Richtung Himmelecksattel. Über offene Weidehänge steigen wir ins Obere Bärgündeletal ab. Auf rund 1600 Metern Höhe, nicht mehr weit vom Stierbach entfernt, schickt uns ein Wegweiser rechts hinab, erst über den Bach und weiter zur Pointhütte. Hier stoßen wir auf jenen Wirtschaftsweg, den wir im Aufstieg zur Hütte verlassen hatten. Der Rest ist ein gemächlicher Bummel zum Giebelhaus, wo am Morgen alles begann.

Der Hüttengipfel

Hochvogel, 2593 m: Markant, hoch, jeden Bergsteiger lockend – der Hochvogel ist einer der reizvollsten Berge in den Allgäuern und das faszinierendste Gipfelziel in der Umgebung der Hütte.
Doch das muss schon auch gesagt sein: Der Anstieg vom Prinz-Luitpold-Haus zuerst durch das Obere Tal, dann hinauf zur Balkenscharte (2156 m), weiter zum „Sättele“ und schließlich in die – mit gewisser Vorsicht zu genießende – Gipfelzone, erfordert drei Stunden strammer Gehzeit! Runter muss man auch wieder! Und der Gipfelbereich hat es durchaus in sich! – Beim Firnfeld im Kalten Winkel nutzen wir dankbar das fixierte Nylonseil hinauf zur Kaltwinkelscharte (2283 m). Von da führt der Steig links haltend über mit Seilsicherungen versehene Felsplatten und hinauf zu einem felsüberdachten Band. Die roten Punkte zeigen uns im felsigen Gelände den besten und sichersten Anstieg. Und einmal oben auf dem herrlichen Gipfel, sagen wir uns: War doch gar nicht so schlimm …

DER KÜCHENTIPP

Der Hüttenwirt Christoph ist Koch und kommt aus der Bio-Landwirtschaft. Seit 2021 stellt er die Küche komplett auf „bio“ um. Dazu gehören Allgäuer Kässpatzen, Kaiserschmarrn, aber auch Nudeln mit hausgemachter Fleischsoße. Es gibt neben den üblichen Brotzeiten und wechselnden warmen Gerichten natürlich immer auch ein günstiges Bergsteigeressen für Alpenvereinsmitglieder.

UND SONST NOCH …

Zwischen Hinterstein (Parkplatz) und dem Giebelhaus verkehrt ein Pendelbus. Da dieser Zugang zum Teil auf einem geteerten Sträßchen erfolgt, wird davon natürlich ein reger Gebrauch gemacht. Info-Telefon: 08324/932 30.

HÖCHSTE PUNKTE

Prinz-Luitpold-Haus, 1846 m; Hochvogel, 2592 m.

ANFAHRT

Mit PKW: Auf der A 7 bis Ausfahrt Oy-Mittelberg, dann auf der B 310 über Oberjoch nach Hindelang und weiter nach Hinterstein. Großer gebührenpflichtiger Parkplatz am Ende der öffentlichen Fahrstraße am oberen Ortsrand.
Mit Bahn & Bus: Mit dem Allgäu-Schwaben-Takt bis Sonthofen, dann mit RVA-Bus nach Hinterstein.

AUSGANGSPUNKTE

Wanderparkplatz „Auf der Höh“ (885 m) in Hinterstein bzw. das Giebelhaus (1068 m).

GEHZEITEN

Hüttenweg: Von Hinterstein zum Prinz-Luitpold-Haus 4½ Std. (ab Giebelhaus: 3 Std.), Rückweg über das Stierbachtal 3 Std. Gesamtgehzeit: 7½ Std. (bzw. 6 Std.).
Gipfelweg: Vom Prinz-Luitpold-Haus 3 Std., Abstieg zum Haus 2 Std.; insgesamt: 5 Std.

ANFORDERUNG

Hüttenweg: Trittsicherheit erforderlich, obwohl die Route objektiv nicht schwierig ist. Gipfelweg zum Hochvogel: Trittsicherheit und Schwindelfreiheit Voraussetzung, einige Seilsicherungen, Schneefeld im Kalten Winkel (mit fixem Seil).

EINKEHR & ÜBERNACHTUNG

Prinz-Luitpold-Haus, 1846 m, Alpenvereinshaus der Kat. I, 115 Betten, 189 Lager, von Mitte Juni bis Anfang/Mitte Oktober bewirtschaftet; die Hütte ist telefonisch nicht erreichbar, Reservierungen über die Homepage www.prinz-luitpoldhaus.de bzw. über www.huetten-holiday.com.
Giebelhaus, 1068 m, privat, ganzjährig bewirtschaftet, keine Übernachtung.
Untere Bärgündelealp, 1322 m, privat, während der Weidezeit bewirtschaftet.

KARTE

Topographische Karte 1 : 50 000, Blatt „Allgäuer Alpen“ (LDBV).

TOURIST-INFO

Tourist-Information, Unterer Buigenweg 2, 87541 Hindelang, Tel. 08324/89 20, www.badhindelang.de

44 EDMUND-PROBST-HAUS

Wanderer-Drehscheibe am Nebelhorn

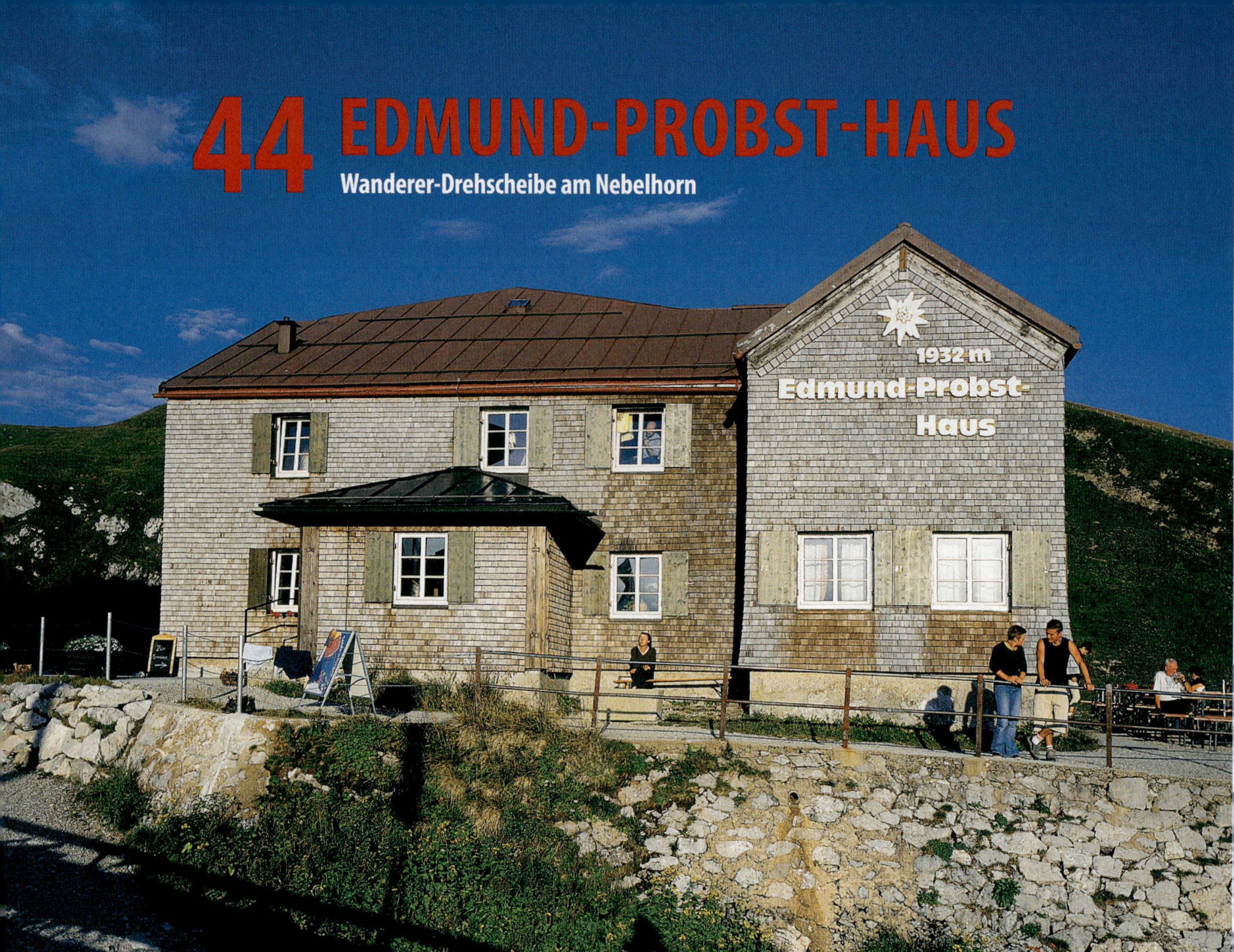

Das Edmund-Probst-Haus am Fuße des Nebelhorns. Dank der Nebelhornbahn ist es ganzjährig bewirtschaftet.

Rund um das Edmund-Probst-Haus ist immer was los – und zwar das ganze Jahr über. Es gehört zu den bedeutendsten AV-Häusern in den Allgäuer Bergen, ist mit der Seilbahn zu erreichen und hat dennoch nie etwas vom Nimbus des wichtigen alpinen Stützpunktes eingebüßt. Mit gutem Grund!
1890 hoch über Oberstdorf erbaut, erhielt die Hütte schon wenige Jahre später einen Telefonanschluss. Auch wurden kurz nach ihrer Errichtung zahlreiche Höhenwege angelegt, von denen der 1892 eröffnete Weg zum Prinz-Luitpold-Haus über das Laufbacher Eck zu den schönsten zählt. Seit dem Bau der Bergbahn im Jahre 1925 tummeln sich rund um die Hütte die Skifahrer und seit einigen Jahren auch die Snowboarder (das Nebelhorn war jedoch bereits 1902 mit Ski erstiegen worden!). Das Edmund-Probst-Haus eignet sich als idealer Stützpunkt für lange Durchquerungen der Allgäuer Bergwelt oder als Ausgangspunkt für den beliebten Hindelanger Klettersteig.

Aber auch unsere Tour hat es in sich! Der Anstieg über die Vordere Seealpe und der anschließende Abstieg über das Oytalhaus erfordern schon einiges an Kondition – da bietet sich die Übernachtung auf dem Edmund-Probst-Haus geradezu an.

DER FAMILIENTIPP

Im Haus gibt es acht Vierbettzimmer, neben den üblichen Lagerplätzen, das freut die Familien, denn da kann man gut unter sich sein. An der Bergstation der Nebelhornbahn gibt es im Sommer einen Kinderspielplatz und eine Kletterwand (die Ausrüstung muss aber selbst mitgebracht werden).

Der Hüttenweg von Oberstdorf

Seit Sommer 2021 gibt es eine neue Umlaufbahn hinauf zum Nebelhorn. Wir können jedoch bereits bei der Bergstation Höfatsblick (1929 m) aussteigen, das ist der leichteste und schnellste Weg hinauf in die Berge. Aber es geht auch anders, nämlich zu Fuß: Von der Talstation der Nebelhornbahn können wir auf dem gesperrten Fahrweg zur Mittelstation hinaufwandern. Wir nehmen jedoch besser den abwechslungsreicheren und markierten Wanderweg. Vom Parkplatz links der Parkgarage gehen wir bis zu dessen Ende, queren links über den Faltenbach, gehen dann an den obersten Häusern vorbei und wandern durch Wald hinauf zum Kessel der Vor-

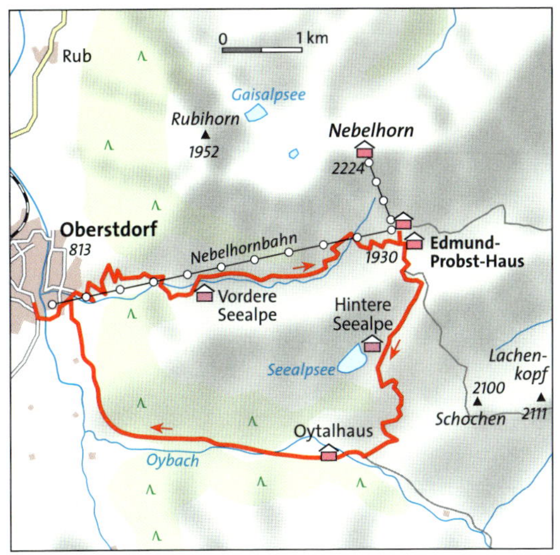

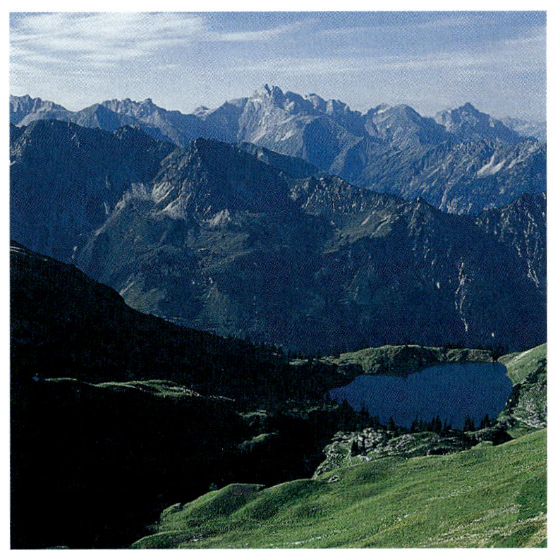

Blick auf den Seealpsee vom Abstiegsweg.

deren Seealpe. Dort folgen wir dem anfangs noch breiten Almweg weiter nahezu eben zum Talschluss, von dort windet sich ein Steig in vielen Serpentinen durch die mit Latschen bewachsenen Berghänge hinauf zur Hütte.

Der Abstieg zum Oytalhaus

Von der Bergstation Höfatsblick der Nebelhornbahn folgen wir zunächst dem ausgeschilderten Weg (Mark.-Nr. 431) hinüber zum Sattel zwischen dem Hüttenkopf und dem Zeiger. Tief unter uns blinkt der Seealpsee herauf. Hier halten wir uns bei der Wegverzweigung rechts und wandern durch die Grashänge in östlicher Richtung, wobei wir nicht zum Seealpsee absteigen. Bei der Wegverzweigung oberhalb des Bergsees halten wir uns links und wandern durch Latschengebiet zur Geländekante am Märxeleseck. Dort beginnt der steile Gleitweg, der uns über zahlreiche Serpentinen hinab zum Wasserfall am Seealpengündlesbach bringt, von wo es nicht mehr weit zum Boden des Oytals ist. Rechts haltend erreichen wir dann bald das Oytalhaus.

Falls wir bis 16.30 Uhr hier ankommen, können wir ein Pferdegespann nach Oberstdorf in Anspruch nehmen. Die gesperrte Teerstraße vom Oytalhaus zurück nach Oberstdorf kann auch mit einem geliehenen Roller zurückgelegt werden (ab 15 Uhr); Kostenpunkt 7 €. Doch es gibt auch einen Wanderweg zurück zum Ausgangspunkt. Er zweigt nach etwa eineinhalb Kilometern vom Fahrsträßchen nach links ab und führt ins Tal der Trettach hinab.

Der Hüttengipfel

Nebelhorn, 2224 m: Den Gipfel erreicht man am leichtesten mit der komfortablen Seilbahn. Zu Fuß auf gutem Bergweg vom Nebelhornhaus zu erreichen. Dieser Gipfel bietet uns vor allem einen freien Blick auf die nördlichen Allgäuer Alpen, sodass sich ein Ausflug dorthin durchaus lohnt.

DER KÜCHENTIPP

Die warme Küche ist geöffnet zwischen 11 und 14.30 Uhr und abends ab 18 Uhr (geöffnet je nach Andrang). Frühstück im Sommer zwischen 7 und 9 Uhr. Es gibt wechselnde Tagesgerichte und die üblichen Brotzeiten und Suppen.

UND SONST NOCH ...

Falls wir die Nebelhornbahn verschmähen und den Fußweg von Oberstdorf über die Vordere Seealpe unter die Füße nehmen, haben wir Gelegenheit, auch auf die gewaltigen Skischanzen einen Blick zu werfen, für die Oberstdorf im Winter berühmt ist.

HÖCHSTE PUNKTE

Edmund-Probst-Haus, 1930 m; Nebelhorn, 2224 m.

ANFAHRT

Mit PKW: Auf der Autobahn Ulm – Füssen (A 7) bis zum Autobahndreieck Allgäu, dann auf der A 980 bis Waltenhofen und weiter auf der B 19 über Sonthofen nach Oberstdorf; großer Parkplatz an der Talstation der Nebelhornbahn (gebührenpflichtig).

Mit Bahn & Bus: Mit dem Allgäu-Schwaben-Takt nach Oberstdorf, mit RVA-Bus zur Talstation der Nebelhornbahn.

AUSGANGSPUNKT

Talstation der Nebelhornbahn (830 m).

GEHZEITEN

Hüttenweg: Von Oberstdorf zum Edmund-Probst-Haus 3 Std., Abstieg zum Oytalhaus 2½ Std., Rückkehr von dort nach Oberstdorf 1¼ Std. Gesamtgehzeit: knapp 7 Std.

Gipfelweg: Aufstieg vom Edmund-Probst-Haus zum Nebelhorn ¾ Std., Abstieg zum Haus ½ Std.; insgesamt: 1¼ Std. In der Regel wird jedoch die Bergbahn benutzt.

ANFORDERUNG

Hüttenweg: Der Anstieg über die Vordere Seealpe ist leicht, aber teilweise steinig; der Abstieg zum Oytalhaus setzt Trittsicherheit und Schwindelfreiheit voraus (einige Seilsicherungen).

Gipfelweg: Leichter Bergwanderweg.

EINKEHR & ÜBERNACHTUNG

Edmund-Probst-Haus, 1930 m, Alpenvereinshütte der Kat. II, 32 Betten, 62 Lager, von Ende Mai bis Anfang Oktober und von etwa 20. Dezember bis eine Woche nach Ostern; www.edmund-probst-haus.de.

Gipfelrestaurant der Nebelhornbahn, 2224 m.

Vordere Seealpe, 1267 m, Gaststätte bei der Mittelstation der Nebelhornbahn, jeweils während der Betriebszeiten der Bergbahn bewirtschaftet.

Hintere Seealpe, 1764 m, im Sommer bewirtschaftet.

Oytalhaus, 1013 m, privat, Berggasthaus, ganzjährig bewirtschaftet, keine Übernachtung.

KARTE

Topographische Karte 1 : 50 000, Blatt „Allgäuer Alpen" (LDBV).

TOURIST-INFO

Tourist-Information, Prinzregentenplatz 1, 87561 Oberstdorf, Tel. 08322/70 00, www.oberstdorf.de

45 KEMPTNER HÜTTE

Großer Stützpunkt im Allgäuer Hauptkamm

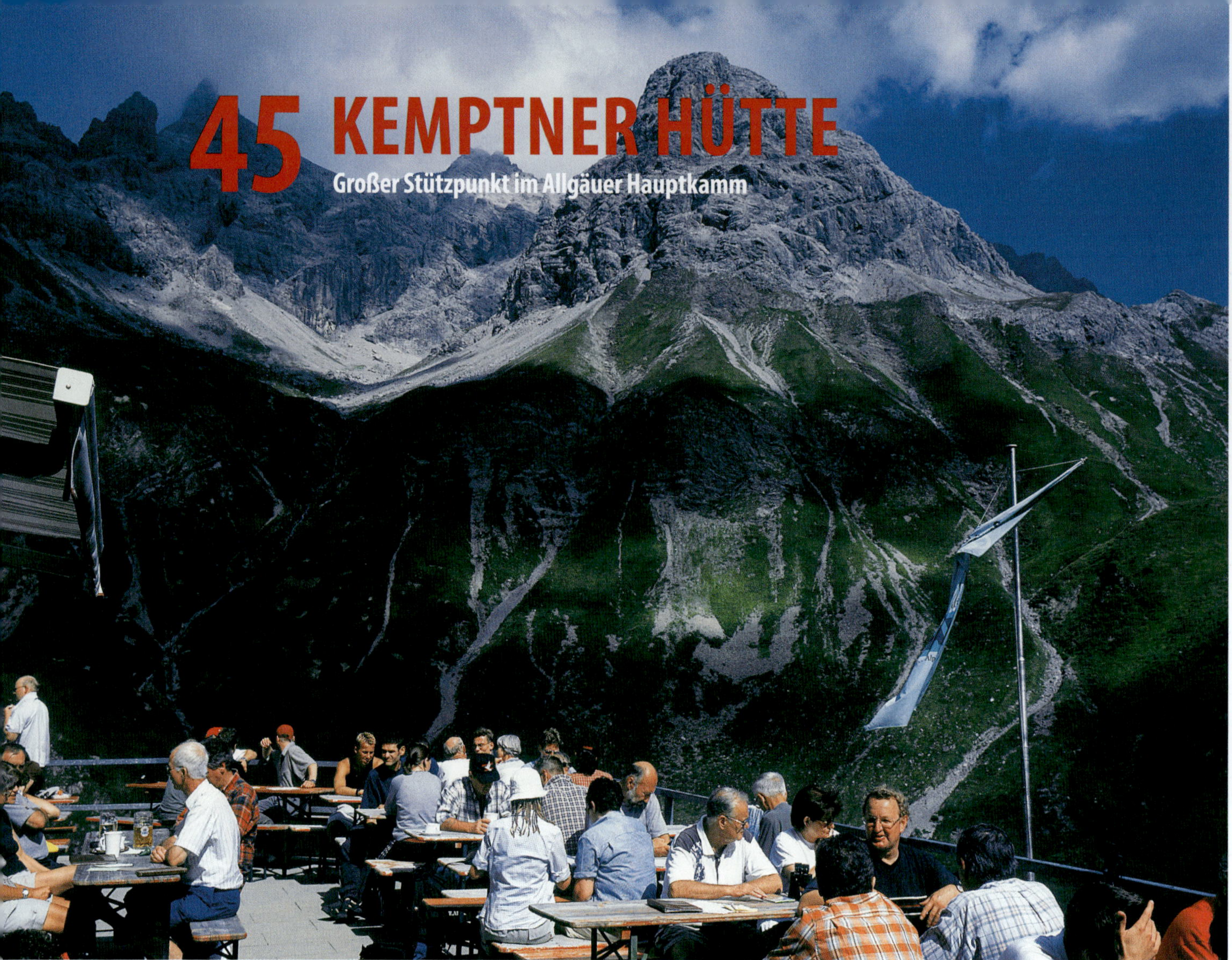

Von der Terrasse der Kemptner Hütte haben wir einen herrlichen Blick auf den Großen Krottenkopf, den höchsten Gipfel der Allgäuer Alpen. Der Anstieg zur Kemptner Hütte von der Spielmannsau beginnt ganz sanft (rechts unten).

DER FAMILIENTIPP

Zwischen Oberstdorf (Busbahnhof, gegenüber dem Bahnhof) und Spielmannsau verkehren Busse.

Die Kemptner Hütte ist eine der größten in den Allgäuer Alpen – „Hütte" ist allerdings eine ziemlich maßlose Untertreibung. 1891 erbaut, ist sie von jeher beliebter und stark frequentierter Stützpunkt bei der Besteigung zahlreicher Gipfel, allen voran dem Großen Krottenkopf, dem höchsten Gipfel der Region.

Die Geschichte der Hütte nahm 1888 ihren Anfang. Damals wurde, um einen Übergang ins Lechtal zu schaffen, ein Weg durch den Sperrbachtobel angelegt.

Da nutzte die Alpenvereinssektion Kempten die Gunst der Stunde und erbaute ein kleines Unterkunftshaus auf der Oberen Mädelealp. In der Folgezeit gab es mehrere Erweiterungen. Die Herren Bergführer wollten ein eigenes Zimmer, und die Mulis, die die Lasten heraufschleppten, brauchten einen Stall. Schon 1926 gab's hier, hoch am Berg, elektrischen Strom. Allerdings wurde alles bald zu klein. Und so wurde der alte Bau 1930 fast vollständig abgerissen und in seiner heutigen Form neu errichtet. Zum Jahreswechsel 2021/22 wird wieder umgebaut. Dass sie so stark besucht wird, liegt unter anderem daran, dass sie Ausgangspunkt für den legendären Heilbronner Weg und Quartier für die Begeher des Fernwanderwegs Nr. 5 ist.

Der Hüttenweg von Oberstdorf

Am einfachsten ist es, bis Spielmannsau mit dem Wandertaxi zu fahren. So spart man sich den etwas ermüdenden Weg auf der für den öffentlichen Verkehr gesperrten Straße. Dort geht es richtig los. Zunächst noch auf dem Wirtschaftsweg, der auch dem Fernwanderweg E 4 als Trasse dient, vorbei an der Alpe Oberau und weiter zur Talstation der Materialseilbahn, über die unser Ziel, die Kemptner Hütte, versorgt wird. Hier wird der Weg auch bergsteigerisch interessant, windet sich als Steig steil bergan und führt, hoch über der Trettach, zum Talschluss. Der Sperrbach ist sodann mehrfach zu queren, ehe

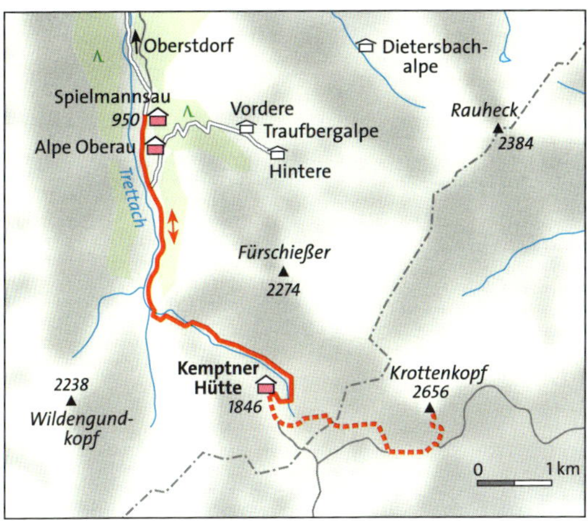

wir den tief eingeschnittenen Tobel erreichen – ja, den Wegabschnitt, der 1888 in Angriff genommen worden ist. In den Fels gesprengte Gänge und Drahtseilsicherungen sorgen für abenteuerliche und zugleich gefahrlose Atmosphäre. Danach wandern wir nur noch in einem weiten Rechtsbogen hinauf zur herrlich gelegenen Kemptner Hütte.

Der Hüttengipfel

Großer Krottenkopf, 2657 m: Es braucht Schwindelfreiheit und Trittsicherheit am höchsten Gipfel der Allgäuer Alpen – ohne dies geht es nicht. Dann aber ist dieser herrliche Berg auch für den ambitionierteren Bergwanderer, für den „Normalbergsteiger" machbar …

Zunächst gehen wir Richtung Prinz-Luitpold-Haus, bis uns ein Wegweiser in Richtung Hermann-von-Barth-Hütte schickt. Über das Obere Mädelejoch (2033 m) gelangen wir auf die Tiroler Seite. Hier erwartet uns – zu unserem Bedauern – ein Zwischenabstieg ins Roßgumpenkar. Aber dann beginnt linker Hand der anstrengende Anstieg zur Krottenkopfscharte (2350 m) hinauf. Kurz bevor wir die Scharte erreichen, führt unser Gipfelweg nach links und durch Schrofen und Felsstufen hinauf zum kreuzgeschmückten Großen Krottenkopf.

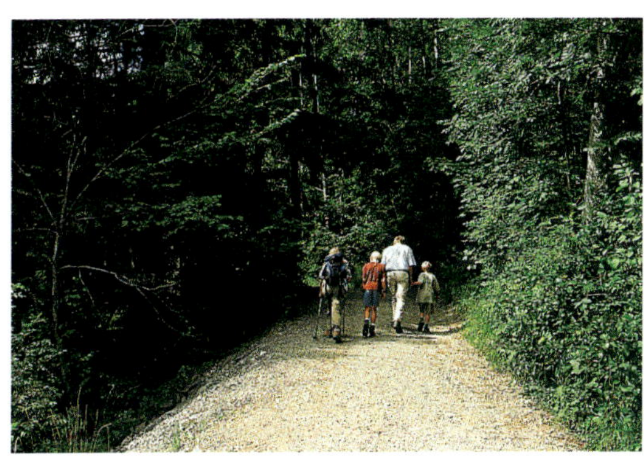

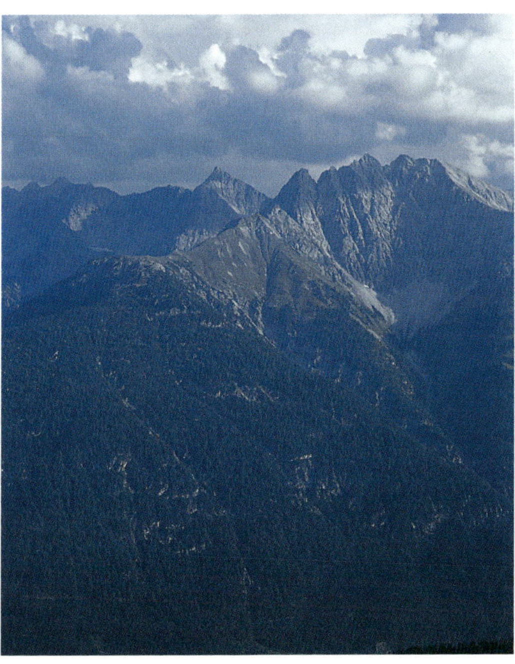

Blick auf die Hornbachkette vom Enzenspergerweg (links).

DER KÜCHENTIPP

Das Angebot entspricht nahezu dem einer gutbürgerlichen Gaststätte im Tal. Die Speisen werden täglich frisch zubereitet. Neben zahlreichen Fleischgerichten gibt es auch Vegetarisches. Außerdem werden täglich frische Kuchen gebacken.

UND SONST NOCH …

Im Oberstdorfer Heimatmuseum (im Köchelerhaus) gibt es neben seinem Schwerpunkt, der Land- und Alpwirtschaft, einen eigenen Bereich über den Alpinismus und den Skilauf.

HÖCHSTE PUNKTE

Kemptner Hütte, 1846 m; Großer Krottenkopf, 2656 m.

ANFAHRT

Mit PKW: Auf der Autobahn Ulm – Füssen (A 7) bis zum Autobahndreieck Allgäu, auf der A 980 bis Waltenhofen und weiter auf der B 19 über Sonthofen nach Oberstdorf. Parkplätze am Ortsrand (Oberstdorf ist weitgehend autofrei). Oder seitlich an Oberstdorf vorbei in Richtung Kleinwalsertal, dann links (Ausschilderung Fellhornbahn) weiter bis zum Parkplatz Renksteg (gebührenpflichtig).

Mit Bahn & Bus: Mit dem Allgäu-Schwaben-Takt nach Oberstdorf, dann weiter mit dem Bus nach Spielmannsau. Diese Strecke kann gut auch mit dem Fahrrad zurückgelegt werden.

AUSGANGSPUNKT

Wanderparkplatz Renksteg (824 m) bzw. Oberstdorf (813 m).

GEHZEITEN

Hüttenweg: Von Spielmannsau: 2½ Std. (ab Oberstdorf: 4½ Std.).

Gipfelweg: Von der Kemptner Hütte 3 Std., Abstieg zur Hütte 2 Std.; insgesamt: 5 Std.

ANFORDERUNG

Hüttenweg: Der Anstieg von Spielmannsau verläuft auf guten Bergwegen und -steigen, die Passage durch den Sperrbachtobel erfordert jedoch Trittsicherheit. Dort muss auch bis in den Sommer hinein mit Schneewächten gerechnet werden.

Gipfelweg: Trittsicherheit und Schwindelfreiheit erforderlich.

EINKEHR & ÜBERNACHTUNG

Kemptner Hütte, 1846 m, Alpenvereinshütte der Kat. I, 290 Betten und Lager, von Mitte Juni bis Mitte Oktober bewirtschaftet. Bei Gruppen über acht Personen Reservierung erforderlich. Anmeldung über www.huetten-holiday.de.

Berggasthof Spielmannsau, 950 m, privat, von Weihnachten bis Anfang November durchgehend bewirtschaftet, Mittwoch Ruhetag, Übernachtung im DZ, Suiten und Appartements, Tel. 08322/30 15.

Alpe Oberau, 1004 m, privat, von Anfang Juni bis Mitte Oktober bewirtschaftet, keine Übernachtung.

KARTE

Topographische Karte 1 : 50 000, Blatt „Allgäuer Alpen" (LDBV).

TOURIST-INFO

Tourist-Information, Prinzregentenplatz 1, 87561 Oberstdorf, Tel. 08322/70 00,: www.oberstdorf.de

46 WALTENBERGERHAUS

Eine Hütte zu Ehren eines Allgäuer Erschließers

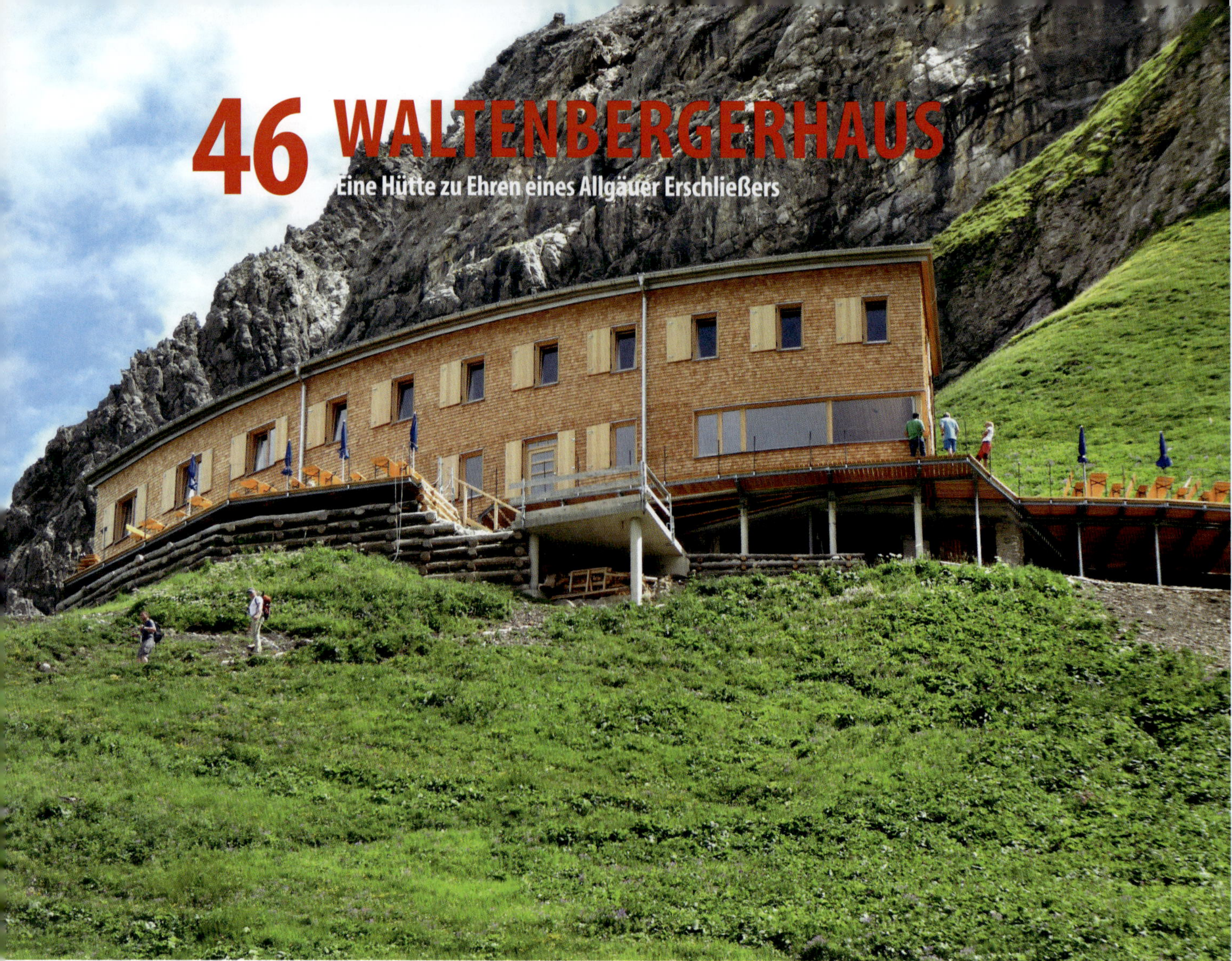

Das Waltenbergerhaus wurde dem gleichnamigen Landvermesser und Erschließer der Allgäuer Alpen gewidmet. Im Sommer 2017 wurde die neue Hütte mit gänzlich anderem „Gesicht" eingeweiht und eröffnet.

DER FAMILIENTIPP

Das Waltenbergerhaus ist eine richtige Bergsteigerunterkunft, denn der Hüttenanstieg ist steil und anspruchsvoll. Dieses Ziel sollten wir also besser nur mit größeren Kindern ansteuern, denn auch die Hüttenumgebung und die in nächster Nähe erreichbaren Gipfel sind anspruchsvoll. Es bietet sich am besten der Übergang zur Kemptner Hütte an.

Es war ein gewisser Anton Waltenberger, Landvermesser von Beruf, der als Erschließer der Allgäuer Alpen in die Geschichte einging. Er war es auch, der die ersten Führer für die Region herausgab und der mit der Ankurbelung des Bergführerwesens Weitblick in Sachen Tourismusentwicklung bewies. Dass eine wunderschöne, herrlich gelegene Berghütte nach ihm benannt wurde, ist das Mindeste, was man seinem Andenken schuldet.

Das war 1875. Doch schon zehn Jahre später war das Haus wieder zu klein. Seit es nämlich die Eisenbahnlinie nach Sonthofen gab, war der Ansturm der Bergenthusiasten nicht mehr zu bremsen …

Die mehrmals vergrößerte Alpenvereinshütte wurde im Jahr 2015 abgerissen, der Neubau mit außergewöhnlicher Architektur wurde im Jahre 2017 eröffnet. Geübten Bergsteigern bietet sich als Hüttengipfel die Mädelegabel an.

Ausgangspunkt unserer Tour ist der reizvolle Weiler Einödsbach, bestehend aus nur einigen Häusern, einem Gasthof und einer Kapelle. Er gilt zugleich als der südlichste, ganzjährig bewohnte Punkt Deutschlands.

Der Hüttenweg von Einödsbach

Der Gasthof in Einödsbach ist unser Ausgangspunkt. Ausgeschildert führt unser Weg oberhalb des Bacherlochbachs zur Bacheralp und immer tiefer hinein in das sich zunehmend verengende Hochtal. In Serpentinen geht es weiter nach oben, bevor der Weg fast eben ans Ende des Bacherlochs führt. Von dort links haltend auf einem teilweise gesicherten Steig steil hinauf über das sogenannte „Wändle". Und weiter geht es in vielen Kehren und ganz ordentlich steil zum Waltenbergerhaus, das uns mit prachtvoller Sicht und guter Küche erwartet.

Der Hüttengipfel

Mädelegabel, 2646 m: Der vierthöchste Gipfel der Allgäuer Alpen gilt für manche als das „Herz der

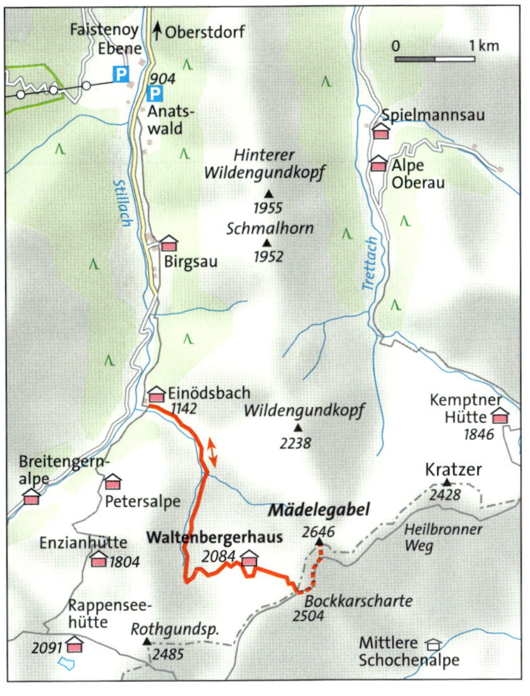

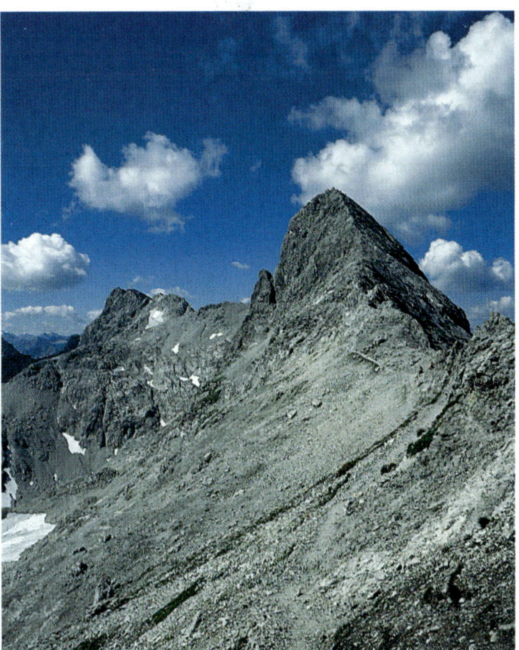

An der Bockkarscharte (links). Gipfelkreuz der Mädelegabel (unten).

DER KÜCHENTIPP

Der Hüttenwirt verfügt weder über eine Zufahrtsstraße noch über einen Materiallift. Zu Beginn der Saison kommt der Hubschrauber und bringt die Grundausstattung. Alles weitere wird hochgetragen. Das wirkt sich auch auf die Küche aus. Suppen, Eintöpfe, Brotzeiten und ein Bergsteigeressen sowie Kuchen sind im Angebot.

Allgäuer Bergwelt", wahrscheinlich des drolligen Namens wegen, doch dieser hat nichts mit den Allgäuer Mädchen zu tun, sondern leitet sich von Mähder (Bergwiesen) her. Viele nehmen den Gipfel als Abstecher auf ihrer Route entlang des Heilbronner Wegs mit. Wir haben ihn uns jedoch als Hüttengipfel ausgewählt. – Es geht zunächst steil hinauf ins Bockkar und dann, an drahtseilgesichertem Steig zur 2504 Meter hohen Bockkarscharte. Hier treffen wir auf den Heilbronner Weg, dem wir nach links Richtung Kemptner Hütte folgen.

Wir gehen in grandioser Höhenlage unter der Hochfrottspitze durch und queren ein ungefährliches Schneefeld, bevor uns ein Wegweiser den Gipfelanstieg zur Mädelegabel markiert. Unverfehlbar führt unser Anstieg auf dem breiten Ostgrat zum ersehnten Gipfel.

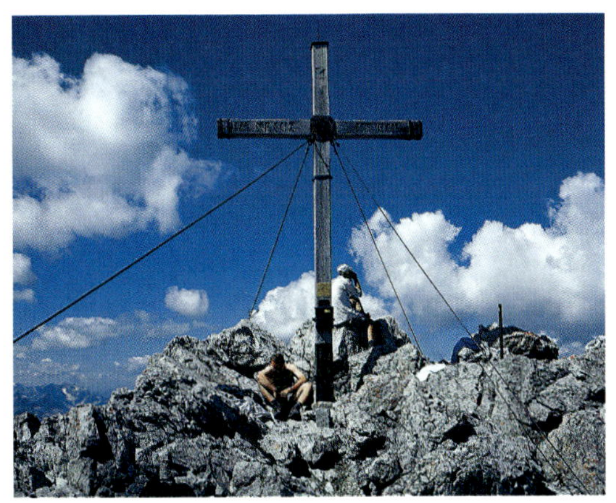

HÖCHSTE PUNKTE

Waltenbergerhaus, 2048 m; Mädelegabel, 2646 m.

ANFAHRT

Mit PKW: Auf der A 7 bis zum Autobahndreieck Allgäu, dann auf der B 19 über Sonthofen in Richtung Oberstdorf, rechts vorbei, dann links (der Ausschilderung zur Fellhornbahn folgen) nach Faistenoy. Dort gebührenpflichtiger Parkplatz gegenüber der Talstation.

Mit Bahn & Bus: Mit dem Allgäu-Schwaben-Takt nach Oberstdorf, dann mit RVA-Bus (fährt häufig) zur Talstation der Fellhornbahn bzw. bis zur Kreuzung südlich des Birgsauer Hofes. Von dort zu Fuß weiter nach Einödsbach (1142 m).

AUSGANGSPUNKT

Wanderparkplatz in Faistenoy (904 m).

GEHZEITEN

Hüttenweg: Von Einödsbach zur Hütte 3 Std. (von Faistenoy plus 1½ Std.), Abstieg nach Einödsbach 2 Std., nach Faistenoy 1½ Std. Gesamtgehzeit: 8 Std.

Gipfelweg: Vom Waltenbergerhaus 2¼ Std., Rückkehr zur Hütte 1½ Std.; insgesamt: 3¾ Std.

ANFORDERUNG

Hüttenweg: Der Bergsteig des Anstiegs von Einödsbach verlangt nach Schwindelfreiheit und Trittsicherheit. Es gibt ein paar Drahtseilsicherungen. Vorsicht: Steinschlag!

Gipfelweg: Anspruchsvolle Bergtour, die Trittsicherheit, Schwindelfreiheit sowie Kletterfertigkeit im Schwierigkeitsgrad I erfordert.

EINKEHR & ÜBERNACHTUNG

Waltenbergerhaus, 2084 m, Alpenvereinshaus der Kat. I, bewirtschaftet von Anfang Juni bis Anfang Oktober, 42 Betten, 28 Lager; Reservierungen nur über www.huetten-holiday.de.

Alpengasthof Birgsau, 960 m, privat, ganzjährig bewirtschaftet, Übernachtung möglich.

Berggasthof Einödsbach, 1142 m, privat, nahezu ganzjährig bewirtschaftet, Dienstag Ruhetag, Betten und Lager; Tel. 08322/98454.

Alpe Eschbach, 980 m, dort sind Brotzeiten und Getränke erhältlich.

KARTE Topographische Karte 1 : 50 000, Blatt „Allgäuer Alpen" (LDBV).

TOURIST-INFO

Tourist-Information, Prinzregentenplatz 1, 87561 Oberstdorf, Tel. 08322/70 00, www.oberstdorf.de

47 RAPPENSEEHÜTTE

Die größte Hütte der Alpen

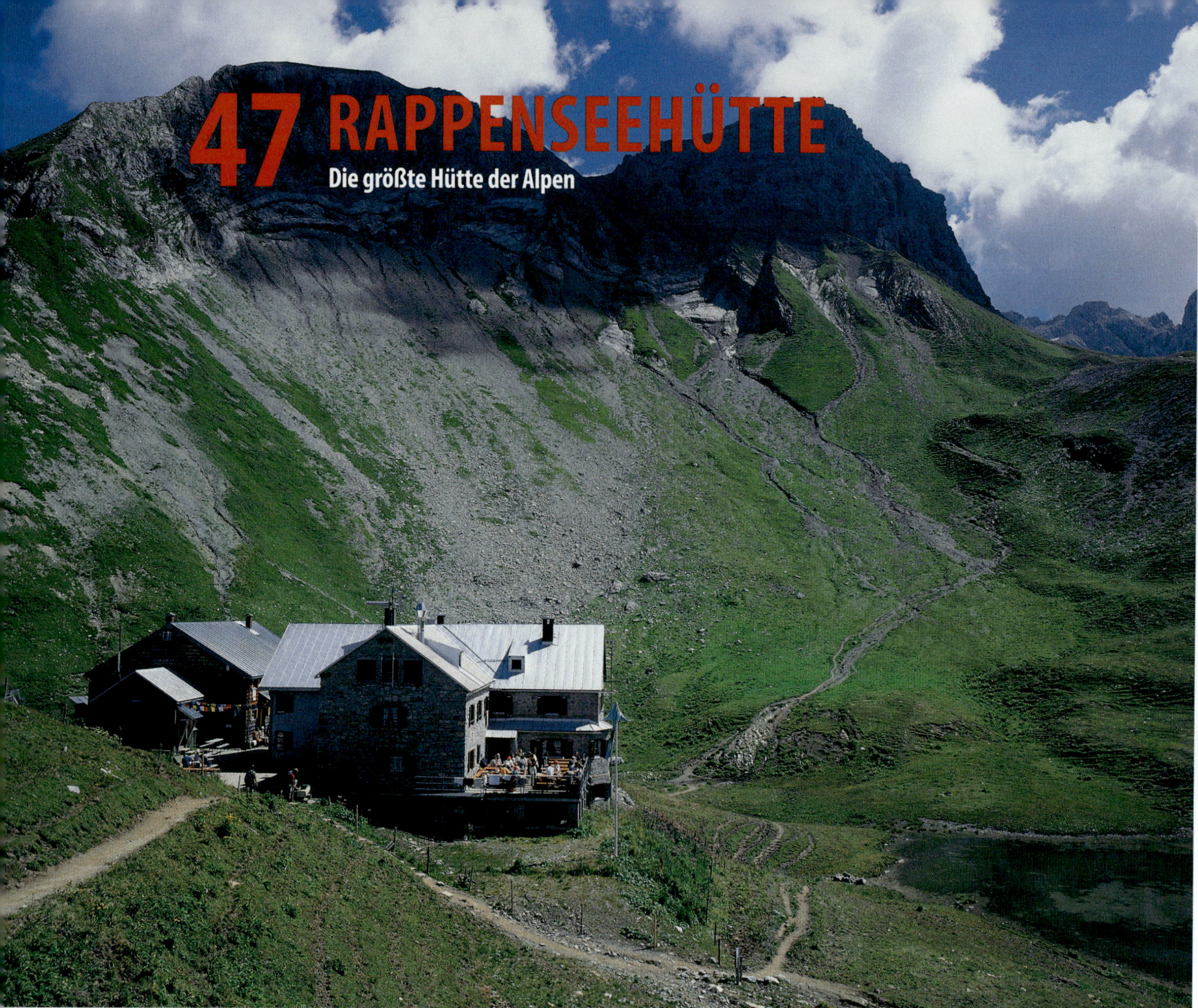

Die mehrmals erweitere Rappenseehütte ist heute das größte Unterkunftshaus des Deutschen Alpenvereins.

Die Rappenseehütte ist die größte Hütte des Deutschen Alpenvereins überhaupt. Also kein uriges Berghütterl, sondern ein großes Haus. Dass es sich trotzdem großer Beliebtheit erfreut, hat viele Gründe.

Einer davon ist die herrliche Lage bei den Rappenseen. Ein anderer ist wohl, dass sie sich als idealer Stützpunkt eignet für zahlreiche großartige Gipfeltouren, so zum Beispiel auf das Hohe Licht oder auf den Biberkopf.

Im Jahr 1885 wurde hier ein erster Hüttenbau, noch ganz aus Holz, errichtet. Sie wurde mehrfach umgebaut und erweitert, zuletzt 1965 – und so kennt man die Rappenseehütte bis heute. 80 Jahre lang „regierte" hier oben am Berg die Familie Geißler; jetzt ist die Hütte in neuen, aber weiterhin guten Händen. Eine leichte Aufgabe haben sie beileibe nicht: Die Rappenseehütte ist ein Großbetrieb, pro Saison gibt es bis zu 15 000 Übernachtungen!

Auch das ein Grund für ihre Beliebtheit: die Geselligkeit. Hier trifft man andere Bergbegeisterte, schließt neue Freundschaften, geht vielleicht die nächste Tour schon gemeinsam an …

DER FAMILIENTIPP

Auf dieser Hütte kommen wir auch locker als große Familie unter. Voranmeldungen sind erst ab einer Gruppengröße von 10 Personen erforderlich.

Der Hüttenweg von Einödsbach

Auf gesperrtem Fahrweg vom Parkplatz Stillachtal nach Birgsau. Gleich hinterm Ort bei Weggabelung links. Wir erreichen Einödsbach und nehmen, beim Gasthaus des urigen Weilers, den markierten Weg zur Hütte.

Über den Bacherlochbach und hinauf zur Petersalpe. Weiter geht es sehr steil zur Enzianhütte. Nun in Serpentinen zum Sattel am Seebichl und jenseits hinunter zur Rappenseehütte.

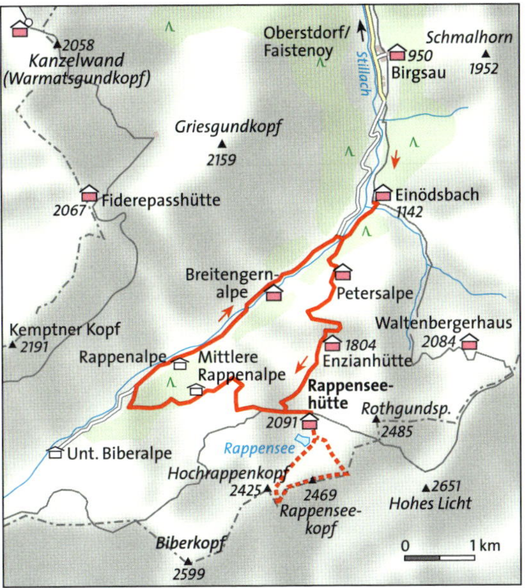

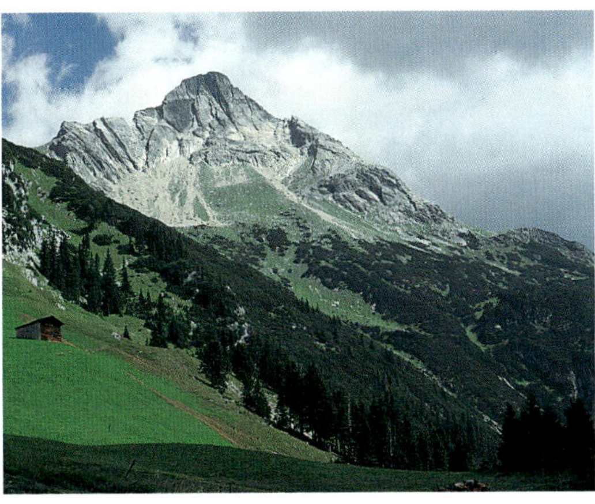

Rückkehr durch das Rappenalptal

Auf dem Anstiegsweg zurück, bis uns eine Weggabelung links Richtung Rappenalpe weist. An der Mittleren Rappenalpe vorbei ins Hintere Rappenalptal. Wir erreichen es bei der Schwarzen Hütte und bummeln nun auf dem Alpweg talauswärts Richtung Einödsbach.

Der Hüttengipfel

Rappenseekopf, 2469 m: Zunächst links um den Großen Rappensee herum, dann steil zum Sattel zwischen Rappenseekopf und Hochrappenkopf. Hier leitet ein Pfad links auf dem breiten Westrücken zum überaus lohnenden Gipfel. – Schwieriger gestaltet sich der Abstieg über den Ostgrat: Es geht hinunter zur Scharte zwischen Rappenseekopf und Hochgundspitze. Hier folgen wir links dem schmalen Pfad, der das geröllige Gelände durchzieht. Beim Großen Rappensee angekommen, ist der Rest dann ein gemütlicher Spaziergang.

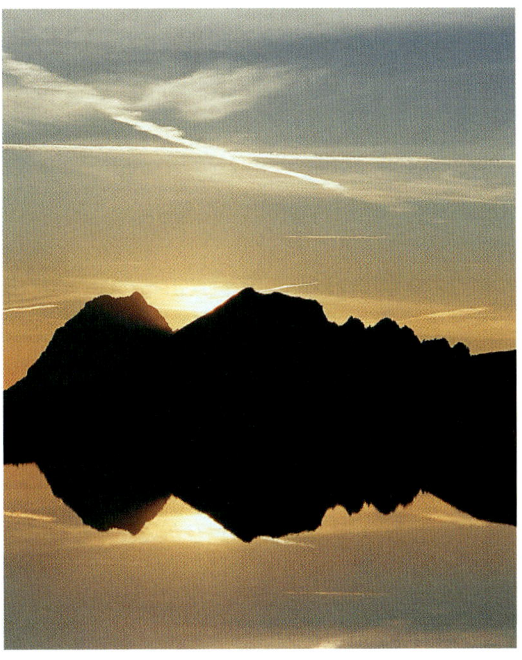

Abendstimmung am Rappensee (links).
Der Biberkopf aus dem Lechtal gesehen (unten).

DER KÜCHENTIPP

Auch die Rappenseehütte hat sich der Initiative des Deutschen Alpenvereins „So schmecken die Berge" angeschlossen. So gibt es typische Schmankerl und Gerichte der Region und bei der Größe der Hütte nicht verwunderlich eine gutbürgerliche Küche. Zu den Bedingungen gehört auch, dass mindestens ein vegetarisches und auch veganes Gericht angeboten wird.

UND SONST NOCH ...

Die Rappenseehütte ist Start- bzw. Endpunkt des beliebten Heilbronner Wegs, der über den Allgäuer Hauptkamm hinüber zur Kemptner Hütte führt.

HÖCHSTE PUNKTE

Rappenseehütte, 2091 m; Rappenseekopf, 2469 m.

ANFAHRT

Mit PKW: Auf der A 7 bis zum Autobahndreieck Allgäu, auf der A 980 bis Waltenhofen und weiter auf der B 19 über Sonthofen nach Oberstdorf. Rechts seitlich an Oberstdorf vorbei in Richtung Kleinwalsertal, dann links (Ausschilderung Fellhornbahn) nach Faistenoy. Gebührenpflichtiger Parkplatz links von der Talstation der Fellhornbahn.
Mit Bahn & Bus: Mit dem Allgäu-Schwaben-Takt nach Oberstdorf, dann weiter mit RVA-Bus vom Bahnhof in Oberstdorf zur Talstation nach Faistenoy bzw. weiter zur Wegkreuzung südlich von Birgsau. Von dort weiter zu Fuß.

AUSGANGSPUNKT

Wanderparkplatz in Faistenoy (904 m).

GEHZEITEN

Hüttenweg: Von Faistenoy 4½ Std. bzw. 5 Std.
Gipfelweg: Von der Rappenseehütte 1¼ Std., Abstieg zur Hütte 1 Std.; insgesamt: 2¼ Std.

ANFORDERUNG

Hüttenweg: Der Zugang nach Einödsbach erfolgt auf Wirtschaftswegen bzw. breitem Wanderweg, der Anstieg zur Hütte von Einödsbach ist leicht.
Gipfelweg: Trittsicherheit und Schwindelfreiheit erforderlich, jedoch nicht schwierig.

EINKEHR & ÜBERNACHTUNG

Rappenseehütte, 2091 m, Alpenvereinshütte der Kat. I, 115 Betten, 189 Lager, von Mitte Juni bis Mitte Oktober bewirtschaftet; Reservierungen ausschließlich über www.huetten-holiday.de.
Alpengasthof Birgsau, 960 m, privat, ganzjährig bewirtschaftet, Übernachtung möglich.
Berggasthof Einödsbach, 1142 m, privat, nahezu ganzjährig bewirtschaftet, Betten und Lager; Tel. 08322/98454.
Enzianhütte, 1804 m, privat, bewirtschaftet von Anfang Juni bis etwa Mitte Oktober, 32 Betten und 90 Lager; Tel. 0049/170/793 16 55.
Petersalpe, 1296 m, privat, während der Weidezeit bewirtschaftet.
Breitengernalpe, 1150 m, privat, während der Weidesaison einfach bewirtschaftet.

KARTE

Topographische Karte 1 : 50 000, Blatt „Allgäuer Alpen" (LDBV).

TOURIST-INFO

Tourist-Information, Prinzregentenplatz 1, 87561 Oberstdorf, Tel. 08322/70 00, www.oberstdorf.de

48 MINDELHEIMER HÜTTE

Freier Blick auf den Allgäuer Hauptkamm

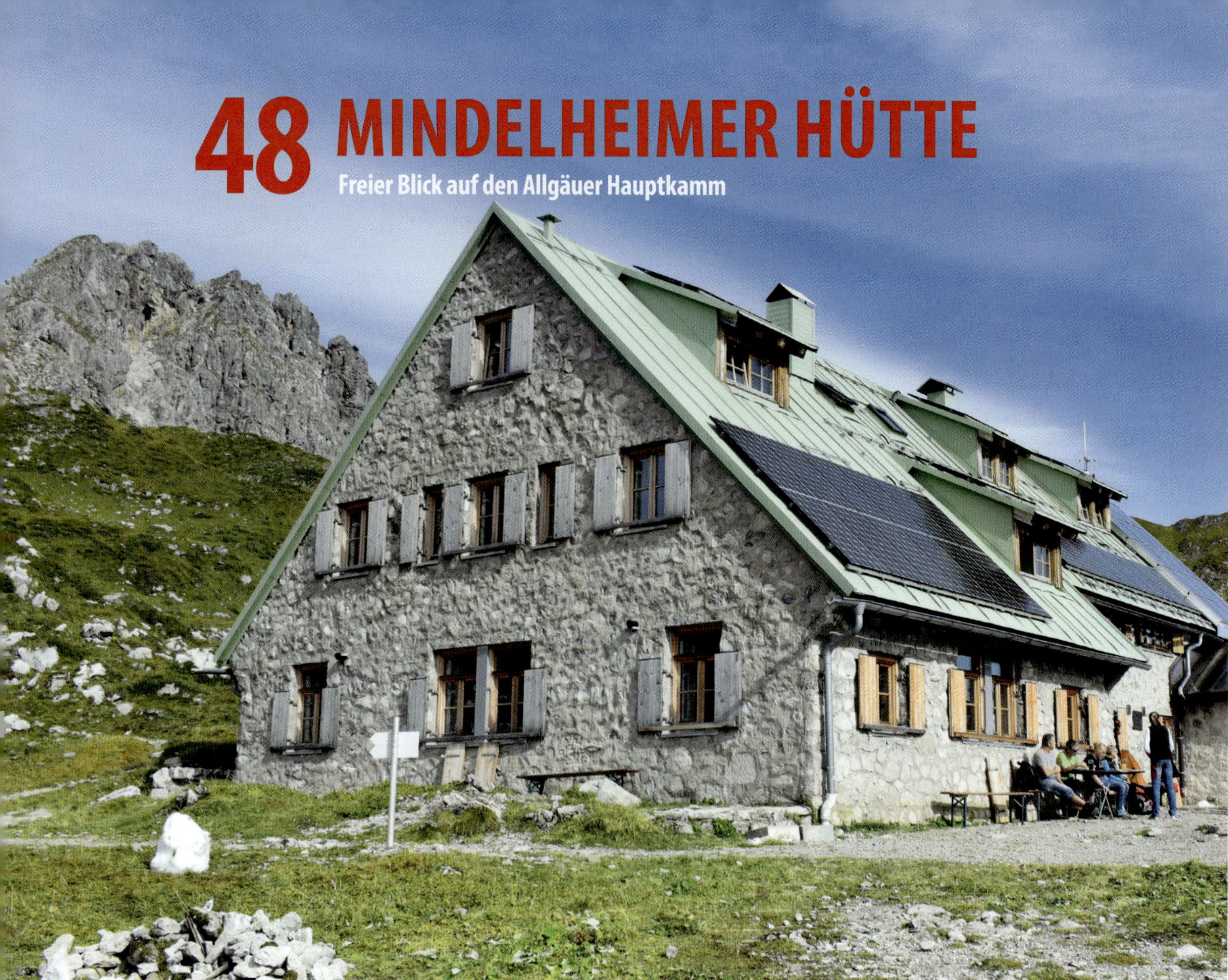

Die Mindelheimer Hütte ist Ausgangspunkt für den beliebten Mindelheimer Weg, einem anspruchsvollen Klettersteig.

DER FAMILIENTIPP

In Riezlern finden wir das einzige Walsermuseum in den Allgäuer Alpen. Es gibt uns eine Einführung in das Leben dieser Bergbewohner, deren Spuren sich bis in die italienischen Bergtäler verfolgen lassen. Öffnungszeiten: von Montag bis Donnerstag von 14–17 Uhr, Freitag von 9–12 Uhr. Wegen Umbau evtl. 2022 noch geschlossen. Tel. 0043/5517/531 52 14

Im Jahr 1920 entstand hier oben ein erster Hüttenbau – Vorläufer der heutigen Mindelheimer Hütte. Sie erfreut sich besonderer Beliebtheit als idealer Ausgangs- bzw. Endpunkt des berühmten Mindelheimer Klettersteigs. Im Jahr 1990 musste ein zusätzliches Haus errichtet werden, um den Andrang in den Griff zu bekommen. Nebenan wurde die kleine Hütte vor einigen Jahren (2001 bis 2003) renoviert. Heute trägt die Hütte das Umweltgütesiegel des Deutschen Alpenvereins.

Und sie bietet all den Komfort, den Bergwanderer auch bei mehrtägigen Touren zu schätzen wissen. Natürlich war das nicht immer so: Bis in die sechziger Jahre des vergangenen Jahrhunderts erfolgte die Versorgung ausschließlich mit Mulis. Und das bei schon immer gehörigem Besucherandrang: Allein im Jahr 1935 gab es 5000 Übernachtungen – und das bei nur 24 Schlafplätzen … Doch mit dem Bau einer Materialseilbahn kehrte der wirklich notwendige Fortschritt ein. Denn selbst wenn wir Bergsteiger gerne hin und wieder spartanisch leben wollen, so dürfen wir doch nicht erwarten, dass Hüttenwirte ihre Arbeit wie im Spätmittelalter tun …

Der Hüttenweg von Mittelberg

Von Mittelberg-Bödmen auf einem Sträßchen (Mark. 441 und 446) in Richtung Höfle. Beim Weiler Schwendle geht es dann rechts hinauf durch Wald ins Wildenbachtal und zur Inneren Wiesalpe (1298 m).

Oberhalb des Baches halten wir uns rechts Richtung Fluchtalpe. Wir gelangen zur Talstation der Materialseilbahn und gehen dort rechts (Mark.-Nr. 441), queren den Wildenbach und steigen in vielen Kehren zur Hinteren Wildenalpe (1777 m) hinauf. Bald erreichen wir den Talschluss, wo linker Hand ein sehr steiler, bisweilen drahtseilgesicherter Steig zur Kemptner Scharte abzweigt. Auf der

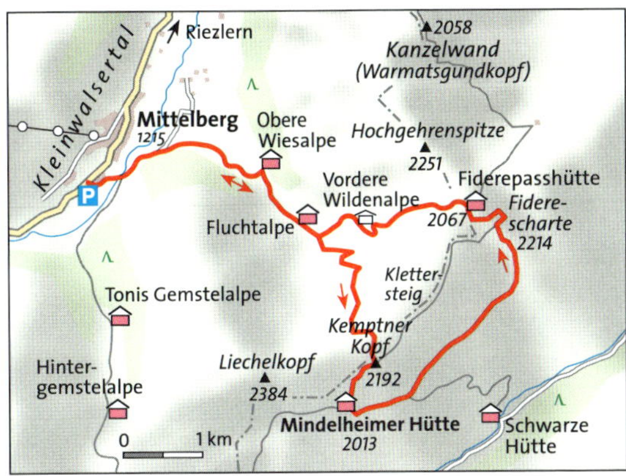

gegenüberliegenden Seite vollzieht sich der Abstieg zur Mindelheimer Hütte dann auf einem unschwierigen Wanderweg.

Der Rückweg über die Fiderepasshütte

Von der Mindelheimer Hütte folgen wir dem „Krumbacher Höhenweg" seitlich an den Schafalpenköpfen entlang zunächst bis zur Oberen Angerhütte, dann links haltend weiter (Mark.-Nr. 443) zur Taufersbergalpe. Bei den folgenden Wegverzweigungen halten wir uns links und steigen dann steil hinauf zur Fiderescharte (2214 m). Jenseits geht es dann wieder hinab zur Fiderepasshütte. Von der Hütte wandern wir dann über den Fiderepass (2035 m) und die Vordere Wildenalpe zur Fluchtalpe hinunter. Auf dem Anstiegsweg nun zurück zum Ausgangspunkt.

Der Hüttengipfel

Kemptner Kopf, 2192 m: Auch wenn er keinen klangvollen Namen zu bieten hat, ist dieser Hüttengipfel den gar nicht so langen Aufstieg allemal wert. Bietet er doch wundervolle Ausblicke auf die „großen" Allgäuer Berge und hinab ins zu Recht so berühmte Kleinwalsertal. – Zunächst geht es hinauf zur Kemptner Scharte, der Einsattelung westlich unseres Gipfels. Von dort auf dem schmalen, grasigen Grat über Schrofen hinauf zum Gipfel.

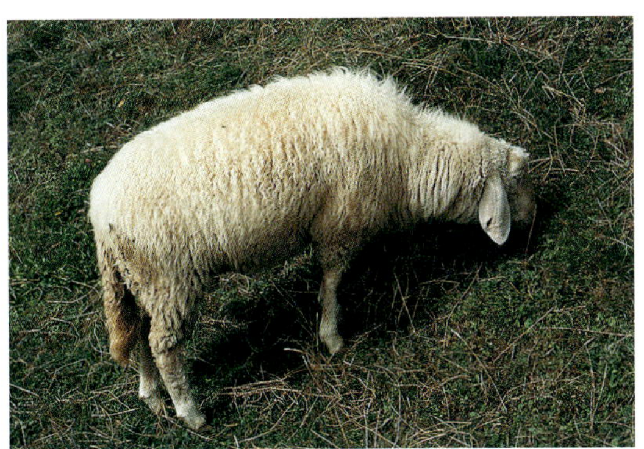

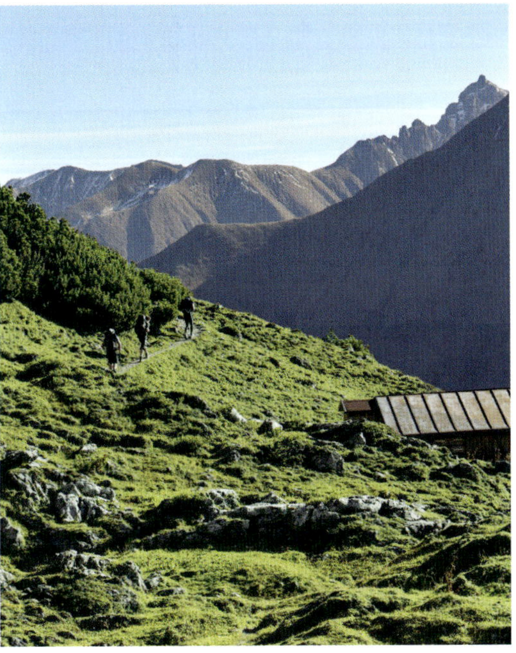

Auf dem Krumbacher Höhenweg (links). Für Schafe ist kein Gras zu abgelegen (unten).

DER KÜCHENTIPP

Die Hütte muss eine große Fan-Gemeinde von Wanderern versorgen, denn der Mindelheimer Klettersteig ist recht beliebt. Trotzdem werden alle Suppen, Eintöpfe und Saucen, Speckknödel selbst gemacht. So gibt es unter anderem Rindsrouladen, Krustenbraten und Kaspressknödel.

UND SONST NOCH …

Wer am Abend, wenn es rund um die Hütte ruhig wird, noch zur Kemptner Scharte hinaufwandert, hat vielleicht die Möglichkeit Steinböcke zu sehen.

HÖCHSTE PUNKTE

Mindelheimer Hütte, 2013 m; Kemptner Kopf, 2192 m.

ANFAHRT

Mit PKW: Auf der Autobahn Ulm – Füssen (A 7) bis zum Autobahndreieck Allgäu, auf der A 980 bis Waltenhofen und weiter auf der B 19 über Sonthofen nach Oberstdorf. Rechts seitlich an Oberstdorf vorbei ins Kleinwalsertal, bis nach Mittelberg-Bödmen (dort parken).
Mit Bahn & Bus: Mit dem Allgäu-Schwaben-Takt nach Oberstdorf, dann weiter mit RVA-Bus vom Bahnhof ins Kleinwalsertal nach Mittelberg-Bödmen.

AUSGANGSPUNKT

Der südliche Ortsteil Bödmen bei Mittelberg (1205 m) im Kleinwalsertal.

GEHZEITEN

Hüttenweg: Aufstieg von Mittelberg über die Kemptner Scharte 3½ Std., Übergang zur Fiderepasshütte 3 Std., Abstieg ins Kleinwalsertal 2 Std.; insgesamt: 8½ Std.
Gipfelweg: Abstecher von der Mindelheimer Hütte 1 Std.

ANFORDERUNG

Hüttenweg: Wer den Anstieg von Mittelberg wählt, sollte unbedingt trittsicher und schwindelfrei sein (zahlreiche Drahtseilsicherungen); v. a. der Schlussaufstieg zur Kemptner Scharte ist eine Herausforderung.
Gipfelweg: Bergsteig, die letzten Meter erfordern jedoch Trittsicherheit und Schwindelfreiheit.

EINKEHR & ÜBERNACHTUNG

Mindelheimer Hütte, 2013 m, Alpenvereinshütte der Kat. I, von Ende Mai bis etwa Mitte Oktober bewirtschaftet, 120 Lager, Winterraum in der kleinen Hütte nebenan mit Schlafplätzen. Die Hütte ist telefonisch nicht zu erreichen. Reservierungen über die Homepage www.mindelheimer-huette.de sowie über www.huetten-holiday.de.
Fiderepasshütte, 2067 m, Alpenvereinshütte der Kategorie I, bewirtschaftet von Ende Mai bis Mitte Oktober, 110 Lager; Reservierung über Fax 0043/55 17/31 57 oder über die Homepage www.fiderepasshuette.de.
Obere Wiesalpe, 1298 m, privat, von Pfingsten bis Oktober bewirtschaftet.
Fluchtalpe, 1390 m, privat, von Mai bis Oktober bewirtschaftet.

KARTE

Topographische Karte 1 : 50 000, Blatt „Allgäuer Alpen" (LDBV).

TOURIST-INFO

Tourist-Information, Prinzregentenplatz 1, 87561 Oberstdorf, Tel. 08322/70 00, www.oberstdorf.de

49 HÖRNERHAUS

Großzügiges Refugium für Wandergruppen

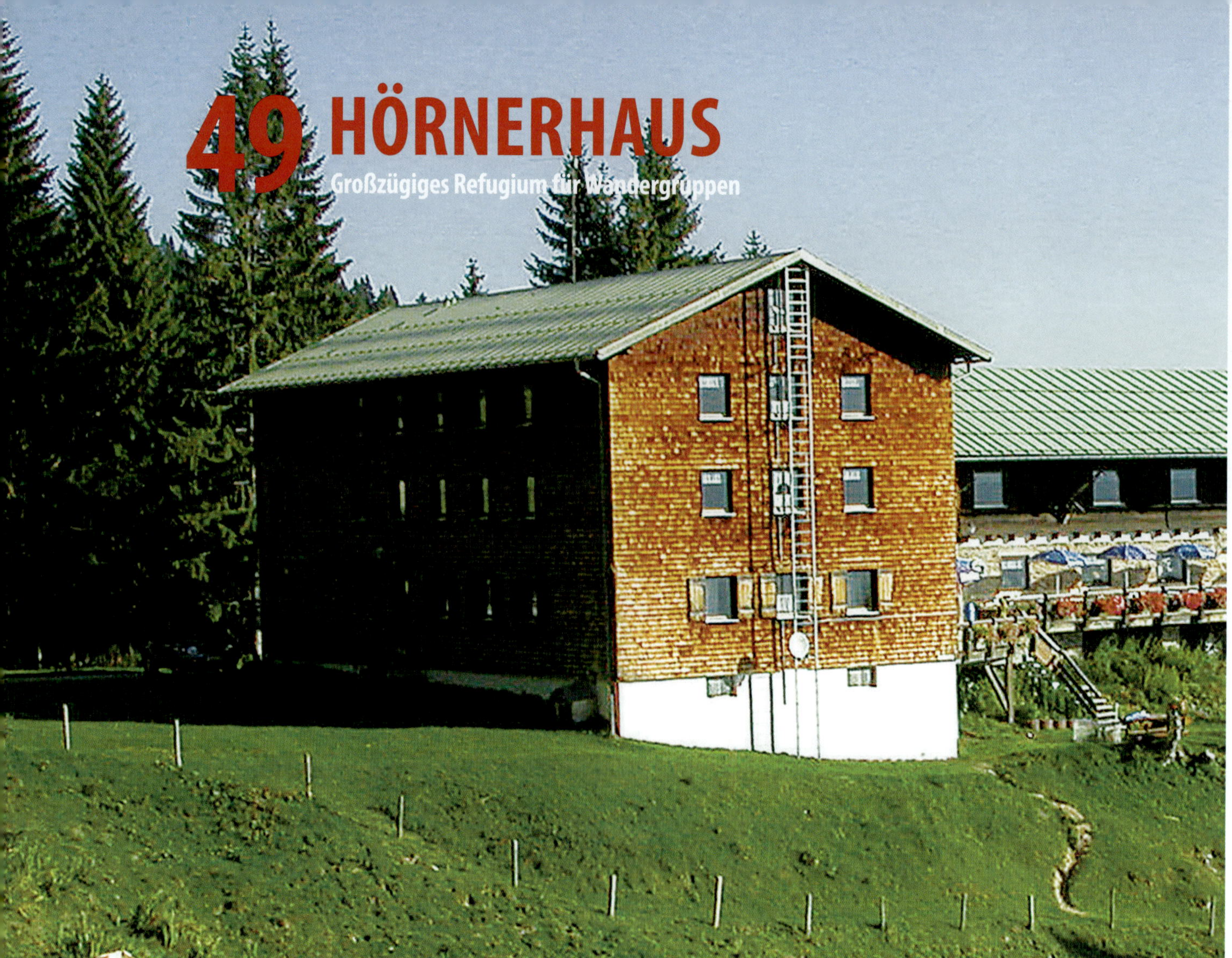

Das Hörnerhaus ist ein idealer Stützpunkt für Wanderergruppen und Schulklassen. Platz ist genügend vorhanden.

DER FAMILIENTIPP

Das Hörnerhaus ist auf Gruppen und Familien eingestellt, das Haus ist groß und leicht erreichbar. Nur eine knappe Viertelstunde Gehzeit unterhalb befindet sich die Mittelstation der Hörnerbahn. Wenn's draußen stürmt, gibt es drinnen Brettspiele und Karten. Kinderermäßigungen.

Das Hörnerhaus wurde 1923 erbaut und erhielt 1972 einen Erweiterungsbau. Das komplett aus Holz erbaute Hörnerhaus fiel bereits zweimal den Flammen zum Opfer. Es liegt etwas versteckt links oberhalb der Mittelstation der Hörnerbahn und ist von dieser in einer knappen Viertelstunde zu Fuß zu erreichen. Durch seine Holzbauweise vermittelt das Haus bereits von außen ein gerütteltes Maß Gemütlichkeit. Es eignet sich vor allem für Gruppen, für einen Wanderurlaub oder für die Wintererholung. Aber auch Einzelwanderer werden gerne aufgenommen. Das Hörnerhaus hat Hüttencharakter, bietet aber alle Annehmlichkeiten eines einfachen Berggasthofes. Der Gepäcktransport mit der Hörnerbahn ist möglich, falls wir zu Fuß zum Hörnerhaus hochwandern wollen.

Der Aufstieg von Bolsterlang

Am schnellsten mit dem Sessellift zur Mittelstation, dann in wenigen Minuten zum links oberhalb gelegenen Haus. – Zu Fuß: Von der Talstation der Hörnerbahn („Hüttenparkplatz") gehen wir zunächst zum oberen Ende des großen Parkplatzes, wo wir auf ein Wirtschaftssträßchen treffen; dort halten wir uns links und folgen diesem dann in Kehren durch Wald zur Mittelstation der Hörnerbahn. Hier führt links haltend ein Wanderweg in einer Viertelstunde hinauf zum Hörnerhaus.

Die Abstiegsrunde über das Berghaus Schwaben

Zunächst geht es jedoch bei unserer Runde weiter bergauf. Denn wir wollen zuerst noch einen kleinen Gipfel mitnehmen (siehe Hüttengipfel), dann kehren wir zurück zum Joch und folgen von dort dem breiten, nahezu ebenen Wanderweg hinüber zum Berghaus Schwaben mit guter Einkehrmöglichkeit. Dort nehmen wir zunächst den Wirtschaftsweg hinab zur Alpe Hintereck; weiter geht es dann auf schmalem Bergwanderweg hinab in den Talgrund der Bolgenach, wo wir auf eine breite

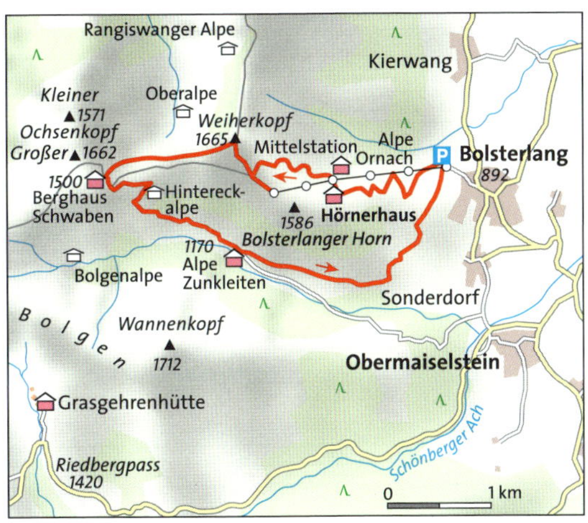

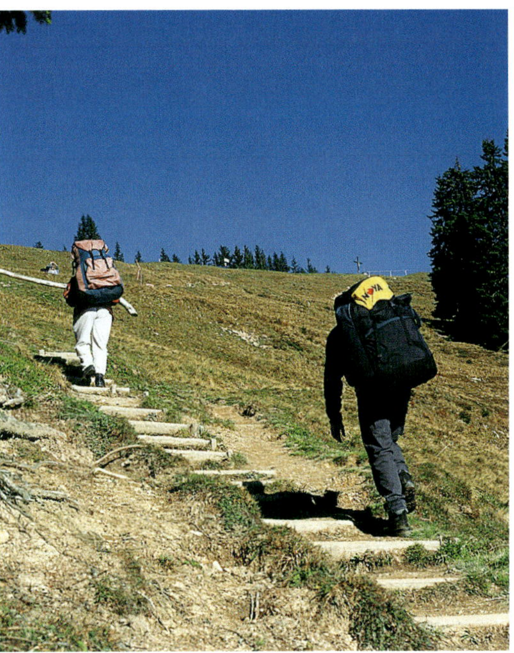

Im Anstieg zum Weiherkopf (links).
Alphütte auf der Zunkleitenalpe (unten).

Almstraße treffen. Dieser folgen wir talwärts bis zur Zunkleitenalpe mit erneuter Einkehrmöglichkeit. Hier zweigt links ein schmaler Wanderweg ab, dem wir nun leicht ansteigend folgen. Er bringt uns zu einem schönen Aussichtspunkt mit Sitzbank und Kreuz hoch über dem Illertal. Anschließend folgen wir dem ausgeschilderten Wanderweg durch die überwiegend freien Bergwiesen oberhalb von Sonderdorf hinab in Richtung Tal. Wir gehen auf einem quer führenden Wanderweg nach links und treffen bald auf einen Wirtschaftsweg. Dieser bringt uns dann zurück zur Talstation der Hörnerbahn, unserem Ausgangspunkt.

Der Hüttengipfel

Weiherkopf, 1665 m: Unspektakulärer Hörner-Gipfel mit schöner Aussicht nach Süden und Osten. Nach Norden und Westen ist der Blick leider durch Bäume verstellt. – Wir könnten mit dem Sessellift von der Mittelstation herauffahren. Wollen wir aber nicht! Zu Fuß geht's für uns auf einem Almweg zum Joch zwischen Weiherkopf und Bolsterlanger Horn. Und von da auf gut markiertem Steig rechts hinauf zum Gipfelkreuz.

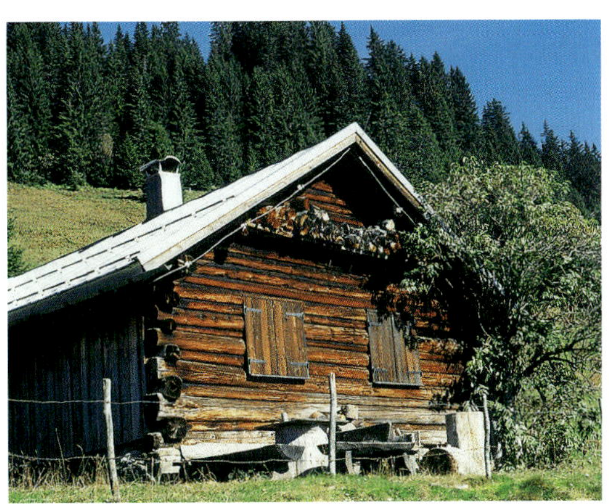

DER KÜCHENTIPP

Tagesgäste werden von 10.30 Uhr bis 15.30 Uhr versorgt. Es gibt die übliche Bersteigerverköstigung. Für Hausgäste ist die Küche ab 18 Uhr wieder geöffnet.

UND SONST NOCH …

Wer den besten Oberallgäuer Bergkäse probieren will, wird in der Alpe Ornach (1200 m) in Nähe der Mittelstation der Hörnerbahn fündig. Der Senn Josef Schneider wurde für seine Leistung erst kürzlich prämiert. Jeden Donnerstag (um 9.45 Uhr) kann man dem Senn bei der Käsezubereitung zuschauen.

HÖCHSTE PUNKTE

Hörnerhaus, 1400 m; Weiherkopf, 1665 m.

ANFAHRT

Mit PKW: Auf der Autobahn Ulm – Füssen bis Autobahndreieck Allgäu, dann weiter (A 98) in Richtung Isny, bis Abfahrt Waltenhofen, dann auf der B 19 Richtung Sonthofen und Oberstdorf bis Fischen, dort rechts ab nach Bolsterlang und hinauf zur Talstation der „Hörnerbahn".
Mit Bahn & Bus: Über Kempten und Sonthofen mit dem Allgäu-Schwaben-Takt nach Fischen; von dort weiter mit Bus oder Taxi zur Talstation der „Hörnerbahn" (5 km).

AUSGANGSPUNKT

Wanderparkplatz an der Talstation der Hörnerbahn (940 m) oberhalb Bolsterlang.

GEHZEITEN

Hüttenweg: Von Bolsterlang 1½ Std. (von der Mittelstation der Hörnerbahn nur eine Viertelstunde); Abstiegsrunde über das Berghaus Schwaben: vom Hörnerhaus zum Berghaus Schwaben 1¼ Std.,
Abstieg über die Alpe Zunkleiten zur Talstation 1½ Std. Gesamtgehzeit: 4¼ Std.
Gipfelweg: Vom Hörnerhaus ¾ Std., Abstieg zur Hütte ½ Std. Am besten nehmen wir den Gipfel beim Übergang zum Berghaus Schwaben mit einem Schlenker mit.

ANFORDERUNG

Leichte Bergwanderwege ohne ausgesetzte Stellen, zum Teil Wirtschaftswege.
Anstieg zum Weiherkopf ebenfalls leicht.

EINKEHR & ÜBERNACHTUNG

Hörnerhaus, 1400 m, privat, nahezu ganzjährig bewirtschaftet, 130 Betten in Mehrbettzimmern sowie vier Lager mit bis zu 21 Plätzen; Tel. 08326/639; Fax 08326/8322.
Alpe Ornach, 1200 m, von Mitte Juni bis Anfang Oktober bewirtschaftet.
Berghaus Schwaben, 1500 m, privat, ganzjährig bewirtschaftet, 27 Betten, 20 Lager, Übernachtung nur nach Voranmeldung; Tel. 08326/438.
Alpe Zunkleiten, 1170 m, während der Weidezeit bewirtschaftet.

KARTE

Topographische Karte 1 : 50 000, Blatt „Allgäuer Alpen" (LDBV).

TOURIST-INFO

Gästeinformation, Dorf, 87438 Balderschwang, Tel. 08328/10 56, www.hoernerdoerfer.de/balderschwang

50 STAUFNER HAUS

Das Beinahe-Gipfelhaus in der Nagelfluhkette

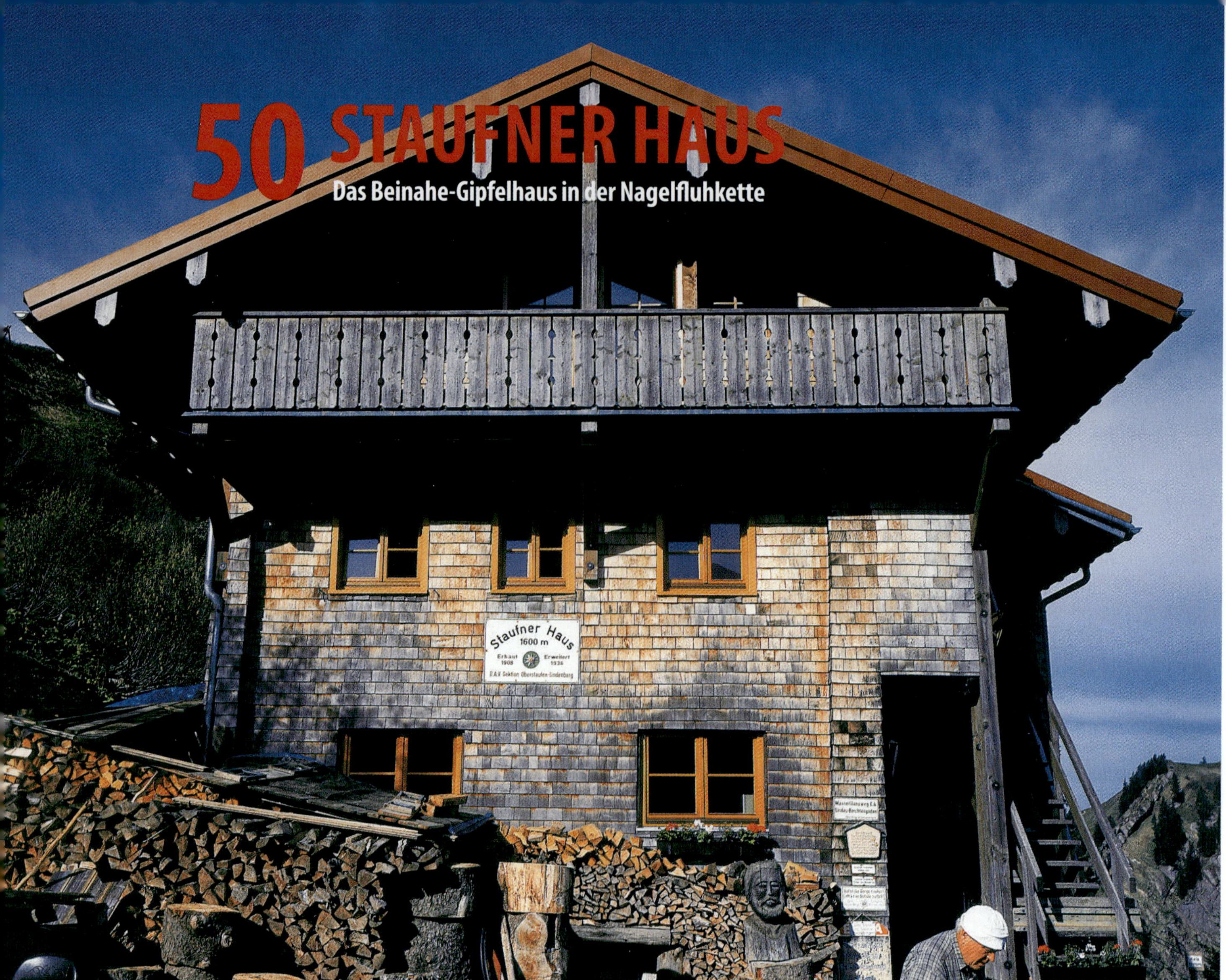

Das Staufner Haus liegt geschützt unterhalb der Grathöhe des Hauptkammes der Nagelfluhkette und ist ganzjährig bewirtschaftet.

Das auf der Westseite des Hochgrats gelegene Staufner Haus wurde im Jahre 1908 erbaut und gehört der Alpenvereinssektion Oberstaufen-Lindenberg. Nur wenige Meter sind es von dort hinauf zum Hauptkamm der Nagelfluhkette. Die Hütte ist ein populärer Stützpunkt, führen hier doch zwei bekannte Europäische Fernwanderwege (E 4 und E 5) vorbei. Schnell erreichbarer Hüttengipfel – so man nicht vorher sowieso schon die Hochgratbahn genommen hat – ist der Hochgrat, der auf einem leichten Wanderweg in einer halben Stunde erstiegen werden kann. Von dort oben bietet sich ein herrlicher Blick aufs Alpenvorland, tief hinein in die Allgäuer Berge und im Westen bis zum Bodensee. Die rührigen Wirtsleute Christof und Ulli Erd bieten eine schmackhafte regionale Küche. Und wer im Sommer auf die Hütte zusteuert, dem weht bei günstigen Windverhältnissen schon von Weitem der Duft aus dem Holzofen um die Nase.

DER FAMILIENTIPP

Auf dem Staufner Haus gibt es mehrere kleine Lager, sodass Familien gut unter sich sein können.

Der schnelle Hüttenweg

Leichteste Möglichkeit: Mit der Hochgratbahn zur Bergstation, dann rechts kurz hinab zum Staufner Haus.
Fußweg: Ab Steibis erreicht man auf einem Wanderweg neben der Straße die Talstation der Hochgratbahn. Kurz davor geht ein Verbindungsweg nach rechts ab (Abkürzung nach Alpe Schilpre). Von dort geht es auf dem Wirtschaftsweg über Untere und Obere Lauchalpe zum Staufner Haus.

Abstiegsrunde über die Falkenhütte

Am Anfang steht der reizvolle Übergang zur Falkenhöhe. Zumeist auf der Kammhöhe, überschreiten oder umgehen wir den Seelekopf (1663 m), den Hohenfluhalpkopf (1636 m) und den Eineguntkopf (1639 m). Und wir genießen dabei herrliche Aussichten. Nach der Rohnehöhe zieht der Weg hinab zur Falkenhütte, Ziel unserer ersten Abstiegsetappe.

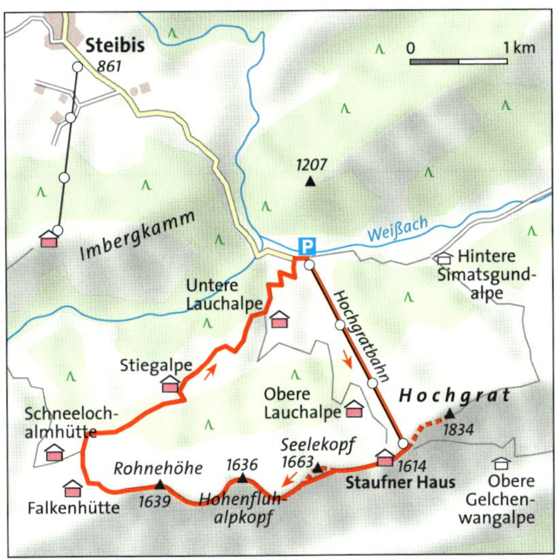

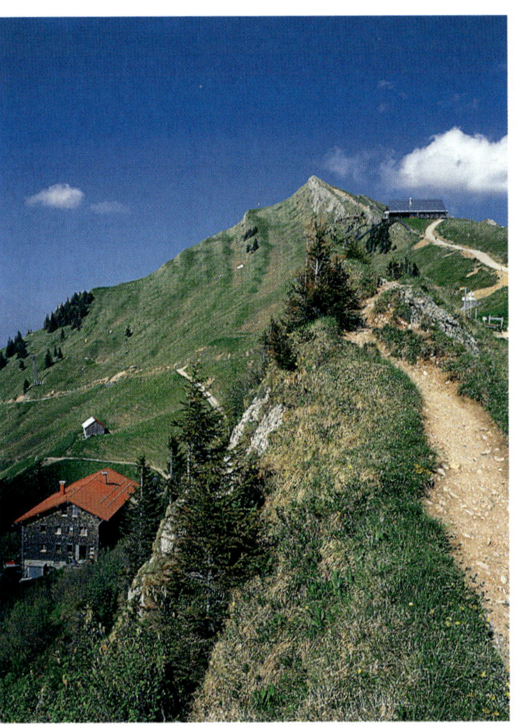

Blick auf den leicht zu erreichenden Hochgrat (links). Leider ist der freie Ausblick durch ein paar Wolken gestört (unten).

Nach Rast und Stärkung (die Hütte ist ganzjährig bewirtschaftet, steigen wir auf steilem Steig hinunter zur Ziehenalpe. Am Berggasthaus Stiegalpe vorbei (oder eben nicht vorbei …) führt ein Fahrweg über die Untere Lauchalpe hinab zum Parkplatz an der Talstation der Hochgratbahn.

Der Hüttengipfel

Hochgrat, 1834 m: Der höchste Gipfel der Allgäuer Nagelfluhkette bietet eine herrliche Aussicht, die weit ins Alpenvorland und bis zum Bodensee reicht. Mit der Hochgratbahn ist dieser Gipfel sehr schnell erreichbar (halbe Stunde). Vom Staufner Haus führt ein ausgeschilderter, breiter, teilweise gestufter Wanderweg über freies Gelände hinauf zum höchsten Punkt, den ein massives Gipfelkreuz schmückt. Dieses Kreuz wurde bereits im Jahr 1893 errichtet und ist komplett aus genieteten Eisenblechen hergestellt.

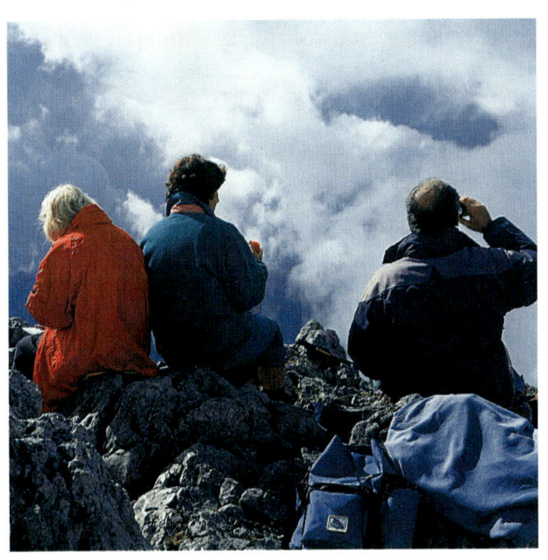

DER KÜCHENTIPP

Warme Küche gibt es von 11–20 Uhr. Der Hüttenwirt ist gelernter Koch und die Küche ist regional ausgerichtet. Neben diversen hausgemachten Suppen (z. B. Bündner Gerstensuppe) und einer guten Brotzeitkarte wird Folgendes über den Tresen gereicht: Krautschupfnudeln, Allgäuer Rinderbraten, Spaghetti Bolognese, Kaiserschmarrn usw.

UND SONST NOCH …

Am Hündle (an der Straße von Immenstadt nach Oberstaufen) gibt es eine 850 Meter lange Sommerrodelbahn.

HÖCHSTE PUNKTE

Staufner Haus, 1614 m; Hochgrat, 1834 m.

ANFAHRT

Mit PKW: Auf der A 7 bis zum Autobahndreieck Allgäu, auf der A 980 bis Waltenhofen und weiter auf der B 19 nach Immenstadt; von dort auf der B 308 in Richtung Lindau bis Oberstaufen und dort links weiter über Steibis zur Talstation der Hochgratbahn; dort großer Wanderparkplatz.

Mit Bahn & Bus: Mit dem Allgäu-Schwaben-Takt nach Immenstadt und weiter nach Oberstaufen. Vom Bahnhof mit dem Bus über Steibis zur Talstation der Hochgratbahn.

AUSGANGSPUNKT

Wanderparkplatz an der Talstation der Hochgratbahn (880 m).

GEHZEITEN

Hüttenweg: Von der Bergstation der Hochgratbahn 15 Minuten Fußweg hinab zum Staufner Haus; Abstiegsrunde über die Falkenhütte 3 Std.

Gipfelweg: Vom Staufner Haus ¾ Std., Abstieg zum Haus ½ Std.; insgesamt: 1¼ Std.

ANFORDERUNG

Hüttenweg: Von der Bergstation auf breitem Wanderweg.

Gipfelweg: Markierter, breiter Bergwanderweg.

EINKEHR & ÜBERNACHTUNG

Staufner Haus, 1614 m, Alpenvereinshaus der Kat. II, 17 Betten, 62 Lager, von Anfang Mai bis Ende Oktober täglich, vom 25. Dezember bis Ende März Montag, Dienstag und Mittwoch Ruhetag; Tel. 08386/82 55.

Falkenhütte, 1500 m, privat, ganzjährig bewirtschaftet, Montag Ruhetag, 78 Betten; Tel. 08386/81 13.

Berggasthaus Stiegalpe, 1178 m, privat, ganzjährig bewirtschaftet, Übernachtung.

Untere Lauchalpe, 900 m, nahezu ganzjährig bewirtschaftet.

KARTE

Topographische Karte 1 : 50 000, Blatt „Allgäuer Alpen" (LDBV).

TOURIST-INFO

Tourist-Information im Haus des Gastes, Hugo-von-Königsegg-Str. 8, 87534 Oberstaufen, Tel. 08386/930 00, www.oberstaufen.de

TOURENÜBERSICHTEN

Um Ihnen die Auswahl bei der Tourenplanung zu erleichtern, haben wir uns um eine kleine Charakterisierung der einzelnen Hüttenwanderungen bemüht. Je nach Jahreszeit, Kondition, Bergerfahrung, zur Verfügung stehender Zeit, Umständen oder einer erforderlichen Rücksicht auf Wanderbegleiter sind die Ansprüche selbst an eine Hüttenwanderung zu bestimmten Zeiten sehr unterschiedlich. Hier wollen wir Ihnen eine kleine Orientierungshilfe geben. So kann z. B. der Hüttenanstieg leicht sein, der Hüttenabstieg (bei einer Rundtour) jedoch anspruchsvoll.

Hüttenwege nach Gehzeiten

Die hier angegebenen Zeiten beziehen sich rein auf die einfache Anstiegszeit zur Hütte, nicht den Abstieg oder den Abstecher auf den Hüttengipfel.

Hüttenanstiege bis zwei Stunden

Tour 10: Zwieselhaus
Tour 16: Frasdorfer Hütte
Tour 18: Brünnsteinhaus
Tour 19: Rotwandhaus
Tour 20: Bodenschneidhaus
Tour 22: Hirschberghaus
Tour 24: Lenggrieser Hütte
Tour 28: Wankhaus
Tour 32: Brunnsteinhütte
Tour 37: Hörnlehütte
Tour 39: Brunnenkopfhäuser
Tour 41: Bad Kissinger Hütte
Tour 49: Hörnerhaus
Tour 50: Staufner Haus

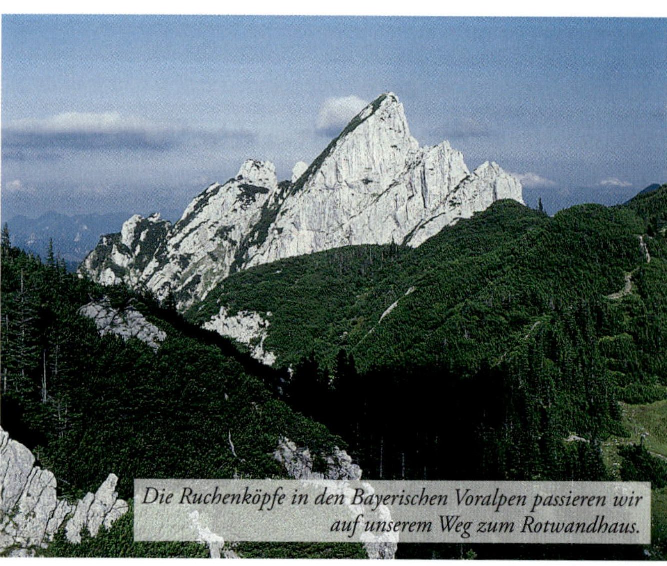

Die Ruchenköpfe in den Bayerischen Voralpen passieren wir auf unserem Weg zum Rotwandhaus.

Hüttenanstiege bis drei Stunden

Tour 2: Carl-von-Stahl-Haus
Tour 3: Gotzenalm
Tour 6: Wimbachgrieshütte
Tour 7: Blaueishütte
Tour 13: Hochgernhaus
Tour 14: Spitzsteinhaus
Tour 15: Hochrieshaus
Tour 21: Hubertushütte
Tour 23: Tegernseer Hütte
Tour 25: Brauneck-Gipfelhaus
Tour 29: Tölzer Hütte
Tour 38: August-Schuster-Haus
Tour 42: Grüntenhaus
Tour 44: Edmund-Probst-Haus
Tour 45: Kemptner Hütte

Hüttenanstiege bis vier Stunden

Tour 1: Stöhrhaus
Tour 5: Watzmannhaus
Tour 8: Neue Traunsteiner Hütte
Tour 9: Reichenhaller Haus
Tour 12: Straubinger Haus
Tour 17: Priener Hütte
Tour 26: Tutzinger Hütte
Tour 30: Hochlandhütte
Tour 31: Soiernhaus
Tour 33: Höllentalangerhütte
Tour 35: Schachenhaus
Tour 40: Tegelberghaus
Tour 46: Waltenbergerhaus
Tour 48: Mindelheimer Hütte

Hüttenanstiege über vier Stunden

Tour 4: Kärlingerhaus
Tour 11: Traunsteiner Hütte
Tour 27: Weilheimer Hütte
Tour 34: Knorrhütte (bei Benutzung der Bergbahn 3 Std.)
Tour 36: Reintalangerhütte
Tour 43: Prinz-Luitpold-Haus
Tour 47: Rappenseehütte

Hüttenwege nach Schwierigkeit

Leichte Hüttenwege: Hüttenfahrwege und leichte, breite Bergwanderwege (die Touren können jedoch durchaus lang sein).
Tour 3: Gotzenalm (Anstieg)
Tour 6: Wimbachgrieshütte
Tour 12: Straubinger Haus (Abstieg)
Tour 13: Hochgernhaus (Anstieg)
Tour 14: Spitzsteinhaus
Tour 16: Frasdorfer Hütte (Anstieg)
Tour 18: Brünnsteinhaus

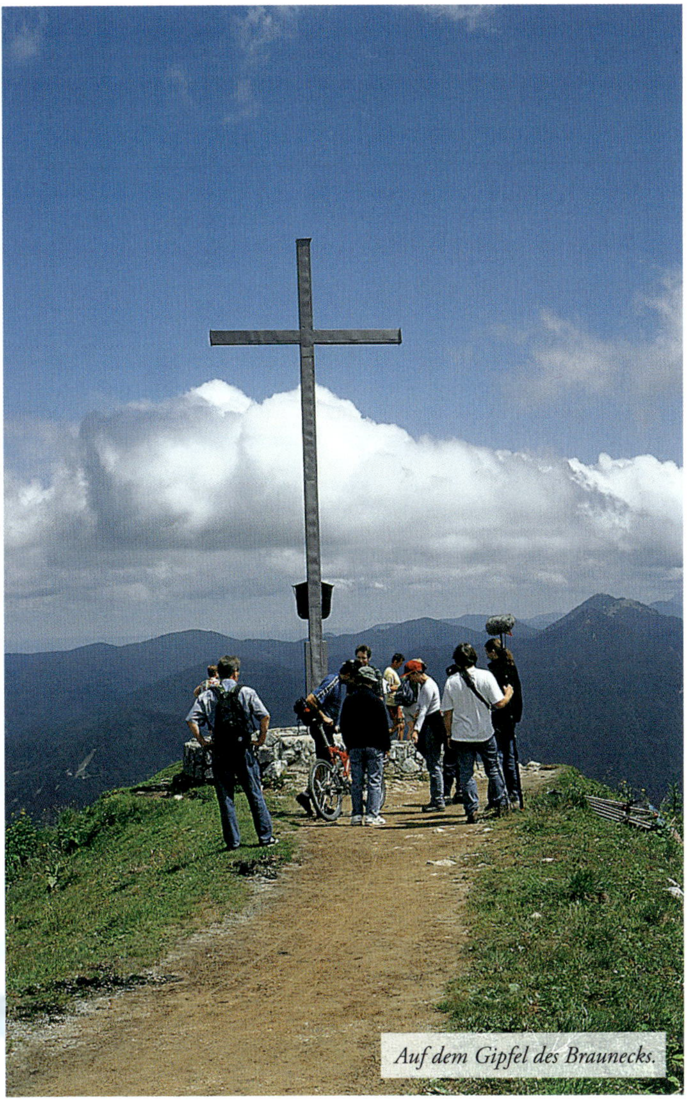

Auf dem Gipfel des Braunecks.

Tour 19: Rotwandhaus
Tour 20: Bodenschneidhaus (Anstieg)
Tour 25: Brauneck-Gipfelhaus (Anstieg)
Tour 31: Soiernhaus (Anstieg)
Tour 35: Schachenhaus (Anstieg)
Tour 36: Reintalangerhütte
Tour 37: Hörnlehütte
Tour 39: Brunnenkopfhäuser (Anstieg)
Tour 49: Hörnerhaus
Tour 50: Staufner Haus (Anstieg)

Mittelschwere Hüttenwege: Anstiege bzw. Abstiege auf zum Teil schmalen aber ungefährlichen Bergwanderwegen. Einige der Hüttenwege sind zusätzlich auch schon mal lang.
Tour 1: Stöhrhaus (Abstieg)
Tour 2: Carl-von-Stahl-Haus
Tour 4: Kärlingerhaus
Tour 5: Watzmannhaus
Tour 7: Blaueishütte
Tour 8: Neue Traunsteiner Hütte
Tour 10: Zwieselhaus
Tour 11: Traunsteiner Hütte
Tour 12: Straubinger Haus (Anstieg)
Tour 13: Hochgernhaus (Abstieg)
Tour 15: Hochrieshaus
Tour 16: Frasdorfer Hütte (Abstiegsrunde)
Tour 17: Priener Hütte
Tour 20: Bodenschneidhaus (Rückweg)
Tour 21: Hubertushütte
Tour 22: Hirschberghaus
Tour 23: Tegernseer Hütte (Abstieg)
Tour 24: Lenggrieser Hütte
Tour 25: Brauneck-Gipfelhaus (Abstieg)
Tour 26: Tutzinger Hütte (Anstieg)
Tour 31: Soiernhaus (Abstieg)
Tour 32: Brunnsteinhütte (Anstieg)
Tour 33: Höllentalangerhütte
Tour 35: Schachenhaus (Abstieg)
Tour 38: August-Schuster-Haus
Tour 39: Brunnenkopfhäuser (Abstieg)
Tour 40: Tegelberghaus
Tour 42: Grüntenhaus
Tour 43: Prinz-Luitpold-Haus
Tour 44: Edmund-Probst-Haus (Anstieg)
Tour 45: Kemptner Hütte
Tour 47: Rappenseehütte
Tour 50: Staufner Haus (Rückweg)

Anspruchsvolle Hüttenwege: Anstiege bzw. Abstiege auf schmalen Pfaden, evtl. mit ausgesetzten Stellen und vereinzelten Drahtseilsicherungen (also mit Passagen, wo Trittsicherheit und Schwindelfreiheit erforderlich sind).
Tour 1: Stöhrhaus (Abstieg)
Tour 3: Gotzenalm (Abstieg)
Tour 4: Kärlingerhaus (Anstieg)
Tour 6: Wimbachgrieshütte (Variante für Rückweg)
Tour 9: Reichenhaller Haus
Tour 23: Tegernseer Hütte (Schlussstück, kann umgangen werden)
Tour 26: Tutzinger Hütte (Abstieg)
Tour 27: Weilheimer Hütte
Tour 28: Wankhaus
Tour 29: Tölzer Hütte
Tour 30: Hochlandhütte
Tour 32: Brunnsteinhütte (Abstieg)
Tour 34: Knorrhütte
Tour 41: Bad Kissinger Hütte
Tour 44: Edmund-Probst-Haus (Abstieg)
Tour 46: Waltenbergerhaus
Tour 48: Mindelheimer Hütte

Familienfreundliche Hütten

Hier finden Sie Hütten, die sich auf die Aufnahme von Familien mit Kindern eingestellt haben, in dem sie zum Beispiel spezielle Familienräume eingerichtet haben, in denen Familien unter sich sein können. Oder Hütten, bei denen sich ein Spielplatz befindet, wo Sie Spielmaterial in den Aufenthaltsräumen vorfinden, oder Hütten wo Sie Kindermenüs und eine familienfreundliche Preisgestaltung erwarten können, sei es durch Ermäßigungen oder Gebührenerlass. Aber auch natürlich Hütten, wo die Umgebung ideal für Kinder ist:

Tour 2: Carl-von-Stahl-Haus
Tour 11: Traunsteiner Hütte
Tour 12: Straubinger Haus
Tour 16: Frasdorfer Hütte
Tour 17: Priener Hütte
Tour 18: Brünnsteinhaus
Tour 19: Rotwandhaus
Tour 20: Bodenschneidhaus
Tour 24: Lenggrieser Hütte
Tour 25: Brauneck-Gipfelhaus
Tour 26: Tutzinger Hütte
Tour 28: Wankhaus
Tour 29: Tölzer Hütte
Tour 31: Soiernhaus
Tour 32: Brunnsteinhütte
Tour 35: Schachenhaus
Tour 36: Reintalangerhütte
Tour 37: Hörnlehütte
Tour 40: Tegelberghaus
Tour 41: Bad Kissinger Hütte
Tour 43: Prinz-Luitpold-Haus
Tour 44: Edmund-Probst-Haus
Tour 49: Hörnerhaus
Tour 50: Staufner Haus

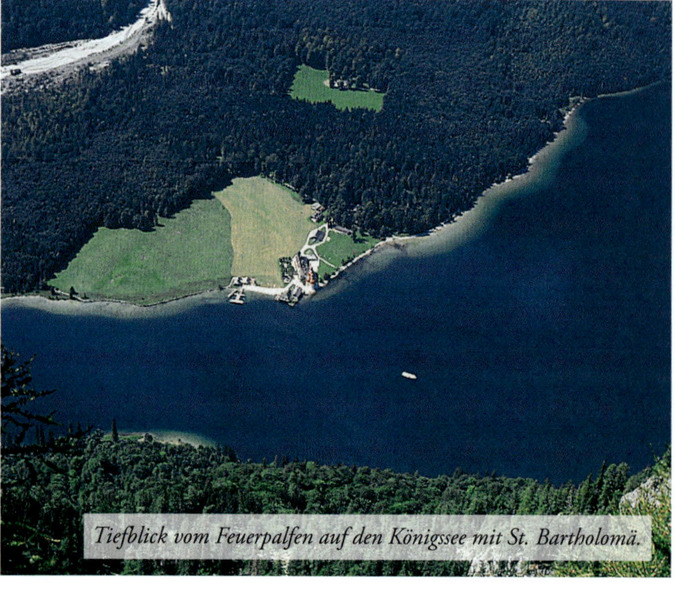
Tiefblick vom Feuerpalfen auf den Königssee mit St. Bartholomä.

Hundefreundliche Hütten

So mancher Bergfreund will oder muss seinen treuen Gefährten mit auf die Wanderung nehmen. Alle vorgestellten Wanderungen sind natürlich für Hunde machbar, sobald sie eine bestimmte Größe oder ein bestimmtes Alter erreicht haben. Anders sieht es jedoch mit der Übernachtung auf den Hütten aus. Nicht alle Hüttenwirte sind erfreut über vierbeinigen Besuch, doch einige haben sich darauf eingerichtet und heißen auch Hunde willkommen. Diesbezügliche Rückmeldungen sind also gerne willkommen. Auf jeden Fall ist es ratsam, vorher bei der Hütte anzurufen, ob Hunde übernachten dürfen, um unliebsame Überraschungen zu vermeiden. Auf diesen Hütten haben Hundebesitzer gute Erfahrungen gemacht:

Tour 2: Carl-von-Stahl-Haus
Tour 6: Wimbachgrieshütte
Tour 26: Tutzinger Hütte
Tour 47: Rappenseehütte

Ganzjährig bewirtschaftete Hütten

Hier sind Hütten zusammengefasst, die lediglich für kurze Zeit – also Betriebsurlaub oder Revision der nahe gelegenen Bergbahn – geschlossen sind. Diese Ziele eignen sich teilweise auch für Winterwanderungen oder für Abstecher von der Bergstation der Bergbahn während der Wintersaison:

Tour 2: Carl-von-Stahl-Haus
Tour 11: Traunsteiner Hütte
Tour 13: Hochgernhaus
Tour 14: Spitzsteinhaus
Tour 15: Hochrieshaus
Tour 16: Frasdorfer Hütte
Tour 17: Priener Hütte
Tour 19: Rotwandhaus
Tour 20: Bodenschneidhaus
Tour 22: Hirschberghaus
Tour 24: Lenggrieser Hütte
Tour 25: Brauneck-Gipfelhaus
Tour 28: Wankhaus
Tour 37: Hörnlehütte
Tour 38: August-Schuster-Haus
Tour 40: Tegelberghaus
Tour 49: Hörnerhaus

Ideal für die Anfahrt mit Bahn & Bus

Anfahrt mit der Bahn: Hüttenwege, bei denen Sie direkt vom Bahnhof losmarschieren können:

Tour 20: Bodenschneidhaus
Tour 30: Hochlandhütte
Tour 32: Brunnsteinhütte (Fußweg zum Ausgangspunkt)
Tour 33: Höllentalangerhütte (einmal umsteigen)
Tour 36: Reintalangerhütte
Tour 37: Hörnlehütte
Tour 38: August-Schuster-Haus

Tour 41: Bad Kissinger Hütte
Tour 44: Edmund-Probst-Haus
Tour 45: Kemptner Hütte

Anfahrt mit Bahn & Bus: Hüttenwege, bei denen Sie vom Bahnhof mit einem Bus (ohne Umsteigen) direkt zum Ausgangspunkt kommen:
Tour 1: Stöhrhaus
Tour 2: Carl-von-Stahl-Haus
Tour 5: Watzmannhaus
Tour 6: Wimbachgrieshütte
Tour 7: Blaueishütte
Tour 8: Neue Traunsteiner Hütte
Tour 11: Traunsteiner Hütte
Tour 14: Spitzsteinhaus
Tour 15: Hochrieshaus (nur Wochenende)
Tour 17: Priener Hütte
Tour 19: Rotwandhaus
Tour 22: Hirschberghaus
Tour 23: Tegernseer Hütte
Tour 24: Lenggrieser Hütte
Tour 25: Brauneck-Gipfelhaus
Tour 27: Weilheimer Hütte
Tour 28: Wankhaus
Tour 29: Tölzer Hütte
Tour 31: Soiernhaus
Tour 34: Knorrhütte
Tour 39: Brunnenkopfhäuser
Tour 40: Tegelberghaus
Tour 46: Waltenbergerhaus (plus Fußweg)
Tour 47: Rappenseehütte (plus Fußweg)
Tour 48: Mindelheimer Hütte
Tour 50: Staufner Haus

Anfahrt mit Bahn & Bus & Schiff:
Tour 3: Gotzenalm
Tour 4: Kärlingerhaus

Hüttengipfel

Leichte Anstiege: Gipfelabstecher, die auf breitem oder schmalem Weg verlaufen, die auch für nicht Schwindelfreie geeignet sind:
Tour 1: Berchtesgadener Hochthron
Tour 11: Dürrnbachhorn (Anstieg)
Tour 12: Fellhorn
Tour 19: Rotwand
Tour 20: Bodenschneid
Tour 21: Breitenstein
Tour 22: Hirschberg
Tour 23: Roßstein
Tour 24: Seekarkreuz
Tour 25: Brauneck
Tour 27: Krottenkopf
Tour 28: Wank
Tour 37: Hinteres Hörnle
Tour 44: Nebelhorn
Tour 49: Weiherkopf
Tour 50: Hochgrat

Mittelschwere Anstiege: Gipfelabstecher, die Trittsicherheit voraussetzen und den schon etwas geübten Bergwanderer erfordern:
Tour 2: Schneibstein
Tour 4: Halsköpfl
Tour 13: Hochgern
Tour 14: Spitzsteinhaus
Tour 17: Geigelstein
Tour 31: Soiernspitze
Tour 42: Übelhorn

Anspruchsvolle Anstiege: Gipfelabstecher, bei denen Sie Trittsicherheit, Schwindelfreiheit und Bergerfahrung mitbringen müssen. Einige Passagen sind z. T. recht ausgesetzt, andere mit Sicherungsmitteln versehen (wie Drahtseile, Eisenbügel etc.);
Tour 5: Watzmann-Hocheck
Tour 7: Schärtenspitze
Tour 8: Großer Bruder
Tour 10: Zwiesel und Gamsknogel
Tour 11: Dürrnbachhorn (Abstieg)
Tour 18: Brünnstein
Tour 26: Benediktenwand
Tour 29: Schafreuter
Tour 30: Wörner
Tour 32: Rotwandlspitze
Tour 34: Zugspitze
Tour 38: Teufelstättkopf
Tour 39: Große Klammspitze
Tour 40: Branderschrofen
Tour 41: Aggenstein
Tour 43: Hochvogel
Tour 45: Großer Krottenkopf
Tour 46: Mädelegabel
Tour 47: Rappenseekopf
Tour 48: Kemptner Kopf

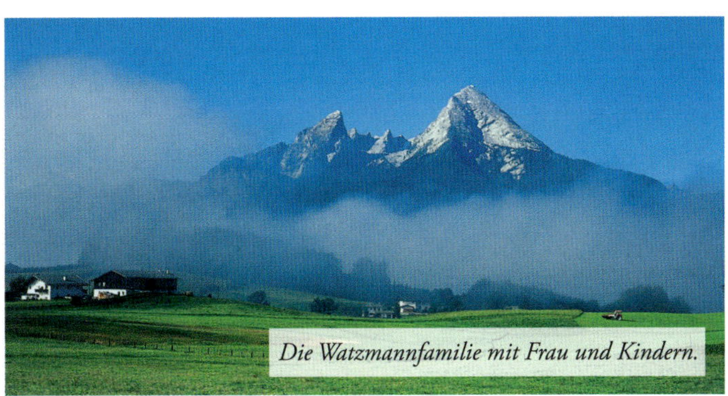
Die Watzmannfamilie mit Frau und Kindern.

REGISTER

Impressum

ISBN: 978-3-8094-3860-1

3. aktualisierte Auflage 2022

Bildnachweis
G. Amberg: S. 54/55, 101; H. Antes: S. 2, 62, 64, 65 (2), 83 o., 86, 87; J. Auer: S. 72; C. Avak: S. 38, 69 (2); H.-J. Arndt: S. 131 r.; P. Dinter: S. 89 u.; A. Erhard: S. 68; P. Fischer (Architekt): S. 128; D. Fuchs: S. 31 o., 47 (2), 67 r., 85, 116/117; H. P. Gallenberger: S. 90; I. Heidler: S. 80/81, 84, 89 o., 110; St. Herbke: S. 112; E. Höhne: S. 25 o.; B. Hörmann: S. 3 (2), 4, 5 (2), 8, 9, 10, 11 (2), 12/13, 14, 15, 16, 18, 19, 20, 22/23, 24, 26, 29, 31, 35 (2), 36, 37 (2), 39, 40/41, 41 (2), 42, 43, 44, 45 (2), 46, 47 (2), 48, 49 (2), 51 (2), 53 (2), 56, 57 (2), 58, 59, 61, 63 (2), 66, 70, 71, 78, 79, 83 u., 92/93, 97, 98/99, 99 (2), 103, 104/105, 105 (2), 106/107, 108, 109, 110, 111 u., 114, 119, 121 o., 123, 127 (2), 131 l., 132, 133, 135 (2), 138, 139, 140/141; M. Hummel: S. 100; K. Knirk: 70; H. Mayr: S. 72; K.-H. Modlmeier: S. 21, 76, 88/89; E. Radehose: S. 23, 60, 66; W. Rauschel: S. 6, 12/13, 16, 17, 25 u., 27, 28, 29 o., 30, 32/33, 34, 35 u., 73, 74/75, 91, 94, 95, 96, 102, 106/107, 115, 118, 120, 121 u., 122, 124, 125, 126, 127 o., 129 (2), 130, 136, 137 o., 141; R. Rolle: S. 50; H. Rudolph: S. 134; M. Siepmann: S. 82; H. Steinbichler: S. 52; Chr. Weiermann: S. 77 (2).

Projektleitung dieser Ausgabe
Dr. Iris Hahner

Umschlaggestaltung
Atelier Versen, Bad Aibling

Druck und Bindung
Mohn Media Mohndruck GmbH, Gütersloh

Printed in Germany

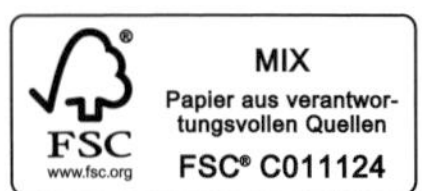

Penguin Random House Verlagsgruppe FSC® N001967

67431660315

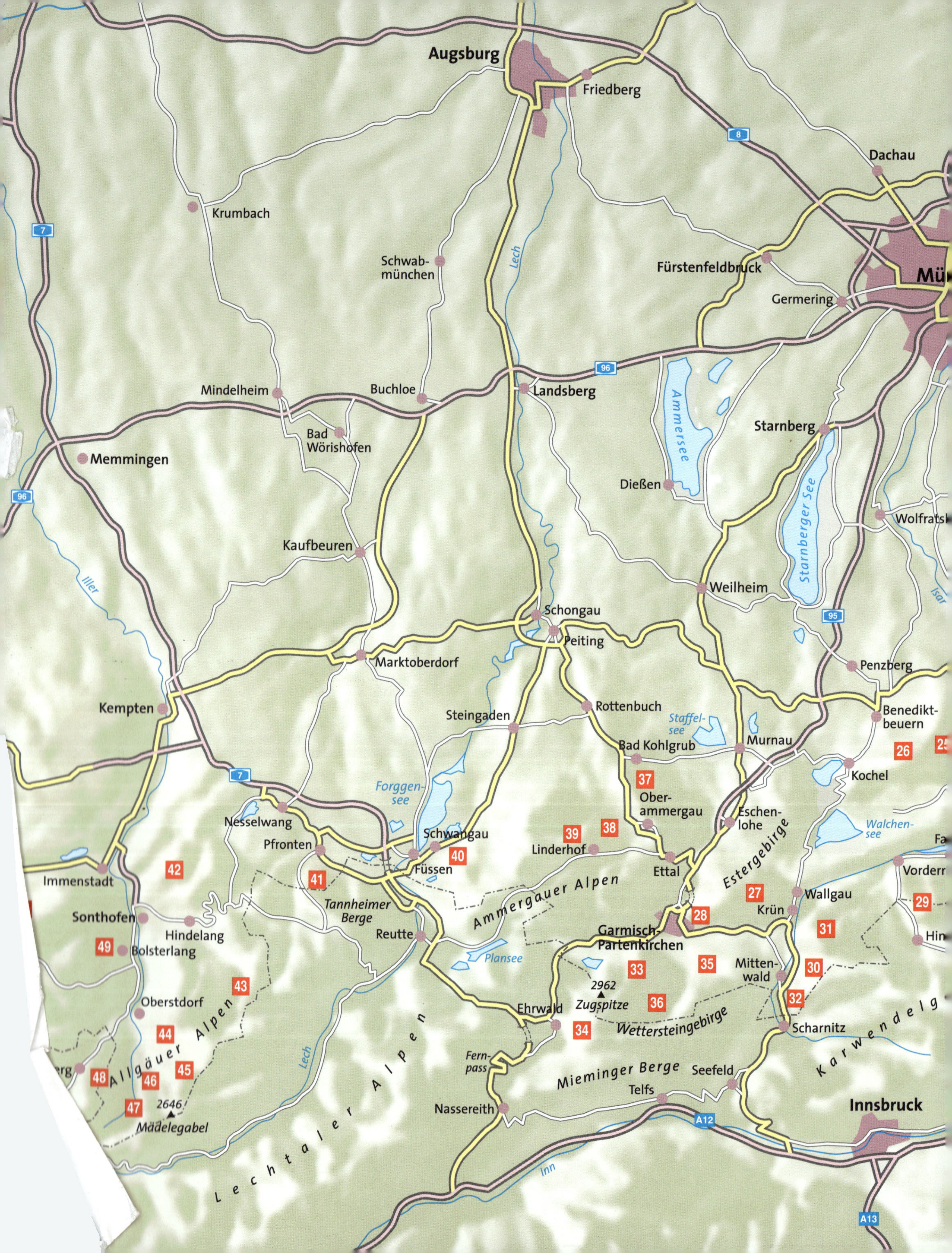

Augsburg
Friedberg
Dachau
Krumbach
Schwab-
münchen
Lech
Fürstenfeldbruck
Germering
Mindelheim
Buchloe
Landsberg
Bad
Wörishofen
Memmingen
Ammersee
Starnberg
Dießen
Starnberger See
Wolfrats
Kaufbeuren
Iller
Weilheim
Isar
Schongau
Peiting
Marktoberdorf
Penzberg
Kempten
Steingaden
Rottenbuch
Staffel-
see
Benedikt-
beuern
Bad Kohlgrub
Murnau
Kochel
Forggen-
see
Ober-
ammergau
Eschen-
lohe
Walchen-
see
Nesselwang
Schwangau
Estergebirge
Pfronten
Linderhof
Füssen
Ettal
Immenstadt
Ammergauer Alpen
Wallgau
Vorderr
Sonthofen
Tannheimer
Berge
Krün
Hindelang
Reutte
Garmisch-
Partenkirchen
Bolsterlang
Plansee
Mitten-
wald
Oberstdorf
2962
Zugspitze
Ehrwald
Wettersteingebirge
Scharnitz
Allgäuer Alpen
Fern-
pass
Karwendelg
Lech
Alpen
Mieminger Berge
Seefeld
Telfs
Nassereith
Innsbruck
2646
Mädelegabel
Lechtaler
Inn
7
96
8
95
A12
A13
26
25
37
39
38
40
41
42
27
28
29
31
33
35
30
43
32
36
34
44
45
46
48
47
49